Os mistérios gnósticos da Pistis Sophia

Os mistérios gnósticos da Pistis Sophia

Considerações sobre o Livro I da Pistis Sophia

por

J. van Rijckenborgh

com um prefácio de
Catharose de Petri

3.ª edição

Lectorium Rosicrucianum
2018

TÍTULO ORIGINAL:
De gnostieke mysteriën van de Pistis Sophia

TRADUÇÃO DA EDIÇÃO ALEMÃ DE 1992
Die gnostishen Mysterien der Pistis Sophia

3.ª edição corrigida e revisada

2018
Lectorium rosicrucianum
Escola internacional da rosacruz áurea

Sede Internacional
Bakenessergraht 11-15, Haarlem, Holanda
www.rozenkruis.nl
Sede no Brasil
Rua Sebastião Carneiro, 215, São Paulo, SP
www.rosacruzaurea.org.br
Sede em Portugal
Travessa das Pedras Negras, 1, 1.º, Lisboa, Portugal
www.rosacruzlectorium.org
Dados Internacionais de Catalogação na Publicação (CIP)
(Câmara Brasileira do Livro, SP, Brasil)

Rijckenborgh, J. van, 1896-1968
Os mistérios gnósticos da Pistis Sophia (livro eletrônico) : considerações sobre o livro I da Pistis Sophia / por J. van Rijckenborgh ; [traduzido por Equipe de tradutores do Lectorium Rosicrucianum] ; com um prefácio de Catharose de Petri. -- 3. ed. -- Jarinu, SP : Editora Lectorium Rosicrucianum, 2018.

Título original: De gnostieke mysteriën van de Pistis Sophia.
ISBN 978-85-62923-12-8

1. Gnosticismo 2. Jesus Cristo - Interpretações gnósticas 3. Mistério 4. Pistis Sophia 5. Rosacrucianismo 6. Valentianos I. Título.

18-14969 / CDD - 299.932

Índices para catálogo sistemático:
1. Pistis Sophia : Mistérios : Gnosticismo : Religião 299,932

Pentagrama Publicações.
Caixa Postal 39 – CEP 13240-000 – Jarinu – SP – Brasil
www.pentagrama.org.br
livros@pentagrama.org.br

Sumário

Introdução

O manuscrito gnóstico *Pistis**[1] *Sophia,* atribuído ao famoso gnóstico Valentino, nascido em Alexandria e que viveu no segundo século d.C., foi descoberto na segunda metade do século XVIII pelo médico londrino A. Askew. Após sua morte, o manuscrito foi adquirido em 1785 pelo *British Museum* em Londres, onde está conservado desde então, com a designação de *Codex Askewianus.*

Nossa edição do Livro I do evangelho *Pistis Sophia* traz os comentários pormenorizados que Jan van Rijckenborgh apresentou na década de sessenta do século XX. Ela aparece numa época em que inúmeras pessoas questionam a origem, a essência e o objetivo da Gnosis.*

O livro dá, à luz da Gnosis, uma resposta direta ao problema da verdadeira finalidade do homem e mostra a direção que deve ser seguida para se alcançar essa finalidade — o estado de alma vivente.

No evangelho *Pistis Sophia* se fala sobre duas correntes que representam duas ondas eletromagnéticas. Uma delas é identificada como corrente do conhecimento, a Pistis, e a outra como corrente da sabedoria, a Sophia. Uma se relaciona inteiramente com o conhecimento humano comum de cada época de transição, de modo que a humanidade inteira pode detectar essa emanação

[1] Palavras seguidas por um asterisco no texto aparecem no Glossário, que se inicia na p. 501.

e deve a ela reagir. A outra corrente se mantém absolutamente afastada deste mundo, embora irradie para dentro dele a fim de que cada um que busca Deus possa enfim escapar da natureza e encontrar a Sophia, a sabedoria, e até mesmo tornar-se na Sophia.

Chegamos agora a uma época na qual muitas pessoas receptivas à Gnosis anseiam pela libertação com profundo anelo e com maior ou menor grau de consciência. Elas tentam reconhecer a origem de sua comoção e a meta de seu anseio, e verificam se podem alcançar essa meta. Essas pessoas conseguem compreender, à luz da Gnosis, o verdadeiro significado das palavras, muitas vezes obscuras, da Pistis Sophia por meio das explicações dadas por J. van Rijckenborgh.

Assim vemos as duas referidas emanações, a Pistis e a Sophia, que procedem da natureza espiritual. A Pistis desperta e promove a comoção da massa no mais amplo sentido da palavra e, assim, atua de modo extremamente forte sobre a inteligência humana. A Sophia, a segunda emanação, ao contrário, volta-se para os eleitos, dos quais fala Paulo na sua Epístola aos Efésios (Ef 3:19) — os habitantes da fronteira em sua época —, com o objetivo de salvá-los da natureza da morte e elevá-los ao reino do Pleroma divino. A Sophia deseja despertar nos eleitos o novo estado de alma, a nova consciência e o novo pensar da alma.

A versão do Livro I do evangelho *Pistis Sophia* utilizada nesta edição baseia-se na tradução alemã de Carl Schmidt, com revisão de Walter Till (*Koptisch-gnostische Schrifte, I. Die Pistis Sophia,* Berlim, 1962). Contudo, também foi utilizada a tradução inglesa de George Horner (*Pistis Sophia,* Londres, 1924), a de G.R.S. Mead (*Pistis Sophia, a Gnostic Miscellany,* Londres, 1955) e ainda a tradução de Violet MacDermont, editada no conjunto das publicações de Nag-Hammadi como parte do livro *The Coptic Gnostic Library, Nag Hammadi Studies IX,* Leiden, 1978.

Os editores

Prefácio

Infelizmente, este livro não pôde ser concluído em sua totalidade, porque seu autor — Jan van Rijckenborgh (1896–1968) — faleceu enquanto trabalhava na obra.

O autor descreve em seu livro como é possível para um homem ultrapassar os véus do Décimo Terceiro Éon como a Pistis Sophia o fez. Ele nos dá uma explicação completa sobre a nova força-luz que se revela como um chamado, um novo objetivo de vida, uma nova missão. Contudo, essa missão precisa ser cumprida para que triunfe a verdadeira vida, e não a morte.

Entrementes, muitos leitores já terão se perguntado: "Afinal sobre o que versam de fato os mistérios do Décimo Terceiro Éon?" Eis a resposta: são os mistérios da Corrente da Fraternidade* Universal de Cristo ou, como diz Jacob Boehme: "É Cristo, que atingiu o coração da natureza decaída".

O Décimo Terceiro Éon, ou o campo de força universal através do qual a quinta-essência, o quinto elemento básico da substância primordial — o éter ígneo ou éter elétrico — é inflamado com os outros quatro estados etéricos, subsiste eternamente. E desse lugar, desse campo de força, nenhuma energia pode ser retirada. O homem-alma-espírito vive e existe mediante o Décimo Terceiro Éon. Jesus Cristo dá a todos os que o aceitam a força e o poder para viver no Décimo Terceiro Éon.

Como o homem pode viver em conformidade com o Décimo Terceiro Éon? O candidato aos mistérios gnósticos enfrenta treze momentos de transformação anímica, durante os quais ele precisa lutar até o fim para alcançar o verdadeiro renascimento da alma.

Essas transformações da alma, por assim dizer, substancializam-se nos treze cânticos de arrependimento da Pistis Sophia:

1. No primeiro cântico, a Pistis Sophia descobre a dialética e o estado de condenação da humanidade. Ela entoa o *cântico da humanidade.*
2. No segundo cântico, a Pistis Sophia descobre sua própria condição natural. Ela entoa o *cântico da consciência.*
3. Nessa base, a Pistis Sophia entoa o *cântico da humildade* diante da única luz verdadeira.
4. Segue-se, então, o *cântico da demolição:* o eu é levado à sepultura.
5. O *cântico da rendição* é a fase seguinte: a Pistis Sophia faz a entrega total de si mesma.
6. Nessa base é entoado o *cântico da confiança.* Ela implora pela luz com fé absoluta.
7. No sétimo cântico de arrependimento, a Pistis Sophia entoa o *cântico da decisão.* É a ascensão ou a queda.
8. Em seguida começa a perseguição. Os éons* da natureza atacam a Pistis Sophia de maneira vigorosa, e ela entoa o *cântico da perseguição.*
9. Depois de entoar o *cântico da ruptura,* a Pistis Sophia se livra de modo definitivo de seus perseguidores.
10. A seguir, a Pistis Sophia entoa o *cântico do atendimento da oração.* E, pela primeira vez, ela vê a Luz das Luzes.
11. A força da fé é submetida, então, a uma prova final. A Pistis Sophia entoa o *cântico da prova de fé.*
12. Em décimo segundo lugar, a Pistis Sophia vivencia a grande prova que podemos comparar à tentação no deserto. Ela entoa o *cântico da grande prova.*
13. Por fim, a Pistis Sophia canta o décimo terceiro cântico de arrependimento, o *cântico da vitória:* a alma eleva-se, reconhece o Espírito e vai ao seu encontro, ao seu Pimandro.

Com esse embasamento o leitor pode refletir um pouco sobre a sabedoria e a força divinas das quais os homens preparados devem participar. Sabedoria e força são os primeiros requisitos para seguir de fato o caminho da libertação da alma e conseguir levá-lo a um bom fim.

Prezados leitores, o fato de terdes recorrido à Doutrina Universal, que ficou preservada durante séculos, comprova que, em vosso anseio, nunca fostes abandonados. A Fraternidade Universal de Cristo está sempre presente para ajudar-vos no que for útil e necessário.

Por meio deste livro, *Os mistérios gnósticos da Pistis Sophia,* ressoa outra vez o chamado divino para o mundo e a humanidade, sobretudo para que conheçam o grande mistério do reino de Deus. E quem compreende esse chamado se torna capaz de encetar o caminho de retorno ao campo de vida original.

Para alcançar esse objetivo, cada ser humano necessita a Sophia, a sublime sabedoria divina, como guia no caminho que está à sua frente.

Atravessando todas as esferas dos éons,
caminha a Pistis Sophia,
depois de ter purificado no Gólgota
o santuário do corpo.

Nenhum poder do mal pode impedi-la
de abrir a vontade para o Espírito.
Entoando os cânticos de vitória,
ela ingressa agora na eterna festa do amor.

2 de abril de 1990 — CATHAROSE DE PETRI

PISTIS SOPHIA
LIVRO I

1. Quando Jesus ressuscitou dos mortos, passou onze anos dialogando com seus discípulos e instruiu-os apenas até as regiões do Primeiro Mandamento e do Primeiro Mistério atrás do véu, ou seja, a respeito do conteúdo do Primeiro Mandamento. Este é o vigésimo quarto mistério do interior para o exterior – dos que estão no segundo espaço do Primeiro Mistério que está adiante de todos os mistérios: o Pai na imagem da pomba.

E Jesus disse a seus discípulos: "Eu vim do Primeiro Mistério, que é o último, quer dizer, o vigésimo quarto mistério". Os discípulos não sabiam nem entendiam que dentro desse mistério ainda havia algo mais; porque pensavam que esse mistério fosse o cabeça do Universo e de tudo o que existe, a culminância de todas as culminâncias, porque, sobre esse mistério, Jesus lhes havia dito que ele abrange o Primeiro Mistério e mais as cinco ideias primordiais e a grande Luz e os cinco auxiliares e toda a Câmara do Tesouro de Luz.

Além disso, Jesus não havia ensinado a seus discípulos a respeito da extensão total de todas as regiões do grande Invisível e dos três poderes tríplices, nem sobre os vinte e quatro invisíveis e todas as suas regiões, todos os seus éons e ordens, e como eles se expandiram – a saber, as emanações do grande Invisível – nem sobre os seus incriados, autogerados e gerados, e suas estrelas cintilantes, e seus sem-par, e arcontes, e potestades, e regentes, e arcanjos, e seus decanos, e seus servidores, e todas as habitações de suas esferas e todas as suas ordens.

Jesus não havia instruído seus discípulos sobre todos o desdobramento das emanações da Câmara do Tesouro de Luz, nem sobre suas ordens e como foram criadas; também nada lhes dissera sobre seus salvadores e como foram formados de acordo com a ordem de cada um. Também não lhes contara quais guardiães estão diante de cada portal do Tesouro de Luz. Também nada lhes contara a respeito do lugar do Salvador-Gêmeo, que é a criança da criança. Tampouco lhes havia contado sobre a região dos três Haméns nem sobre as regiões onde alcança seu poder, nem lhes havia mostrado em que locais estão plantadas as cinco árvores, nem algo relacionado aos outros sete Améns, a saber, as sete vozes, onde fica seu domínio e de que maneira elas se estendem.

Jesus não havia dito a seus discípulos de que tipo são os cinco auxiliares nem onde se encontram. Tampouco lhes dissera de que maneira a grande Luz se difundira ou a que regiões chegara. Nem mesmo lhes havia falado a respeito das cinco ideias e do Primeiro Mandamento e a que domínio chegaram. Todavia falou com eles de modo geral ao instruí-los sobre a existência dessas entidades; mas não falou sobre sua extensão, e a ordem de suas regiões, e como foram formadas. Foi por essa razão que eles também não sabiam que ainda havia outras regiões no interior desse mistério.

Ele não dissera a seus discípulos: "Eu saí dessa ou daquela região até que entrei naquele mistério e, de novo, dele saí". Todavia limitou-se a instruí-los, dizendo: "Eu vim desse mistério".

Por isso, a respeito daquele mistério, eles pensaram que era a culminância de toda a culminância, o centro do Universo e o Pleroma total. Porque Jesus dissera a seus discípulos: "Esse mistério envolve tudo o que lhes tenho falado desde o nosso encontro até o dia de hoje". Por isso os discípulos pensavam que dentro desse mistério nada mais existia.

2. Sentados juntos no Monte das Oliveiras, os discípulos conversavam com grande alegria e entusiasmo sobre as seguintes palavras: "Abençoados somos nós dentre todas as pessoas da terra, porque o Salvador nos revelou isto e obtivemos a plenitude e toda a perfeição." Enquanto assim falavam entre si, Jesus estava sentado um tanto distante deles. No décimo quinto dia da lua no mês de Tybi, no dia da lua cheia, quando o sol seguia sua trajetória, surgiu por trás dele uma potente força luminosa que brilhava de maneira tão extraordinária que era ilimitada a luz que estava ligada a essa força. Porque ela provinha da Luz das Luzes e do último mistério, a saber: o vigésimo quarto — do interior para o exterior — dos mistérios que estão nas ordens do segundo espaço do Primeiro Mistério.

Essa força luminosa desceu sobre Jesus, envolvendo-o por completo, enquanto ele estava sentado um pouco distante de seus discípulos; e resplandecia intensamente na imensurável luz que estava sobre ele. A luz na qual Jesus se encontrava era tão forte que os discípulos não podiam vê-lo, porque seus olhos estavam ofuscados pela imensa luz que o envolvia.

Eles viam apenas uma luz que emitia muitos raios. Os raios luminosos não eram iguais, porém a luz era de natureza e qualidade diversas, de baixo para cima — um raio infinitamente mais excelente que o outro, num grande e imensurável fulgor que se estendia da terra até o céu. Ao verem essa luz, os discípulos foram tomados por grande temor e comoção.

3. Quando essa força luminosa desceu sobre Jesus, sucedeu que, de forma progressiva, ela o envolveu por completo. Então,

ele ergueu-se e foi elevado às alturas, irradiando luz imensurável e fulgurante. Os discípulos seguiram-no com o olhar, e ninguém falou até ele alcançar o céu, mas permaneceram em profundo silêncio. Isso aconteceu no décimo quinto dia da lua, no dia da lua cheia, no mês de Tybi.

Três horas depois de Jesus ter sido elevado ao céu, todas as forças do céu entraram em grande comoção e se agitaram umas contra as outras, elas e todos os seus éons e todas as suas regiões e ordens. Toda a terra, com todos os seus habitantes, foi tomada por grande estremecimento. E todas as pessoas sobre a terra e também os discípulos entraram em estado de grande inquietação, e todos pensaram que talvez o mundo estivesse desabando.

Todas as forças do céu continuaram abaladas, elas e o mundo inteiro. Moviam-se umas contra as outras desde a terceira hora do décimo quinto dia do mês de Tybi até a nona hora do dia seguinte. E todos os anjos, e seus arcanjos, e todas as potestades das alturas exaltavam o interior dos interiores, de tal modo que todo o mundo ouvia suas vozes, ininterruptamente, até a nona hora do dia seguinte.

4. Os discípulos estavam juntos, aterrorizados e em grande agitação, e temiam muito por causa do grande terremoto que acontecera, e choravam, e diziam uns aos outros: “O que irá acontecer? Destruirá o Salvador todas as regiões?”

Enquanto eles assim falavam e choravam juntos, os céus abriram-se na nona hora do dia seguinte, e eles viram Jesus descer, extremamente radiante, e era extraordinária a luz em que ele se achava. Porquanto resplandecia ainda mais do que na hora em que fora elevado, de tal modo que os habitantes da terra não conseguiam abarcar a luz que nele estava.

Ela emitia raios de luz em profusão, e seu brilho era imensurável. Essa luz não era uniforme, mas heterogênea em tipo e natureza, sendo que uns raios eram infinitamente mais luminosos do que outros. Em sua totalidade, a luz consistia em três tipos, cada um infinitamente mais resplandecente que o anterior. O segundo, o do meio, era mais excelente que o primeiro, o mais inferior. O terceiro, o mais elevado dos três, era mais perfeito do que os outros dois. O primeiro raio, que se encontrava sob os outros dois, assemelhava-se à luz que descera sobre Jesus quando fora elevado aos céus. Contudo, apenas por sua luminosidade esse raio era igual àquele. Os três tipos de luz estavam constituídos de diferentes maneiras, cada uma mais magnífica do que a outra.

5. Ao verem isso, os discípulos ficaram muito aterrorizados e confusos. Jesus, o misericordioso e manso, vendo seus discípulos em tão grande agitação, disse-lhes: "Tende confiança. Sou eu. Não temais".

6. Tendo ouvido essas palavras, eles disseram: "Ó Senhor, se és tu, recolhe teu esplendor luminoso para dentro de ti, para que possamos suportá-lo. Senão nossos olhos serão ofuscados; estamos aflitos, e todo o mundo também está abalado por causa da grande luz que está em ti".

Em seguida, Jesus recolheu o fulgor de sua luz de volta para si. Quando isso ocorreu, os discípulos recobraram ânimo, dirigiram-se a Jesus, caíram por terra, adorando-o com grande alegria, e perguntaram-lhe: "Senhor, aonde foste, ou qual foi a missão que cumpriste? E, sobretudo, porque ocorreu toda essa agitação e todo esse terremoto?"

Então disse-lhes Jesus, o Misericordioso: "Alegrai-vos e rejubilai desta hora em diante, porque fui para a região de onde vim. A partir de agora falarei convosco com toda a franqueza, desde o princípio da verdade até a sua consumação, e falarei convosco frente a frente, sem metáforas. Doravante nada mais vos ocultarei do mistério do Alto e da essência do reino da verdade. Porque, pelo Inefável e pelo Primeiro Mistério de todos os mistérios, foi-me dado a autoridade de falar convosco sobre a verdade, desde o princípio até sua consumação e do exterior para o interior, e do interior para o exterior. Ouvi, portanto, para que eu vos conte todas as coisas.

Quando, no Monte das Oliveiras, sentado um pouco distante de vós, meditava sobre a missão da incumbência para a qual eu fora enviado e que fora realizada, e que o último mistério dos vinte e quatro mistérios — o vigésimo quarto do interior para o exterior — ainda não me enviara minha veste. Esses vinte e quatro mistérios encontram-se no segundo espaço do Primeiro Mistério na ordem daquele espaço.

Quando então reconheci que estava realizada a missão da incumbência para a qual eu fora enviado, e que esse mistério ainda não me enviara minha veste — que eu deixara em seu interior até que o tempo estivesse cumprido —, comecei então a meditar sobre isso, quando sentei-me um tanto afastado de vós no Monte das Oliveiras".

7. "E sucedeu, quando o sol despontou no oriente, através do Primeiro Mistério — que existe desde o princípio, e por cuja causa se originou o Universo do qual eu mesmo acabo de chegar, não na época que antecedeu minha crucificação, porém agora — por mandamento desse mistério foi-me enviada minha veste-de-luz, que me fora dada desde o princípio e eu deixara no último mistério — do interior para o exterior. Esses vinte e quatro mistérios são os que se encontram na ordem do segundo espaço do Primeiro Mistério.

Deixei então esse manto de luz no último mistério até que chegasse a hora certa de vesti-lo e de começar a falar à humanidade para revelar-lhe tudo da verdade, desde seu princípio até a sua consumação; para falar-lhe do interior dos interiores até o exterior dos exteriores e do exterior dos exteriores até o interior dos interiores. Alegrai-vos, pois, rejubilai e regozijai-vos, pois vos foi concedido que eu falasse primeiro convosco da verdade, desde seu princípio até sua consumação. Porque eu, já desde o princípio vos escolhi pelo mandamento do Primeiro Mistério.

Alegrai-vos por isso e rejubilai, porque, quando me encaminhei para o mundo, levei comigo doze poderes desde o princípio, como vos contei desde o início, poderes que recebi dos doze salvadores do Tesouro de Luz, de acordo com o mandamento do Primeiro Mistério.

Essa força introduzi no regaço de vossas mães quando vim para o mundo, e são essas as forças que hoje se encontram em vossos corpos. Porque essas forças vos foram ofertadas para o mundo inteiro, porque vós sois os que salvarão o mundo todo, e para que estejais em condição de suportar a ameaça dos arcontes do mundo e as dores do mundo, seus perigos e todas as perseguições que os arcontes das regiões superiores trarão sobre vós. Porque eu vos disse várias vezes que retirei a força presente em vós dos doze salvadores que se encontram na Câmara do Tesouro de Luz. Por essa razão eu vos disse desde o princípio que não sois deste mundo. Também eu não sou dele. Todos os homens deste mundo receberam suas almas das forças dos arcontes dos éons. Em contrapartida, a força que se encontra em vós provém de mim. Porque vossas almas pertencem ao Alto. Eu trouxe comigo os doze poderes dos doze salvadores da Câmara do Tesouro de Luz, os quais tirei daquela parte das minhas forças que recebi no início.

Quando estava a caminho deste mundo, cheguei em meio aos arcontes das esferas na forma de Gabriel, o anjo dos éons. Os arcontes dos éons não me reconheceram porque pensaram que eu fosse o anjo Gabriel. Ao chegar em meio aos arcontes dos éons, olhei para baixo, para o mundo dos homens por mandamento do Primeiro Mistério. Encontrei Isabel, a mãe de João Batista, antes de ela o haver concebido. E nela introduzi uma força que havia recebido do pequeno Iaô, o Bom, o que está no Meio, para que João Batista tivesse condição de ser meu precursor, de preparar para mim o caminho e batizar-me com a água da absolvição dos pecados. Essa força é a que se encontra no corpo de João.

Ademais, em vez da alma arcôntica que ele deveria ter recebido, encontrei a alma do profeta Elias no interior dos éons das esferas. E eu o acolhi, tomei sua alma e a trouxe para a Virgem de Luz. Esta transmitiu-a a seus Paralemptores.[2] Estes trouxeram-na à esfera dos arcontes e introduziram-na no regaço de Isabel. Assim a força do pequeno Iaô, o que está no Meio, e a força do profeta Elias estão vinculadas ao corpo de João Batista.

Por esse motivo ficastes em dúvida uma vez quando vos falei: 'João disse: "Eu não sou o Cristo",' e vós me replicastes: 'Diz a escritura: Quando vier o Cristo, virá Elias antes dele e preparará o caminho para ele'. Eu, porém, vos dei a resposta: 'Elias já veio e preparou tudo o que está escrito. E eles fizeram com ele o que quiseram'.

Ao notar que não entendestes o que vos disse sobre a alma de Elias que está ligada a João Batista, respondi-vos francamente, face a face: 'Quando estiverdes preparados para aceitar João Batista: ele é Elias, de quem eu disse que viria'."

8. Jesus prosseguiu com sua explicação e disse: "Quando, por mandamento do Primeiro Mistério, olhei para baixo sobre o mundo dos homens, encontrei Maria, que, segundo o corpo físico, é chamada 'minha mãe'. Eu falei com ela na forma de

[2]Paralemptores: literalmente "receptores". Ver também nota no capítulo 12, p. 177.

Gabriel e, quando ela se voltou para mim no Alto, introduzi nela a primeira força que havia recebido de Barbelo, isto é, a força do corpo que utilizei no Alto. Ao invés da alma eu introduzi nela a força do grande Sabaoth, o Bom, que se acha na região da direita.

Introduzi na esfera dos arcontes os doze poderes dos doze salvadores da Câmara do Tesouro de Luz que recebera dos doze auxiliares do Meio. E os decanos dos arcontes e seus auxiliares pensaram que eram almas arcônticas. E os servidores trouxeram-nas e fixaram-nas nos corpos de vossas mães.

Quando vosso tempo chegou, nascestes no mundo sem que houvesse almas dos arcontes em vós. Desse modo recebestes uma parte da força que o último auxiliar soprou neste mundo. É a força que assim está mesclada com todos os invisíveis e todos os arcontes e éons, em suma, mesclada com este mundo de perdição.

Essa força, que no princípio emanei de mim mesmo, eu a introduzi no Primeiro Mandamento. E o Primeiro Mandamento introduziu uma parte dela na grande luz. A grande luz introduziu uma parte do que havia recebido nos cinco auxiliares. O último dos auxiliares tomou uma parte que havia recebido e introduziu-a na mistura. E essa parte encontra-se assim em todos os que vivem neste mundo da mistura, como também acabo de dizer-vos."

Assim falou Jesus a seus discípulos no Monte das Oliveiras. E acrescentou: "Alegrai-vos, rejubilai e regozijai-vos, pois chegou o tempo de vestir-me com a veste que me fora destinada desde o princípio e que eu havia deixado no Primeiro Mistério, até que chegasse o tempo da consumação.

O tempo da consumação é o tempo no qual, pelo Primeiro Mistério, me é determinado falar convosco sobre a verdade, desde seu princípio até a sua consumação e do interior dos interiores até o exterior dos exteriores, porque através de vós o mundo será salvo. Alegrai-vos e rejubilai, porquanto sois abençoados dentre todos os homens da terra, pois sois os que libertarão o mundo inteiro".

9. Depois de haver dito isso a seus discípulos, Jesus prosseguiu com sua exposição: "Vede, agora estou trajando minha veste e me foi concedido todo o poder pelo Primeiro Mistério. Mais um instante e falarei convosco sobre o Mistério e a Plenitude do Universo. A partir desta hora nada mais vos ocultarei, mas aperfeiçoar-vos-ei completamente em toda a plenitude, em toda a perfeição e em todos os mistérios, que são a culminância de todas as culminâncias, e o Pleroma de todos os pleromas e a Gnosis de todas as Gnosis que se encontram em minha veste. Transmitir-vos-ei todos os mistérios, do exterior dos exteriores para o interior dos interiores. Escutai, pois, para que eu relate todas as coisas que me aconteceram".

10. "E, quando o sol despontou no oriente, sucedeu que uma grande força luminosa desceu de onde se encontrava minha veste, que eu deixara no vigésimo quarto mistério, como acabei de contar-vos. E revelei um mistério escrito em minha veste, da mesma maneira que os que estão no Alto, e deveras em cinco palavras: ζαμα ζαμα ωζζα ραχαμα ωζαϊ,[3] que significam: Ó Mistério manifestado no mundo, causa do Universo, tu és o fim e o princípio perfeitos, de onde provieram todas as emanações e o que nelas está contido, e, por cuja vontade, existem todos os mistérios e todas as regiões. Vem a nós, porque somos teus membros. Somos inteiramente unos contigo. Somos um e o mesmo. Tu és o Primeiro Mistério, que existiu desde o princípio no Inefável, antes de ele manifestar-se, em cujo nome estamos todos juntos. Agora esperamos todos por

[3]Zama zama ozza rachama ozai.

ti na fronteira final, ou seja, no último mistério do interior, que é ele próprio uma parte de nós. Enviamos a ti a tua veste, que te pertence desde o princípio e deixaste na fronteira final do último mistério do interior, até que se conclua o tempo por mandamento do Primeiro Mistério.

Vê, o tempo agora se cumpriu. Veste o manto e vem a nós. Porque todos esperamos por ti para, por mandamento do Primeiro Mistério, vestir-te com sua magnificência. Porque o Primeiro Mistério nos deu a veste, que consiste em dois mantos, para com ela vestir-te, além daquela que já te enviáramos, pois és digno dela, já que és superior a nós e já eras antes de nós. Por essa razão o Primeiro Mistério enviou a ti, através de nós, o mistério de seu perfeito esplendor, formado por dois mantos. No primeiro se encontra a perfeita magnificência de todos os nomes de todos os mistérios e de todas as emanações das ordens e espaços do Inefável. No segundo manto se encontra a glória perfeita do nome de todos os mistérios e de todas as emanações das ordens e dos dois espaços do Primeiro Mistério.

Na [terceira] veste que agora te enviamos se encontra o esplendor do nome do mistério do Anunciador, que é o Primeiro Mandamento, assim como o mistério dos cinco sinais e o mistério do grande Enviado do Inefável, da grande Luz, e o mistério dos cinco dirigentes, dos cinco auxiliares.

Encontra-se também nessa veste o esplendor do nome do mistério de todas as ordens das emanações da Câmara do Tesouro de Luz e de seus salvadores e de suas mais elevadas ordens, dos sete Améns e sete vozes, das cinco árvores e dos três Améns e do Salvador-Gêmeo, que é a criança das crianças. Também se encontra em seu interior o mistério dos nove guardiães nos três portais da Câmara do Tesouro de Luz.

Além disso, encontra-se nessa veste o perfeito esplendor do nome de todos os que estão na direita e os que estão no

Meio. Também está nele todo o fulgor do nome do grande Invisível, do grande Pai do Universo, bem como o mistério dos três poderosos tríplices e o mistério de todo o seu domínio, assim como o mistério de todos os seus invisíveis e os que se encontram no Décimo Terceiro Éon, bem como o nome dos doze éons, e seus arcontes, e todos os seus arcanjos, e anjos, e todos os que se encontram nos doze éons. Também está nele todo o mistério do nome de todos os que se encontram no destino e em todos os céus, e todo o mistério do nome dos que estão nas esferas, e seus firmamentos e todos os seus habitantes e suas regiões.

Vê, nós te enviamos essa veste que, abaixo do Primeiro Mandamento, ninguém conhecia; porque o esplendor de sua luz estava oculto nela. As esferas e todas as regiões abaixo do Primeiro Mandamento até agora não a reconheciam. Veste depressa esse traje e vem a nós. Porque aproximamo-nos de ti para, por mandamento do Primeiro Mistério, vestir-te com ambos os teus mantos que a ti estavam destinados no Primeiro Mistério desde o princípio, até que esteja consumado o tempo determinado pelo Inefável.

Vê, o tempo está concluído. Vem, pois, depressa a nós, para te vestirmos com eles de modo que concluas toda a missão do aperfeiçoamento do Primeiro Mistério, como foi estabelecido pelo Inefável.

Vem depressa a nós para que te vistamos com ela, em obediência à ordem do Primeiro Mistério. Porque, em pouco tempo apenas, muitíssimo pouco tempo, virás a nós e deixarás o mundo. Portanto, vem depressa, para que possas receber em perfeição teu resplendor, o resplendor do Primeiro Mistério."

11\. "Ao ver o mistério de todas essas palavras na veste que me foi enviada, vesti-a imediatamente. A luz irradiava extraordinariamente de mim. Elevei-me às alturas e cheguei ao portal do firmamento, radiante da imensurável luz que me cercava. Os portões do firmamento moveram-se, abrindo-se todos ao mesmo tempo.

Todos os arcontes, potestades e os anjos que se encontravam em seu interior ficaram aflitos devido à grande luz que havia em mim. Avistaram a radiante veste-de-luz que eu portava e viram o mistério que continha seus nomes e ficaram muito atemorizados.

Todos os liames com os quais estavam atados se soltaram. E cada um abandonou a sua ordem. Prostraram-se diante de mim, venerando-me, e disseram: 'Como foi que o Senhor do Universo passou por nós sem que o soubéssemos?' Todos juntos veneravam o interior dos interiores. A mim mesmo, porém, eles não viam, viam somente a luz. E ficaram com grande temor, e muito confusos, e reverenciavam o interior dos interiores."

12. "Em seguida, deixei para trás esse lugar e subi para a primeira esfera, que brilhava sobremaneira, e era, portanto, quarenta e nove vezes mais forte do que na ocasião em que estive no firmamento. Quando cheguei ao portal da primeira esfera, os portões moveram-se e abriram-se todos ao mesmo tempo.

Entrei nas casas da esfera, que brilhava intensamente em imensurável luz, e todos os arcontes e habitantes da esfera ficaram aflitos. Eles viram a grande luz que me cercava e contemplaram minha veste e nela viram o mistério de seu nome. E, tomados de agitação e temor ainda maiores, gritavam: 'Como foi que o Senhor do Universo passou por nós sem que o soubéssemos?'

Todos os seus liames, regiões e ordens romperam-se. E cada um abandonou sua ordem. Prostraram-se diante de mim, adoraram a mim ou a minha veste-de-luz e reverenciaram o mais interior dos interiores em grande medo e aflição."

13. "Depois de ter deixado aquele lugar, subi até o portal da segunda esfera, a do destino. Também aqui todos os portais se moveram e abriram ao mesmo tempo. Entrei nas casas do destino, extraordinariamente radiante, com uma luminosidade indescritível, pois ali eu brilhava quarenta e nove vezes mais forte do que na primeira esfera. Todos os arcontes e todos os que se encontravam na esfera do destino ficaram aflitos, caíram uns sobre os outros e atemorizaram-se muito ao ver minha grande luz. Avistaram minha veste-de-luz e nela viram o mistério de seu nome e ficaram ainda mais aflitos. Cheios de temor disseram: 'Como foi que o Senhor do Universo passou por nós sem que o soubéssemos?'

E todos os liames de suas regiões, ordens e casas partiram-se. Eles vieram todos juntos, prostraram-se, adoraram-me e louvaram o interior dos interiores, possuídos de grande temor e aflição."

14. "Deixei para trás também essa região e ascendi ao grande éon dos arcontes. Com um brilho indescritível cheguei diante de seus véus e portais.

Quando alcancei os doze éons, seus véus e portões movimentaram-se uns contra os outros em tumulto. Os véus afastaram-se espontaneamente, e seus portões abriram-se um após o outro. Entrei no meio dos éons, com grande fulgor, e a luz que me cercava era extraordinária, e também quarenta e nove vezes mais intensa do que nas casas do destino.

Todos os anjos dos éons, e seus arcanjos, e seus arcontes, e seus deuses, e seus senhores, e suas potestades, e seus tiranos, e suas forças, e suas centelhas luminosas, e suas estrelas cintilantes, e seus sem-par, e seus invisíveis, seus patriarcas e as potestades tríplices, todos eles contemplavam-me nesse brilho imensurável. Eles ficaram inquietos e muito temerosos ao ver minha imensa luz.

Em sua grande perturbação e medo, recolheram-se à região do grande Patriarca invisível e das grandes potestades tríplices. Devido ao grande medo e à perturbação deles, o grande Patriarca e também as potestades tríplices corriam constantemente de um lado para o outro em sua região. Por causa do grande temor em que todos se encontravam, eles não conseguiam fechar suas regiões.

Eles mobilizaram todos os seus éons, esferas e ordens ao mesmo tempo, cheios de temor e tremor, por causa da grande luz que me envolvia e era de natureza diferente da que me envolvera quando me encontrei na terra dos homens. Porque o mundo não teria suportado a plenitude dessa luz. Ela teria aniquilado instantaneamente o mundo e tudo o que ele contém. Mas a luz que havia em mim em meio aos doze éons era 8700 miríades de vezes mais forte do que a que me envolvera quando estive entre vós na terra."

15. "E quando todos os que se encontravam nos doze éons viram a grande luz em mim ficaram perturbados e corriam de um lado para outro. Todos os éons, céus e todas as suas ordens moviam-se, uns contra os outros, em grande temor, porque não conheciam o mistério que havia sucedido.

Adamas, o grande tirano, e todos os tiranos habitantes dos éons começaram a lutar em vão contra a luz. E eles não sabiam contra quem lutavam, porque nada mais viam além da luz que a tudo sobrepujava. Ao lutarem contra a luz, esgotou-se toda a sua força conjunta. Caíram nos éons inferiores e ficaram mortos e sem alento vital como os habitantes da terra.

Tomei de todos eles um terço de sua força para que não prosseguissem em sua maldade e não conseguissem fazer suas más ações quando os homens da terra clamassem por eles em seus mistérios, ou seja, os mistérios trazidos para a terra pelos anjos que cometeram pecado, portanto, sua magia.

Inverti o destino e a esfera na qual elas reinavam e fiz que exercessem suas influências astrais seis meses voltados para a esquerda e seis meses voltados para a direita. No entanto, por ordem do Primeiro Mandamento e por ordem do Primeiro Mistério, Jeú, o Guardião da Luz, interveio de tal modo que eles passaram a olhar sempre para a esquerda e exercendo suas influências astrais."

16. "Quando cheguei à sua região, eles se opuseram e combateram a luz. E eu tomei um terço de suas forças para que não conseguissem consumar suas más ações.

Inverti e enquadrei o destino e a esfera onde eles reinavam, de tal modo que eles exercessem suas influências astrais seis meses olhando para a esquerda e os seis meses seguintes voltados para a direita."

17. Após ter dito isso a seus discípulos, Jesus lhes disse: "Quem tem ouvidos, ouça".

Tendo ouvido o Salvador dizer essas palavras, Maria olhou fixamente no vazio por uma hora e disse: "Meu Senhor, permite-me falar francamente."

Jesus, o Misericordioso, respondeu a Maria: "Maria, tu, abençoada, a quem vou iniciar em todos os mistérios das alturas, fala abertamente, tu, cujo coração está mais orientado para o reino dos céus do que o de teus irmãos".

18. Então disse Maria ao Salvador: "Meu Senhor, o que nos disseste: 'Quem tem ouvidos, ouça', falaste para que compreendêssemos tua palavra corretamente. Ouve, meu Senhor, pois quero falar francamente. Tu disseste: 'Eu tomei um terço das forças dos arcontes e de todos os éons e inverti seu destino e a esfera onde reinam, de modo que, desta hora em diante, não estejam mais em condição de cometer suas ações más e

vergonhosas quando os homens invocarem por eles em seus mistérios, aqueles a quem os anjos decaídos ensinaram para realizar suas ações malévolas e vergonhosas no mistério de sua magia'. Porque lhes tiraste sua força e a de seus astrólogos, magos e adivinhos, para que, dessa hora em diante, já não conseguissem fazer previsões. Porque tu inverteste suas esferas e os fizeste exercer suas influências astrais voltados seis meses para a esquerda e seis meses voltados para a direita.

Em relação a essa palavra, Senhor, outrora a força encontrada no profeta Isaías, numa alegoria espiritual em sua 'visão sobre o Egito', pregava o seguinte: 'Onde estão, ó egípcios, vossos magos, e astrólogos, e os que clamam da terra, e os que clamam de seu regaço? Para que, de agora em diante, eles possam anunciar-te as coisas que fará o Senhor Sabaoth'.[4]

Antes que tu viesses, a força que atuava através do profeta Isaías profetizou a teu respeito, dizendo que virias tomar a força dos arcontes dos éons para que, daí em diante, nada mais viessem a saber.

Por essa razão também é dito: 'Já não sabereis o que fará o Senhor das Hostes'. Isso significa que ninguém dos arcontes saberá o que tu farás doravante. Os arcontes podem ser equiparados a 'egípcios' porque são matéria.

Outrora a força do profeta Isaías vaticinou a teu respeito: 'De agora em diante já não sabereis o que fará o Senhor das Hostes'. Com relação à força-luz que tomaste de Sabaoth, o Bom, que se encontra na região dos justificados, força essa que, a partir de agora, está em teu corpo material, tu, ó Senhor Jesus, disseste-nos: 'Quem tem ouvidos para ouvir, ouça', para que tu sintas quem tem o coração anelante orientado para o reino dos céus".

[4] O Senhor das Hostes.

19. Quando Maria terminou, disse ele: "Falaste bem, Maria. És abençoada diante de todas as mulheres da terra, porque serás a suprema plenitude e a suprema perfeição".

Tendo ouvido essas palavras do Salvador, Maria ficou muito contente. Aproximou-se de Jesus, prostrou-se a seus pés, adorou-o e disse: "Meu Senhor, escuta-me e permite-me perguntar sobre o que disseste antes de falares conosco a respeito das regiões para as quais foste".

Jesus respondeu a Maria: "Fala francamente e não temas. Revelarei tudo o que perguntares".

20. Maria disse: "Senhor, os homens que conhecem o mistério da magia de todos os arcontes de todos os éons, bem como a magia dos arcontes do destino e das esferas, nos quais os anjos pecadores os instruíram para impedir boas ações, eles a realizarão doravante ou não?"

Jesus respondeu a Maria: "Eles já não a realizarão do modo como o faziam no princípio, porque retirei um terço de sua força. Mas eles pedirão força aos que conhecem os mistérios da magia do Décimo Terceiro Éon. E quando invocarem pelos mistérios da magia que se acham no Décimo Terceiro Éon, eles a realizarão dessa maneira e com certeza porque, por mandamento do Primeiro Mistério, não arrebatei forças dessa região".

21. Quando Jesus disse essas palavras, Maria perguntou novamente: "Senhor, então os astrólogos e adivinhos já não poderão, no futuro, por algum tempo, prever para os homens o que acontecerá?"

Jesus respondeu-lhe: "Quando os astrólogos encontrarem as esferas do destino e a primeira esfera voltadas para a esquerda, como era o caso no princípio, suas palavras serão corretas e eles poderão prever as coisas vindouras. Porém, quando as encontrarem orientadas para a direita, não poderão dizer a verdade, porque inverti suas influências astrais, seus quadrados, triângulos e octógonos. Porque suas influências astrais, quadrados, triângulos e octógonos estavam, desde o princípio, constantemente voltados para a esquerda.

Mas agora os direcionei por seis meses para a esquerda e seis meses para a direita. Quem os calcular, a partir da época da mudança — em que as deixei seis meses voltadas para o seu trajeto à esquerda e seis meses para o seu trajeto à direita — quem os consultar dessa maneira, conhecerá exatamente suas influências astrais e preverá todas as coisas que farão.

Do mesmo modo, quando os adivinhos invocarem os arcontes pelo nome e os encontrarem voltados para a esquerda, poderão dizer, com precisão, tudo sobre o que consultarem a seus decanos.

Contudo, quando encontrarem os arcontes voltados para a direita, eles não os ouvirão, porque estarão orientados de maneira diferente da posição anterior, a que Jeú lhes havia dado. Porque seus nomes, quando voltados para a direita, diferem dos que estão voltados para a esquerda.

Quando estes forem chamados enquanto estiverem voltados para a direita não lhes revelarão a verdade, mas os confundirão e ameaçarão.

Portanto, os que não reconhecerem sua trajetória, seus triângulos, quadrados e outras figuras, quando voltada para a direita, tampouco encontrarão alguma verdade, mas sentirão uma grande comoção e ficarão iludidos. Porque inverti as obras que antes eles realizavam em seus quadrados, triângulos e octógonos voltados para a esquerda, e agora faço-os passar seis meses voltados para a direita para que fiquem totalmente desnorteados. Além disso, deixei-os passar seis meses durante os quais ficam voltados para a esquerda, quando fazem sua obras, influências astrais e todas as suas disposições para que os arcontes nos éons e em suas esferas e céus e todas as suas regiões sejam perturbados e iludidos, de modo que sigam caminhos de engano e já não compreendam suas próprias trajetórias".

22. Quando Jesus concluiu essas palavras, Filipe estava sentado junto a ele e anotava todas as suas palavras. Em seguida Filipe se adiantou, prostrou-se a seus pés, adorando-o, e disse: "Meu Senhor e Salvador, permite-me inquerir-te sobre as palavras que disseste antes de falares conosco sobre as regiões para onde foste em virtude de tua missão".

O misericordioso Salvador respondeu e disse a Filipe: "A ti é permitido falar o que quiseres".

Filipe respondeu a Jesus: "Senhor, qual foi o mistério que te levou a inverter a ligação dos arcontes e seus éons, seu destino, suas esferas e todas as suas regiões, confundi-los em sua trajetória e iludi-los em seu percurso? Fizeste isso a eles pela salvação do mundo ou não?"

23. Jesus respondeu e disse a Filipe e a todos os discípulos: "Inverti sua trajetória para a salvação de todas as almas. Se não tivesse invertido seu percurso, um grande número de almas teria sido destruído, e muito tempo seria perdido se os arcontes dos éons, os arcontes do destino e das esferas, todas as suas regiões, seus céus e seus éons não tivessem sido destruídos.

As almas teriam de passar longo tempo fora deste mundo. E teria havido muito atraso na consumação do número das almas perfeitas que, através dos mistérios, são contadas para a herança das alturas e da Câmara do Tesouro de Luz.

Por essa razão inverti sua trajetória, para que fiquem desnorteados, e perturbados, e devolvam a força que se encontra na matéria de seu mundo com a qual eles criam para si almas, para que as que podem ser salvas se purifiquem prontamente e possam elevar-se, elas e toda a força, e para que as que não podem ser salvas sejam aniquiladas o mais rápido possível".

24. Depois de Jesus ter dito essas palavras a seus discípulos, adiantou-se Maria, a abençoada e sincera no seu falar. Prostrando-se aos pés de Jesus, ela disse: "Senhor, tem paciência para comigo e permite-me falar-te. Não te aborreças se te molesto, fazendo perguntas com tanta frequência".

O Salvador respondeu-lhe, cheio de piedade: "Dize as palavras que queres dizer, e respondê-las-ei sinceramente".

Maria disse a Jesus: "Senhor, de que maneira seriam as almas mantidas fora deste mundo e com que rapidez se daria sua purificação?"

25. A isso respondeu Jesus: "Muito bem, Maria. Fazes uma excelente pergunta e verificas tudo de maneira cuidadosa. Doravante, nada mais ocultarei de vós, mas explicarei tudo com franqueza e de acordo com a verdade. Ouve Maria, e ouvi, discípulos:

Antes de eu pregar a todos os arcontes dos éons e a todos os arcontes do destino e das esferas, todos eles estavam ligados a suas correntes, esferas e selos, como Jeú, o Guardião da Luz, os havia ligado desde o princípio. Cada um deles permaneceu em sua ordem e percorreu sua trajetória assim como Jeú, o Guardião da Luz, os havia preparado.

Quando chegou, então, o tempo do número de Melquisedeque, o grande Paralemptor da Luz, ele continuou em meio aos éons, em meio aos arcontes ligados às esferas e ao destino. Ele tirou o que estava purificado da luz de todos os arcontes dos éons e de todos os arcontes do destino e da esfera, e aniquilou tudo o que haviam perturbado. E ele acelerou seu movimento e fez que seus círculos girassem mais depressa. Ele [Melquisedeque] retirou a força que havia neles, o sopro de sua boca, as lágrimas de seus olhos e o suor de seus corpos. Melquisedeque, o Paralemptor da Luz, purificou essas forças e levou sua luz para a Câmara do Tesouro de Luz. Os servidores dos arcontes dos éons recolheram a matéria de todos eles.

Os servidores dos arcontes do destino e das esferas abaixo dos éons tomaram essa matéria e moldaram-na em forma de almas para homens, gado, répteis, animais selvagens e aves e enviaram-nas para o mundo dos homens.

Quando os Paralemptores do Sol e os da Lua olharam para cima e contemplaram as constelações da órbita dos éons e do destino e as das esferas, arrebataram deles a força-luz. Os Paralemptores do Sol prepararam-na e conservaram-na até que a entregaram ao Paralemptor Melquisedeque, o grande purificador da luz.

Eles trouxeram seu resíduo material para a esfera inferior dos éons. Dele moldaram almas para homens, gado, répteis, animais selvagens e aves de acordo com o ciclo dos arcontes daquela esfera e do sentido de seu giro, e introduziram-nas no mundo dos homens. E ali se tornaram em almas como acabei de dizer-vos.

26. Faziam isso constantemente, antes que sua força diminuísse e ficassem fracos e débeis. Tendo sua força se reduzido e, enfim, desaparecido por completo, eles se tornaram impotentes. A luz de sua região apagou-se, seu reino foi aniquilado, e o Universo depressa se elevou.

Logo que perceberam isso e, tendo-se completado o número das cifras de Melquisedeque, o Paralemptor da luz, sucedeu de ele surgir outra vez e entrar no meio dos arcontes de todos os éons e de todos os arcontes do destino e das esferas. Ele deixou-os agitados e fez que saíssem logo de suas órbitas. Eles entraram imediatamente em aflição e arrojaram a sua força mediante o alento de sua boca, as lágrimas de seus olhos e o suor de seu corpo.

Melquisedeque, o Paralemptor da luz, purificou-a, como sempre fazia, e levou sua luz para a Câmara do Tesouro de Luz. Todos os arcontes dos éons e os arcontes do destino e os das esferas dirigiram-se para o seu resíduo material e devoraram-no. Eles já não permitiram que, com base nele, fossem formadas almas para o mundo. Eles devoraram sua matéria para que não ficassem fracos e sem forças, para não perder sua força e para que seu reino não fosse aniquilado. Eles a devoraram então, para que não fossem aniquilados e para que fosse retardado ao máximo o tempo para completar o número das almas perfeitas que ficam na Câmara do Tesouro de Luz.

27. "Os arcontes dos éons e os do destino atuavam sempre assim, de modo que se viravam e devoravam seu resíduo material, já não permitindo que ele nascesse como alma no mundo dos homens – com o objetivo de prorrogar ao máximo o tempo de seu reinado e, assim, reter a força contida em sua alma do outro lado deste mundo por um longo período. Conseguiram persistir nisso durante dois ciclos.

Quando pretendia prosseguir em minha missão, para a qual fui chamado por mandamento do Primeiro Mistério, cheguei em meio aos tiranos dos arcontes dos doze éons, enquanto minha veste-de-luz mantinha um brilho incomensurável.

Quando, então, os tiranos viram a grande luz em mim, Adamas, o grande tirano, e todos os tiranos dos doze éons juntos, começaram a lutar contra a luz de meu manto para, apoderando-se dela, prosseguir em seu reinado. Ao fazer isso, não sabiam contra quem lutavam.

Enquanto eles se opunham e lutavam contra a luz, inverti, por ordem do Primeiro Mistério, as órbitas e a revolução de seus éons e as órbitas de seu destino e de sua esfera. E fiz que olhassem, durante seis meses, para os triângulos, quadrados, octógonos e os outros aspectos que estavam à esquerda, como costumavam fazer antes.

Mas depois inverti seus percursos e aspectos e fiz que, pelos seis meses seguintes, olhassem para as obras de suas influências astrais nos quadrados, triângulos, octógonos e outros aspectos que estavam à direita. Dessa forma, deixei os arcontes dos éons e todos os arcontes do destino e das esferas em grande confusão e engano. Deixei-os em tal agitação que, desse momento em diante, já não estavam em condição de voltar-se para o resíduo de sua matéria e devorá-lo para, com isso, prolongar a existência de suas regiões e afirmar-se como soberanos pelo maior tempo possível.

Ao tomar um terço de suas forças, inverti suas esferas de modo que passassem um tempo olhando para a esquerda e um tempo olhando para a direita. Inverti toda a sua trajetória e todo o seu percurso e acelerei a trajetória de seu percurso para que fossem purificados e depressa conseguissem subir. Diminuí seu circuito e facilitei seu caminho, e por isso ele foi acelerado. Dessa maneira ficaram desnorteados em sua trajetória e já não estavam em condição de devorar o resíduo da matéria cuja luz fora purificada. Além disso, encurtei suas épocas e períodos para que se completasse o número das almas perfeitas que iriam receber os mistérios e deviam permanecer na Câmara do Tesouro de Luz.

Se eu não tivesse invertido suas trajetórias e encurtado seus períodos, já não teria sido dada a nenhuma única alma a oportunidade de vir ao mundo por causa do resíduo de sua matéria que eles devoram, e assim teriam destruído muitas almas. Por essa razão eu vos disse outrora: 'Abreviei os tempos por causa de meus eleitos. Senão, nem uma única alma poderia ser salva'.

Encurtei, pois, as eras e os períodos por causa do número das almas perfeitas, os eleitos, que deverão participar dos mistérios. Caso eu não tivesse encurtado seus tempos, uma alma material sequer poderia vir a ser salva, mas todas seriam consumidas pelo fogo na carne dos arcontes. Essa é a palavra, pela qual me perguntaste de modo tão pormenorizado."

Tendo Jesus dito essas palavras a seus discípulos, todos eles prostraram-se ao mesmo tempo e adoraram-no, dizendo: "Somos abençoados dentre todos os homens porque nos revelaste essas grandes obras".

28. Jesus retomou a palavra e disse a seus discípulos: "Ouvi, agora, o que me aconteceu entre os arcontes dos doze éons e todos os seus arcontes e senhores, suas potestades, seus anjos e arcanjos. Quando eles e seus sem-par viram a veste-de-luz que me envolvia, cada um deles mirou o mistério de seu nome em minha veste-de-luz.

Todos juntos caíram por terra, adoraram minha veste e clamaram a uma só voz: 'Como foi que o Senhor do Universo passou por nós sem que o soubéssemos?' Eles louvaram em uníssono o interior dos interiores. Todas as suas potestades tríplices, seus grandes patriarcas, seus incriados, seus autogerados e seus gerados, seus deuses, suas centelhas luminosas e estrelas cintilantes, numa palavra, todos os seus grandes viram que a força dos tiranos em seu lugar fora reduzida e estavam enfraquecidos.

Com temor desmedido, miravam o mistério de seu nome em minha veste e tentavam aproximar-se para adorar o mistério de seu nome em minha veste. Entretanto, eles não eram capazes disso devido à grande luz em mim. Todavia, eles a adoravam, mantendo certa distância de mim. Assim reverenciaram a luz de meu manto e enalteceram o interior dos interiores.

Então, quando aconteceu isso aos tiranos que se achavam abaixo dos arcontes, a força lhes foi arrebatada, e eles caíram por terra em seus éons e pareciam mortos, eram como seres que exalaram seu último alento, como também ocorreu quando lhes tomei a força. Quando, em seguida, deixei esses éons, todos os que se encontravam nos doze éons foram juntos confinados a suas ordens. A partir de então, eles realizaram suas obras como eu lhes havia indicado, de modo que por seis meses realizaram suas obras em seus quadrados, triângulos e outros aspectos voltados para a esquerda e os seis meses seguintes passaram orientados para a direita em seus triângulos, quadrados e outros aspectos. Assim também, todos os que se encontram na esfera seguirão seu caminho no futuro."

29. "Quando ascendi para os véus do Décimo Terceiro Éon e ali cheguei, eles mesmos se afastaram para o lado e se abriram diante de mim. Entrei no Décimo Terceiro Éon e encontrei a Pistis Sophia abaixo do Décimo Terceiro Éon, inteiramente só, já que ninguém estava com ela. Estava ali desolada e cheia de tristeza porque não lhe havia sido permitido entrar no Décimo Terceiro Éon, sua região mais elevada. Também estava aflita por causa dos tormentos que Authades, uma das três potestades tríplices lhe impingira. Logo que eu vos falar sobre sua propagação, pretendo explicar o mistério de como foi que isso lhe aconteceu.

Ao ver-me brilhando intensamente em esplendor imensurável, a Pistis Sophia entrou em grande agitação e olhou para a luz de minha veste. Mirou nela o mistério de seu nome e toda a glória desse mistério. Porque ela estivera antes nas alturas, no Décimo Terceiro Éon, onde costumava enaltecer a luz sublime que havia visto no interior dos véus da Câmara do Tesouro de Luz.

Tendo ela continuado a exaltar essa luz nas alturas, todos os arcontes junto às duas grandes potestades tríplices e seu invisível que está ligado a ela, bem como todas as outras vinte e duas emanações invisíveis, olharam para a luz. Porquanto a Pistis Sophia e o seu par, assim como as outras vinte e duas emanações invisíveis, formam juntos as vinte e quatro emanações provenientes do grande Pai primordial invisível e das duas grandes potestades tríplices."

30. Quando Jesus disse estas palavras a seus discípulos, Maria adiantou-se e disse: "Senhor, uma vez te ouvi dizer que a Pistis Sophia é, ela mesma, uma das vinte e quatro emanações. Por que ela não se encontra em sua região? Porquanto tu disseste que a encontraste abaixo do Décimo Terceiro Éon".

A história da Pistis Sophia

Jesus respondeu e disse a seus discípulos: "Quando a Pistis Sophia se encontrava no Décimo Terceiro Éon, na região de todos os seus irmãos, dos invisíveis, das vinte e quatro emanações do Grande Invisível, por mandamento do Primeiro Mistério ela voltou seu olhar para o alto e viu a luz no véu da Câmara do Tesouro de Luz. Ela ansiava por chegar a essa região, contudo não estava em condição para tanto. Ela parou de realizar o mistério do Décimo Terceiro Éon. Todavia, louvava a luz das alturas, que havia visto no véu de luz da Câmara do Tesouro de Luz.

Tendo ela prosseguido em sua exaltação à região das alturas, todos os arcontes que viviam nos doze éons odiaram-na porque ela já não compartilhava de seus mistérios e desejava chegar às alturas e ficar acima de todos eles. Por essa razão, enfureceram-se com ela e odiaram-na. Da mesma forma, ela odiava a grande força tríplice de Authades, a terceira potestade tríplice do Décimo Terceiro Éon, que fora desobediente porque não irradiara toda a sua força interior purificada, nem entregara sua luz purificada na ocasião em que os arcontes entregaram sua força purificada, porque ele desejava ser soberano sobre todo o Décimo Terceiro Éon e sobre os que estão abaixo dele.

Quando então os arcontes dos doze éons ficaram muito enfurecidos com a Pistis Sophia, odiando-a intensamente, a grande força tríplice de Authades, da qual falei há pouco, juntou-se aos doze éons. Também ele ficou enfurecido com a Pistis Sophia e odiou-a porque ela desejava subir para uma luz que era superior a ele.

De si mesmo ele criou uma grande força com cabeça de leão e de sua própria matéria fez uma porção de outras criaturas materiais muito poderosas. Ele as enviou para as regiões inferiores, as regiões do Caos, para ali atormentar a Pistis Sophia e roubar sua força, porque ela desejava subir para as alturas, que estão acima deles, e porque, além disso, ela havia parado de realizar seus mistérios, mas apenas ficava sempre triste, ansiando pela luz que havia visto. Também os arcontes, que continuavam realizando seus mistérios, odiavam-na, bem como todos os guardiães dos portais dos éons.

Por ordem do Primeiro Mandamento, o grande, três vezes poderoso Authades, que é uma das potestades tríplices, perseguiu a Pistis Sophia no Décimo Terceiro Éon, para mobilizá-la a olhar para as regiões inferiores, de modo que visse sua força-luz — a com cabeça de leão — e desejasse ir para aquelas regiões para que ali pudesse roubar-lhe sua luz".

31. "Ao olhar para baixo e perceber sua força-luz nas regiões inferiores, ela não sabia que isso era a força-luz da potestade

tríplice, Authades. Pensou que provinha da luz que, no início, avistara nas alturas, a qual provinha dos véus da Câmara do Tesouro de Luz. E ela pensou consigo mesma: 'Quero, sem meu par, descer para aquela região e tomar a luz para, com ela, criar éons de luz para mim mesma e, com isso, ficar em condição de me dirigir para a Luz das Luzes nas alturas mais elevadas'.

Enquanto pensava nisso, ela abandonou sua região, o Décimo Terceiro Éon, e desceu para o décimo segundo éon. Ali perseguiram-na todos os arcontes dos éons que estavam enfurecidos com ela porque havia pensado na grande glória.

Entretanto, ela deixou também os doze éons e desceu para a região do Caos, aproximando-se da força-luz com cabeça de leão para devorá-la. Contudo, ali a cercaram todas as emanações materiais de Authades. A grande força-luz com cabeça de leão devorou todas as forças-luzes da Pistis Sophia. Sua luz foi filtrada e devorada. Sua matéria foi atirada no Caos. Ali se encontrava um arconte com cabeça de leão, com uma metade em fogo e a outra metade em trevas, ou seja, Ialdabaoth, de que vos falei várias vezes.

Quando isso aconteceu, a Pistis Sophia ficou muito fraca, e a força-luz com cabeça de leão recomeçou a arrebatar todas as suas forças-luzes, enquanto as forças materiais de Authades mantinham-na aprisionada e sob pressão".

32. "A Pistis Sophia deu um grito agudo, clamando pela Luz das Luzes que ela havia visto no princípio e em que acreditava. E disse estas palavras de arrependimento:

'Ó Luz das Luzes, em que acreditei desde o princípio, ouve agora o meu arrependimento; pois maus pensamentos me enclausuraram.

Lancei meu olhar para as regiões inferiores e ali vi uma luz que me fez pensar em ir para aquela região para apoderar-me daquela luz. E fui. Entretanto, caí nas trevas do Caos inferior e não tive condição de me elevar e voltar para a minha região; pois as criaturas de Authades afligiram-me, e a força com cabeça de leão roubou minha luz interior. Clamei por socorro. Porém, minha voz não conseguiu trespassar as trevas. E olhei para o céu para que a luz em que eu acreditava viesse em meu auxílio. Todavia, ao olhar para o alto, vi todos os arcontes dos éons olhando e rindo de mim, embora eu não lhes tivesse feito nada de mal e me odiassem sem motivo. Quando as criaturas de Authades perceberam a satisfação maldosa dos arcontes dos éons, tiveram certeza de que os arcontes dos éons não viriam em meu auxílio. Assim, as criaturas recobraram ânimo e atormentaram-me com força, enquanto despojavam-me da luz que não provinha delas.

Por essa razão, ó Luz da Verdade, sabes que fiz isso na minha inocência, porque pensei que a luz com cabeça de leão te pertencia. E o pecado que cometi agora é de teu conhecimento. Não me deixes em aflição, ó Senhor, pois acreditei na tua luz desde o princípio. Ó Senhor, luz das forças, não me deixes agora ficar afastada de minha luz. Porque, por tua causa e por tua luz caí nesta aflição, e a vergonha me envolve.

Por causa de tua luz tornei-me estranha a meus irmãos, aos invisíveis, e às grandes criaturas de Barbelo.

Tudo isso aconteceu-me, ó Luz, porque procurei ardentemente por tua morada. A cólera de Authades, que não agiu por tua ordem, para criar de acordo com as emanações de sua força, caiu sobre mim, porque eu me encontrava em seu éon sem realizar o seu mistério.

E todos os arcontes dos éons zombaram de mim.

Permaneci nessa região em profunda tristeza e com intenso anseio pela luz que havia visto nas alturas.

Os guardiães dos portais procuravam por mim e todos os que perseveravam em seus mistérios escarneciam de mim.

Eu, todavia, elevei meu olhar para ti, ó Luz, e confiei em ti. Agora, porém, estou em aflição e nas trevas do Caos, ó Luz das Luzes. Se, então, queres vir para libertar-me – pois grande é a tua misericórdia – ouve-me então, em verdade, e salva-me.

Salva-me da matéria dessas trevas, para que eu não venha a perecer nelas e para que eu seja liberta das criaturas do deus Authades, que querem encurralar-me.

Não deixes que essas trevas me enfraqueçam e não permitas que a força com cabeça de leão devore toda minha força e que o Caos oculte sua força. Ouve-me, ó Luz, pois tua compaixão é infinitamente grande. Olha por mim na grande misericórdia de tua luz.

Não escondas de mim o teu semblante, pois estou em grande aflição. Ouve logo a minha oração e salva minha força.

Liberta-me dos arcontes que me odeiam, pois tu conheces minha aflição, meu sofrimento e a falta de minha força que eles tomaram. Os que me causaram tudo isso são conhecidos por ti. Faze com eles conforme teu parecer.

Minha força olhava do meio do Caos e das trevas. Esperei pelo meu par, que ele viesse e lutasse por mim, mas ele não veio, apesar de eu esperar que ele viesse e me concedesse força. Contudo, não o encontrei.

Quando procurava pela luz, deram-me escuridão. Quando procurei pela minha força, deram-me matéria.

Destarte, ó Luz das Luzes, oxalá as trevas e a matéria que as criaturas de Authades fizeram vir sobre mim se tornem cilada para elas. Que nela se enredem. Retribui-lhes, priva-as até mesmo de tua graça para que não cheguem à região de seu Authades.

Faze que permaneçam nas trevas e não permitas que contemplem a luz. Que contemplem para sempre o Caos e não as alturas. Que sua vingança recaia sobre elas mesmas e que tua justiça as atinja. Que sejam excluídas da região de seu deus Authades, e que suas criaturas sejam impedidas de chegar às suas regiões; pois ímpio e impudente é seu deus. Ele pensou haver perpetrado essa maldade por sua própria força, sem saber que não teria poder sobre mim se eu não tivesse sido humilhada por teu mandamento.

Porque quando, por teu mandamento, me rebaixaste, perseguiram-me ainda mais e suas criaturas acrescentaram sofrimento à minha humilhação.

Arrebataram minha força-luz e outra vez me atacaram para levar-me à aflição e roubar toda minha luz. Não permitas que se elevem ao Décimo Terceiro Éon, a região da justiça, por me haverem feito isso.

E não permitas que sejam contados entre os que purificam a si mesmos e a sua luz. Não permitas que sejam contados entre os que, sem demora, exibem arrependimento para receber o mistério da luz. Porque arrebataram a minha luz. Minha força-luz está-se esgotando, e sinto falta de minha luz.

Por essa razão, ó Luz que está em ti e que está comigo, louvo teu nome em magnificência, ó Luz.

Que meu louvor seja de teu agrado, ó Luz, como um mistério extraordinário recebido nos portais da Luz, louvor manifestado pelos arrependidos, cuja luz é purificada.

Que se alegre tudo o que é material. Procurem todos a luz para que a força de vossa alma, que está em vós, viva.

Porque a Luz acolheu a matéria, e nenhuma matéria deixará de ser purificada.

Que as almas da matéria e tudo o que nela existe louvem o Senhor de todos os éons. Porquanto Deus libertará a alma de toda matéria. Um lugar será preparado na luz, e todos os libertos ali habitarão, e ele será sua herança.

As almas dos que receberem os mistérios e todos os que receberem os mistérios em seu nome ali permanecerão'."

33. Depois dessas palavras, disse Jesus a seus discípulos: "Este é o louvor que a Pistis Sophia proferiu em seu primeiro cântico de arrependimento, porque se arrependeu de seus pecados e contou-me tudo o que lhe havia acontecido. Portanto: Quem tem ouvidos para ouvir, ouça."

De novo Maria se adiantou e disse: "Senhor, o meu par de luz imanente tem ouvidos e eu ouço com minha força-luz. Teu espírito, que está comigo, despertou-me. Permite-me, então, falar sobre o cântico de arrependimento que a Pistis Sophia proferiu sobre os seus pecados. Outrora tua força-luz profetizou através do profeta Davi, no Salmo 69:

'Salva-me, ó Deus, porque as águas me chegam até a alma.

Estou mergulhado em lamaçal sem fundo, onde não posso ficar. Cheguei às profundezas dos mares, onde a maré me submerge.

Estou cansado de clamar. Arde-me a garganta; os meus olhos enfraqueceram-se de tanto procurar por meu Deus.

Os que, sem razão, me odeiam são mais numerosos do que os cabelos de minha cabeça. Poderosos são meus inimigos, aqueles que querem me destruir; o que não furtei, exigem que lhes devolva.

Ó Deus, tu conheces a minha loucura, e os meus pecados não te estão ocultos.

Que, por minha causa, não fiquem envergonhados os que esperam por ti, ó Senhor, Deus das Hostes. Não deixes que sofram vexame os que buscam por ti, ó Deus de Israel.

Pois, por ti, meu rosto se encobre de vergonha. A meus irmãos tornei-me estranho e desconhecido aos filhos de minha mãe. Pois o zelo por teu templo me consumiu, e os insultos dos que te ultrajam caem sobre mim.

Mortifiquei minha alma pela abstinência, e isso me envergonhou. Vesti um manto grosseiro e me tornei motivo de escárnio para eles.

Eles, os que se assentam às portas, falam a meu respeito, tornei-me motivo de escárnio para os ébrios.

Todavia, meu espírito dirige-se a ti, ó Senhor, ó Deus. Acolhe-me, no devido tempo, segundo tua complacência e salva-me segundo a grandeza de tua graça.

Salva-me deste lamaçal, para que eu não naufrague. Liberta-me dos que me odeiam e salva-me das profundezas das águas.

Não deixes que a corrente das águas me arraste, nem que me traguem as profundezas, nem que o abismo se feche sobre mim.

Responde-me, ó Senhor, pois tua graça é magnífica. Volta-te para mim segundo a grandeza de tua misericórdia.

Não escondas teu semblante de teu servo, pois estou angustiado. Apressa-te em responder-me, aproxima-te de minha alma e liberta-a.

Livra-me de meus inimigos, pois conheces minha vergonha, meu opróbrio e minha afronta. Todos os que me ameaçam estão diante de ti.

O opróbrio partiu-me o coração. Em vão esperei por um sinal de piedade dos consoladores, mas não os encontrei. Deram-me fel por alimento e mataram minha sede com vinagre.

Que a mesa posta diante deles se torne embuste, pedra de tropeço, vingança e desonra para eles. Faze que se lhes curve o dorso para sempre. Derrama sobre eles a tua indignação e que o ardor da tua cólera os atinja.

Que sua morada se torne um deserto, que não haja um habitante em suas tendas.

Porque aqueles a quem tu golpeaste são perseguidos por eles. Aumentam as dores de suas feridas. Acrescentam pecado ao pecado; não deixes que gozem de tua equidade.

Que sejam riscados do livro da vida e não sejam inscritos com os justificados.

E eu estou amargurada de dor. Que teu socorro me resguarde, ó Deus. Quero louvar o nome de Deus com hinos e glorificá-lo com cânticos. Isto será mais aprazível a Deus do que um novilho com chifres e patas.

Que vejam isso e se alegrem os resignados. Buscai a Deus para que vossas almas possam viver. Porque o Senhor atende os necessitados e não descuida dos prisioneiros.

Que os céus e a terra, os mares e tudo o que neles se move louvem ao Senhor. Pois Deus libertará Sião e edificará as cidades de Judá para que nelas habitem e as tenham por herança.

A descendência de seus servidores as herdará e aqueles que amam Seu nome hão de ali morar'."

34. Após ter pronunciado estas palavras a Jesus no círculo dos discípulos, Maria disse: "Senhor, esta é a explicação do mistério do cântico de arrependimento da Pistis Sophia".

Ao ouvir essas palavras de Maria, ele respondeu: "Muito bem, Maria. És abençoada, a plenitude, a plenitude que abarca toda a bênção, és a que será louvada por todas as gerações".

35. Prosseguindo, disse Jesus: "Em seguida, a Pistis Sophia pronunciou seu segundo cântico de arrependimento, no qual disse:

'Ó Luz das Luzes, acreditei em ti. Não me deixes ficar nas trevas até o fim de meus dias.

Ajuda-me e salva-me através de teus mistérios, inclina teus ouvidos para mim e liberta-me.

Que a força de tua luz me liberte e me conduza para os éons superiores, porque tu me libertarás, levando-me às alturas de teus éons.

Salva-me, ó Luz, da mão da força com cabeça de leão e das mãos das criaturas do deus Authades.

Porque tu és, ó Luz, aquela em que acreditei e em que confiei desde o princípio.

Desde o momento de minha criação, acreditei em ti. E tu mesma fizeste que eu fosse criada, e, desde o princípio, confiei em tua luz.

E quando acreditei em ti, os arcontes dos éons zombaram de mim, dizendo: "Ela não conseguiu realizar seu mistério". Tu és meu Salvador e redentor, tu és meu mistério, ó Luz.

Minha boca estava preenchida por tua glória, para que, por todos os tempos, eu pudesse enaltecer o mistério de tua magnificência.

Por isso, ó Luz, não me deixes no Caos até o fim de meus dias; não me abandones, ó Luz.

Toda a minha força-luz me foi arrebatada, e todas as criaturas de Authades cercaram-me. Queriam tomar toda minha luz e puseram um vigia diante de minha força.

Ao mesmo tempo diziam entre si: "A Luz a abandonou. Vamos subjugá-la e tomar toda luz que nela está contida"

Não me entregues, por isso, a meu destino, ó Luz. Volta-te para mim, ó Luz, e livra-me das mãos dos desalmados.

Que os que ambicionam minha força tropecem e se tornem fracos. Que os que querem roubar minha força sejam envoltos pelas trevas e fiquem enfraquecidos'. Este é, pois, o segundo cântico de arrependimento que a Pistis Sophia dedicou à Luz."

36. Tendo dito essas palavras a seus discípulos, Jesus falou: "Compreendeis o que vos digo?" Então, Pedro logo se adiantou e disse a Jesus: "Senhor, não podemos tolerar que esta mulher nos prive da oportunidade de dizer alguma coisa, porque ela mesma fala com muita frequência".

Jesus respondeu: "Aquele no qual a força do espírito se manifestou, de modo que consegue entender minhas palavras, pode apresentar-se e falar. Mas, agora, Pedro, vejo que a força que existe em ti compreende a explicação do mistério do cântico de arrependimento da Pistis Sophia. Pois bem, Pedro, fala, cercado por teus irmãos, sobre as ideias desse cântico de arrependimento".

Pedro respondeu a Jesus: "Ó Senhor, ouve o que tenho a dizer sobre este cântico. A esse respeito tua força-luz profetizou, um dia, através do profeta Davi, quando expressa seu arrependimento no Salmo 70:

'Em ti, ó Senhor, procuro meu refúgio; jamais permitas que eu seja envergonhado.

Salva-me através de tua equidade e liberta-me; inclina teu ouvido para mim e livra-me.

Sê para mim como um forte rochedo e uma fortaleza, para redimir-me; pois tu és minha força e meu refúgio.

Meu Deus, livra-me das mãos dos pecadores, das mãos dos ímpios e dos transgressores.

Pois tu, ó Senhor, és minha perseverança e minha esperança desde a juventude.

Desde o regaço de minha mãe, entreguei-me a ti, ó Senhor. Desde meu nascimento me acompanhaste. Lembrar-me-ei sempre de ti.

Para muitos tornei-me um tolo, mas tu foste meu auxílio e minha força; és meu Salvador, ó Deus.

Meus lábios estão plenos de teu louvor, o dia todo enalteço tua glória. Não me rejeites na velhice. Não me desampares quando minha alma estiver extenuada!

Porque meus inimigos me injuriam, e os que espreitam minha alma juntos forjam intrigas e dizem: "Deus o abandonou; persegue-o e ataca-o, pois não há quem o salve!"

Ó Deus, apressa-te em auxiliar-me! Que sejam humilhados e destruídos os que perseguem minha alma. Em vergonha e ignomínia sejam envoltos os que procuram a minha desdita'.

Essa é, pois, a interpretação do segundo cântico de arrependimento da Pistis Sophia."

37. O Salvador respondeu: "Falaste bem, Pedro. Essa é a interpretação de seu cântico de arrependimento. Abençoados sois dentre todos os homens da terra, porque vos revelei estes mistérios.

Em verdade, em verdade vos digo: Conceder-vos-ei a plenitude dos mistérios do interior para o exterior. Doar-vos-ei o espírito para que sejais chamados homens espiritualizados, perfeitos em toda plenitude.

Em verdade, em verdade vos digo: Dar-vos-ei todos os mistérios da região de meu Pai e de todas as regiões do Primeiro Mistério, para que todos os que acolherdes na terra também sejam acolhidos na Luz das alturas; e todos os que rejeitardes na terra também sejam rejeitados no reino de meu Pai que está nos céus.

Todavia, continuai ouvindo todos os cânticos de arrependimento que a Pistis Sophia expressou. Ela prosseguiu com seu terceiro cântico:

'Ó Luz das forças, guarda-me e liberta-me.

Que caiam na miséria e nas trevas aqueles que querem tomar minha luz. Que se voltem para o Caos e sejam envergonhados os que querem roubar minha força.

Que os que me perseguem e dizem: "tornamo-nos seu mestre" logo retornem para as trevas.

Alegrem-se e rejubilem todos os que buscam a luz, e os que almejam teu mistério possam dizer: "Que o mistério se eleve".

Liberta-me, ó Luz, pois sinto necessidade da luz que eles me arrebataram. E almejo a força que me roubaram. Tu, ó Luz, és meu Salvador e redentor. Livra-me logo deste Caos, ó Luz'."

38. Tendo dito estas palavras a seus discípulos, Jesus falou: "Este é o terceiro cântico de arrependimento da Pistis Sophia. Que se apresente aquele em quem se elevou o espírito do conhecimento e explique os propósitos deste cântico".

Antes mesmo de Jesus concluir suas palavras, adiantou-se Marta, caiu a seus pés, beijou-os e, chorando copiosamente com profunda humildade, clamou: "Senhor, compadece-te e tem misericórdia de mim. Permite-me explicar este cântico da Pistis Sophia".

Jesus estendeu a mão a Marta e disse-lhe: "Bem-aventurado é o que se submete, pois ele obterá misericórdia. Pois bem, Marta, tu és assim agraciada. Explica então o propósito do cântico de arrependimento da Pistis Sophia".

Marta respondeu a Jesus em meio aos discípulos: "Sobre este cântico de arrependimento da Pistis Sophia, ó Senhor, tua força-luz que estava em Davi profetizou outrora no Salmo 70: 'Ó Senhor, apressa-te em socorrer-me. Os que espreitam minha alma serão arruinados e ficarão cobertos de vergonha.

Que retrocedam e sejam destruídos os que me dizem, exclamando: Ah-ah!

Que os que te buscam exultem e se rejubilem. E que os que desejam a tua salvação digam sempre: "Deus é grande".

Mas eu sou lastimável e pobre. Ó Deus, ajuda-me! És meu amparo e meu escudo. Ó Senhor, não me faças esperar!'

Este é o significado do terceiro cântico de arrependimento da Pistis Sophia quando enalteceu as alturas."

39. Tendo ouvido estas palavras, Jesus disse: "Muito bem, Marta, tuas palavras foram belas".

Prosseguindo na sua alocução, disse ele a seus discípulos: "Antes de ser torturada pela segunda vez, a Pistis Sophia continuou com seu quarto cântico de arrependimento, para que a força com cabeça de leão e todas as criaturas materiais que

Authades mandou para o Caos não roubassem toda a luz que ainda lhe restava. Ela pronunciou então este cântico:

'Ó Luz em que confiei, ouve minha súplica e permite que minha voz chegue à tua morada.

Não escondas de mim teu manto de luz, mas protege-me quando eles me atormentam. Salva-me sem demora no dia em que clamo por ti.

Porque meus dias se dispersaram como um sopro e me tornei matéria.

Tomaram minha luz e minha força está exaurida. Esqueci-me do mistério que outrora realizei fielmente.

Por causa das vozes do medo e de Authades, minha força desapareceu.

Sou como um estranho demônio que habita na matéria e no qual não há luz interior. Tornei-me um espírito satânico que habita um corpo material e não possui força-luz.

Tornei-me um decano que se encontra sozinho na atmosfera.

As emanações de Authades acuaram-me; e aquele que está em comunhão comigo diz a si mesmo: "Ao invés da luz que antes a preenchia, preencheram-na com Caos".

Esgotei o suor de meu corpo e as lágrimas de medo dos meus olhos materiais para que meus opressores não roubassem até mesmo estas.

Tudo isso, ó Luz, me sobreveio por teu mandamento e por tua ordem. E teu desígnio é que eu aqui me encontre.

Teu mandamento remeteu-me para baixo e eu desci como uma força do Caos. Minha força está paralisada.

Tu, porém, ó Senhor, és a luz eterna e procuras sem cessar os acossados.

Eleva-te, ó Luz, e procura minha força e a alma que está em mim. Tua ordem, que impuseste em minha miséria, foi cumprida. Meu tempo chegou, pois procuras minha força e minha alma. E é o tempo que antes havias determinado para me procurar.

Porque teus salvadores procuraram pela força de minha alma, porque o número está completo e para que também a sua matéria seja salva.

Neste dia todos os arcontes dos éons materiais temerão tua luz. E todas as emanações do Décimo Terceiro Éon material temerão o mistério de tua luz para que os outros possam atrair a purificação de tua luz.

Porque o Senhor procurará a força de vossa alma. Ele revelou seu mistério.

Ele vê a súplica dos que se encontram nas regiões inferiores. E não menosprezou seus cânticos de arrependimento.

Este é o mistério que se tornou exemplo para a geração vindoura. E a geração que então nascer louvará as alturas.

Porque a Luz olhou das alturas para baixo. Ela olhará para toda a matéria a fim de ouvir o gemido dos aprisionados e libertar as almas de sua prisão, para que registre a luz de seu nome em sua alma e seu mistério em sua força'."

40. Após estas palavras, disse Jesus a seus discípulos: "Este é o quarto cântico de arrependimento da Pistis Sophia. Quem puder compreendê-lo, que compreenda". Então apresentou-se João, beijou o coração de Jesus e disse: "Senhor, que me seja permitido receber de ti a tarefa de explicar o quarto lamento da Pistis Sophia".

Jesus disse a João: "Concedo-te a tarefa e autorizo-te a explicar o cântico de arrependimento da Pistis Sophia".

João respondeu: "Senhor e Salvador, sobre este cântico de arrependimento da Pistis Sophia, tua força-luz profetizou outrora, através de Davi, no Salmo 102:

'Senhor, ouve minha oração, e possa o meu clamor por socorro chegar a ti. Não escondas de mim o teu semblante, inclina-me teu ouvido no dia de minha tribulação. Apressa-te em acudir-me agora que estou clamando.

Pois meus dias esvaíram-se como fumaça e meus ossos estão crestados como pedra.

Estou queimado como a erva, e meu coração está ressequido. Esqueci-me de comer o meu pão.

De tanto gemer, meus ossos colaram-se à carne.

Sou como um pelicano no deserto, como uma coruja num amontoado de pedras.

Passei a noite em claro e sou como um pardal solitário no telhado.

Os meus inimigos, que esbravejam contra mim, usando meu nome como maldição, escarnecem de mim o dia inteiro.

Como cinza em vez de pão, e minha bebida está misturada com lágrimas por temor de tua ira e de tua fúria; pois me elevaste e me abateste.

Meus dias inclinam-se como longas sombras, e estou ressecando como erva. Mas, tu, ó Senhor, reinas pela eternidade e teu nome permanece de geração em geração.

Levanta-te e sê compassivo com Sião, pois é tempo de ser misericordioso para com ele, porque a hora chegou.

Teus servidores amam suas pedras, terão piedade de sua terra.

Então todos os povos temerão o nome do Senhor, e todos os reis da terra, a sua glória.

Porque o Senhor edificará Sião e se manifestará na sua magnificência.

Ele ouviu a prece dos abatidos e não desprezou seus rogos suplicantes.

Isto foi registrado para uma geração seguinte. E o povo que então será criado louvará o Senhor.

Pois ele inclinou seu olhar de sua sagrada eminência. O Senhor olhou dos céus para a terra para ouvir o gemido dos cativos e libertar os condenados à morte para que o nome do Senhor seja proclamado em Sião e sua glória em Jerusalém.'

Esta, ó Senhor, é a explicação do mistério do quarto cântico de arrependimento pronunciado pela Pistis Sophia.

41. Após João ter dito estas palavras a Jesus entre os discípulos, disse Jesus a ele: "Falaste muito bem João, ó puro, que dominará no reino da luz".

Jesus prosseguiu sua exposição dizendo a seus discípulos: "As criaturas de Authades investiram outra vez contra a Pistis Sophia no Caos e queriam arrebatar-lhe toda a sua força-luz. No entanto, os mandamentos para conduzi-la para fora do Caos ainda não estavam cumpridos. Também ainda não fora dada pelo Primeiro Mistério a ordem de libertá-la do Caos. Quando todas as criaturas materiais de Authades a atacaram, ela clamou, pronunciando seu quinto cântico de arrependimento:

'Ó Luz de minha salvação, canto em louvor a ti, tanto nas alturas como no Caos.

Exaltar-te-ei com meu cântico de louvor com o qual te enalteci nas alturas; e com ele te louvei quando estava no Caos. Possa ele te alcançar. Acolhe, ó Luz, o meu arrependimento.

Minha força está repleta de trevas, e minha luz submergiu no Caos. Eu mesma me tornei como os arcontes do Caos que imergiram nas trevas inferiores. Tornei-me um corpo material que, nas alturas, não tem ninguém que venha a salvá-lo. Tornei-me como a matéria destituída de toda a força quando foi atirada no Caos, aquela que não libertaste e que, por tua lei, foi aniquilada.

Por isso trouxeram-me para as trevas mais inferiores, trevas e matéria que estão mortas e desprovidas de força. Contra mim fizeste valer tua lei e tudo o que quiseste. Teu espírito retirou-se, abandonando-me. As criaturas de meus éons, por tua ordem, não me socorreram. Elas odiaram-me e afastaram-se de mim. Entretanto, ainda assim, não estou completamente aniquilada.

Minha luz debilitou-se e, com a luz que me restou, clamei por ti, ó Luz, e estendi minhas mãos para ti.

Cumprirás agora, ó Luz, tua lei no Caos? E os salvadores, que virão em obediência à tua lei, elevar-se-ão, depois, das trevas e tornar-se-ão teus discípulos?

Porventura proclamarão o mistério de teu nome no Caos?

Ou darão eles, pelo contrário, testemunho de teu nome na matéria do Caos, onde, purificando, não te manifestarás?

Eu, porém, louvei-te, ó Luz, e meu cântico de arrependimento chegará a ti nas alturas. Que tua luz desça sobre mim.

Eles tomaram minha luz, e eu sofro pela luz desde que fui criada. E quando subi para a luz e contemplei a força-luz aqui embaixo no Caos, ergui-me e desci. Tua lei veio sobre mim, e os horrores que para mim determinaste confundiram-me.

Eles cercaram-me como águas bravias; por todo o tempo mantiveram-me sob suas garras.

Por causa de tua lei meus companheiros não puderam ajudar-me. Também não permitiste que meu par me libertasse de minha miséria.'

Este é, pois, o quinto cântico de arrependimento que a Pistis Sophia pronunciou no Caos, enquanto as criaturas materiais de Authades continuavam a atormentá-la".

42. Tendo Jesus dito isso a seus discípulos, dirigiu-se assim a eles: "Quem tem ouvidos para ouvir, que ouça. E aquele em quem palpita o espírito, que se apresente e explique os desígnios do quinto cântico de arrependimento da Pistis Sophia".

Quando Jesus disse estas palavras, adiantou-se Filipe, largou o livro que tinha nas mãos — pois era ele quem registrava tudo o que Jesus dizia e tudo o que ele fazia – e falou: "Senhor, foi apenas a mim que deste o encargo de cuidar das preocupações do mundo e de registrar tudo o que dizes e fazes? Não me deste oportunidade de dar a explicação dos mistérios do cântico de arrependimento da Pistis Sophia. Várias vezes o espírito palpitou em mim, sentiu-se livre, incitando-me de modo intenso a apresentar-me e explicar os cânticos de arrependimento da Pistis Sophia. Mas não pude apresentar-me, porque sou o que deve registrar tudo o que é dito".

Ao ouvir Filipe, Jesus disse-lhe: "Filipe, tu, bem-aventurado, ouve para que eu possa falar-te. Tu, Tomé e Mateus sois os que foram encarregados pelo Primeiro Mistério de escrever todas as palavras que eu disser e tudo o que virem.

Quanto a ti, o número dos tratados que deves registrar ainda não está preenchido. Assim que o tiveres preenchido poderás apresentar-te e falar o que quiseres. Porém, de agora em diante, todos os três deverão registrar todas as palavras que eu disser e tudo o que eu fizer, tudo o que virem, como um testemunho de todas as coisas do reino dos céus".

43. Depois disso, falou Jesus a seus discípulos: "Quem tem ouvidos para ouvir, que ouça".

Em seguida levantou-se Maria, colocou-se no meio, ao lado de Filipe, e disse a Jesus: "Senhor, a luz imanente em mim tem ouvidos e estou preparada para ouvir com minha força. Compreendi a palavra que disseste com tanta exatidão. Ouve-me, então, Senhor, para que eu possa explicar as palavras que nos dirigiste, pois disseste: 'Quem tem ouvidos para ouvir, que ouça'.

A Filipe disseste: 'Tu e Tomé e Mateus, os três, sois os que pelo Primeiro Mistério foram encarregados de escrever todos os tratados sobre o reino da luz e dele dar testemunho'. Ouve, para que eu possa anunciar o significado dessas palavras. É o que foi profetizado por tua força-luz, através de Moisés: 'Através de dois ou três testemunhos, cada coisa deve ser comprovada sem dúvida'. Os três testemunhos são Filipe, Tomé e Mateus".

Tendo Jesus ouvido essas palavras, disse ele: "Falaste muito bem, Maria, este é o significado da palavra. Agora, porém, adianta-te, Filipe, e dá a explicação do quinto cântico de arrependimento da Pistis Sophia. Depois senta-te outra vez e registra cada palavra que eu disser até que tua parte que deves registrar nas palavras sobre o reino da luz esteja cumprida. Assim, podes levantar-te e dizer o que teu espírito consegue abarcar. Agora, contudo, anuncia primeiro o significado do quinto cântico de arrependimento da Pistis Sophia".

Filipe respondeu: "Senhor, ouve minha explicação de seu cântico de arrependimento, pois a esse respeito profetizou outrora tua força-luz, através de Davi, no Salmo 88:

'Ó Senhor, Deus de minha salvação, dia e noite clamei a ti. Permite que minha oração chegue a teu semblante, inclina teu ouvido ao meu clamor.

Porque minha alma está saturada de miséria, minha vida se aproxima do reino da morte.

Estou incluído entre os que desceram à cova; tornei-me como um homem sem auxílio.

Os libertos submetidos à morte são como abatidos que jazem na cova, de quem já não te lembras; os que são aniquilados por tuas mãos.

Puseram-me numa funda sepultura, nas trevas e nas sombras da morte.

Tua cólera me oprime e tuas vagas caíram sobre mim.

Afastaste de mim meus conhecidos; tornei-me alvo de execração. Aprisionado estou e não consigo escapar.

Meus olhos estão enfraquecidos pela desgraça. Clamo por ti todos os dias, ó Senhor, estendendo a ti minhas mãos.

Causarás então maravilhas aos mortos? Ou acaso levantar-se-ão apenas os fantasmas para louvar-te?

Acaso proclamarão teu nome na sepultura e tua justiça no reino de teu esquecimento?

Mas eu clamei por ti, ó Senhor, e já de manhã chega a ti minha oração.

Não escondas de mim o teu semblante. Porque sou miserável e pobre desde a juventude. Mas, quando recobrei o ânimo, humilhei-me e levantei-me.

Tua cólera ardente se abate sobre mim e teus horrores me destroem. Cercam-me como água e atacam-me o dia inteiro.

Meus melhores amigos e companheiros afastaste de mim; somente as trevas tenho por companhia.'

Essa é, pois, a significação do mistério do quinto cântico de arrependimento que a Pistis Sophia pronunciou quando foi atormentada no Caos".

44. Ao ouvir Jesus estas palavras de Filipe, disse ele: "Muito bem, amado Filipe. Vem e senta-te de novo e escreve tua parte das palavras que eu disser e todas as coisas que eu fizer e tudo o que vires". Filipe tomou imediatamente seu lugar para continuar escrevendo.

Em seguida Jesus retomou a palavra e disse a seus discípulos: "A Pistis Sophia clamou pela Luz. A Luz perdoou-lhe o pecado de ter abandonado sua região e descido para as trevas. Ela pronunciou seu sexto cântico de arrependimento e disse:

'Eu te enalteci, ó Luz, nas trevas mais profundas. Ouve meu cântico de arrependimento e presta atenção à voz de minha súplica.

Ó Luz, se considerardes meu pecado, não poderei subsistir diante de ti e me deixarás sozinha.

Porque tu, ó Luz, és minha salvadora; por amor da luz de teu nome, confiei em ti, ó Luz.

Minha força-luz confiou em teu mistério. Minha força confiou na Luz quando esteve nas alturas e também confiou nela quando esteve embaixo no Caos.

Que todas as forças em mim confiem na Luz, agora que estou na mais profunda escuridão; e que também nela confiem quando chegarem às alturas.

Pois a Luz é plena de misericórdia e liberta-nos. Na Luz há um mistério grande e Salvador.

Ele tirará todas as forças do Caos por causa de minha transgressão. Porque abandonei minha região e desci para o Caos.'

Pois bem, o que tem a razão enobrecida para tanto que o compreenda".

45. Tendo Jesus dito estas palavras a seus discípulos, perguntou-lhes: "Compreendeis o sentido do que foi falado?"

André adiantou-se e disse: "Senhor, no que concerne ao significado do sexto cântico de arrependimento da Pistis Sophia, disse tua força-luz, através de Davi, no Salmo 130:

'Das profundezas clamo a ti, ó Senhor. Escuta minha voz. Inclina teus ouvidos à minha súplica.

Se tu, ó Senhor, lembrares de minhas iniquidades, quem subsistirá?

Mas, em ti está o perdão. Por amor de teu nome, esperei por ti, ó Senhor.

Minha alma esperou por tua palavra. Minha alma espera pelo Senhor de manhã até a noite. Que Israel espere pelo Senhor de manhã até a noite.

Porque no Senhor existe graça e grande libertação. Ele livrará Israel de todas as suas iniquidades'."

Jesus disse-lhe: "Muito bem, André, tu és abençoado. Este é o significado de seu cântico de arrependimento. Em verdade, em verdade vos digo: Iniciar-vos-ei em todos os mistérios da luz, em toda a Gnosis, do interior dos interiores até o exterior dos exteriores; do Inefável até as trevas mais escuras; da Luz das Luzes até o mais material do material; de todos os deuses até os demônios;* de todos os senhores até os seus decanos; e de todas as potestades até os servidores; da criação do homem até a criação dos animais, do gado e dos répteis; para que possais ser chamados perfeitos, consumados até a plenitude perfeita.

Em verdade, em verdade vos digo: No lugar onde eu estiver no reino de meu Pai, também estareis comigo. Assim que o número perfeito estiver completo, de modo que o mundo da mistura será dissolvido, determinarei que tragam aqui todas as divindades tirânicas que não irradiaram a parte purificada de sua luz. Ao fogo da sabedoria confiado aos perfeitos darei a ordem de consumir esses tiranos até que entreguem a última parte purificada de sua luz".

Depois destas palavras de Jesus a seus discípulos, disse ele: "Compreendeis o sentido do que foi dito?"

Disse Maria: "Sim, Senhor, compreendi tua palavra. Com respeito ao que disseste: 'Na dissolução de todo o mundo da mistura, sentarás num trono de luz, e teus discípulos, ou seja, nós, estaremos à tua direita, e julgarás os deuses tirânicos que não entregaram a parte purificada de sua luz; e o fogo da sabedoria os consumirá até que entreguem o restante de sua luz interior' — no que concerne a isto, então, disse outrora tua força-luz, através de Davi no Salmo 82: 'Deus ocupará o trono na assembleia dos deuses e julgará os ídolos'."

Jesus disse-lhe: "Muito bem, Maria".

46. Prosseguindo, disse Jesus a seus discípulos: "Quando a Pistis Sophia pronunciou seu sexto cântico de arrependimento sobre o perdão de sua transgressão, voltou-se para o alto para ver se seus pecados haviam sido perdoados e se ela seria alçada

do Caos. Por mandamento do Primeiro Mistério, todavia, ainda não havia sido consentido perdoar os seus pecados e conduzi-la para fora do Caos.

Quando, pois, ela se voltou para as alturas para verificar se seu arrependimento fora aceito, viu que todos os arcontes dos doze éons zombavam dela e exultavam maldosamente porque seu cântico de arrependimento não fora aceito.

Ao ver que ela estava sendo escarnecida, ficou muito aflita e clamou às alturas em seu sétimo cântico de arrependimento, dizendo:

'A ti, ó Luz, entreguei minha força, minha luz.

Em ti confiei. Não permitas que eu seja desprezada e não toleres que os arcontes dos doze éons, que me odeiam, zombem de mim. Porquanto todos os que em ti confiam não podem ser envergonhados.

Que aqueles que roubaram minha força permaneçam nas trevas e não tirem proveito da força, porém que ela lhes seja tomada.

Ó Luz, mostra-me teu caminho para que, nele, eu seja redimida. Aponta-me tuas veredas para que eu seja liberta do Caos.

Guia-me em tua luz e deixa que eu reconheça, ó Luz, que és minha salvadora. Quero confiar sempre em ti.

Libertar-me-ás, ó Luz, pois tua misericórdia é eterna.

Quanto aos pecados que cometi na ignorância, não os consideres, ó Luz, mas, pela tua graça, liberta-me através de teu grande mistério do perdão dos pecados, ó Luz. Porque clemente e justa é a Luz. Por essa razão, mostrar-me-á um caminho para a libertação de meus pecados.

De acordo com seu mandamento, a Luz encaminhará minhas forças que estão reduzidas por medo das criaturas materiais de Authades. E ela oferecerá a Gnosis às minhas forças que, por falta de misericórdia, estão debilitadas.

Porque a Gnosis da Luz é libertação e mistério para todos os que anseiam pelas regiões da herança e do mistério da Luz.

Por causa do mistério de teu nome, ó Luz, perdoa meu pecado, porque é grande.

A todo aquele que confia na Luz, ela concederá o mistério de que ele tem necessidade.

Sua alma habitará nas regiões da Luz. E sua força herdará o Tesouro de Luz.

A Luz oferece sua força a todos os que creem na Luz. O nome de seu mistério é oferecido aos que nela confiam. E a eles é mostrada a região da herança que está na Câmara do Tesouro de Luz.

Sempre acreditei na Luz, e ela me libertará os pés das cadeias das trevas.

Sê compassiva para comigo, ó Luz, e liberta-me; pois até meu nome me arrebataram no Caos.

Por causa de todas as emanações, minhas dores e minhas aflições tornaram-se inúmeras. Livra-me de meus pecados e destas trevas.

Olha para o tormento de minha aflição e perdoa os meus pecados.

Vê o quanto, por inveja, me odeiam os arcontes dos doze éons. Zela por minha força e liberta-me. Não me deixes ficar nestas trevas, pois em ti acreditei.

E tomaram-me por tola porque tive confiança em ti, ó Luz.

Agora, ó Luz, livra minhas forças do poder das criaturas de Authades, que me atormentam.

Quem for sensato no julgamento, que seja sensato'."

Tendo Jesus dito estas palavras a seus discípulos, apresentou-se Tomé e disse: "Senhor, eu sou sensato, muito sensato, e meu espírito percebe tudo com muita clareza, e me alegro por teres nos revelado estas palavras. Até agora tenho sido paciente com meus irmãos para que não se zanguem; pois, de cada um deles suportei a precedência para que desse a explicação do cântico de arrependimento da Pistis Sophia. Então, agora, ó Senhor, a respeito da explicação do sétimo cântico de arrependimento da Pistis Sophia, tua força-luz disse outrora, através do profeta Davi, no Salmo 25:

'A ti, Senhor, elevo a minha alma. Em ti confio. Não me deixes arruinado, nem que zombem de mim os meus inimigos. Com efeito, todos os que em ti confiam não ficarão envergonhados. Envergonhados ficarão aqueles que, sem razão, agem com deslealdade para contigo.

Senhor, torna-me conhecidos os teus caminhos e indica-me tuas veredas. Guia-me em tua verdade e ensina-me: pois és o Deus de minha salvação e espero por ti o dia inteiro.

Considera tua misericórdia, ó Senhor, e tua mercê que são desde a eternidade. Não te lembres dos pecados de minha juventude e ignorância. Mas, lembra-te de mim conforme a tua graça e por tua bondade, ó Senhor.

Bom e justo é o Senhor, por isso mostra o caminho aos pecadores. Guia os mansos na justiça e ensina ao humilde o seu caminho.

Todas as veredas do Senhor são graça e verdade para aqueles que procuram sua justiça e seu testemunho. Por causa de teu nome, ó Senhor, perdoa-me minha culpa, pois é grande.

Quem é o homem que teme ao Senhor? Ele mostra-lhe o caminho que deve escolher. Sua alma viverá na felicidade e sua descendência herdará a terra.

O Senhor é força para os que o temem. Ele desvela seu nome para aqueles que o temem. Ele lhes dá a conhecer a sua aliança. Meus olhos estão continuamente dirigidos ao Senhor, pois ele tirará meus pés da armadilha.

Volta-te para mim e sê compassivo; pois estou sozinho e miserável. Multiplicaram-se os tormentos de meu coração. Liberta-me de minhas angústias.

Olha para minha desgraça e meu padecimento e perdoa todos os meus pecados. Vê quão numerosos são os meus inimigos e com que ódio maldoso me abominam.

Protege minha alma e liberta-me. Não seja eu humilhado, pois em ti procuro refúgio.

A inocência e a retidão acompanharam-me, pois em ti espero, ó Senhor. Ó Deus, liberta Israel de todos os seus padecimentos!'"

Ao ouvir estas palavras de Tomé, disse-lhe Jesus: "Muito bem, Tomé. Este é o significado do sétimo cântico de arrependimento da Pistis Sophia. Em verdade, em verdade vos digo: Todas as gerações vos glorificarão porque vos tenho revelado isto, porque tendes recebido de meu espírito e porque vos tornastes sábios e espiritualizados, pois compreendeis o que vos digo.

Depois conceder-vos-ei toda a luz e toda a força do espírito para que, de agora em diante, compreendam tudo o que vos for dito e tudo o que virdes. Dentro de pouco tempo falarei, então, convosco sobre tudo o que concerne às alturas, do exterior para o interior e do interior para o exterior".

47. Prosseguindo em sua exposição, disse Jesus a seus discípulos: "Quando a Pistis Sophia proferiu seu sétimo cântico de arrependimento no Caos, ainda não me havia sido dada, pelo Primeiro Mistério, a ordem de salvá-la. No entanto, por compaixão, levei-a, por mim mesmo e sem ordem, para uma região um pouco mais aberta no Caos.

Quando as emanações materiais de Authades perceberam que ela fora levada para uma região um tanto mais aberta no Caos, cederam um pouco na sua atormentação, supondo que ela logo seria conduzida para fora do Caos.

A Pistis Sophia não sabia que era eu o seu auxiliar. Ela não me reconhecera de modo nenhum e continuou a louvar a

Câmara do Tesouro de Luz que havia visto outrora e em que acreditava. Ela pensou que fosse essa a luz que a ajudara e que ela havia enaltecido com a convicção de que era a única luz verdadeira.

Por ter crido na luz que pertence ao verdadeiro tesouro, ela seria conduzida para fora do Caos, e seu arrependimento seria aceito. Contudo, a aceitação de seu arrependimento ainda não fora determinada pelo Primeiro Mistério. Ouvi, pois, para que eu vos conte tudo o que aconteceu à Pistis Sophia.

Quando eu a levei para uma região um pouco mais aberta no Caos, as criaturas de Authades pararam de afligi-la porque pensavam que havia sido conduzida completamente para fora do Caos.

Porém, ao perceber que a Pistis Sophia não fora levada para fora do Caos, as criaturas de Authades voltaram de imediato, acometendo-a com intensidade. Por isso ela proferiu seu oitavo cântico de arrependimento, porque elas já haviam deixado de atormentá-la, mas voltaram a atacá-la fortemente. Ela proferiu este cântico de arrependimento:

'Em ti esperei, ó Luz. Não me deixes no Caos. Liberta-me e salva-me de conformidade com tua Gnosis.

Cuida de mim. Sê minha salvadora, ó Luz. Salva-me efetivamente, e leva-me para tua luz. Porque tu és minha salvadora e me guiarás para junto de ti. Por amor do mistério de teu nome, guia-me e concede-me tua graça.

Tu me livrarás da força com cabeça de leão que me puserem como armadilha, pois tu és minha salvadora.

Em tuas mãos quero pôr a parte purificada de minha luz. Tu me salvaste, ó Luz, conforme tua Gnosis.

Ficaste enfurecida com aqueles que me vigiam, mas não conseguem dominar-me completamente. Eu, porém, acreditei na Luz.

Regozijar-me-ei e exaltar-me-ei alegremente por haveres sido misericordiosa comigo e reconhecido a desgraça em que me encontro e por me salvares. Com efeito, também libertarás minha força do Caos.

Tu não me deixaste sob o poder da força com cabeça de leão, mas me conduziste para uma região onde não existe tormento'."

48. Depois de dizer isso a seus discípulos, Jesus dirigiu-se a eles novamente: "Ao perceber que a Pistis Sophia ainda não havia sido conduzida para fora do Caos, a força com cabeça de leão veio outra vez com todas as outras criaturas materiais de Authades e arremeteram-se de novo contra a Pistis Sophia. Quando assim a atormentaram, ela clamou com este cântico de arrependimento:

'Compadece-te de mim, ó Luz, pois puseram-me outra vez em grande aflição. Por teu mandamento obscureceram-se minha luz interior, minha força e minha alma-espírito. Minha força começou a desvanecer-se quando caí nessa aflição. O meu tempo está minguando enquanto estou no Caos. Minha luz está quase apagada porque roubaram minha força e aniquilaram todas as forças em mim.

Estou impotente diante dos arcontes dos éons que me odeiam, assim como diante das vinte e quatro emanações na região em que me encontro. E meu irmão, meu par, temeu ajudar-me porque fui atacada por eles.

Todos os arcontes do céu tomaram-me por matéria na qual não há luz. Tornei-me como uma força material que caiu dos arcontes. E todos os habitantes dos éons disseram: "Ela tornou-se Caos". Logo em seguida, as forças ímpias cercaram-me imediatamente dizendo que tomariam toda a minha luz interior. Todavia, confiei em ti, ó Luz, e disse: Tu és minha libertadora.

A sorte que determinaste para mim está em tuas mãos. Liberta-me do poder das criaturas de Authades, que me perseguem e me atormentam. Envia-me tua luz, pois diante de teu semblante não sou nada. E livra-me segundo tua grande misericórdia.

Não permitas que eu seja desprezada, ó Luz; pois a ti eu prestei louvores. Que o Caos possa cobrir as criaturas de Authades e que sejam lançadas nas trevas.

Cala os que tentam dominar-me astuciosamente e dizem: "Vamos roubar toda a sua luz interior', não obstante eu nenhum agravo lhes tenha causado".'

49. Tendo Jesus assim falado, apresentou-se Mateus e disse: "Senhor, teu espírito tocou-me e tua luz tornou-me lúcido de modo que estou em condição de explicar o oitavo cântico de arrependimento da Pistis Sophia. Porque a esse respeito tua força profetizou outrora, através de Davi, no Salmo 31:

'Em ti, Senhor confio. Não deixes que eu me envergonhe. Salva-me por tua justiça.

Inclina-me teu ouvido, apressa-te em salvar-me. Torna-te para mim em rocha firme, uma forte cidadela para me abrigar.

Pois tu és meu esteio e minha força. Por amor de teu nome hás de me guiar e me dirigir.

Hás de me livrar da armadilha onde, secretamente, me colocaram, pois tu és meu refúgio.

Às tuas mãos confio meu espírito. Libertaste-me, Senhor, Deus da verdade.

Aborreces aqueles que depositam sua confiança em coisas vãs. Eu, porém, confio no Senhor.

Rejubilar-me-ei e alegrar-me-ei pela tua graça porque contemplaste minha desdita e libertaste minha alma da miséria.

Não me entregaste a meus inimigos. Puseste meus pés em terra firme.

Sê compassivo comigo, Senhor, pois estou abatido. De desgosto definham meus olhos, minha alma e meu corpo.

Minha vida esvai-se no sofrimento, e meus anos em gemidos. Minha força foi abatida pela desgraça, e meu esqueleto está ressequido.

Tornei-me opróbrio para todos os meus inimigos e vizinhos, horror para meus conhecidos. Os que me veem fogem de mim.

Em seus corações fui esquecido como um morto. Tornei-me como um cântaro quebrado.

Pois ouço o desprezo de muitos dos que me cercam. Enquanto deliberam contra mim, forjam planos para tomar minha alma.

Mas eu confio em ti, ó Senhor, e digo: tu és meu Deus. Meu destino está em tuas mãos. Livra-me do poder de meus inimigos e perseguidores.

Que teu semblante ilumine teus servidores; liberta-me através de tua graça, ó Senhor.

Que eu não me envergonhe; pois a ti clamo; envergonhados e silenciados no reino dos mortos sejam os ímpios.

Emudecidos sejam os lábios mentirosos que, com arrogância, ousam afligir o justo com soberba e escárnio'."

50. Tendo Jesus ouvido estas palavras, disse: "Muito bem, Mateus. Em verdade, em verdade vos digo: Quando o número perfeito estiver completo e o Universo for elevado aos céus, reinarei no Tesouro de Luz e tomareis assento nos doze poderes de luz até estabelecermos todas as ordens dos doze libertadores nas regiões de sua respectiva herança." Ao dizer isso, perguntou: "Compreendeis o que digo?"

Maria adiantou-se, dizendo: "Ó Senhor, a esse respeito disseste outrora numa parábola: 'Perseverastes comigo em todos os combates. Estabelecerei para vós um reino assim como meu Pai o estabeleceu para mim, para que possais comer e beber de minha mesa em meu reino; e sentareis em doze tronos e julgareis as doze descendências de Israel' ".

"Muito bem, Maria", disse-lhe Jesus e prosseguiu novamente, dizendo a seus discípulos: "Quando as criaturas de Authades atormentaram de novo a Pistis Sophia no Caos, ela proferiu seu nono cântico de arrependimento:

Aniquila, ó Luz, os que roubaram minha força; toma a força dos que a tomaram de mim. Porque sou tua força e tua luz. Vem e salva-me.

Que profunda escuridão possa cobrir meus perseguidores. Dize a minha força: Eu sou o que te libertará.

Que todos os que ambicionam minha luz percam sua força. Que voltem para o Caos e fiquem enfraquecidos todos os que querem roubar minha força. Que sua força se transforme em pó. Que Jeú, teu anjo, os aniquile.

Se quiserem voltar-se para as alturas, que sejam apanhados pelas trevas; faze que naufraguem nas trevas. Que teu anjo Jeú os persiga e os atire nas trevas mais profundas.

Porque, sem que eu lhes tenha feito mal nenhum, puseram-me por armadilha uma força com cabeça de leão que virá a arrebatar a luz. Eles oprimiram em mim a força que não conseguiram roubar.

Toma então, ó Luz, a parte purificada da força com cabeça de leão sem que ela o saiba, e, de conformidade com a ideia de Authades de arrebatar a minha luz, toma-lhe a dele. Que a luz da força com cabeça de leão, que me espreita, seja arrebatada.

Então minha força se rejubilará na Luz e se alegrará, porque a Luz a salvará.

E todos os elementos de minha força dirão: "Não há outro Salvador além de ti". Porquanto me livrarás das mãos da força com cabeça de leão que tomou minha força. E me libertarás das mãos dos que tomaram minha força e minha luz.

Porque eles se levantaram contra mim quando mentiram, dizendo que eu teria conhecido o mistério da luz das alturas em que acreditava. E me coagiram, dizendo: "Dize-nos o nome do mistério da luz que está nas alturas", o qual não conheço.

Porque creio na luz das alturas, causaram-me todo esse mal e tomaram toda minha força-luz.

Mas, quando me forçaram, eu estava nas trevas, enquanto minha alma curvava-se de desgosto.

Ó Luz, a quem enalteço por amor de ti mesmo, salva-me. Sei que me salvarás porque cumpri a tua vontade desde que eu estava em meu éon. Fiz a tua vontade como os invisíveis que se encontravam em minha região e como o meu par.

Procurando firmemente por ti, confiei em tua luz e por ela anelei. No entanto, depois fui cercada por todas as criaturas de Authades, que me ridicularizaram e importunaram sem que eu as conhecesse. Depois fugiram e me deixaram. E não tiveram piedade para comigo.

Mas, voltaram-se outra vez contra mim e me tentaram. Puseram-me de novo em grande aflição. Rangendo os dentes desejavam tomar minha última luz.

Ó Luz, até quando ainda permitirás que me atormentem? Salva minha força de suas más intenções. Liberta-me das mãos da força com cabeça de leão; pois, abaixo dos invisíveis, estou sozinha nesta região. A ti quero louvar, ó Luz, em meio a todos os que se reuniram contra mim. A ti quero clamar em meio a todos os que me oprimem.

Agora, porém, ó Luz, não permitas por mais tempo que me ridicularizem os que querem tomar minha força, os que me odeiam e cujos olhos lançam fogo contra mim, mesmo não tendo eu lhes feito mal algum.

Quando me perguntaram sobre os mistérios da luz, os quais eu não conheço, lisonjearam-me com palavras doces.

Falaram astuciosamente e ficaram zangados porque acreditei na luz das alturas.

Eles escancararam sua boca contra mim e gritaram: "Vamos roubar sua luz".

Ó Luz, agora conheces sua astúcia. Não os toleres por mais tempo e não afastes de mim o teu auxílio.

Faze-me justiça, ó Luz, e vinga-me. Faze-me justiça segundo a tua misericórdia, ó Luz das Luzes, não deixes que tomem minha luz. Não permitas que digam a si mesmos: "Nossa força saciou-se de sua luz". Não permitas que digam: "Devoramos sua força".

Que sobre eles caiam, pelo contrário, trevas, e que fiquem impotentes os que querem roubar minha luz. E que os que dizem: "Queremos roubar sua luz e sua força" sejam revestidos de caos e trevas.

Salva-me para que eu me alegre, pois meu anseio dirige-se para o Décimo Terceiro Éon, a região da justiça. E quero dizer todos os dias: Que a luz de Jeú, teu anjo, possa irradiar com grande magnificência.

Minha língua te louvará por tua Gnosis durante todo o tempo em que estiver no Décimo Terceiro Éon'."

51. Tendo Jesus dito essas palavras a seus discípulos, ele falou: "Quem entre vós possui espírito claro, que explique o significado destas palavras".

Então Tiago apresentou-se, beijou o peito de Jesus e disse: "Senhor, teu espírito iluminou-me e estou preparado para explicar o significado. Porque, com relação a isso, tua força profetizou outrora, através de Davi, no Salmo 35, quando ele, à semelhança do nono cântico de arrependimento da Pistis Sophia, disse:

'Luta, ó Senhor, contra os que lutam contra mim. Combate os que me combatem.

Apanha armas e escudo! Ergue-te em meu auxílio! Desembainha a espada contra meus perseguidores. Dize à minha alma: Sou tua libertação.

Enrubescidos e envergonhados sejam os que procuram minha alma. Que recuem confundidos os que idealizam infortúnios contra mim. Faze que se tornem como palha ao vento e que o anjo do Senhor os persiga.

Que seu caminho seja tenebroso e escorregadio. E que o anjo do Senhor os derrube. Porque, sem motivo, armaram-me secretamente uma cilada que será para sua própria ruína. E, sem razão, caluniaram minha alma.

Que a ruína, que eles não conhecem, caia sobre eles, e a rede que armaram contra mim apanhe a eles mesmos.

Minha alma, porém, exultará no Senhor e rejubilar-se-á pela sua libertação. Todos os meus ossos dirão: Senhor, quem se iguala a ti? Tu salvas o oprimido das mãos do mais forte, o pobre e necessitado das mãos de quem o rouba.

Levantaram falsos testemunhos; perguntaram-me o que não sei. Retribuíram-me o bem com o mal e despojaram minha alma.

Vesti-me de saco quando investiram contra mim. Humilhei minha alma com jejum. E minha oração recaiu em meu peito. Como a um vizinho ou irmão eu os considerava. E curvei-me como alguém que está de luto e foi atingido pelo pesar.

Encheram-se de júbilo e fracassaram. Com ânimo belicoso reuniram-se contra mim sem que eu o soubesse. Foram apartados, mas entraram em agitação.

Provocaram-me e, rangendo os dentes, zombaram de mim com sua hostilidade.

Senhor, quando baixarás teu olhar para mim? Livra logo minha alma de sua maldade; salva do leão a minha alma solitária. A ti, ó Senhor, quero louvar na tua grande eclésia e, em meio a uma multidão incontável, quero enaltecer-te. Não toleres que os que, sem razão, são meus inimigos se riam de mim nem que pestanejem os que me odeiam sem motivo.

Porque falam comigo com palavras conciliadoras, mas, na verdade, planejam iniquidades ardilosas. Escancaram sua goela contra mim, dizendo: "Ah, vimo-lo com nossos próprios olhos".

Tu o viste, ó Senhor, não silencies. Ó Senhor, não te afastes de mim. Desperta, ó Senhor, e vela por meu direito e minha desforra, meu Deus e Senhor. Julga-me, ó Senhor, segundo tua justiça. Não permitas que se riam de mim, meu Deus. Não deixes que digam em seus corações: "Ah, realizou-se nosso desejo".

Não deixes que digam: "Nós a devoramos". Faze que se envergonhem e fracassem os que se alegram com a minha desventura. Possam os que se vangloriam contra mim ser cobertos de vergonha e ignomínia.

Que se rejubilem e se alegrem os que desejam a minha justificação. E os que desejam a paz para o servo do Senhor, digam: "Grande e glorificado seja o Senhor!"

Então minha língua proclamará tua justiça e teu louvor o dia inteiro'."

52\. Quando Tiago disse isso, falou Jesus: "Falaste bem, Tiago. Esse é o significado do nono cântico de arrependimento da Pistis Sophia. Em verdade, em verdade vos digo: Sereis os primeiros a entrar no reino dos céus, antes de todos os invisíveis, deuses e arcontes que se detêm no Décimo Terceiro Éon e no décimo segundo éon. Porém, não apenas vós, mas todo aquele que realiza meus mistérios". Tendo dito isso, acrescentou: "Compreendeis o que vos digo?"

Novamente levantou-se Maria e disse: "Sim, Senhor, tu disseste outrora: 'Os últimos serão os primeiros, e os primeiros serão os últimos'. Porque os primeiros, os que foram criados antes de nós, são os invisíveis, posto que tiveram origem antes dos homens, eles e os deuses e arcontes. E os homens que receberem os mistérios serão os primeiros no reino dos céus".

Jesus disse-lhe: "Muito certo, Maria". Prosseguindo sua alocução disse ele a seus discípulos: "Quando a Pistis Sophia pronunciou seu nono cântico de arrependimento, ela foi novamente acossada pela força com cabeça de leão, que tentava tomar-lhe todas as forças. Ela clamou novamente para a Luz: 'Ó Luz, em que acreditei desde o princípio, por tua causa suportei grandes dores, salva-me'.

Naquela hora seu arrependimento foi aceito. O Primeiro Mistério atendeu-a, e, por seu mandamento, fui enviado para auxiliá-la. Elevei-a do Caos porque ela se arrependeu, acreditou na Luz e suportou grande sofrimento e perigo. Ela fora levada ao engano pela divindade Authades. Ela foi desencaminhada por nada menos que uma força-luz que simulava semelhança com a Luz na qual ela acreditava. Por essa razão fui enviado, por mandamento do Primeiro Mistério, para auxiliá-la em segredo.

Contudo, eu ainda não havia ido à região dos éons, mas apenas havia saído do meio deles sem que nenhuma das forças soubesse, nem as do interior dos interiores, nem as do exterior dos exteriores, com exceção do Primeiro Mistério.

Quando eu cheguei ao Caos para ajudá-la, ela me viu. Percebeu que eu tinha compreensão por ela, que irradiava claramente e estava pleno de misericórdia por ela. Porque eu não fui áspero com ela como a força com cabeça de leão que roubou a força-luz da Pistis Sophia e atormentou-a para tomar toda a sua luz interior.

A Pistis Sophia viu então em mim que eu brilhava dez mil vezes mais do que a força com cabeça de leão e lhe mostrava grande misericórdia. Ela reconheceu que eu provinha da região mais elevada, em cuja luz acreditara desde o princípio. Por essa razão ela recobrou ânimo e proferiu seu décimo cântico de arrependimento:

'Em minha pobreza e aflição clamei por ti, ó Luz das Luzes, e me ouviste.

Ó Luz, redime minha força de lábios iníquos e pecaminosos e de ciladas astuciosas.

A luz que me foi roubada através de embuste ardiloso não será trazida a ti.

Porque as ciladas de Authades e a rede da impiedade estão espalhadas.

Ai de mim, porque minha própria morada está distante e me encontro na morada do Caos.

Minha força está em regiões que não são as minhas.

Eu implorava piedade aos impiedosos, mas, enquanto suplicava, eles continuavam a lutar contra mim sem motivo'."

53. Quando Jesus assim falou a seus discípulos, disse: "Que se apresente agora e dê a explicação do décimo cântico de arrependimento da Pistis Sophia aquele que para isso for compelido por seu espírito".

Pedro respondeu e disse: "Ó Senhor, com relação a isso profetizou outrora tua força-luz, através de Davi, no Salmo 120 no qual ela diz:

'Na pobreza clamei a ti, ó Senhor, e me atendeste. Senhor, salva minha alma de lábios mentirosos e de falsas línguas.

O que te daremos ou o que deveríamos infligir a ti, língua enganadora? Setas afiadas de um herói com brasa ardente do deserto. Ai de mim, pois minha morada ficava distante e eu vivia nas tendas de Quedar.

Minha alma, em muitos lugares, era uma forasteira.

Estou em paz com aqueles que odeiam a paz. Mas, quando falo com eles, sem motivo querem a luta.'

Este, Senhor, é o significado do décimo cântico de arrependimento da Pistis Sophia que ela proferiu quando as criaturas materiais de Authades e a força com cabeça de leão a atormentaram."

Jesus respondeu-lhe: "Falaste bem, Pedro. Este é o significado do décimo cântico de arrependimento da Pistis Sophia".

54. Prosseguindo novamente em sua fala, Jesus disse a seus discípulos: "Quando viu como desci com grande brilho para auxiliar a Pistis Sophia, o poder com cabeça de leão encolerizou-se ainda mais e produziu um grande número de criaturas mais poderosas. Em seguida, a Pistis Sophia pronunciou seu décimo primeiro cântico de arrependimento:

'Por que essa força poderosa intensificou novamente sua maldade? Através de golpes fraudulentos, sem trégua, ela tomou minha luz. Como espada afiada arrebatou minha força.

Eu quis descer para o Caos, ao invés de ficar na região do Décimo Terceiro Éon, a região da justiça.

Elas tentaram iludir-me por meio da astúcia, para devorar toda minha luz. Por essa razão a Luz lhes tomará a luz. Também será destruída toda a sua matéria. Com efeito, a Luz buscará a luz delas e não as tolerará por mais tempo no Décimo Terceiro Éon, sua morada. E seu nome já não será encontrado na região dos viventes.

As vinte e quatro criaturas verão o que aconteceu contigo, ó força com cabeça de leão. Ficarão atemorizadas e não serão desobedientes, mas entregarão a parte purificada de sua luz.

Ao ver-te, elas se alegrarão, dizendo: Vede, uma das criaturas que não entregaram a parte purificada de sua luz para que fossem redimidas, porém vangloriaram-se da grandiosidade de sua luz e de sua força, as quais não haviam sido produzidas com base em sua própria força interior, mas disseram: "Quero tomar a força da Pistis Sophia, que lhe foi arrebatada".

Agora deve apresentar-se aquele cuja força está em condição de dar a explicação do décimo primeiro cântico de arrependimento da Pistis Sophia'."

Então adiantou-se Salomé e disse: "Senhor, no que diz respeito a isso, disse outrora tua força-luz, através de Davi, no Salmo 52:

'Como te vanglorias da maldade, ó poderoso? Tua língua planeja destruição o dia inteiro. Como com uma navalha bem afiada, propõe ilusões.

Tu amas o mal mais do que o bem; colocas a iniquidade acima da verdade. A ti interessa discurso corruptível e língua fraudulenta.

Por isso Deus te aniquilará completamente. Ele te arrancará e arrastará para fora de tua tenda. Ele te exterminará da terra dos viventes.

Os justos hão de ver isso, eles temerão e, rindo-se, dirão: "Eis um homem que não fazia seu refúgio em Deus, mas confiava em seu grande tesouro e se acreditava forte em sua ilusão".

Quanto a mim sou como uma oliveira florescente no templo. Na graça de Deus confio por toda a eternidade.

Quero render graças a ti porque procedeste bem para comigo. A misericórdia de teu nome proclamarei na presença de teus santos.'

Este, Senhor, é o significado do décimo primeiro cântico de arrependimento da Pistis Sophia. Como fui induzida por tua força-luz, pude explicá-lo conforme teu desejo."

Tendo ouvido estas palavras de Salomé, disse Jesus: "Muito bem, Salomé. Em verdade, em verdade vos digo: Farei que participeis de todos os mistérios do reino da luz".

55. Continuando, disse Jesus a seus discípulos: "Em seguida, aproximei-me do Caos com grande esplendor para tomar a luz

da força com cabeça de leão. Como eu resplandecia extraordinariamente, ela ficou atemorizada e clamou a seu deus Authades para que a ajudasse. Imediatamente o deus Authades olhou do Décimo Terceiro Éon para baixo no Caos. Ele ficou muito irritado e desejava auxiliar sua força com cabeça de leão. Esta e todas as suas criaturas cercaram a Pistis Sophia para arrebatar toda a sua luz interior.

Quando a acossaram dessa maneira, a Sophia chamou por mim nas alturas, pedindo ajuda. Ao olhar para o alto, ela viu Authades muito furioso, o que fez que se apavorasse e proferisse o seu décimo segundo cântico de arrependimento por causa de Authades e suas criaturas. Ela invocou-me e disse:

'Ó Luz, não esqueças meu cântico de louvor. Porque Authades e sua força com cabeça de leão outra vez escancararam suas goelas contra mim, tratando-me perfidamente.

Cercaram-me para arrebatar minha força. E odeiam-me porquc louvo a ti.

Ao invés de amar-me, caluniam-me. Eu, porém, louvo a ti.

Eles tramaram um plano para roubar minha força, porque louvei a ti, ó Luz. E odeiam-me porque te amo.

Que desçam as trevas sobre Authades e que os arcontes das trevas exteriores fiquem à sua direita.

No dia de teu juízo, arrebata sua força. E toma-lhe também o que ele planeja para tomar minha luz.

Que se desvaneça toda a sua força-luz, e que outra das potestades tríplices receba seu domínio.

Que todas as forças de suas criaturas fiquem obscurecidas. E que sua matéria exista sem nenhuma luz.

Que suas criaturas permaneçam atadas ao Caos e, assim, sejam impedidas de retornar à sua região. Que sua luz interior desapareça. E não permitas que se dirijam ao Décimo Terceiro Éon, à sua região.

Que o Paralemptor, o purificador da Luz das Luzes, purifique e tome toda a luz que se encontra em Authades.

Possam os arcontes das trevas exteriores dominar suas criaturas. Não deixes que alguém o acolha noutra região. E que ninguém obedeça a força de suas criaturas no Caos.

Que a luz em suas criaturas seja arrebatada e seu nome seja apagado do Décimo Terceiro Éon. Ou, melhor ainda, que seu nome seja extirpado para sempre daquela região.

Que a força com cabeça de leão seja sobrecarregada com os pecados daquele que a engendrou na presença da Luz. E que a grande culpa da matéria, que gerou a ele, Authades, não seja cancelada. Que seus pecados permaneçam perante o semblante da Luz eterna. Que não lhes seja consentido olhar para fora do Caos e que seus nomes sejam expulsos de todas as regiões.

Porque eles não me pouparam, mas me atormentaram e arrebataram minha luz e minha força. Por fim, trouxeram-me para cá a fim de apossar-se de toda minha luz.

Eles desejaram descer para o Caos. Assim, pois, que fiquem ali e, de agora em diante, já não sejam conduzidos para fora. A região da justiça não quiseram por morada, e, portanto, de agora em diante, que já não sejam acolhidos ali.

Ele envolveu-se nas trevas como num manto. E as trevas penetraram-lhe o corpo como água e fluíram pelas suas forças como óleo.

Então, faze que ele vista o Caos como um manto para sempre. E que seja cingido pelas trevas como por um cinto de couro.

Que isso suceda aos que me causaram tudo isso por causa da luz e disseram: "Vamos tomar toda a sua força".

Tu, porém, ó Luz, compadece-te de mim por causa do mistério de teu nome e livra-me segundo tua benignidade e tua graça. Porque roubaram minha luz e minha força. Minha força interior foi abalada e não pude manter-me íntegra no meio deles. Tornei-me matéria pecaminosa. Sou lançada de um lado para outro como um espírito mau na atmosfera.

Minha força extenuou-se porque eu não dominava o segredo da salvação. E minha matéria dissipou-se porque tomaram minha luz. Zombaram de mim, olhavam-me, acenando para mim.

Ajuda-me segundo tua misericórdia.'

Pois bem, aquele cujo espírito está preparado apresente-se e explique o décimo segundo cântico de arrependimento da Pistis Sophia."

56. André adiantou-se e disse: "Meu Senhor e Salvador, à semelhança deste cântico de arrependimento que a Pistis Sophia proclamou, profetizou outrora tua força-luz, através de Davi, no Salmo 109:

'Ó Deus, a quem se eleva meu cântico de louvor, não te cales, pois a boca da maldade e da impostura abriu-se contra mim. Com línguas mentirosas falaram contra mim.

Com palavras de ódio rodearam-me e combateram-me sem motivo. Em vez de me demonstrar amor, difamaram-me. Eu, porém, mantive-me em oração.

Sobrecarregaram-me com o mal ao invés do bem, e, ao invés de amor, ódio.

Determina para eles um pecador como juiz, e Satanás fique à sua direita. Levado a julgamento, que ele seja tido como culpado e sua oração valha como pecado.

Que seus dias sejam reduzidos e que outro receba seu cargo. Que seus filhos fiquem órfãos e viúva sua mulher. Que seus filhos sejam expulsos e mendiguem, que sejam enxotados de suas casas devastadas.

O credor tome seus bens para si e forasteiros saqueiem o que ele adquiriu com esforço. Que não haja ninguém que o assista e se compadeça de seus órfãos. Que seus descendentes sejam exterminados, e o nome de seus herdeiros extinto em uma geração.

Que a injustiça de seus pais permaneça na memória do Senhor, e que os pecados de sua mãe não sejam perdoados.

Que o Senhor os tenha constantemente diante dos olhos, e que sua lembrança seja eliminada da terra, porque ele não pensou em demonstrar amor, mas perseguiu os aflitos, os pobres e os miseráveis até a morte.

Ele amou a maldição – e que ela recaia sobre ele! A bênção ele não quis – que ela se afaste dele.

Ele vestiu a maldição como um manto, e este avançou em seu íntimo como água, penetrou como óleo em seus ossos. Seja ele, pois, como uma veste na qual ele se envolve e como uma faixa que sempre tenha de usar.

Seja esta a recompensa para todos os que me caluniaram diante do Senhor e causaram injustiça à minha alma.

Tu, porém, Senhor, sê misericordioso, por causa de teu nome, e salva-me. Pois sou pobre, miserável, e meu coração se contorce no mais profundo de meu ser.

Como uma sombra em declínio desapareço. Enxotam-me como a gafanhotos. Meus joelhos vacilam pelo jejum; meu corpo está exaurido e depauperado.

E assim me tornei motivo de escárnio para eles; ao ver-me, sacodem a cabeça. Socorre-me, ó Senhor, meu Deus, e livra-me segundo tua graça. Possam eles compreender que foi tua mão, que tu, ó Senhor, criaste a eles próprios.'

Este é o significado do décimo segundo cântico de arrependimento que a Pistis Sophia proferiu quando se achava no Caos."

57. Jesus prosseguiu sua exposição e disse a seus discípulos: "De-
86 pois disso, a Pistis Sophia clamou por mim outra vez, dizendo:

'Ó Luz das Luzes, pequei contra os doze éons e de lá desci. Por essa razão proferi os doze cânticos de arrependimento — um para cada éon. Queira agora, ó Luz das Luzes, perdoar meu pecado; pois ele é muito grave, porque abandonei as alturas e elegi a região do Caos para minha morada'.

Dizendo isso, a Pistis Sophia prosseguiu com seu décimo terceiro cântico de arrependimento:

'Atende-me, pois a ti estou entoando um cântico de louvor, ó Luz das Luzes. Dá-me ouvidos, pois estou pronunciando o cântico de arrependimento ao Décimo Terceiro Éon, a região da qual me retirei para completar o décimo terceiro cântico de arrependimento do Décimo Terceiro Éon que abandonei.

Por esse motivo, ó Luz das Luzes, escuta-me, porque agora estou cantando teu louvor no Décimo Terceiro Éon, a região da qual saí.

Salva-me, ó Luz, em teu grande mistério e perdoa meu pecado conforme tua grande tolerância. Batiza-me, perdoa meus pecados e purifica-me de minhas transgressões. Minha transgressão é a força com cabeça de leão que jamais ficará oculta diante de ti, pois, por sua causa, eu desci.

Dentre os invisíveis da região em que me achava, somente eu pequei e somente eu desci ao Caos. Pequei diante de ti, para que se cumpra a tua lei.'

Assim falou a Pistis Sophia. Agora, aquele que for impelido pelo espírito a compreender suas palavras que se apresente para explicar seus pensamentos".

Marta adiantou-se e disse: "Ó senhor, meu espírito me incita a esclarecer o significado do cântico de arrependimento proferido pela Pistis Sophia. De conformidade com ele, profetizou outrora tua força-luz, através de Davi, no Salmo 51:

'Sê clemente, ó Deus, segundo a tua graça. Anula o meu pecado por tua grande compaixão. Purifica-me de minha impiedade. Pois o meu pecado permanece sempre diante de meu espírito. Para que sejas justificado em teu julgamento e invencível em tua justiça.'

Este é, pois, o significado das palavras ditas pela Pistis Sophia".

Jesus disse-lhe: "Com certeza Marta, és abençoada".

58. Jesus prosseguiu sua exposição e disse a seus discípulos: "Quando a Pistis Sophia disse estas palavras, cumpriu-se o tempo de tirá-la do Caos. Por mim mesmo, sem o Primeiro Mistério, emanei uma força-luz e direcionei-a para o Caos para alçar a Pistis Sophia das regiões mais profundas do Caos e a conduzi até as regiões superiores do Caos, aguardando ali o mandamento do Primeiro Mistério para, depois, libertá-la por completo. E minha força-luz elevou a Pistis Sophia para as regiões mais altas do Caos.

Ao perceberem que a Pistis Sophia fora elevada para as regiões superiores do Caos, as criações de Authades seguiram-na também para o alto, porque desejavam levá-la de novo para as regiões inferiores.

E a minha força-luz, que eu havia enviado para tirar a Pistis Sophia do Caos, brilhava de maneira extraordinária. Quando as criações de Authades perseguiram a Pistis Sophia porque fora levada às alturas do Caos, ela rendeu louvor a mim outra vez, chamou por mim, dizendo:

'Quero louvar-te, ó Luz, pois meu anseio era chegar a ti. Quero enaltecer-te, ó Luz, pois és minha salvadora.

Não me deixes sozinha no Caos, mas salva-me, ó Luz das alturas, pois foi a ti que louvei. Por ti mesmo me enviaste tua luz e me redimiste. Elevaste-me para as regiões mais altas do Caos.

Que as criaturas de Authades que me perseguem desapareçam outra vez nas regiões mais inferiores do Caos. Não permitas que elas venham para as alturas para que não me vejam. Que sejam cobertas por grandes trevas e que a noite profunda as domine.

Não deixes que me vejam na luz de tua força, aquela que enviaste para minha salvação, para que não consigam obter, uma vez mais, poder sobre mim.

Não deixes vingar seu plano de roubar minha força. E assim como combinaram tomar minha luz, toma-lhes a delas.

Tentaram arrebatar toda minha luz, mas não estavam em condição para isso, porque tua força-luz estava comigo.

Por haverem deliberado sem teu mandamento, ó Luz, não conseguiram tomar minha luz.

Por acreditar na tua luz, não serei dominada pelo medo. A Luz é minha salvadora, e não temerei.'

Agora, que aquele em quem a força se elevou explique o significado dessas palavras da Pistis Sophia."

Tendo Jesus dito estas palavras, apresentou-se Salomé e disse: "Senhor, minha força me compele a esclarecer o significado das palavras da Pistis Sophia. Tua força profetizou outrora através de Salomão com as palavras:[5]

'Quero render-te graças, ó Senhor, porque és meu Deus. Não me abandones, ó Senhor, pois és minha esperança.

De graça deste-me teu reino e, por tuas mãos, estou salvo.

Arremessa meus perseguidores à terra e não deixes que me vejam. Que uma nuvem de fumo lhes encubra os olhos e uma névoa lhes obscureça o olhar. Não deixes que a luz do dia irrompa sobre eles para que não me apanhem.

Que suas decisões se debilitem e o que tramam recaia sobre eles mesmos.

Urdiram planos, mas isso não lhes trouxe benefício. Não obstante seu poder, estão derrotados. E o que ardilosamente planejaram caiu sobre suas próprias cabeças.

[5]Extraídas da Quinta Ode de Salomão.

Minha esperança repousa no Senhor e não temerei, pois tu és meu Deus, meu Salvador'."

Tendo Salomé concluído com essas palavras, disse-lhe Jesus: "Muito bem, Salomé, este é o significado das palavras da Pistis Sophia".

59. Jesus prosseguiu, dizendo a seus discípulos: "Quando a Pistis Sophia proferiu essas palavras no Caos, transformei a força-luz que havia enviado para sua salvação num diadema de luz sobre sua cabeça para que as criaturas de Authades já não conseguissem subjugá-la.

Quando a força-luz se transformou em diadema de luz sobre sua cabeça, toda a matéria ímpia que nela havia foi mobilizada e purificada. Foi aniquilada e abandonada no Caos enquanto as criaturas de Authades o viam, comprazendo-se com isso. E a parte purificada da resplandecente luz interior da Sophia intensificou a luz de minha força-luz que se transformara numa coroa sobre sua cabeça.

Quando a pura luz da Pistis Sophia a envolveu, sua luz pura não se retirou do diadema da força da flama luminosa, porque as criaturas de Authades já não conseguiam arrebatá-la. Em seguida, a imaculada força-luz na Sophia começou a entoar um hino de louvor. Ela prestou honras à minha força-luz que se tornara numa coroa sobre sua cabeça. E dizia:

'A Luz tornou-se um diadema sobre minha cabeça e dela já não me separarei para que as criaturas de Authades não as roubem de mim.

Até mesmo quando toda a matéria entrar em movimento, permanecerei imóvel.

E se toda minha matéria perecer e ficar para trás no Caos, ou seja, a matéria vista pelas criaturas de Authades, eu mesma não perecerei.

Porque a Luz está comigo, e eu estou com a Luz.'

Assim falou a Pistis Sophia. Quem dentre vós compreender o sentido dessas palavras que se apresente e dê sua explicação".

Então Maria, a mãe de Jesus, adiantou-se e disse: "Meu filho segundo este mundo, meu Deus e Salvador segundo as alturas, determina que eu dê a explicação das palavras que disse a Pistis Sophia".

Jesus respondeu-lhe, dizendo: "Tu mesma, Maria, és aquela que, consoante a matéria, concebeu a forma que proveio de Barbelo. Recebeste também a semelhança com a Virgem de Luz, segundo a Luz. E do mesmo modo tu, Maria, a abençoada. E por vossa causa originaram-se as trevas. O corpo material em que me encontrei então, o qual purifiquei e sublimei, proveio de ti. Recomendo-te que anuncies a explicação das palavras da Pistis Sophia".

Maria, a mãe de Jesus, respondeu: "Senhor, comparável com estas palavras foi o que tua força-luz profetizou outrora através de Salomão, na 19.ª ode:[6]

'O Senhor está sobre a minha cabeça como um diadema. Dele não me afastarei.

A coroa da verdade foi entrelaçada em mim, e ela fez brotarem teus ramos em mim.

Pois ela não é como uma coroa murcha que já não brota, porém tu estás cheio de vida sobre a minha cabeça e nasceste em mim.

Teus frutos estão maduros e inteiros e repletos de tua salvação'."

Tendo Jesus ouvido sua mãe Maria dizer estas palavras, disse-lhe ele: "Falaste muito bem. Em verdade, em verdade

[6]Leia-se: "na primeira Ode". No manuscrito que o autor do evangelho *Pistis Sophia* possuía, os 18 Cânticos de Salomão precediam as Odes de Salomão, que foram depois enumeradas.

te digo, serás venerada de um extremo a outro da terra, porque a ti foi confiada a promessa do Primeiro Mistério. Esta promessa libertará todos os que estão na terra e nas alturas. Ele é o princípio e o fim".

60. Jesus prosseguiu sua exposição, dizendo a seus discípulos: "No momento em que a Pistis Sophia proferiu seu décimo terceiro cântico de arrependimento, cessou por completo o mandamento de todas as tribulações que lhe estavam determinadas. Porquanto era da vontade do Primeiro Mistério, aquele que existe desde o princípio. E chegara o tempo de libertá-la do Caos e conduzi-la para fora de todas as trevas. Porque seu arrependimento fora aceito pelo Primeiro Mistério. Esse mistério enviou-me uma grande força-luz das alturas para que eu ajudasse a Pistis Sophia e a alçasse do Caos.

Por isso olhei para cima na direção dos éons e vi a força-luz que o Primeiro Mistério me enviara para redimir a Pistis Sophia do Caos. Quando vi a força-luz sair dos éons e descer rápido sobre mim — eu mesmo me encontrava acima do Caos — outra força-luz emanou de mim para que também ela ajudasse a Pistis Sophia. A força-luz que viera das alturas, através do Primeiro Mistério, desceu fluindo na força-luz que surgira de mim. Tendo-se encontrado, tornaram-se *numa* grande torrente de luz."

Tendo Jesus dito isso a seus discípulos, perguntou: "Compreendeis o que vos digo?"

De novo apresentou-se Maria apressadamente e disse: "Senhor, compreendo o que dizes. No que diz respeito a essas palavras, assim profetizou outrora tua força-luz, através de Davi, no Salmo 85:

'A misericórdia e a verdade se encontraram; a justiça e a paz se beijaram. A verdade brotou da terra, e a justiça olhou desde os céus.'

A misericórdia é, portanto, a força-luz que desceu através do Primeiro Mistério; pois o Primeiro Mistério deu ouvidos à Pistis Sophia e compadeceu-se dela em todo o seu martírio. A verdade, por outro lado, é a força que proveio de ti; pois realizaste a verdade para que ela libertasse a Pistis Sophia do Caos. Além disso, justiça é a força que proveio do Primeiro Mistério para acompanhar a Pistis Sophia.

Ademais, paz é a força que proveio de ti para poder penetrar as criaturas de Authades e delas tomar as luzes que haviam roubado da Pistis Sophia, para que tu pudesses concentrá-las outra vez na Pistis Sophia, sintonizando-as com sua força.

Verdade, por outro lado, é a força que emanou de ti quando permaneceste nas regiões inferiores do Caos. Por isso, tua força-luz falou outrora através de Davi: 'A verdade brotou da terra', porque te encontravas nas regiões inferiores do Caos.

Justiça, porém, que olhou das alturas para baixo, é a força que desceu do Primeiro Mistério das alturas e penetrou a Pistis Sophia".

61. Tendo Jesus ouvido essas palavras, disse ele: "Muito bem, Maria, ó abençoada, tu que herdarás todo o reino da Luz".

Em seguida Maria, a mãe de Jesus, também se adiantou, dizendo: "Meu Senhor, permite-me comentar também essas palavras".

Jesus disse: "Não quero impedir aquele que alcançou o conhecimento espiritual de expressar as ideias que o impelem. Pois bem, Maria, minha mãe segundo a matéria, a quem fui confiado, peço também a ti que comentes o cântico de arrependimento que foi proferido".

Então Maria respondeu, dizendo: "Senhor, a esse respeito tua força-luz profetizou outrora através de Davi: 'Graça e verdade encontraram-se. Justiça e paz beijaram-se. Verdade brotou da terra, e justiça olhou do céu para baixo'. Assim tua força profetizou outrora com essa palavra a respeito de ti mesmo. Quando ainda eras pequeno e o espírito ainda não havia descido sobre ti, enquanto estavas numa vinha com José, o espírito veio das alturas e entrou em minha casa. Ele parecia-se contigo, eu não o reconheci e pensei que fosses tu.

E o espírito disse-me: 'Onde está Jesus, meu irmão, para que eu vá a seu encontro?' Quando ele me disse isso, fiquei confusa e pensei que fosse um fantasma que desejava provar-me. Por isso, agarrei-o e amarrei-o nos pés da cama em minha casa para que eu mesma pudesse ir ter contigo e José no campo; e vos encontrei na vinha onde José estava ocupado.

Tendo me ouvido contar tudo isso a José e compreendido as palavras imediatamente, muito te alegraste e disseste: 'Onde está ele para que eu o veja, senão espero por ele aqui'. Ao ouvir dizeres essas palavras, José espantou-se e voltamos juntos, entramos na casa e encontramos o espírito amarrado na cama. Contemplamos a ti e a ele e achamos que ele se parecia contigo. O que estava atado à cama foi solto, ele te abraçou e beijou, e também tu o beijaste. E vos tornastes um.

Esta é então a palavra e sua explicação: Graça é o espírito que foi manifestado através do Primeiro Mistério das alturas. Porque este se compadeceu do gênero humano e enviou seu espírito para que ele perdoasse os pecados de todo o mundo e para que o homem recebesse os mistérios e herdasse o reino da Luz.

Verdade, por outro lado, é a força que me foi confiada. Ao desprender-se de Barbelo, ela tornou-se teu corpo material e pregou a respeito do reino da verdade.

Justiça, entretanto, é teu espírito, que trouxe os mistérios das alturas para transmiti-los ao gênero humano. Paz, contudo, é a força que se introduziu em teu corpo físico segundo o mundo, força que batizou o gênero humano, de modo que o homem se alheou do pecado, harmonizando-se com teu espírito e vive em paz com as criaturas da Luz; o que significa: 'Justiça e paz beijaram-se'.

É dito: 'A verdade brotou da terra'. Então a verdade é teu corpo físico que proveio de mim em sintonia com o mundo humano, o que pregou sobre o reino da verdade. Quando se diz: 'E justiça olhou do céu para baixo', isso significa que justiça é a força que desceu das alturas e ofertará os mistérios da Luz ao gênero humano, para que os homens se tornem justos e bons e herdem o reino da Luz."

Tendo Jesus ouvido essas palavras de sua mãe, disse ele: "Muito bem, Maria".

62. Então apresentou-se a outra Maria e disse: "Senhor, sê condescendente e não te zangues comigo. Porque desde que tua mãe falou contigo sobre o esclarecimento dessas palavras, minha força me impele a apresentar-me e também explicar essas palavras".

Jesus disse-lhe: "Peço-te que dês tua explicação".

Maria falou: "Meu Senhor, misericórdia e verdade encontraram-se. Misericórdia é, portanto, o espírito que veio sobre ti quando recebeste o batismo de João. Misericórdia é o espírito de Deus que veio sobre ti. Ele compadeceu-se do gênero humano, desceu e foi ao encontro da força de Sabaoth, o Bom, força que está em ti e que pregou sobre as regiões da verdade.

Além disso é dito: 'Justiça e paz beijaram-se'. Justiça é o espírito da Luz que veio sobre ti, trazendo os mistérios das alturas para outorgá-los ao gênero humano. Paz, por outro lado, está relacionada à força de Sabaoth, o Bom, que está em ti, a força que batizou e perdoou o gênero humano. E essa foi a força que reconciliou os homens com os filhos da Luz.

Ademais, tua força disse através de Davi: 'Verdade brotou da terra'. Isso está relacionado à força de Sabaoth, o Bom, que germinou de tua mãe, Maria, a habitante da terra. 'Justiça, a qual olhou do céu para baixo', em compensação, é o espírito das alturas que trouxe todos os mistérios das alturas e concedeu-os ao gênero humano. Os homens tornaram-se justos e bons e herdaram o reino da Luz."

Tendo Jesus ouvido Maria dizer essas palavras, ele disse: "Muito bem, Maria, herdeira da Luz".

Novamente se apresentou Maria, a mãe de Jesus. Caindo a seus pés, beijou-os e disse: "Meu Senhor, meu Filho e meu Salvador, perdoa-me por expor mais uma vez a explicação dessas palavras.

'Graça e verdade encontraram-se'. Sou Maria, tua mãe; e ali está Isabel, a mãe de João, por quem fui recebida. Graça é, pois, a força de Sabaoth, que se encontrava em mim, que brotou de mim e que se transformou em ti. Tiveste compaixão de todo o gênero humano.

Verdade, em contrapartida, é a força que se encontrava em Isabel e que se tornou em João, que veio e pregou a respeito do caminho da verdade: Isto és tu, ele pregou antes de ti.

E ainda: 'Graça e verdade encontraram-se'. Isto és tu, meu Senhor, que foste recebido por João no dia em que deverias receber o batismo. Tu, porém, e João, vós sois, por outro lado, 'Justiça e paz que se beijam'.

'Verdade brotou da terra, e justiça olhou do céu para baixo'. Isto se refere à época em que a ti mesmo serviste e, tomando a imagem de Gabriel, do céu me contemplaste e falaste comigo. E, depois de ter conversado comigo, germinaste em mim. Isso significa, portanto, que verdade é a força de Sabaoth, o Bom, que se encontra em teu corpo físico. Isso é o que significa 'Verdade que brotou da terra'."

Ao ouvir sua mãe dizer essas palavras, disse Jesus: "Excelente e belo. Essa é a interpretação de todas as palavras sobre as quais minha força-luz falou outrora através do profeta Davi".

CONSIDERAÇÕES

PISTIS SOPHIA

LIVRO I

CAPÍTULO I

Quando Jesus ressuscitou dos mortos, passou onze anos dialogando com seus discípulos e instruiu-os apenas até as regiões do Primeiro Mandamento e do Primeiro Mistério atrás do véu, ou seja, a respeito do conteúdo do Primeiro Mandamento. Este é o vigésimo quarto mistério do interior para o exterior — dos que estão no segundo espaço do Primeiro Mistério que está adiante de todos os mistérios: o Pai na imagem da pomba.

E Jesus disse a seus discípulos: "Eu vim do Primeiro Mistério, que é o último, quer dizer, o vigésimo quarto mistério". Os discípulos não sabiam nem entendiam que dentro desse mistério ainda havia algo mais; porque pensavam que esse mistério fosse o cabeça do Universo e de tudo o que existe, a culminância de todas as culminâncias, porque, sobre esse mistério, Jesus lhes havia dito que ele abrange o Primeiro Mistério e mais as cinco ideias primordiais e a grande Luz e os cinco auxiliares e toda a Câmara do Tesouro de Luz.

Além disso, Jesus não havia ensinado a seus discípulos a respeito da extensão total de todas as regiões do grande Invisível e dos três poderes tríplices, nem sobre os vinte e quatro invisíveis e todas as suas regiões, todos os seus éons e ordens, e como eles se expandiram — a saber, as emanações do grande Invisível — nem sobre os seus incriados, autogerados e gerados, e suas estrelas cintilantes, e seus sem-par, e arcontes, e potestades, e regentes, e arcanjos, e seus decanos, e seus servidores, e todas as habitações de suas esferas e todas as suas ordens.

Jesus não havia instruído seus discípulos sobre todos o desdobramento das emanações da Câmara do Tesouro de Luz, nem sobre suas ordens e como foram criadas; também nada lhes dissera sobre seus salvadores e como foram formados de acordo com a ordem de cada um. Também não lhes contara quais guardiães estão diante de cada portal do Tesouro de Luz. Também nada lhes contara a respeito do lugar do Salvador-Gêmeo, que é a criança da criança. Tampouco lhes havia contado sobre a região dos três Améns nem sobre as regiões onde alcança seu poder, nem lhes havia mostrado em que locais estão plantadas as cinco árvores, nem algo relacionado aos outros sete Améns, a saber, as sete vozes, onde fica seu domínio e de que maneira elas se estendem.

Jesus não havia dito a seus discípulos de que tipo são os cinco auxiliares nem onde se encontram. Tampouco lhes dissera de que maneira a grande Luz se difundira ou a que regiões chegara. Nem mesmo lhes havia falado a respeito das cinco ideias e do Primeiro Mandamento e a que domínio chegaram. Todavia falou com eles de modo geral ao instruí-los sobre a existência dessas entidades; mas não falou sobre sua extensão, e a ordem de suas regiões, e como foram formadas. Foi por essa razão que eles também não sabiam que ainda havia outras regiões no interior desse mistério.

Ele não dissera a seus discípulos: "Eu saí dessa ou daquela região até que entrei naquele mistério e, de novo, dele saí". Todavia limitou-se a instruí-los, dizendo: "Eu vim desse mistério".

Por isso, a respeito daquele mistério, eles pensaram que era a culminância de toda a culminância, o centro do Universo e o Pleroma total. Porque Jesus dissera a seus discípulos: "Esse mistério envolve tudo o que lhes tenho falado desde o nosso encontro até o dia de hoje". Por isso os discípulos pensavam que dentro desse mistério nada mais existia.

Pistis Sophia, capítulo 1

I

Os mistérios incognoscíveis

Com as reflexões contidas neste livro pretendemos apresentar o mais antigo e mais autêntico dos evangelhos existentes, ou seja, o evangelho *Pistis Sophia.* Queremos provar dessa forma que o milagre que hoje nos tocou se expressa na Doutrina* Universal de todos os tempos.

A Pistis Sophia é a imagem do pensador que, tendo extinguido o seu pensar dialético, anseia pela sabedoria libertadora. É simbolizada por uma mulher que busca a iniciação e deseja obter essa iniciação por meio da *Sophia,* a sabedoria divina, após ter aniquilado em si a *Pistis,* o pensamento racional.

O evangelho *Pistis Sophia* é totalmente gnóstico. Toda a sabedoria revelada em todos os tempos está ali reunida e apresentada numa nova linguagem. Entretanto, essa sabedoria é expressa de tal maneira que nenhum profano consegue compreendê-la ou falsificá-la. Vejamos o que diz o primeiro capítulo:

Quando Jesus ressuscitou dos mortos, passou onze anos dialogando com seus discípulos e instruiu-os apenas até as regiões do Primeiro Mandamento e do Primeiro Mistério atrás do véu, ou seja, a respeito do conteúdo do Primeiro Mandamento. Este é o vigésimo quarto mistério do interior para o exterior — dos que estão no segundo espaço do Primeiro Mistério que está adiante de todos os mistérios: o Pai na imagem da pomba.

E Jesus disse a seus discípulos: "Eu vim do Primeiro Mistério, que é o último, quer dizer, o vigésimo quarto mistério". Os discípulos não sabiam nem entendiam que dentro desse mistério ainda havia algo mais; porque pensavam que esse mistério fosse o cabeça do Universo e de tudo o que existe, a culminância de todas as culminâncias.

Quem deseja descobrir o significado dessas palavras precisa começar com uma análise, valendo-se de seu próprio nível de existência. O campo de vida dialético deve ser considerado sob doze aspectos, doze estados, do ponto de vista natural e científico. Com base no zodíaco duodécuplo da dialética* desenvolve-se a manifestação duodécupla da natureza. Cada um desses doze aspectos possui uma imagem invertida, uma projeção, um domínio refletor, uma esfera refletora.

Podemos dizer então que nosso campo de vida apresenta vinte e quatro aspectos naturais. Doze pertencem à esfera* material e doze à esfera refletora. E quem o deseja pode fazer o estudo místico ou ocultista desses vinte e quatro aspectos. Nossa roda da vida gira nesse contexto.

São vinte e quatro mistérios que podem ser compreendidos de modo perfeito pelo homem. São vinte e quatro mistérios da dialética, da ilusão. Isso fica evidente quando o evangelho *Pistis Sophia* diz que Jesus não menciona nada sobre esses vinte e quatro mistérios e que ele mesmo não proveio deles.

Quando o homem* natural segue seu caminho através dos próprios mistérios, ele chega a uma fronteira, à fronteira de seu Universo, seu Universo eletromagnético. Então ele se depara, conforme as palavras do evangelho *Pistis Sophia*, com uma ordem que nem mesmo o maior dos magos consegue transgredir, pois está diante do preceito que diz: "até aqui, mas não além". Aí ele atinge o seu Primeiro Mistério verdadeiro, que é insolúvel. O mundo da alma continua fechado para ele.

Jesus instruiu seus discípulos sobre essas regiões do Primeiro Mandamento e do Primeiro Mistério verdadeiro, perante as quais o homem natural está como que diante de uma muralha. Para enfatizar isso mais uma vez, o evangelho *Pistis Sophia* repete o que Jesus falou sobre o Primeiro Mandamento, que é o vigésimo quarto mistério do interior para o exterior. É, portanto, o ponto no qual o campo natural termina e começa outro campo de vida, que fica completamente fora da esfera refletora.

Se, por acaso, já pensastes que a filosofia moderna da Rosa-Cruz surgiu do cérebro de um homem moderno, recebereis aqui a correção feita há dois mil anos, que, já naquele tempo, constituía uma síntese da sabedoria de cem mil anos anteriores. Ali onde terminam todos os esforços temporais, ali o homem primitivo imagina o seu deus supremo, pois ocupou todas as regiões que estão a seu alcance com ídolos que explora. Mas ao deus por trás desse limiar ele rende uma veneração tola e sem sentido.

Jesus, porém, adverte seus discípulos a esse respeito nos mistérios incognoscíveis, pois eles são a única realidade da libertação. *Eu vim do Primeiro Mistério por trás do véu,* diz ele. O domínio de vida do Cristo é também um campo de vinte e quatro aspectos. São doze espaços magnéticos positivos com seus doze reflexos.

Do reflexo de um desses espaços, o Pai irradia mediante a imagem de uma pomba. A pomba é, na Gnosis, um dos grandes símbolos do sagrado Espírito Sétuplo, do microcosmo* sétuplo, do Universo sétuplo, assim como os sete Améns ou os sete trovões. A Pistis Sophia também se refere às sete vogais, que, juntas, formam o nome de Deus.

É para o homem natural, que está diante do limite de sua capacidade, na fronteira do Primeiro Mandamento diante do verdadeiro Incognoscível, que o sagrado Espírito Sétuplo irradia desse incognoscível. É a invocação do sagrado nome de Deus mediante esse mesmo nome. Por isso diz o evangelho *Pistis Sophia* (capítulo 143):

Não há mistério mais excelente que esses mistérios a respeito dos quais me perguntais, porquanto eles conduzirão vossa alma à Luz das Luzes [...]. Nada é mais sublime que esses mistérios, salvo o mistério das sete vozes e suas quarenta e nove forças.

Esses sete raios vêm da fronteira de nosso campo de existência e formam aí um foco. Num momento de nova crise na história do mundo ressoa outra vez a voz, o segredo das sete vogais e suas quarenta e nove forças. Já vos informamos, de maneira pormenorizada, várias vezes sobre a Fraternidade Universal Sétupla com seus quarenta e nove raios, ou seja, sete vezes sete aspectos.[7] Se quiserdes seguir o caminho das rosas, deveis esforçar-vos e dedicar-vos por inteiro à sagrada obra. Trata-se de conduzir almas renovadas à Luz das Luzes.

[7]Ver, entre outros, Rijckenborgh, J. v. *O mistério iniciático cristão: Dei Gloria Intacta,* os capítulos Orientação (vii) e A Iniciação de Saturno do Primeiro Círculo Sétuplo (iv), São Paulo: Editora Rosacruz, 2003, 3.ª ed.

PISTIS SOPHIA

LIVRO I

CAPÍTULOS 2–3

Sentados juntos no Monte das Oliveiras, os discípulos conversavam com grande alegria e entusiasmo sobre as seguintes palavras: "Abençoados somos nós dentre todas as pessoas da terra, porque o Salvador nos revelou isto e obtivemos a plenitude e toda a perfeição." Enquanto assim falavam entre si, Jesus estava sentado um tanto distante deles. No décimo quinto dia da lua no mês de Tybi, no dia da lua cheia, quando o sol seguia sua trajetória, surgiu por trás dele uma potente força luminosa que brilhava de maneira tão extraordinária que era ilimitada a luz que estava ligada a essa força. Porque ela provinha da Luz das Luzes e do último mistério, a saber: o vigésimo quarto — do interior para o exterior — dos mistérios que estão nas ordens do segundo espaço do Primeiro Mistério.

Essa força luminosa desceu sobre Jesus, envolvendo-o por completo, enquanto ele estava sentado um pouco distante de seus discípulos; e resplandecia intensamente na imensurável luz que estava sobre ele. A luz na qual Jesus se encontrava era tão forte que os discípulos não podiam vê-lo, porque seus olhos estavam ofuscados pela imensa luz que o envolvia.

Eles viam apenas uma luz que emitia muitos raios. Os raios luminosos não eram iguais, porém a luz era de natureza e qualidade diversas, de baixo para cima — um raio infinitamente mais excelente que o outro, num grande e imensurável fulgor que se estendia da terra até o céu. Ao verem essa luz, os discípulos foram tomados por grande temor e comoção.

Quando essa força luminosa desceu sobre Jesus, sucedeu que, de forma progressiva, ela o envolveu por completo. Então, ele ergueu-se e foi elevado às alturas, irradiando luz imensurável e fulgurante. Os discípulos seguiram-no com o olhar, e ninguém falou até ele alcançar o céu, mas permaneceram em profundo silêncio. Isso aconteceu no décimo quinto dia da lua, no dia da lua cheia, no mês de Tybi.

Três horas depois de Jesus ter sido elevado ao céu, todas as forças do céu entraram em grande comoção e se agitaram umas contra as outras, elas e todos os seus éons e todas as suas regiões e ordens. Toda a terra, com todos os seus habitantes, foi tomada por grande estremecimento. E todas as pessoas sobre a terra e também os discípulos entraram em estado de grande inquietação, e todos pensaram que talvez o mundo estivesse desabando.

Todas as forças do céu continuaram abaladas, elas e o mundo inteiro. Moviam-se umas contra as outras desde a terceira hora do décimo quinto dia do mês de Tybi até a nona hora do dia seguinte. E todos os anjos, e seus arcanjos, e todas as potestades das alturas exaltavam o interior dos interiores, de tal modo que todo o mundo ouvia suas vozes, ininterruptamente, até a nona hora do dia seguinte.

Pistis Sophia, capítulos 2–3

2

Cinco processos psicológicos

No capítulo anterior explicamos como a Doutrina Universal de todos os tempos analisa com precisão o ensinamento moderno, emprestando-lhe o brilho dos clássicos. Esclarecemos que, no evangelho *Pistis Sophia,* Jesus, o Senhor, diz que é um mensageiro de um campo de vida que não está contido nos vinte e quatro campos da dialética.

O campo de vida dialético é delimitado por suas condições eletromagnéticas. Ele consiste em doze aspectos e doze reflexos ou imagens refletidas que se interrelacionam como positivos e negativos. Ao homem natural, se o desejar, é facultado conhecer todas essas vinte e quatro divisões. Contudo, depois de ter estudado e compreendido todas elas, estará enfim diante de um limite intransponível. Ele depara-se então com o verdadeiro Primeiro Mistério, com o verdadeiro Incognoscível, o Inalcançável. Por isso ele nomeia esse inatingível "Deus", o absolutamente invisível. E rende a esse "Deus" invisível provas de um respeito mudo e tolo, e continua perdendo-se no próprio mistério. Ele se entrega a esses vinte e quatro campos naturais, torna-se prisioneiro como numa teia de aranha, criando ali seus ídolos, aos quais fica servindo.

O evangelho *Pistis Sophia* explica no início, de modo enfático, que Jesus Cristo não veio desta ordem mundial, mas que foi enviado do Incognoscível para toda a natureza.

Mas, com que objetivo? Que sentido faz isso? Quando, diante do mistério divino de fato, o homem está como que diante de uma muralha e apenas consegue vagar nos próprios vinte e quatro campos para ali criar uma imitação da verdade, que sentido faz então Jesus vir para dar um testemunho da verdade e esclarecê-lo a respeito do Pai? Que outro sentido poderia ser senão o de que o homem natural, depois de corrigir-se em seus enganos e depois da regeneração de seu microcosmo, passe pelos portais do incognoscível para o verdadeiro lar paterno, o reino imutável que não é deste mundo? Para isso veio Jesus, o Senhor. Para isso a Fraternidade de Cristo desce até os homens.

O Evangelho, tal como o conheceis, contém apenas o primeiro início da manifestação de Cristo. Onde termina esse Evangelho começa o evangelho *Pistis Sophia* a narrar sobre Cristo e sua missão e a esclarecê-la aos que são receptivos. Por conseguinte, esse Evangelho começa após a Ressurreição. É relatado que Jesus fala a seus discípulos e diz: "Quando estava entre vós na vida comum, antes da minha ressurreição, nunca havia falado sobre os vinte e quatro mistérios da natureza. Porque vim do verdadeiro Primeiro Mistério divino desconhecido de todos os homens. Saí do Primeiro Mistério, que fica na fronteira do vigésimo quarto mistério da natureza. Em minha primeira manifestação falei apenas de forma genérica sobre a vida primordial".

Continuando, então, a leitura do evangelho *Pistis Sophia,* percebemos nas entrelinhas poderosos processos psicológicos que serão reconhecidos pelos que estiverem maduros para isso.

O primeiro processo diz respeito a um aspecto da Escola Espiritual moderna que deve parecer bastante familiar para vós. Falamos em nome da Fraternidade Universal que é de outro reino, de duas ordens de natureza, a ordem divina e a ordem da natureza dialética. Esse foi o primeiro trabalho que Jesus realizou.

Ele apareceu entre nós como alguém que, com uma nova radiação eletromagnética quase imperceptível, apela de maneira muito fundamental a nosso átomo-centelha-do-espírito.* Ele nos dá sugestões sobre a vida primordial, apresentando-a de modo filosófico e sem grande precisão, pois não há outra possibilidade. Apenas podemos conhecer a vida primordial quando a ela pertencemos. Não obstante, essa vida primordial atrai sobremaneira o homem. Falando nele de modo poderoso, dá-lhe uma grande segurança, fundamentada no átomo primordial. Então podemos ouvir alguém dizer: "Não a entendo, mas sei que é verdade e não posso evitá-lo".

Ao mesmo tempo, nesse primeiro toque é desencadeado o segundo processo psicológico. A natureza na qual viveis é desmascarada diante de vós como uma natureza da morte com a qual vossa própria natureza é una em sua essência. Todos os meios são utilizados para que esse segundo processo se efetive em vós de forma tão vigorosa quanto possível.

Daí surge a questão se podeis de fato apreender esses dois processos psicológicos e ancorar-vos neles. Se isso acontecer, desenvolver-se-á um terceiro processo bastante compreensível: ansiareis, no mais profundo ser, cada vez mais, pela magia do reino imutável. Então, reconhecereis mais e mais a vida da natureza como estranha, deixando-a cada vez mais para trás.

Se esse processo não se iniciar é porque vosso átomo-centelha ainda está fechado como um botão. Então, não reconhecereis a natureza da morte como tal. Viveis ainda na ilusão. E também não acreditais na nova vida, e vosso anseio por ela ainda não é como um fogo inextinguível. Dessa forma, ser-vos-á impossível amar a Escola. Pelo contrário, haverá oposição à Escola. Isso é bem compreensível. Se repetidas vezes são abordados temas que vos desagradam, se sempre é apresentada uma visão de mundo que não conseguis aceitar e as consequências são mostradas de modo enfático, não tereis alternativa, a não ser demonstrar indignação. E esse é um processo psicológico que, de fato, não é intencionado pela Escola, mas que é perfeitamente explicável.

O trágico é que essas pessoas não deixam a Escola, mas clamam por ela de modo especial, enquanto na realidade são queimadas.

A razão é que, no íntimo, elas não podem prescindir da Escola e necessitam desse processo de combustão.

Todavia, graças a Deus, existem muitos alunos na Escola que conhecem esses três processos e neles evoluem. Eles sabem que se encontram num dos seguintes estágios:

1.º Confronto com a nova vida como mistério,
2.º Desmascaramento da vida dialética,
3.º Crença na nova vida, ansiando por ela e vivendo em unidade com ela, amor pela Escola e por seu trabalho, bem como um afastamento cada vez maior da vida dialética.

Quando um aluno chega a esse ponto, a Escola dos Hierofantes* de Cristo não deixa de agir. Ela prossegue e desencadeia um quarto processo, dizendo-lhe: "Agora, a glória e a majestade da nova vida ser-vos-á revelada. No futuro não se vos falará mais de modo abstrato, porém de modo concreto. Então, sereis confrontados com isso de maneira positiva, pois tereis de seguir viagem! Chegou a hora!" E vossa primeira reação será de alegria e entusiasmo:

Sentados juntos no Monte das Oliveiras, os discípulos conversavam com grande alegria e entusiasmo sobre as seguintes palavras: "Abençoados somos nós dentre todas as pessoas da terra, porque o Salvador nos revelou isto e obtivemos a plenitude (o Pleroma) e toda a perfeição".

Com frequência, notamos essa alegria em inúmeros alunos e é provável que também a conheçais. A esse quarto processo de gratidão e alegria segue-se, então, um quinto processo, cujo contraste com o anterior é tão grande que o candidato, na sua decepção, pensa ter perdido tudo, e de modo tão definitivo que, por esse motivo, a amargura e o medo corroem seu ser.

Quando o candidato é alçado da segurança de sua fé para o conhecimento de primeira mão, é evidente que tudo isso deve acontecer em conexão com uma nova faculdade eletromagnética. Um novo campo eletromagnético toca o candidato, e isso tem consequências muito singulares:

No décimo quinto dia da lua no mês de Tybi, no dia da lua cheia, quando o sol seguia sua trajetória, surgiu por trás dele uma potente força luminosa que brilhava de maneira tão extraordinária que era ilimitada a luz que estava ligada a essa força. Porque ela provinha da Luz das Luzes e do último mistério, a saber: o vigésimo quarto — do interior para o exterior — dos mistérios que estão nas ordens do segundo espaço do Primeiro Mistério.

Essa força luminosa desceu sobre Jesus, envolvendo-o por completo, enquanto ele estava sentado um pouco distante de seus discípulos; e resplandecia intensamente na imensurável luz que estava sobre ele. A luz na qual Jesus se encontrava era tão forte que os discípulos não podiam vê-lo, porque seus olhos estavam ofuscados pela imensa luz que o envolvia.

Eles viam apenas uma luz que emitia muitos raios. Os raios luminosos não eram iguais, porém a luz era de natureza e qualidade diversas, de baixo para cima — um raio infinitamente mais excelente que o outro, num grande e imensurável fulgor que se estendia da terra até o céu. Ao verem essa luz, os discípulos foram tomados por grande temor e comoção.

Quando essa força luminosa desceu sobre Jesus, sucedeu que, de forma progressiva, ela o envolveu por completo. Então, ele ergueu-se e foi elevado às alturas, irradiando luz imensurável e fulgurante. Os discípulos seguiram-no com o olhar, e ninguém falou até ele alcançar o céu, mas permaneceram em profundo silêncio. Isso aconteceu no décimo quinto dia da lua, no dia da lua cheia, no mês de Tybi.

Três horas depois de Jesus ter sido elevado ao céu, todas as forças do céu entraram em grande comoção e se agitaram umas contra as outras, elas e todos os seus éons e todas as suas regiões e ordens. Toda a terra, com todos os seus habitantes, foi tomada por grande estremecimento. E todas as pessoas sobre a terra e também os discípulos entraram em estado de grande inquietação, e todos pensaram que talvez o mundo estivesse desabando.

Todas as forças do céu continuaram abaladas, elas e o mundo inteiro. Moviam-se umas contra as outras desde a terceira hora do décimo quinto dia do mês de Tybi até a nona hora do dia seguinte. E todos os anjos, e seus arcanjos, e todas as potestades das alturas exaltavam o interior dos interiores, de tal modo que todo o mundo ouvia suas vozes, ininterruptamente, até a nona hora do dia seguinte.

Quando esse momento chegar para o candidato, ou seja, quando, em consequência do ardor da fé e da esperança o seu amor pela nova vida for grande o suficiente, quando o alheamento da vida dialética possibilitar essa condição, portanto, quando a lua tiver chegado ao mês de Tybi, o microcosmo será tocado e envolvido por uma grande força eletromagnética.

Esse toque é intenso e tão estranho, tão incomum, que resulta primeiro em grande comoção e desespero. Quando o campo de radiação da Fraternidade sétupla atinge os homens desse modo, produz-se comoção. Grande temor os domina e eles acreditam estar talvez diante da aniquilação ao invés da salvação.

Não é compreensível que a luz seja sentida pelo homem primeiro como treva? Todos os relatos não nos dão testemunho da mesma vivência? Essa experiência ocorre pelo fato de que, pela veemência do impulso do novo toque magnético, o eu da natureza torna-se, por assim dizer, debilitado e mesmo ineficiente, e ainda não existe uma nova consciência, um novo eu. Com base nessa vivência da alma consternada e na alegria da anunciação, nessa quinta experiência psicológica, desenvolve-se o processo posterior da libertação atual e restauradora.

3

A inquietação fundamental

No capítulo anterior falamos sobre o modo como a Fraternidade Universal trabalha com os alunos. Sua atenção não está voltada para um homem que já obteve algum resultado no caminho, como se estivéssemos nos referindo a um homem extraordinário. Vimos que ninguém tem motivos para pessimismo, sentimentos de inferioridade, obsessão pela indignidade e, portanto, não pode afirmar: "Ah, não posso corresponder a isso". Não, todos podem receber o auxílio da Fraternidade. Ninguém deve sentir-se excluído. Esse auxílio destina-se a todos.

Deveis apenas pensar na imagem de Cristiano Rosa-Cruz no poço da natureza da morte. A corda da salvação não é lançada de modo pessoal, para alguém em particular, com a exclusão dos demais, mas sim a todos os que conseguem apanhá-la, que se firmam nela e serão alçados para fora do poço.

Todos os que se reúnem na antecâmara da Escola* Espiritual da Rosacruz moderna e se empenham em participar de um de seus focos saberão, com grande certeza, como seguir o caminho desde o primeiro passo até a salvação, sempre que refletirem de modo inteligente. Quando, então, fizerdes uma autoavaliação com base no esquema desse processo, podereis saber também qual o ponto já alcançado ou o ponto em que vosso desenvolvimento se encontra estagnado no momento.

A primeira fase do caminho diz respeito à força de radiação magnética muito elementar e à influência que a Fraternidade

Universal exerce sobre cada homem. Quem possui o átomo* original não pode apenas reagir, mas deve agir. É a corda baixada no poço a qual ele segura. Essa corda é também designada como um chamado.

Não somos nós, da Escola Espiritual, que chamamos por vós. Apenas falamos sobre esse chamado. Tentamos explicar esse chamado que vos chega sem a nossa intervenção. É uma força que perpassa o mundo e apela para o vosso átomo-centelha-do-espírito. Por meio dessa força recebeis sugestões sobre a vida original e transmissões sobre uma filosofia extraordinária.

Quem traz o átomo-centelha-do-espírito experimenta, assim, uma comoção extraordinária. Se estiverdes enclausurados nas trevas, mas ainda tiverdes uma recordação da luz, se, portanto, possuirdes o equivalente a um princípio de luz encapsulado dentro de vós e um chamado veemente da luz vier a vós ou se ouvirdes falar sobre o reino da luz, não reagireis? Não vos sentireis muito tocados? Então, não fiqueis muito atentos ao que é dito sobre a luz, porém compreendei apenas que se fala a respeito da luz. A palavra luz, seu som, já vos tira do equilíbrio dialético.

Essa reação espontânea, naturalmente, encerra também um perigo, e muitos ficam estagnados no decorrer de suas vidas, atingidos por esse perigo de forma séria.

Para compreender isso com clareza, deveis, uma vez mais, observar bem essa situação. Existe uma radiação magnética da Fraternidade Universal. Ela não tem nome nem som. Ela tem a missão de inquietar-vos mediante o referido átomo original que foi tocado, de tal modo que já não consigais adaptar-vos à natureza da morte e comeceis a pesquisar.

Então elevam-se as vozes de vossos semelhantes. Eles falam e dão testemunho da luz. E, de imediato, tendeis a vos aproximar deles ainda que digam as maiores tolices. O fato de que falam da mesma inquietação emocional que experimentais é o motivo pelo qual aceitais sem hesitar essas pessoas como irmãos e irmãs.

Pode ocorrer um atraso considerável por causa disso, é natural, pois muitos servidores hábeis desta natureza sabem muito bem que, se falarem bastante sobre a luz aos que a buscam, se os ofuscarem por meio de organizações e igrejas e os envolverem com uma profusão de grandiosas palavras e especulações, muitos ingênuos ficarão presos nessa refinada teia.

Nenhum mortal no céu ou na terra está em condição de arrancar o átomo original, a Rosa das Rosas, do vosso santuário do coração. Entretanto, é possível desviar para a ilusão a reação do botão de rosa que deseja voltar-se para a eterna luz do sol, levado por sua condição natural. Assim como é possível cultivar flores em ambientes com luz artificial, também é possível envolver o botão de rosa com a falsa luz dourada da especulação metafísica. Dessa maneira pode ser proporcionada uma aparente satisfação a milhões de portadores do botão de rosa no decorrer de encarnações.

Isso acontece deste lado do véu, e nossa ação aqui terá suas consequências no futuro, do outro lado, onde se diz que estão o céu e Cristo, o Senhor. Uma vez que o homem fica preso nessa ilusão e assim chega ao outro lado do véu, a reencarnação é uma certeza, porque é um processo biológico do microcosmo. É por isso que toda essa refinada magia, a antiquíssima cultura mágica da dialética, investe sobre todo o filho da rosa que procura pela luz universal para o seu frágil botão.

Essa magia da natureza utiliza tudo e todos para alcançar seus objetivos. Ela pode fazê-lo. Pode, além disso, também utilizar esta Escola e a palavra transfigurística de Jesus, o Senhor, e dos outros grandes mestres. O aluno pode ser apanhado pela magia desta natureza até mesmo no momento em que reflete sobre a única verdade.

Se a Escola Espiritual da Rosacruz moderna vos trouxe satisfação e paz interior na condição em que vos encontrais agora, então fostes apanhados pela rede da magia da natureza, pois é impossível que uma entidade com a centelha espiritual encontre paz e tranquilidade na natureza da morte. Nesse caso alguma coisa não está em ordem. Como pode um filho da luz ter paz e tranquilidade se ainda não voltou para a luz?

Não queremos dizer com isso que uma pessoa como essa deva viver preocupada, com medo e em constante insatisfação, pois um filho da luz invisível pode estar muito alegre e em grande equilíbrio na certeza de estar a caminho para a casa do Pai. Todavia, a doce tranquilidade e a paz fácil do compromisso com esta natureza está totalmente fora de cogitação. Um filho da luz conhece a experiência de Jesus, que não encontrava lugar para seu pé, nem uma pedra para recostar sua cabeça. Isso é absolutamente impossível.

Se sois alunos da Escola Espiritual da Rosacruz deveis perguntar-vos: Que efeito a Escola exerce em mim? Ainda consegue inquietar-me? Ainda desperta em mim o mais profundo anelo? Ou já não há agitação em mim? A doutrina transmitida me entra por um ouvido e sai pelo outro? Ainda estou no processo ou já fui banido pelas manobras de meu satã, meu eu superior, meu ser* aural?

Deveis perguntar essas questões a vós mesmos, pois deveis também saber que estais em perigo a todo instante. Quem não compreende isso e diz: "Ora, ora, não sejamos tão dramáticos", não possui a marca do discipulado elementar.

Quando o filho da rosa vem ao mundo, não é recebido com estima, nada pode considerar seu, ele não encontra um lugar para colocar seu pé nem uma pedra para recostar sua cabeça; ele é um completo estranho. Entretanto, ao começar a procura pela libertação para reconquistar o destino divino que lhe é próprio, tentarão mantê-lo na região em que é um estrangeiro, à qual, com falsos sons, com farrapos de falsas luzes, é forçado a adaptar-se. Esse é o perigo!

Através de todos os séculos há uma conspiração em andamento contra os homens que desejam fazer desabrochar seu botão de rosa. E isso é um perigo. Esse perigo é iminente a toda hora. Não estamos sugerindo que acrediteis em demônios, tampouco queremos instilar-vos medo, mas apenas queremos levar-vos ao autoconhecimento.

Como verdadeiro buscador que procura a luz ainda estais inquietos? Tendes ainda consciência de que sois objeto de disputa e, por isso, estais envolvidos na dinâmica de uma atividade muito intensa que, assim, emana de vós? Sentis ainda um resquício da devoção do poeta salmista, que num instante clama de júbilo e em seguida se vê ameaçado até nas maiores profundezas de sua alma? Se percebeis as muralhas que vos cercam, estais no estado de graça do discipulado vivente.

Se já nada há em vós além de paz e aí permaneceis sem sequer uma atividade ardente, então, nesse caso, um poder cristalizador atuou em vós e tirou a força do vosso botão de rosa. Se ainda tiverdes forças, deveis descobrir a causa. E ficaremos muito gratos se, com nossas palavras, pudermos levar-vos à antiga inquietude, e, assim, tivermos resultados. Então, ter-vos-emos libertado do aprisionamento de vosso inimigo pessoal.

Cada homem que possui o botão de rosa é atingido no coração pela força de radiação fundamental da Gnosis, o que provoca uma grande inquietação. Então, atuam os servidores da Gnosis. Falam da luz e dela dão testemunho. Entretanto não desejam fazer cessar a inquietação, porém, canalizá-la. Esta é a marca de sua missão: conduzir os chamados ao caminho reto. Porque, por trás da inquietude está a experiência de encontrar-se em campo estranho, a consciência de não pertencer a este mundo.

Fazendo cessar a inquietação aniquilaríamos de imediato a energia dinâmica com a qual se pode avançar na senda da libertação. Esperamos ter restituído ou despertado em vós algo dessa energia tão necessária, dessa inquietude fundamental que caracteriza os filhos e as filhas da Gnosis.

4

A encruzilhada do aluno

Cada homem que possui um botão de rosa no santuário do coração é tocado pela força de radiação fundamental da Gnosis. Trata-se da força-luz emanada pela Fraternidade Universal Sétupla. E quem é tocado por essa luz naturalmente vivencia uma inquietação intensa, porque essa força-luz, que é absorvida no sistema* pelo átomo original, se contrapõe à natureza dialética sob todos os aspectos. Poderíamos comparar essa experiência à respiração numa atmosfera muito estranha, e todo o sistema tem de assimilar essa substância pela respiração.

Ao mesmo tempo, atuam os servidores da Gnosis. Eles falam da luz que atinge todos os portadores do botão de rosa. Eles dão testemunho dela. Não desejam silenciar a inquietação que se desencadeia, pois essa inquietação é justamente a prova de uma reação. Os servidores da Gnosis querem direcionar essa inquietação. Esclarecem o objetivo dessa reação e colocam o aluno exatamente na senda que deve seguir. Comparamos essa inquietação à condição de ser revigorado por uma energia dinâmica nova por completo. E essa energia deve ser empregada.

A referida inquietação é uma energia. Por isso um aluno da Escola da Rosacruz deve verificar se conhece ou conheceu essa inquietação, a sagrada inquietação. Se a sente é porque está no processo pelo qual a Escola passa com ele. Então ele é acolhido por ela.

Se não possui a sagrada inquietação ou já não a apresenta, ele na realidade já não é um aluno. Com certeza, uma influência de poder cristalizador o envolveu. O botão de rosa perdeu a base de sua existência. Os motivos dessa cristalização, desse sono sem sonhos do átomo primordial, estão relacionados ao fato de que a pessoa atingida está comprometida por inteiro com as forças da natureza.

Queremos destacar agora a fase seguinte do toque sagrado. Para quem foi tocado no coração pelas radiações da Fraternidade Universal sétupla e que, por conseguinte, experimenta a sagrada inquietude – que depois será canalizada para uma direção, para uma meta pelos irmãos da Fraternidade –, para ele existem duas novas possibilidades.

A primeira dessas possibilidades é a evolução de um forte anseio por participar da realidade da nova vida, anseio esse que denominamos desejo de salvação.

Em segundo lugar, existe a possibilidade de se desenvolverem resistência e inimizade que, no final, levam a uma absoluta rejeição do caminho.

E assim, cada aluno é conduzido a uma encruzilhada na qual deve ser feita uma escolha decisiva.

Ou existe um imenso anseio pela nova vida que, com a sagrada inquietação, desperta a energia capaz de gerar o vigor necessário para alcançar o alvo, ou há uma recusa do caminho com a consequente autoneutralização.

O campo de força da Escola é poderoso o suficiente para despertar essa reação. Deveis verificar se compreendeis bem, de acordo com o mais profundo do vosso ser, a escolha que cada aluno anelante deve fazer ao chegar à encruzilhada.

Não se trata aqui de uma escolha que deveis fazer com base em uma ponderação racional qualquer ou em momentos de certa disposição emocional. Não, trata-se de uma reação psicológica inevitável. Não conseguireis agir de modo diferente, não por uma autoimposição ou por uma pressão externa, mas pela manifestação imperiosa de uma verdade interior absolutamente livre de engano, exaltação ou sugestão. Pode-se dizer que é uma espécie de autoescolha mediante a qual a verdade interior é trazida à luz do dia com certeza tal, que qualquer engano está afastado por completo.

Poderíamos, por exemplo, observar se cada aluno na antecâmara da Escola Espiritual também se encontra em seu lugar. Poderíamos nos preocupar com isso. Numa escola vivente como a da Rosacruz, cada aluno da antecâmara também é levado ao mencionado momento da decisão. E então, ele se declara.

Sabeis, porém, que a Doutrina Universal diz que a verdade e a realidade vêm à luz para cada candidato. "A verdade deve libertar-se!" E, assim, queremos observar como se desenvolve essa autodeclaração.

De que maneira se produz o anseio pela nova vida, o desejo de santificação?

1. Sereis tocados pelas radiações fundamentais da Fraternidade Universal sétupla. É o primeiro auxílio da Fraternidade.
2. Se possuirdes o átomo-centelha-do-espírito e o curso da vida o permitir, a sagrada inquietação virá a vós.
3. Os obreiros da Fraternidade darão a essa inquietação uma direção e uma meta, para que reconheçais vosso estado de ser no mundo da dialética, a condição de estrangeiro.

Compreendereis então que existia e existe uma vida primordial e que vossa manifestação microcósmica de hoje, comparada à primordial, não passa de uma caricatura. Quando reconheceis isso com clareza, o curso da vida determinará se essa vivência interior resultou em anseio. Desenvolve-se, então, certa percepção, um anseio indestrutível pela nova vida.

Que espécie de vida determina esse anseio? A vida da experiência. O verdadeiro conhecimento deve despertar da experiência que fica impregnada no sangue. Filosofia, crença numa autoridade, aceitação de certos dogmas ou adaptação a circunstâncias familiares não produzirão a condição psicológica necessária. Apenas a experiência pode despertar o anseio. Um aluno deve comprovar a filosofia da Escola mediante a experiência.

Naturalmente é possível que já exista uma experiência magnífica em vosso subconsciente, em vosso sangue, como resultado de um passado incomensurável, de modo que já no início do discipulado se apresenta certa consciência da experiência. Porém, seja como for, essa consciência relativa à Doutrina Universal deve estar presente para despertar o tão necessário anelo a fim de que surja a condição que nos mostra o Salmo 42:

Como suspira a corsa pelas correntes das águas,
assim por ti, ó Deus, suspira a minha alma.
Minha alma tem sede de Deus, do Deus vivo.
Quando irei e me verei perante a face de Deus?

Quando esse anseio existe, não é a consequência de uma decisão da vontade ou de um conselho, porém trata-se de um estado psicológico que preenche cada fibra de todo o ser. É uma imposição interior que torna impossível ser diferente.

Essa reação também é descrita na obra *As núpcias alquímicas de Christian Rosenkreuz.* Ali o candidato é colocado diante da escolha entre vários caminhos. E, em determinado momento, ele, de modo espontâneo, como que impelido de dentro, envereda por um caminho que o leva ao templo interior.

Talvez já tenhais vivenciado ou sentido que em vossa vida sois conduzidos, que seguis por uma senda. É assim mesmo, mas não no sentido de que forças externas dirigem vossa vida. É a condição interior que comanda o vosso ser; o vosso estado sanguíneo que domina o interior determina vossa vivência.

Assim, quem tem o mencionado anseio atrai forças magnéticas da nova vida que lhe permitem alcançar de maneira irrevogável a meta, com base no que já foi acima descrito.

Analisaremos agora de que modo ocorrem a recusa da senda e a autoneutralização, que levam a pessoa que chegou à encruzilhada a enveredar por outro caminho.

Para examinar essa questão seguiremos o mesmo roteiro. Uma pessoa é tocada pela luz fundamental da Fraternidade, e nasce a inquietação. A partir de então ela é orientada pelos obreiros da Escola, que a encaminham para a senda da maneira correta com um conselho único e exclusivo: "Ele, o Outro, deve crescer. O eu da velha natureza deve declinar. Endireita as veredas para teu Deus". Assim, essa pessoa também chega à encruzilhada. Entretanto, não escolhe o caminho do anseio, mas segue outro caminho.

Por quê? Porque sua consciência da experiência ainda se volta para outras direções. Essa pessoa ainda não consegue seguir o caminho da libertação pelo mesmo motivo de domínio interior que faz que outra pessoa consiga. Ambas têm o átomo-centelha-do-espírito, ambas foram tocadas pelo campo magnético da Gnosis, a ambas chegou o apelo da Escola Espiritual. No entanto, escolhem rumos diferentes levadas pelo impulso interior da experiência de vida.

Sabendo disso, jamais haverá surpresa se um aluno deixar a Escola ou precisar deixá-la, pois a Escola leva o aluno a uma autoconfissão, a essa autoescolha. Pode-se lamentar o andamento das coisas, porém, tão logo a condição interior de tal pessoa esteja madura para isso, chegará o momento em que deverá ser feita a escolha certa.

Ao examinar-se, em cada caso, a opção dessas pessoas pela autoneutralização, deparamo-nos com uma grande variedade de razões: "Não posso seguir o caminho, pois preciso cuidar de meu pai idoso, o que toma todo o meu tempo". Uma relação complexa com o pai abafa o anelo. "Vou afastar-me porque não consigo dar uma alimentação vegetariana à minha mãe idosa, que quer que eu me adapte à dela. Se eu recuso a carne, vou causar-lhe preocupação." "Não posso por causa de minha esposa." Ou: "Meu marido é contra". Ou ainda: "A educação de meus filhos sobrecarrega-me demasiado".

Outro motivo reside em aspectos ligados à decepção com a autoestima, o que leva a pessoa a voltar-se contra a Escola devido ao desmascaramento.

Uma terceira categoria é formada pelas pessoas que ainda esperam muito da vida e querem satisfazer suas ambições.

Existem ainda aquelas que, na verdade, já estão saturadas da natureza da morte, mas ainda se detêm pela autocensura e estão sempre rememorando sua vida, dominadas pela consciência do pecado. Em todos esses casos envereda-se pelo caminho falso.

Um grupo especial é o das pessoas que, impelidas à encruzilhada, não conseguem fazer a opção. Querem manter-se neutros e não manifestam anseio, tampouco expressam rejeição. Essas evoluem para uma cristalização, uma fossilização. Tornam-se frias.

Então, por fim, reconhecemos a magnífica, vivente necessidade de que, na Escola Espiritual, cada habitante da antecâmara deve se declarar, seja como for. Esse é um dos objetivos da Escola. Cada candidato revela-se por si mesmo fundamentado no seu próprio estado psicológico. Nessa base formam-se duas correntes: uma caracterizada pelo anseio de salvação, que assegura a aceitação no novo campo de vida, e outra que se desvia em determinado momento e volta ao ponto de partida.

Compreendereis que o "tudo ou nada" de Ibsen, e o "quem não abandonar tudo o que tem e seguir-me, não pode ser meu discípulo" de Jesus, o Senhor, não são atitudes de vida pelas quais, por uma simples imposição da vontade, podemos decidir-nos em determinado momento. Não. Tais atitudes são resultado da experiência de vida. Dessa taça precisamos beber até a última gota. Ela não se apresenta ao homem como uma coisa passageira. E no momento em que a consciência da experiência se vê diante de decisões a tomar, é a natureza, a qualidade dessa consciência que determina qual o caminho a seguir.

Essa decisão sempre se firma de antemão. Sereis dirigidos pela soma das qualidades de vossas experiências impregnadas no sangue e, com a graça de Deus, jamais sereis abandonados pela Fraternidade. Ela vos toca com sua radiação, dá testemunho e vos impele para a encruzilhada. Muitas vezes sereis reconduzidos ao ponto de partida, porém um dia irrompereis em direção às alturas do anelo e vereis despontar a nova manhã.

5

A consciência da revelação

Baseados no evangelho *Pistis Sophia* apresentamo-vos o mistério da evolução do novo homem e juntos analisamos as primeiras fases da senda sob vários aspectos. Afirmamos que o elemento fundamental da evolução do novo vir a ser do homem é a posse do átomo-centelha-do-espírito ou da rosa-do-coração,* o princípio que se encontra no ápice do ventrículo direito do coração.

Cada homem que traz, que ainda traz, esse princípio, percebe-o mediante um estado de ser elementar que caracteriza todo o comportamento desse tipo humano, com frequência já desde a juventude. A esse estado chamamos inquietação. Falamos de inquietação *santa,* pois esse estado deve ter uma ação sanadora que leva à cura.

Essa condição pode ser explicada por uma suscetibilidade a certos conjuntos de influências eletromagnéticas que não provêm desta natureza, influências essas que são acolhidas pelo consciente átomo-centelha-do-espírito e irradiadas para todo o sistema. Essas radiações eletromagnéticas são emitidas pela Fraternidade Universal que, no contexto de seus sete campos de trabalho, de forma consciente, mantém semelhante campo de radiação magnética em nossa esfera de vida.

É certo que cada criatura com o átomo-centelha-do-espírito tem de reagir a essa radiação e é inquietada por ela. Essa é a realidade sóbria da voz de Deus que, segundo uma interpretação mística e poética, chama todos. É também a realidade sóbria da reação pessoal de Deus à conduta individual de cada pessoa.

O místico infantil diz: "Deus tudo vê e tudo ouve". Aí está contida uma verdade inegável, pois cada campo magnético reage de pronto ao comportamento dos corpos que são atingidos pelas influências desse campo. A ação de uma pessoa que está ligada a um campo magnético determina a linha de ação desse campo.

Afirmamos, portanto, que o portador do botão de rosa é tocado, ou seja, é impelido à inquietação pela radiação emitida conscientemente por esse campo magnético, lançado como uma rede sobre toda a humanidade. Ele não é deixado em paz nem de dia nem de noite. Essa pessoa é confrontada com a nova vida, tendo em vista um mistério.

O mistério cerca-a, ela não consegue livrar-se dele. E assim, essa pessoa torna-se uma pesquisadora. Ela questiona a vida. Sonda a origem do ser. Ela sabe que é uma estranha sobre a terra. No fundo de seu ser ela é uma romântica que procura pelo extraordinário, pelo outro, o Outro.

Quando o campo de vida humano está preparado a esse ponto, os servidores da Fraternidade Universal saem e fundam escolas. Ou atraem alunos de outra maneira. Eles falam sobre a inquietação santificadora e esclarecem seu significado. Dão testemunho da Gnosis, do chamado divino e desse campo magnético. Se houver buscadores que possam e queiram ouvir, eles prosseguem, falando sobre a vida primordial e desmascarando a dialética. Eles explicam o estado de ser do pesquisador naquele momento.

Sua intenção é muito clara. Eles procuram inserir seus alunos numa relação pessoal harmônica e muito interiorizada com esse campo magnético de tensão. Podemos chamar essa relação harmônica de "fé", o que quer dizer: crer na nova vida, aspirar pela unificação com ela, amar a Escola e seu trabalho. A consequência é um distanciamento cada vez maior da vida dialética. Podemos falar também de um imenso e desejado anseio.

Entretanto, é possível também que, como já comentamos, a unificação seja rejeitada, que ela provoque um medo fundamental, porque ainda não se chegou a atolar-se na matéria e ainda não existe suficiente consciência das experiências para desligar-se da vida desta natureza.

Quando, porém, o imenso anseio cresce na alma de um homem e toda a corrente do campo magnético gnóstico aflui para o átomo original do candidato, estabelece-se uma situação nova por inteiro. O brilho, a glória e a majestade da nova vida revelam-se ao candidato e preenchem-no com grande gratidão, alegria e entusiasmo. Deveis compreender bem que aqui nos referimos à *revelação* e não à *realização* ou *obtenção*. Trata-se de um estágio superior do saber pela fé que é denominado "revelação". E essa revelação traz um conhecimento muito pessoal relativo ao verdadeiro caráter da Gnosis.

Voltemo-nos, porém, a outro tema. Quando uma fraternidade oculta, um poder da hierarquia dialética, deseja influenciar a humanidade de maneira prática, isso ocorre sempre mediante um campo magnético que serve de base. Por esse motivo deve-se reconhecer que na esfera de vida humana existem muitos campos magnéticos.

Muitas redes são lançadas no oceano da vida humana para apanhar almas. Basta pensar nas influências tibetanas que percorrem o mundo ou em algumas igrejas que também mantêm tal espécie de campo mediante seu sistema mágico. Podemos dizer com segurança que muitas influências magnéticas são exercidas sobre a humanidade e muitas dessas influências imitam o campo magnético da Fraternidade Universal.

Não é algo a temer? Será que, desse modo, a humanidade não pode ser enganada? Não, para um pesquisador sério o engano está totalmente fora de cogitação, pois, de acordo com as leis magnéticas universais, cada campo magnético é, em determinado ponto, obrigado a manifestar seu verdadeiro caráter. Se essa manifestação apresentar algo que contraria por completo o caráter fundamental do candidato, este sempre pode livrar-se da influência desse campo magnético e neutralizar seu interesse inicial. Por isso, a revelação não é só uma ampliação da consciência, mas é também uma prova, um meio de controle.

Uma revelação comprova a verdade e a legítima natureza da força nuclear do respectivo campo magnético. Não há homem que seja sacrificado de modo inconsciente. Tudo o que se diz a respeito é, na maior parte, absurdo. Quando uma criatura com a centelha espiritual procura de fato a libertação, ela pode provar de fato se os espíritos provêm da Gnosis. Ela pode empregar o meio de controle.

Cada campo magnético, na verdade, é compelido a revelar-se quando solicitado. Se isso não ocorrer, a revelação também não é desejada, e a pessoa em questão sente-se extraordinariamente bem sob a radiação fundamental dessas influências. Ela se permite ser enganada pelos mensageiros do referido campo. Uma característica de tais mensageiros é que exigem que seus seguidores acreditem nos dogmas e preceitos apresentados como palavras divinas inquestionáveis. Esses dogmas formam, por assim dizer, uma barreira para as pesquisas sérias.

Para satisfazer a aspiração por conhecimento é instituída uma ciência. Obrigam-se os estudantes a aprender de cor esses preceitos em grego e latim. Assim, torna-se necessário o estudo da língua grega e da latina. Obrigam-se os estudantes a se aprofundar no conhecimento de idiomas arcaicos e de muitos autores. Devem saber tudo o que consta em seus escritos e testemunhos. Porém, "revelação" verdadeira é algo que está muito distante para eles, pois essa sua revelação é a letra e o conhecimento intelectual reunidos na forma escrita.

Permiti-nos perguntar, caro leitor, se vossa convicção se baseia no conteúdo de vossa estante de livros ou no conteúdo intelectual de vosso cérebro. Se esse for o caso, é por vossa culpa, porque vos deixastes vitimar pelas influências de um campo magnético da natureza comum. Assim, fostes impedidos de chegar à revelação.

Voltemos, pois, ao nosso ponto de partida. Quem possui esse incomensurável anseio mediante a fé na Gnosis e no mencionado processo será conduzido até a revelação. Mediante uma relação harmoniosa com a Gnosis tal candidato chega ao ponto em que o núcleo do campo magnético se manifesta, se abre, se lhe declara.

No Apocalipse de João, isso é apresentado como um confronto do candidato com ele, com aquele que é o primeiro e o último, com o homem primordial. O candidato ainda não é esse novo homem, está longe disso ainda! Entretanto, ele lhe é apresentado de modo muito pessoal. Podeis perceber agora a diferença entre revelação e conhecimento?

Entretanto, deveis estar atentos para o fato de que tal revelação não ocorre uma única vez, mas que esse processo ocasiona uma série infindável dessa espécie de manifestação. Pode ocorrer que, de súbito, se vos apresente algo tão imponente, tão maravilhoso que, por assim dizer, balbuciando, exclamaríeis: "Que revelação maravilhosa!" Ficaríeis mudos de gratidão. Exatamente como os discípulos no Jardim das Oliveiras, mencionado no evangelho *Pistis Sophia,* diríeis: "Somos abençoados dentre todos os homens". Essa é a manifestação da consciência de Júpiter que, como relatam alguns, ocorrerá num futuro distante. Entretanto, é possível obtê-la agora, apenas seguindo a senda descrita.

Quando tiverdes essa consciência da revelação, no mesmo instante falareis, vereis e sentireis. Estareis próximos do eterno coração do Pai de todas as coisas, como diríamos de modo místico. Essa consciência da revelação é, porém, apenas uma fase, uma fase final do caminho do homem joanino. Portanto, ainda é uma condição puramente dialética. Essa consciência da manifestação deve tornar-se agora a base para a última e decisiva escolha.

6

A tempestade magnética

A Escola Espiritual da Rosacruz tem a intenção de orientar seus alunos no mistério da origem do novo homem. E apresentamo--vos esse mistério como um fato atual do qual podeis participar no presente vivo, se houver anseio nesse sentido.

Há pessoas que se interessam por esse mistério como uma questão dogmática. Querem fazer um "estudo" a respeito. Querem apreciar os aspectos do mistério mais ou menos como uma pessoa que fica diante de uma vitrina, deixando-se fascinar pela habilidade de um decorador competente.

Mas a Gnosis não se deixa expor. Ela apenas se desvela a quem, levado por uma necessidade veemente da alma, dela se aproxima. A Gnosis também jamais será uma ciência sobre a qual se pode falar de cátedra numa universidade. Ela existe para pessoas com um coração fervoroso. Existe para alunos de uma escola espiritual, para os que chegam ao objetivo e à essência da grande obra com verdadeiro anseio de cura e que, apenas nessa condição, são aceitos como alunos.

Sabeis que a base elementar para tornar-se num novo homem é possuir um átomo-centelha-do-espírito ou botão de rosa. Esse princípio encontra-se no ápice do ventrículo direito do coração.

Percebeis a presença desse princípio por meio de um estado de ser que podemos chamar de inquietude. Tal condição é explicada pela receptividade a certos conjuntos de influências eletromagnéticas exercidas pela Fraternidade Universal. Essas influências provêm de um campo magnético que não pode ser explicado pela natureza dialética. São influências que não podem ser captadas pela consciência comum, pelo fogo serpentino ou por um órgão de secreção interna. Elas somente podem ser apreendidas, recebidas e transformadas pelo átomo original.

O átomo original é um princípio muito peculiar, estranho ao restante da estrutura atômica de nossa personalidade. Ele tem uma constituição totalmente diferente e não pertence à classe de substâncias primordiais do campo de vida comum. É por isso que esse átomo fica perdido no santuário do coração como um botão de rosa envolvido pelas sépalas até que a radiação elementar da Gnosis o desperte.

É certo que cada criatura portadora da centelha espiritual deve reagir a essa radiação em determinado momento. A primeira reação é a inquietude, porque o botão de rosa do coração, o princípio sétuplo do verdadeiro homem divino, anseia pela pátria. Tão logo a rosa-do-coração se mostre receptiva a esses raios, é provocado um calor, uma projeção que atinge toda a personalidade, principalmente através da pequena circulação, e afeta o centro da consciência comum. Assim, é chamada a criatura humana.

Trata-se de uma atração magnética que comoveu alguns poetas, pensadores e romancistas em todos os tempos. É esse chamado magnético que, em todas as épocas, impulsiona os inocentes, os simples, a superar sua timidez e a aproximar-se de forma sincera da luz dos mistérios. Assim, sempre se provou que a inocência e a simplicidade são o caminho mais curto até o objetivo, até a Fraternidade dos Filhos de Deus. Fizemos uma reflexão sobre o objetivo da inquietação, e que outro objetivo poderia haver senão o de impulsionar uma criatura para a busca?

"Procurai e achareis", esse é um preceito antigo. Quando uma alma humana, por meio da inquietação, é levada a procurar, um dia deverá encontrar. Pode ser que demore muito para os que estão enredados no tempo, a roda pode girar muitas vezes, mas quem busca encontra!

O contato inicial da alma predisposta à busca através da Gnosis é tão simples e, ao mesmo tempo, tão irresistível, que poderíamos reagir com um sorriso de surpresa, um sorriso de respeito, um silencioso sorriso de imensa gratidão. Não há alma humana que possa ser preterida nesse contato, pois é uma plenitude de radiação que, partindo da fonte sétupla, se estende por todo o mundo e deve atingir todo átomo-centelha, esteja ele numa selva ou perdido numa metrópole.

Essa plenitude de radiação não desperta o fogo de uma crise. É apenas um chamado incessante e silencioso. Ela atua conforme princípios magnéticos aos quais o cristal atômico original precisa responder. Assim a alma humana é preparada para certo estado de amadurecimento.

E, em determinado momento, tal pessoa encontra a Escola Espiritual, na qual os colaboradores falam sobre a natureza e as causas da pesquisa, bem como sobre a fonte da nova radiação magnética. Então há um reconhecimento e, por meio dele, uma grande alegria. O pesquisador encontrou.

Porém, isso é só um marco na senda. Nesse momento os colaboradores tentam estimular o estrangeiro a estabelecer uma relação muito íntima, harmônica e pessoal com o referido campo de tensão magnético. A reação incondicional pode provocar uma atitude muito caricatural, mas quando alguém reage, depois de ter compreendido, chamamos a isso de crença. Acreditar na nova vida significa amar essa vida. Assim, o candidato é tomado por um anseio quase infinito.

Esse estado é magnífico, de uma beleza imensurável, pois, vede, quando a Gnosis vos chama e vos atrai, e abandonais tudo para encontrá-la com forte anelo, não é apenas a Gnosis que chega até vós, mas vós vos apressais em direção a ela. E, para glória divina, isso deve conduzir a um encontro físico e a uma clara e evidente descoberta.

Não penseis aqui num mestre venerável ou em adeptos. A essência desse encontro expressa-se num verter de forças. Trata-se de um dia de Pentecostes do fogo divino, de um marco mais amplo no caminho. Na nossa terminologia esse encontro é chamado "revelação".

Por meio desse vínculo de primeira mão, o candidato reconhece, de forma muito pessoal, a verdadeira natureza da Gnosis. Com essa consciência da revelação ele possui um recurso de controle. Então, como é dito no evangelho *Pistis Sophia,* ele é bendito entre todos os homens na terra.

A revelação é o conhecimento sem preparação intelectual. A revelação é o saber até em seu ser mais intrínseco. O conhecimento convencional restringe-se apenas ao aspecto exterior das coisas. Trata-se aqui de consciência jupiteriana. Logo que essa consciência começa a abrir-se para o candidato, ele é colocado diante de uma última e decisiva escolha no caminho joanino. Essa decisão deve ocorrer na quinta fase que é assim descrita no evangelho *Pistis Sophia:*

No décimo quinto dia da lua no mês de Tybi, no dia da lua cheia, quando o sol seguia sua trajetória, surgiu por trás dele uma potente força luminosa que brilhava de maneira tão extraordinária que era ilimitada a luz que estava ligada a essa força. Porque ela provinha da Luz das Luzes e do último mistério, a saber: o vigésimo quarto — do interior para o exterior — dos mistérios que estão nas ordens do segundo espaço do Primeiro Mistério.

Essa força luminosa desceu sobre Jesus, envolvendo-o por completo, enquanto ele estava sentado um pouco distante de seus discípulos; e resplandecia intensamente na imensurável luz que estava sobre ele. A luz na qual Jesus se encontrava era tão forte que os discípulos não podiam vê-lo, porque seus olhos estavam ofuscados pela imensa luz que o envolvia. Eles viam apenas uma luz que emitia muitos raios. Os raios luminosos não eram iguais, porém a luz era de natureza e qualidade diversas, de baixo para cima — um raio infinitamente mais excelente que o outro, num grande e imensurável fulgor que se estendia da terra até o céu. Ao verem essa luz, os discípulos foram tomados por grande temor e comoção.

Quando essa força luminosa desceu sobre Jesus, sucedeu que, de forma progressiva, ela o envolveu por completo. Então, ele ergueu-se e foi elevado às alturas, irradiando luz imensurável e fulgurante. Os discípulos seguiram-no com o olhar, e ninguém falou até ele alcançar o céu, mas permaneceram em profundo silêncio. Isso aconteceu no décimo quinto dia da lua, no dia da lua cheia, no mês de Tybi.

Três horas depois de Jesus ter sido elevado ao céu, todas as forças do céu entraram em grande comoção e se agitaram umas contra as outras, elas e todos os seus éons e todas as suas regiões e ordens. Toda a terra, com todos os seus habitantes, foi tomada por grande estremecimento. E todas as pessoas sobre a terra e também os discípulos entraram em estado de grande inquietação, e todos pensaram que talvez o mundo estivesse desabando.

Todas as forças do céu continuaram abaladas, elas e o mundo inteiro. Moviam-se umas contra as outras desde a terceira hora do décimo quinto dia do mês de Tybi até a nona hora do dia seguinte. E todos os anjos, e seus arcanjos, e todas as potestades das alturas exaltavam o interior dos interiores, de tal modo que todo o mundo ouvia suas vozes, ininterruptamente, até a nona hora do dia seguinte.

Quando o candidato entra na referida fase da revelação pode-se falar de um conhecimento pessoal e de uma experiência. Quando a submissão à autoridade e ao dogma cede lugar ao conhecimento de primeira mão e o chamado é entendido, pode-se assumir a responsabilidade pessoal pela escolha; uma tempestade magnética desaba sobre todo o sistema microcósmico do aluno.

Essa tempestade magnética é descrita no citado trecho do evangelho *Pistis Sophia.* Também no Apocalipse e em *As núpcias alquímicas de Christian Rosenkreuz* lê-se a respeito, assim como nos evangelhos, no relato sobre o barco no lago Tiberíades. A mesma referência é encontrada em *Christianopolis,* de Johann Valentin Andreæ, e em muitos outros escritos.

Essa tempestade magnética é tão envolvente, tão intensa, tão singular, absolutamente incomum, que primeiro provoca uma grande comoção e fica-se desesperado. Pensa-se antes estar mais próximo da ruína que da salvação.

Entretanto, com base nesse abatimento se desenvolve o processo posterior de libertação atual, de renovação, se o candidato quiser aceitar as exigências da tempestade magnética. A experiência da morte, como testemunham todos os que tiveram de enfrentá-la, consiste no fato de que, pela veemência do novo toque magnético, o eu da natureza é, por assim dizer, paralisado e fica sem capacidade de ação, enquanto o novo foco da consciência ainda não se tornou ativo. Em outras palavras, essa experiência comprova que, ao aproximar-se do foco do novo campo magnético, o candidato chegou a um momento de crise. É como se ele estivesse diante de uma parede.

Nessa parede, porém, há uma porta que, de fato, pode ser aberta. Mas é preciso ter a chave, o poder para abri-la. Esse poder não está nos resultados da cultura da personalidade ou na arbitrariedade de um mestre. Por conseguinte, não é necessário que tenhais mestres ou adeptos para abrir essa porta. Tendes a nova consciência e um eu absolutamente novo como base para uma nova personalidade.

A escolha que deveis fazer é a seguinte: deveis decidir se estais aptos a renunciar ao antigo eu, o antigo foco da consciência que é incapaz de prosseguir no novo campo magnético. Em resumo, trata-se de estar preparado ou não para seguir o caminho até a sua conclusão.

A revelação da Gnosis é a preparação para uma resolução como essa. Na realidade, quem, nesse ponto, se recusa a arcar com as consequências da senda, sejam quais forem os motivos, seja por egocentrismo ou por medo, já não pode retroceder. E, dessa forma, caso ele não seja agraciado com a "taça do esquecimento", ele será entregue à caricatura da verdadeira Gnosis que, neste mundo, chamamos de ocultismo.

Na fase da revelação, conseguiu-se reunir tanto conhecimento sobre a Gnosis que se começa a imitá-la, desejando empregá-la num campo de vida impróprio para tal. Isso é o que a religião natural também tenta fazer. A consequência única e fatal disso é a progressiva ruína do mundo e da humanidade, um egocentrismo cada vez mais forte e mais dinamizado, bem como a cultura do eu dialético. Para essa situação é indiferente o nome que empreguemos, seja branco ou negro, cristão ou pagão.

Por isso, deveis reconhecer o grande significado da hora da escolha. Escolhereis o caminho da verdadeira libertação apontado por Buda e por Cristo, o caminho do completo abandono do eu da natureza de modo a perder esta vida para ganhar a outra? Ou escolhereis o caminho da ilusão, a ilusão do "rei eu"?

Se escolherdes este último, o caminho da cultura da personalidade, o átomo original se fechará outra vez e perdereis a ligação com o novo campo magnético.

Entretanto, se diante do portal da vida escolherdes o caminho da negação do eu, a senda vos conduzirá à vida. Neste caso, a tempestade precederá a paz: a paz do povo de Deus.

7

Um novo céu e uma nova terra

Antes de prosseguirmos com o comentário sobre o evangelho *Pistis Sophia* é preciso esclarecer as características e a essência de um campo magnético. Fala-se com muita frequência sobre o campo magnético da nova vida e o campo magnético da natureza comum. Na Escola Espiritual, sempre dirigimos a vossa atenção para as diversas influências magnéticas. Toda a Doutrina Universal deve ser explicada com base em sua correlação com forças magnéticas. Por isso, é condição fundamental que cada aluno compreenda o que queremos dizer ao nos referirmos a tal campo magnético, caso queira ter uma imagem clara dele.

Em primeiro lugar, num período de existência como o nosso, em que muitos acontecimentos só podem ser explicados por influências magnéticas, é absolutamente necessário que o aluno reconheça a interdependência entre os fenômenos.

Como introdução, queremos recordar-vos do aforismo encontrado na placa de bronze do sepulcro de Cristiano Rosa-Cruz: "Não há espaço vazio".

Esse adágio tem muitos significados, tantos que podemos afirmar que são inumeráveis. De modo geral, podemos deduzir daí que o que chamamos de espaço ou espaço infinito é um campo no qual se desenvolve um número também infinito de sistemas que se interpenetram, se envolvem e se complementam de maneira mútua. Eles se distinguem um do outro por meio de diferenças em suas leis magnéticas.

Todo processo de evolução tem seu próprio sistema magnético, sua própria lei magnética, mediante os quais se separa por completo dos demais, apesar de todos existirem no mesmo espaço. Vemos um sol e outros corpos celestes distintos. É evidente que sofremos suas influências. Sabemos que pertencemos a seu sistema. É uma organização na qual tudo tem seu lugar e na qual todos os fatores atuam de maneira conjunta e de modo quase infalível. E sabemos também que todo o conjunto é mantido por meio de uma grande lei da natureza.

Tudo gira e se move em espirais conforme as normas de um princípio magnético fundamental. A imagem que nós temos do mundo e do espaço, as impressões que recebemos do Universo, nossa própria espécie e nossas condições, a situação e a forma de nosso microcosmo, tudo tem origem na mesma lei magnética fundamental e é explicado por ela.

Não podemos dizer que toda a manifestação de nosso Universo seja uma ilusão, no sentido de que não exista. Quando, porém, nos referimos à "dialética", e Jacob Boehme fala da "natureza da morte", e entendemos por isso todo o espaço visível e tudo o que se estende entre as estrelas, queremos com Jacob Boehme afirmar que toda esta manifestação não é divina e não está em unidade com a natureza divina.

Se, todavia, interpretarmos ou apontarmos esta manifestação ou parte dela como divina, isso será uma ilusão. Em todas as épocas, quando os transfiguristas falaram do reino imutável, do reino que não é deste mundo, indagou-se ironicamente onde ficaria esse reino, esse campo de vida.

Falou-se de fantasia, de loucura total, de exaltação, e assim por diante. Jamais se compreendeu sobre o que falavam os transfiguristas. Talvez muitos alunos sejam confrontados com essas mesmas questões. Que resposta devem dar quando lhes fazem essas perguntas com os olhos irradiando ironia? Podemos imaginar o fato relatado em Mateus 24: terra e céu passaram por uma catástrofe. Os astrônomos sabem que estrelas desaparecem e novas nascem. Quando em nosso Universo algo desaparece, outra coisa surge em seu lugar. O Universo permanece mesmo que seja noutra disposição. O sol pode extinguir-se, o que significaria a extinção do nosso sistema solar, porém o Universo permanece, ele existe.

O espaço sideral é examinado com telescópios até distâncias imensuráveis. Espaços que os olhos humanos jamais conseguiram perceber são focalizados com novos telescópios. Discute-se sobre a questão se o Universo é finito ou infinito. Descobre-se que os raios de luz delineiam uma curva, voltando a seu ponto de partida. Conhecem-se estrelas que se afastam umas das outras com enorme velocidade e outras que se aproximam. Fala-se de um universo que se dilata e se contrai. Entretanto, tudo isso ocorre com base na concepção do mundo dominante, na imagem do Universo segundo as leis magnéticas fundamentais da ordem da natureza decaída.

Não é de se admirar, portanto, que o homem religioso considere a esfera refletora ou algum outro planeta ou estrela como o reino de Deus para onde poderia viajar numa nave espacial. "Se o reino de Deus não é aqui nem na esfera refletora, por certo deverá estar em algum lugar lá fora no espaço", assim pense talvez um aluno recém-chegado à Escola.

Não, mesmo que pudésseis viajar por todo o Universo não encontraríeis o reino de Deus, porque a visão desse reino ou o acesso a ele só se dá mediante *outra* lei magnética ou *outra* ordem magnética.

Uma lei magnética provém de uma ideia radiante que tange o espaço da substância primordial. De acordo com essa ideia, forma-se um universo com suas diversas formas e forças.

Assim, observamos a natureza da morte e verificamos que a ideia na qual seu Universo está fundamentado não é divina e jamais virá a sê-lo. Por isso a ideia não serve, e sua manifestação também não pode servir. Se a ideia do nosso Universo fosse divina, nele seria impossível uma manifestação não divina.

Por isso, deveis compreender que existe outra ideia, outra Gnosis e, portanto, outro campo magnético, outro Universo que está mais próximo do que mãos e pés. Ele existe e se movimenta em todo lugar onde a natureza da morte não está. Não se encontra no exterior ou no interior, nem acima, nem abaixo, mas é onipresente, contudo, tão distante quanto o mais longínquo corpo celeste.

Imaginai que estais reunidos com um número de pessoas e cada uma possui uma ideia, uma visão de mundo e uma atitude de vida completamente divergente das outras. Há, portanto, diferenças no tipo, na vibração e na condição magnética de cada uma. Vossas ideias e as delas vos envolvem como uma nuvem e cada um de vós vive, assim, no seu próprio mundo e na sua ordem, ao passo que todos permanecem no mesmo espaço.

Queremos que tomeis consciência de que, ao lado da lei magnética em que se baseiam a ordem magnética dialética e o Universo ao qual ela pertence, existem outros princípios magnéticos fundamentais, ocupando o mesmo espaço de maneira concomitante.

A ideia pura e primordial de Deus requer uma ordem absoluta e constitui um universo. Não poderia também ela degenerar-se, corromper-se? É impossível, pois a plenitude da radiação da ideia de Deus é irreversível e constante! Dela proveio o Universo divino, que é e sempre existirá.

O homem caiu desse cosmo, desse Universo para outro, na verdade, por meio de outra ideia estimulante. E sua existência adaptou-se a esse outro mundo. Por isso, é impossível à Gnosis, como manifestação em sua plenitude, estar na natureza da morte.

Entretanto, assim que um homem decaído participa outra vez do campo divino original, esse Universo original apresenta-se a ele, pois participar de outro campo magnético significa ter outra consciência, outra personalidade, outro microcosmo.

Queremos vos dizer ainda que existe *outra* terra, *outro* Sol, *outro* sistema solar, *outro* Universo. O Universo original não é um universo novamente em construção, ele sempre existiu, não pode desaparecer. Ontem e hoje, ele é o mesmo.

Ao estudardes a Bíblia lereis duas coisas diversas. Em primeiro lugar, a respeito de uma catástrofe cósmica na natureza da morte, no Universo dialético, sobre o aparecimento e o declínio das coisas. Em segundo lugar, é relatado ao candidato que, mediante uma nova consciência, ele contempla o Universo primordial, verdadeiro e divino. Essas duas informações com frequência se confundem, podendo-se ler que um céu passa por uma catástrofe e depois aparece um novo céu.

Mas o que passa e ressurge é o giro da roda da dialética, a mudança no microcosmo, no macrocosmo, no inteiro Universo da natureza da morte. Portanto, quando lemos no Livro do Apocalipse, versículo 21, "E vi um novo céu e uma nova terra, pois o primeiro céu e a primeira terra haviam passado", isso é uma referência ao aluno que vê passar o Universo da ilusão e, mediante a transfiguração, nasce no Universo divino.

A Escola Espiritual e a Fraternidade Universal desejam impulsionar-vos para essa vivência no presente. Que caminho deveis, então, seguir?

Bem, pudestes ler com clareza de que maneira podeis tornar-vos também numa Pistis Sophia. Como vemos, o Universo primordial existe fundamentado em uma ideia. Ele possui um núcleo fundamental, um sol e, fundamentado nele, um campo de radiação, uma radiação magnética. E nesse grande campo magnético do sol divino se distinguem sete esferas, sete raios ou, como diz a Bíblia, sete anjos.

E como os campos magnéticos se interpenetram de maneira mútua, não resta dúvida de que a natureza da morte e a natureza da Gnosis estão muito próximas uma da outra. Tomamos consciência da esfera que fica no extremo exterior do campo de radiação divino por meio do átomo-centelha-do-espírito. Um dos sete anjos coloca o selo sobre a vossa fronte e quer conquistar o cume da consciência dialética para a Gnosis.

Experimentais assim, em vosso microcosmo, a luz do sol divino que vos chama e atrai. E, à medida que reagirdes a esse chamado, estareis vos acercando do sol divino desde a esfera mais exterior até o núcleo, do movimento mais exterior para o mais interior, até que, por fim, sereis atraídos no âmago do vosso interior para esta senda mediante as forças magnéticas do reino original, e uma mudança essencial deverá ocorrer.

Logo que essa mudança se estabelecer, vereis o novo céu e a nova terra. É como se uma cortina fosse puxada para o lado. Então já não tereis necessidade da luz do sol ou da lua.

Esperamos ter apresentado esse processo do exterior para o interior para que compreendais a vivência da Pistis Sophia em sua jornada para a divina Sophia.

8

O encontro com a Escola Espiritual

Tentamos familiarizar-vos com a ideia de que há vários universos localizados no mesmo espaço. Portanto, esses outros universos não estão muito distantes de nós, de modo que não se poderia detectá-los nem mesmo com os telescópios mais potentes. Vários universos encontram-se num mesmo espaço quando os analisamos sob o aspecto tridimensional.

O homem dialético possui uma visão particular do mundo e pertence a um universo. Tudo o que seus telescópios mais potentes podem sondar e também o que está além de seu alcance, todo o espaço insondável, pertence ao Universo da morte, ou seja, a uma condição na qual a restrição das leis naturais dialéticas que conhecemos sempre entra em cena. Esse é o princípio do nascimento, florescimento e desaparecimento. Essa condição é caracterizada por vida e morte, pela infindável mudança com todas as suas causas e efeitos.

Nosso Universo, ao qual pertencemos, é mantido mediante determinada lei eletromagnética, mediante certo efeito de gravidade diferenciado num conjunto de possibilidades, que faz que, de modo inexorável, o que está interrelacionado, interdependente, seja mantido no mesmo contexto e exerça uma influência recíproca.

A terra é influenciada pelo sistema solar e pelo zodíaco. Como unidade, ela está sempre inserida numa unidade maior, e esta, por sua vez, em outra unidade ainda maior, até que contemplemos todo o Universo como uma unidade.

Essa unidade universal está fundamentada numa ideia. E o conjunto representa a atividade dessa ideia. Uma ideia é e desperta uma vibração que toca a substância primordial, provocando uma atividade, uma manifestação. A atividade é o campo magnético, e a revelação é o Universo que se manifesta. Por meio da ideia fundamental são liberados, de forma coerente, hidrogênio, oxigênio, nitrogênio e carbono; os átomos são forçados a se dividir, a se reunir e a formar determinados elementos.

Afirmamos acima que a ideia que fundamenta nosso Universo comprovadamente não é divina. Isso pode ser reconhecido e confirmado pela atividade e pela manifestação da ideia. Daí já podemos deduzir que deve existir ainda outro Universo originário de outra ideia, uma ideia divina. Esta tem, portanto, outra atividade, outra manifestação, outra constante etérica e, como consequência, também uma essência completamente diferente, tanto no seu princípio como no seu resultado.

Esse outro Universo não precisa de outro espaço, mas apenas de outra ideia e, com base nela, de outro campo magnético. Dois campos magnéticos diversos podem manifestar-se com suas diferenças num mesmo espaço sem que uma manifestação perceba a outra. No máximo pode ocorrer que os dois campos magnéticos perturbem um ao outro quando as criaturas têm a ver umas com as outras.

Sabemos que uma parte das criaturas de nosso Universo pertencia ao Universo divino em períodos precedentes. Entretanto, isso não se relaciona à nossa manifestação atual, pois esta se origina totalmente da natureza. Trata-se de outra manifestação da qual permaneceu apenas um princípio. É o átomo original, um sistema magnético latente no ser aural que, por assim dizer, fica em estado de sono, enquanto outro sistema magnético governa o ser aural.

Quando possuís um átomo primordial, uma rosa-do-coração, que um dia floresceu na magnificência de outro Universo, possuís também certa receptividade ao campo magnético divino. Isso é compreensível. Vosso campo microcósmico pode ser perturbado pelo campo cósmico divino. Como indivíduo pertenceis ao Universo dialético e é evidente que essa perturbação se estende a todos os indivíduos de todo o cosmo dialético em conjunto. Ele pertence em parte à natureza divina e em parte à natureza da morte. É por isso que há uma interferência recíproca entre os dois campos magnéticos.

Na Bíblia, por exemplo, isso é expresso de modo místico com a observação: "Deus não abandona a obra de suas mãos", "Ele enviou seu Filho para salvar o que está perdido", "Ele se encoleriza com os pecados de seus filhos". Todo aluno compreenderá, então, de maneira perfeita, que é um filho perdido da Gnosis e que recebe as influências do campo de radiação mais externo do Universo divino se tiver um botão de rosa em seu coração.

Quando uma pessoa não apenas recebe esse efeito de radiação mas o reconhece e vivencia de modo consciente, ela está fisicamente nos átrios mais externos da Gnosis. O campo de radiação mais externo da Gnosis é inequivocamente magnético, mas, por certo, não numa proporção que o tornaria catastrófico. Isso, contudo, não traria resultados, pois, no máximo, poderia atrair o átomo original como princípio primordial e libertá-lo do sistema decaído. Entretanto, não é esse o objetivo, de forma nenhuma, pois na transfiguração o sistema decaído deve entregar-se de modo espontâneo, deve tornar-se divino outra vez, de modo perfeito, e voltar ao Universo divino. Portanto, o campo magnético mais externo pode ser comparado a um contato, um chamado, um silencioso aceno, sem nenhum constrangimento ou atração magnética forçada.

Por meio desse contato, produz-se no coração uma radiação sutil que faz um apelo à consciência dialética que, por sua vez, reage com uma inquietação, como descrevemos antes. Com os impulsos persistentes no ser dialético a consciência dialética também é convidada a seguir a voz e as sugestões do átomo original.

A consciência dialética, é claro, não sabe disso. Nem tem noção de que existe algo como átomo primordial. Está tão condicionada a experimentar e a especular no seu mundo imperfeito e profano, e é levada pelas circunstâncias a procurar a felicidade de tal modo, que pensa estar agindo apenas por iniciativa própria. Ela é absolutamente egocêntrica e, mesmo assim, o eu é, de fato, dirigido. Acreditamos estar claro agora que nenhum portador do botão de rosa escapa desse impulso gnóstico.

Sob a força dessa influência sucedem-se os acontecimentos que conheceis tão bem porque já estivestes ou ainda estais envolvidos por eles. Conheceis as manobras do eu na defesa de todos os seus interesses ligados a essas influências, tais como: muita leitura, participação em incontáveis reuniões e sessões, conversas intermináveis, filiação a movimentos e associações. A cabeça se cansa de muito pensar, e a pessoa oscila entre a esperança e a dúvida. Ou tudo o que está relacionado ao eu se opõe, resiste contra o chamado interior e ainda simula uma pessoa muito convencida que se considera convocada e iniciada. Conheceis tudo isso.

Conheceis o difundido exemplo do subterrâneo do qual se descobre a abertura. Quando o sol irradia para dentro, produz-se um bulício, uma correria de bichos insuportável de se ver. Sabeis disso. Essa busca, essa agitação, pode durar muito tempo, uma vida inteira! Dura tanto tempo até que provém um grande cansaço interior.

O motivo é que o ser aural ou eu superior está desnorteado. Ele tenta assegurar para si a iniciativa em todas as experiências da pessoa nesse período e orienta o eu inferior a saciar sua fome de forma imperativa. Na verdade, são pedras em lugar de pão, mas enquanto o eu ainda abocanha algo, há certo contentamento. Entretanto, depois de algum tempo, chega o momento em que o eu já não tem fome. Então, o sistema magnético do ser aural já não está em condição de proporcionar nova satisfação. O eu superior então se cansou. Ocorre depois um enfraquecimento das luzes do firmamento dialético e, em consequência, uma significativa perturbação magnética. O átomo original irradia uma nova luz. E um campo de luz correspondente no ser aural é tomado e vivificado pelo campo magnético gnóstico.

A partir desse momento, um raio magnético penetra num ponto central do santuário da cabeça e, tão logo esse ponto é atingido, as glândulas suprarrenais recebem um forte impulso. Do centro do cérebro que rege os rins e as suprarrenais flui uma nova energia para todo o corpo. Pela primeira vez, o eu começa a reagir de forma positiva ao chamado da Gnosis.

Agora a pessoa está madura para o segundo campo de radiação da Gnosis, considerado do exterior para o interior. Nesse segundo campo o aluno entra, pela primeira vez, em contato com a Escola Espiritual.

Talvez o aluno em questão já tenha conhecido a Escola Espiritual em seu primeiro período e tenha se ocupado com ela. Mas ele a conheceu apenas como qualquer outro movimento ou associação. Apenas no segundo período ele a conhecerá também do interior e, na realidade, de forma inteiramente diversa. Então vai amá-la e servi-la de modo tão ardente e inquebrantável, que nunca mais a abandonará. O aluno vivencia, então, um antegozo do "retorno ao lar". Esperamos de fato que agora já possais falar dessa experiência.

PISTIS SOPHIA

LIVRO I

CAPÍTULO 4

Os discípulos estavam juntos, aterrorizados e em grande agitação, e temiam muito por causa do grande terremoto que acontecera, e choravam, e diziam uns aos outros: "O que irá acontecer? Destruirá o Salvador todas as regiões?"

Enquanto eles assim falavam e choravam juntos, os céus abriram-se na nona hora do dia seguinte, e eles viram Jesus descer, extremamente radiante, e era extraordinária a luz em que ele se achava. Porquanto resplandecia ainda mais do que na hora em que fora elevado, de tal modo que os habitantes da terra não conseguiam abarcar a luz que nele estava.

Ela emitia raios de luz em profusão, e seu brilho era imensurável. Essa luz não era uniforme, mas heterogênea em tipo e natureza, sendo que uns raios eram infinitamente mais luminosos do que outros. Em sua totalidade, a luz consistia em três tipos, cada um infinitamente mais resplandecente que o anterior. O segundo, o do meio, era mais excelente que o primeiro, o mais inferior. O terceiro, o mais elevado dos três, era mais perfeito do que os outros dois. O primeiro raio, que se encontrava sob os outros dois, assemelhava-se à luz que descera sobre Jesus quando fora elevado aos céus. Contudo, apenas por sua luminosidade esse raio era igual àquele. Os três tipos de luz estavam constituídos de diferentes maneiras, cada uma mais magnífica do que a outra.

9

O triângulo ígneo

Quando o candidato aos mistérios gnósticos é confrontado pela primeira vez com a glória e a majestade do novo campo de vida, ou seja, com a radiação magnética da sexta região cósmica, experimenta a violência de uma tempestade magnética cujo turbilhão faz que ele pense estar próximo o seu fim, sua aniquilação. Já tratamos várias vezes dessa agitação, portanto, já conheceis suas causas.

Assim que o novo aluno começa a familiarizar-se um pouco com esse toque, reconhece a estrutura do novo campo magnético, cuja luz é imensurável e emite raios em profusão. Esses raios não são idênticos. São diversos em espécie e vibração. Apesar disso, têm uma afinidade entre si e emanam da mesma fonte.

Tais raios dividem-se em três grupos. O evangelho *Pistis Sophia* verifica essas diferenças, mas afirma de maneira enfática que eles provêm de uma única e mesma majestade.

Em sua totalidade, a luz consistia em três tipos, cada um infinitamente mais resplandecente que o anterior. O segundo, o do meio, era mais excelente que o primeiro, o mais inferior. O terceiro, o mais elevado dos três, era mais perfeito do que os outros dois.

Resplandecente – excelente – perfeito: três superlativos que, de fato, não superam um ao outro, mas diferenciam-se bem entre si.

Essa luz tríplice é denominada a veste-de-luz de Jesus, o Senhor. Se substituíssemos esta expressão por outra no estilo das ciências naturais, diríamos: essa luz tríplice é a característica e a essência do campo eletromagnético gnóstico. O aluno que morre em Jesus, o Senhor, recebe essa veste-de-luz que pode ser simbolizada por um triângulo. Esse é o *trigonum igneum* da Rosa-Cruz* clássica, o triângulo ígneo descrito na *Confessio Fraternitatis R.C.*

Responderemos agora primeiro à pergunta por que a veste-de-luz consiste em três grupos, três aspectos. Em primeiro lugar, deveis ter em mente que um campo magnético é formado por um polo positivo e um negativo por meio dos quais surge um terceiro aspecto. O terceiro aspecto é o resultado ou a luz que se inflama com o encontro do positivo com o negativo.

O perfeito e o excelente encontram-se, e o resultado é o resplandecente. Na sabedoria antiga, falava-se do fogo, da flama e da luz. Na terminologia bíblica dizemos Pai, Filho, Espírito. E sabeis que o Espírito, o Espírito Santo, é reconhecido como luz. Pensai apenas no Pentecostes e na descida do Espírito Santo. Mediante essa descida a veste torna-se perfeita.

Esse triângulo de força é apresentado como "veste". Essa veste-de-luz é um veículo, um corpo. Esse corpo é simbolizado na Bíblia pela veste nupcial, a áurea veste nupcial, devido a seu brilho extraordinário e porque ela outorga o acesso à vida libertadora.

A veste nupcial é também, portanto, uma veste eletromagnética, o princípio eletromagnético do qual é e vive o homem gnóstico. Ainda não podemos chamar a essa veste de alma, mas de princípio, de triângulo, com o auxílio do qual o renascimento completo pode consumar-se. Por isso é necessário que cada candidato possua essa veste nupcial.

O novo princípio eletromagnético, como veste, como corpo, apresenta várias características. Ele tem um aspecto de consciência e um de desejos. Quem possui essa veste obtém uma mentalidade nova por completo, um novo eu, um corpo de desejos totalmente novo e um corpo quádruplo absolutamente novo. O pensamento, a vontade, os sentimentos e os desejos humanos, em sua totalidade, formam a consciência. E essa totalidade é o princípio eletromagnético do qual o homem vive.

Esse princípio eletromagnético é cabeça e coração em conjunto. Desse princípio resulta a forma da personalidade humana. Ele domina os quatro éteres, atraindo-os, unindo ou dividindo-os. Leva os quatro éteres a certo estado de vibração. Portanto, mediante esse princípio, a personalidade humana expressa-se de acordo com os aspectos que a formam:

os quatro éteres dão a forma,
a veste-de-luz acrescenta a força,
o *trigonum igneum* é o arquiteto.

Fica claro, então, que o trabalho básico para todo aluno deve ser o esforço para obter a veste-de-luz.

Essa nova veste-de-luz só se concretizará quando ocorrer a descida do Espírito Santo. Uma pessoa que não possui os dois primeiros lados do novo triângulo pode até clamar: "Espírito Santo, venha a nós", mas isso é tolice, pelo menos se essa pessoa se refere ao espírito da renovação absoluta.

Todo homem tem uma veste-de-luz. Todo homem está num triângulo e constrói sobre o quadrado da atividade etérica. Todos nós procedemos de uma luz de consciência, uma mentalidade, um impulso da vontade e um desejo. Fundamentado nisso é que existimos. Todos nós temos um triângulo de vida – entretanto, será que ele forma a veste, a chamada áurea veste nupcial, a imponente luz da Pistis Sophia?

O homem desta natureza tem uma veste dialética tecida com base no campo eletromagnético não-divino. Com essa veste ele não pode ir ao encontro do noivo. Com esse princípio eletromagnético ele não pode participar da vida que não é deste mundo.

Por isso, é evidente que ele deve começar a viver prática, física e organicamente com base em um novo princípio eletromagnético. A Doutrina Universal, todos os escritos sagrados, todos os relatos de irmãos e irmãs comprovam isso. Todos os rosa-cruzes falam a respeito.

Deveis ser inflamados pelo Espírito de Deus: *Ex Deo nascimur.* Deveis morrer em Jesus, o Senhor: *In Jesu morimur.* E deveis renascer pelo Espírito Santo: *Per Spiritum Sanctum reviviscimus.*

Esse é o *trigonum igneum,* o triângulo de fogo. Possuí-lo deve ser a vossa primeira e mais nobre tarefa. Nele se faz o verdadeiro discipulado.

Como teceis a vossa áurea veste nupcial? Com base na centelha inflamada pelo Espírito de Deus ocorre o desabrochar da rosa no santuário do coração. Quando a rosa desabrocha, reconheceis vosso estado, o estado do ser decaído, o sofrimento e a dor, vedes a senda e seus aspectos, seus aspectos libertadores. E a Escola Espiritual existe para auxiliar-vos. Todo o tesouro do conhecimento da salvação é vertido sobre vós.

Se sabeis, se estais atentos e provais tudo isso, e se prosseguirdes com perseverança, é claro que queremos vos convidar a converter em um processo tudo o que foi assimilado. Sereis convidados a empenhar-vos nesse processo, sobretudo a encetá-lo por vós mesmos.

Quem não o inicia permanece apenas nos aspectos teóricos e na filosofia, tomando-os pela coisa mais importante. Sua rosa vai fenecer, perdendo sua beleza e seu perfume, pois o processo não depende do que sabeis, porém do que fazeis!

A Escola da Rosacruz, que conheceis, consagra-se por inteiro a traçar o primeiro lado do triângulo de fogo. Ela só alcança seu objetivo no aluno quando ele está preparado para entrar no processo. Então, ele passa para o segundo lado do triângulo. E quando o aluno comprova sua seriedade, a Escola está preparada para servi-lo também nessa jornada.

O segundo lado do triângulo é delineado quando o aluno submerge em Jesus, o Senhor, e, com as forças que tocam a rosa, começa a viver, a trabalhar e a demolir, e realiza tudo de modo consciente. Quando o candidato continua nesse trabalho, quando segue, portanto, uma via-crúcis com a rosa, atando-a em ação e em verdade na cruz, e então coloca junto ao polo positivo o polo negativo do novo campo de vida, das novas faculdades eletromagnéticas e, assim, conclui a via-crúcis da Rosa-Cruz, é certo que virá o Consolador, o Espírito Santo, que sela a descida, a realização.

Então, segue-se o Pentecostes, o terceiro lado do triângulo. O candidato, após a via-crúcis, entra na essência da realização. Então acende-se uma luz perante a qual a antiga luz deve extinguir-se. E, também nesse momento, a Escola Espiritual acompanha o candidato com os aspectos superiores do corpo-vivo. Então, a veste nupcial é tecida. E assim nascem nova consciência, novo pensar, nova vontade e novo desejo. A personalidade, de acordo com sua forma, pode prosseguir na transfiguração com base num novo quadrado.

"Mas, então," poder-se-ia perguntar, "o triângulo e o quadrado são abarcados por um círculo, por um eu superior?"

Podemos explicar isso de acordo com a Pistis Sophia. Quando se aborda esse tema há sempre o perigo de ater-se à palavra e à prova, cercando-se de muitas teorias sem que haja uma abertura interior. Por isso convém abordar essa abertura também de outro modo para mostrar a absoluta inutilidade da erudição quando não se está ligado com a manifestação da luz.

Todo átomo tem um núcleo com um aspecto de nove faces. Esse aspecto nônuplo é dividido em três grupos de três: o primeiro grupo tríplice é a parte do núcleo atômico carregado positivamente, o segundo grupo tríplice é o negativo e o terceiro grupo tríplice é a parte neutra.

Como se sabe, uma grande quantidade de energia é liberada quando dividimos um átomo, o que significa desintegrá-lo pelo emprego de grande energia. Os cientistas nucleares ainda hoje executam essa fissão do átomo com tal imperícia que apenas uma parte de sua energia é liberada, pois o átomo não é dividido de forma nônupla completamente porque a energia empregada não é suficiente para isso.

Se conseguissem cindir e usar o átomo de forma nônupla a humanidade estaria com as suas horas contadas. Uma catástrofe inimaginável aconteceria, pois a ativação nônupla do átomo provocaria uma reação em cadeia em todo o cosmo, um enorme fogo, com todas as consequências.

A grande luz da qual fala o evangelho *Pistis Sophia* se refere também aos três vezes três aspectos, ou seja, a desencadear a divisão nônupla do átomo. Mas trata-se aqui da rosa-do-coração, do átomo original e do ser aural.

Quando uma pessoa segue a vereda joanina do sacrifício do eu em seu significado absoluto, apela para uma grande energia, a fonte de energia da Gnosis. Em determinado momento, essa energia vai inflamar o átomo original numa reação em cadeia. Isso significa que essa reação em cadeia harmonizará todos os átomos da personalidade com a essência do átomo primordial. Quando uma pessoa consegue desencadear esse processo ela ata a rosa na cruz, uma florescente rosa vermelha, ígnea. Só então, ela é um rosa-cruz.

Reconhecereis, assim, o quanto um rosa-cruz é diferente de uma pessoa dialética convencional. As diferenças atômicas são inigualáveis. Apenas um rosa-cruz pode de fato ser o verdadeiro portador do veículo da alma.

PISTIS SOPHIA

LIVRO I

CAPÍTULOS 5–7

Ao verem isso, os discípulos ficaram muito aterrorizados e confusos. Jesus, o misericordioso e manso, vendo seus discípulos em tão grande agitação, disse-lhes: "Tende confiança. Sou eu. Não temais".

Tendo ouvido essas palavras, eles disseram: "Ó Senhor, se és tu, recolhe teu esplendor luminoso para dentro de ti, para que possamos suportá-lo. Senão nossos olhos serão ofuscados; estamos aflitos, e todo o mundo também está abalado por causa da grande luz que está em ti".

Em seguida, Jesus recolheu o fulgor de sua luz de volta para si. Quando isso ocorreu, os discípulos recobraram ânimo, dirigiram-se a Jesus, caíram por terra, adorando-o com grande alegria, e perguntaram-lhe: "Senhor, aonde foste, ou qual foi a missão que cumpriste? E, sobretudo, porque ocorreu toda essa agitação e todo esse terremoto?"

Então disse-lhes Jesus, o Misericordioso: "Alegrai-vos e rejubilai desta hora em diante, porque fui para a região de onde vim. A partir de agora falarei convosco com toda a franqueza, desde o princípio da verdade até a sua consumação, e falarei convosco frente a frente, sem metáforas. Doravante nada mais vos ocultarei do mistério do Alto e da essência do reino da verdade. Porque, pelo Inefável e pelo Primeiro Mistério de todos os mistérios, foi-me dado a autoridade de falar convosco sobre a verdade, desde o princípio até sua consumação e do exterior para o interior, e do interior para o exterior. Ouvi, portanto, para que eu vos conte todas as coisas.

Quando, no Monte das Oliveiras, sentado um pouco distante de vós, meditava sobre a missão da incumbência para a qual eu fora enviado e que fora realizada, e que o último mistério dos vinte e quatro mistérios — o vigésimo quarto do interior para o exterior — ainda não me enviara minha veste. Esses vinte e quatro mistérios encontram-se no segundo espaço do Primeiro Mistério na ordem daquele espaço.

Quando então reconheci que estava realizada a missão da incumbência para a qual eu fora enviado, e que esse mistério ainda não me enviara minha veste — que eu deixara em seu interior até que o tempo estivesse cumprido —, comecei então a meditar sobre isso, quando sentei-me um tanto afastado de vós no Monte das Oliveiras.

E sucedeu, quando o sol despontou no oriente, através do Primeiro Mistério — que existe desde o princípio, e por cuja causa se originou o Universo do qual eu mesmo acabo de chegar, não na época que antecedeu minha crucificação, porém agora — por mandamento desse mistério foi-me enviada minha veste-de-luz, que me fora dada desde o princípio e eu deixara no último mistério — do interior para o exterior. Esses vinte e quatro mistérios são os que se encontram na ordem do segundo espaço do Primeiro Mistério.

Deixei então esse manto de luz no último mistério até que chegasse a hora certa de vesti-lo e de começar a falar à humanidade para revelar-lhe tudo da verdade, desde seu princípio até a sua consumação; para falar-lhe do interior dos interiores até o exterior dos exteriores e do exterior dos exteriores até o interior dos interiores. Alegrai-vos, pois, rejubilai e regozijai-vos, pois vos foi concedido que eu falasse primeiro convosco da verdade, desde seu princípio até sua consumação. Porque eu, já desde o princípio vos escolhi pelo mandamento do Primeiro Mistério.

Alegrai-vos por isso e rejubilai, porque, quando me encaminhei para o mundo, levei comigo doze poderes desde o princípio, como vos contei desde o início, poderes que recebi dos doze salvadores do Tesouro de Luz, de acordo com o mandamento do Primeiro Mistério.

Essa força introduzi no regaço de vossas mães quando vim para o mundo, e são essas as forças que hoje se encontram em vossos corpos. Porque essas forças vos foram ofertadas para o mundo inteiro, porque vós sois os que salvarão o mundo todo, e para que estejais em condição de suportar a ameaça dos arcontes do mundo e as dores do mundo, seus perigos e todas as perseguições que os arcontes das regiões superiores trarão sobre vós. Porque eu vos disse várias vezes que retirei a força presente em vós dos doze salvadores que se encontram na Câmara do Tesouro de Luz. Por essa razão eu vos disse desde o princípio que não sois deste mundo. Também eu não sou dele.

Todos os homens deste mundo receberam suas almas das forças dos arcontes dos éons. Em contrapartida, a força que se encontra em vós provém de mim. Porque vossas almas pertencem ao Alto. Eu trouxe comigo os doze poderes dos doze salvadores da Câmara do Tesouro de Luz, os quais tirei daquela parte das minhas forças que recebi no início.

Quando estava a caminho deste mundo, cheguei em meio aos arcontes das esferas na forma de Gabriel, o anjo dos éons. Os arcontes dos éons não me reconheceram porque pensaram que eu fosse o anjo Gabriel. Ao chegar em meio aos arcontes dos éons, olhei para baixo, para o mundo dos homens por mandamento do Primeiro Mistério. Encontrei Isabel, a mãe de João Batista, antes de ela o haver concebido. E nela introduzi uma força que havia recebido do pequeno Iaô, o Bom, o que está no Meio, para que João Batista tivesse condição de ser meu precursor, de preparar para mim o caminho e batizar-me com a água da absolvição dos pecados. Essa força é a que se encontra no corpo de João.

Ademais, em vez da alma arcôntica que ele deveria ter recebido, encontrei a alma do profeta Elias no interior dos éons das esferas. E eu o acolhi, tomei sua alma e a trouxe para a Virgem de Luz. Esta transmitiu-a a seus Paralemptores.[8] Estes trouxeram-na à esfera dos arcontes e introduziram-na no regaço de Isabel. Assim a força do pequeno Iaô, o que está no Meio, e a força do profeta Elias estão vinculadas ao corpo de João Batista.

Por esse motivo ficastes em dúvida uma vez quando vos falei: 'João disse: "Eu não sou o Cristo",' e vós me replicastes: 'Diz a escritura: Quando vier o Cristo, virá Elias antes dele e preparará o caminho para ele'. Eu, porém, vos

[8]Paralemptores: literalmente "receptores". Ver também nota no capítulo 12, p. 177.

dei a resposta: 'Elias já veio e preparou tudo o que está escrito. E eles fizeram com ele o que quiseram'.

Ao notar que não entendestes o que vos disse sobre a alma de Elias que está ligada a João Batista, respondi-vos francamente, face a face: 'Quando estiverdes preparados para aceitar João Batista: ele é Elias, de quem eu disse que viria'."

Pistis Sophia, capítulos 5–7

10

O mestre da pedra

Já comentamos que a essência do *trigonum igneum* diz respeito à flamejante veste-de-luz da nova alma. Sobre essa veste diz o evangelho *Pistis Sophia* que sua luz apresenta três atributos. É resplandecente, excelente e perfeita. Para a verdadeira libertação, para a transfiguração, o candidato precisa primeiro dispor de um novo manto de alma.

Esse novo manto pode ser tecido com base no átomo original, a rosa-do-coração. Apenas quem começa a tecer esse novo manto pode, com justiça, ser chamado um irmão ou irmã da Rosa-Cruz. Na Bíblia e na Doutrina Universal esse manto é simbolizado de várias maneiras, por exemplo, como áurea veste nupcial, como manto sem costura e como a descida do Espírito Santo. Ou, também, como nós, fala-se do triângulo de fogo, da fênix ou do dragão de seis asas.

Todos os grandes mestres universais e todas as Escolas Espirituais fidedignas apontaram a necessidade de possuir essa veste tríplice e ensinaram como ela deve ser tecida. Como prova disso, basta lembrar o tom de renovação anímica dos evangelhos.

O homem dialético tem uma alma mortal, um manto e uma consciência condizentes com ela. A veste da alma mortal compreende, entre outras coisas:

o fogo serpentino,
o intelecto,

a vontade,
os desejos e sentimentos,
o fluido nervoso,
o sangue e os átomos materiais.

Podemos dar a essa totalidade o nome de consciência, eu ou princípio de vida eletromagnético do homem.

Esse estado da alma deve ser transformado e renovado por inteiro mediante um princípio eletromagnético completamente diverso. Quando isso acontece, quando o aluno consegue esse estado, ele tece o novo manto e reveste-se com ele. No interior dessa veste, por meio dela, consuma-se o milagre transfigurístico.

Vejamos mais uma vez esse processo. Quem deseja participar da construção da essência da renovação deve compreender que, primeiro, deve traçar o triângulo. Isso depende muito de seu talento como arquiteto e construtor.

O primeiro lado do triângulo é traçado pelo desabrochar da rosa no santuário do coração. Isso significa "ser inflamado pelo espírito de Deus".

Dissemos que mediante o desabrochar da rosa reconheceis vosso estado de ser decaído. Quando a rosa-do-coração atua, seguis a senda e percebeis seus aspectos salvadores. Levados pelo impulso da rosa, tornar-vos-eis pesquisadores e, então, a Escola Espiritual far-vos-á passar pelo processo de agitação e orientação, agraciando-vos com todo o tesouro do conhecimento da salvação.

Quando, assim, tiverdes traçado o primeiro lado do triângulo, trata-se de estardes preparados, de aceitardes de modo espontâneo e interior todas as consequências do primeiro processo, ou seja, viver, agir, demolir com base nas forças que tocam a rosa e, sem vacilar, perder-vos a vós mesmos em prática cotidiana. Quem assim age traça o segundo lado do triângulo de fogo. Isso significa "morrer em Jesus". Pela rosa sois afetados por forças positivas e reagis a elas, como sempre ocorre quando uma grande força-luz atinge uma criatura. Vossa primeira reação será de orientação, de observação e ponderação.

Mas compreendereis que isso não é suficiente, ainda que essa reação seja necessária. Se permanecerdes estagnados nessa primeira reação, sereis homens observadores, contemplativos. Então não haverá harmonia com a força-luz e o cerne de vossa natureza comum permanecerá intocado. Não sereis um homem transformado!

Entretanto, se, em seguida à primeira reação, abrirdes vosso ser à Gnosis por inteiro, com uma decisão firme: "não a minha vontade, mas a tua vontade seja feita", tornar-vos-eis receptivos, entregar-vos-eis ao toque positivo da Gnosis. Em outras palavras, ao polo positivo junta-se um polo negativo apropriado.

Sabeis o que acontecerá então, o que é inexorável. Quando um polo positivo e um negativo tangem-se resulta uma centelha, uma chama, um fogo. Esse fogo é o *terceiro* lado do triângulo, o aspecto triunfante. Ele se torna sempre mais forte à medida que o aluno procede de maneira metódica à demolição do eu, até que, enfim, como num repente, como num piscar de olhos, vem o Espírito Santo, como um fogo ardente, como um furacão, uma comoção intensa.

Surge então a veste tríplice de luz. O renascimento pelo Espírito Santo pode agora começar. O triângulo de fogo está traçado de forma bem evidente.

O candidato começa agora a traçar o quadrado. Isso significa que ele pode transformar de maneira totalmente diferente as forças etéricas e dinamizá-las mediante o novo estado de alma e os novos princípios eletromagnéticos que se apresentam no seu sistema como consciência, como faculdades aplicáveis. Então o candidato pode provar dos alimentos santos, dos doze pães da proposição, dos quatro éteres triplos.

Grandes mudanças renovadoras entram em cena. Um novo corpo físico é criado por meio da alma, e o antigo corpo apenas é utilizado enquanto for necessário. Assim, mediante o triângulo da renovação, surge uma construção baseada no quadrado.

Esta explicação, porém, ainda não está completa, pois sabemos que, além do triângulo e do quadrado, ainda existe um círculo. O círculo simboliza o ser aural, o eu superior. No homem comum o eu superior conserva a ideia dialética, a soma de todas as vidas já vividas e também as ideias, a soma da vida presente, consequência do carma de um tempo indizivelmente longo. O eu superior compreende o firmamento eletromagnético do qual é e vive a veste-de-luz dialética. Esse firmamento é como um sistema estelar. Contém doze pontos magnéticos primários e muitos secundários.

Quando no aluno e por meio dele se inicia o processo de cura, o processo do triângulo ígneo e em especial quando este é estabelecido de forma conclusiva, ocorrem transformações notáveis no ser aural. Doze novos pontos magnéticos primários são vivificados em seu interior.

Quem abre a rosa-do-coração lança a base para isso. Se essas doze novas forças magnéticas puderem tornar-se ativas, serão apresentadas novas e prolíficas possibilidades para a construção no quadrado e por meio dele. Desse modo a construção deve começar e ser levada a efeito até a vitória.

Quem alcança essa vitória é, então, com absoluta justiça, um mestre construtor, um mestre da pedra. Tal homem pode servir ao mundo e à humanidade com perfeição. Seu caráter nos é descrito no evangelho *Pistis Sophia* como segue:

Alegrai-vos por isso e rejubilai, porque, quando parti para o mundo, levei comigo doze poderes desde o princípio como vos contei desde o início, poderes que recebi dos doze salvadores da Câmara do Tesouro de Luz, de acordo com o mandamento do Primeiro Mistério.

Portanto, quem é um mestre da pedra pode assim também servir a outros. Quando alguém tem dinheiro pode distribuí-lo. Quando tem pão pode alimentar outros. Quando tem amor pode irradiá-lo. Quando o triângulo ígneo, com o quadrado consagrado, é envolvido pelo círculo no qual irradiam e cintilam os doze salvadores, essa força duodécupla também pode ser estendida a outros.

Embora a vossa lípica* ainda não possua essas luzes, elas estão à disposição no corpo-vivo. Podeis começar vossa construção contando com elas. E quem persiste na sua construção até que, por meio dela, a nobreza da vida liberta se torne possível, recebe os doze salvadores em seu próprio firmamento aural, como dádiva da misericórdia da Fraternidade. E, a partir desse momento, semelhante aluno "já não é deste mundo", no sentido absolutamente microcósmico.

11

Os arcontes dos éons

Já esclarecemos em pormenores a maravilhosa transformação que atua no ser aural quando o aluno desenvolve o santo processo do triângulo de fogo. Essa transformação inclui a manifestação de doze pontos magnéticos por meio dos quais o microcosmo em questão recebe um novo zodíaco e, com base nele, pode desenvolver um novo sistema magnético.

Os que de fato são fiéis e dedicados à luz universal de Cristo recebem essas doze novas forças dos *doze salvadores da Câmara do Tesouro de Luz,* como diz o evangelho *Pistis Sophia.* Quem alcança esse estado de ser experimenta como verdade vivente as palavras:

Todos os homens deste mundo receberam suas almas das forças dos arcontes dos éons. Em contrapartida, a força que se encontra em vós provém de mim. Porque vossas almas pertencem ao Alto.

Quem são os arcontes dos éons? São os poderes dominantes e dirigentes que reinam no Universo da morte. Não basta pensar apenas nos que habitam a esfera refletora, porém em especial nos grandes poderes que reinam no sistema solar, no sistema do zodíaco e em formações ainda mais poderosas do Universo.

Quando a humanidade adâmica, após sua queda, foi banida do Universo primordial, foi criado para ela um universo dialético todo novo, cujas leis e forças naturais precisaram adaptar-se de modo perfeito ao tipo tão modificado da humanidade adâmica. A humanidade adâmica foi dividida em incontáveis grupos e formações e ligada também a um dos numerosos grupos de estrelas. Cada grupo recebeu um guia, um deus da raça, um senhor. Esses deuses, esses governantes, são chamados no evangelho *Pistis Sophia* os arcontes dos éons.

Evidentemente, esses deuses da raça não têm a missão nem o poder de conduzir as criaturas a eles subordinadas de volta à vida primordial. Eles têm apenas o impulso de cultivar os seus sistemas, de conduzi-los a um objetivo próprio na onimanifestação e, assim, tornar suas obras aceitáveis para a Gnosis.

Que esse objetivo jamais venha a ser atingido é a desgraça dos arcontes. E o fato de todas as criaturas submetidas a eles um dia escaparem de seu comando mediante a transfiguração é o seu sofrimento.

Quando falamos sobre os arcontes dos éons não deveis pensar que essas forças sejam um exemplo de maldade, que todos os vícios da escória da civilização sejam também os seus. Não, sob muitos pontos de vista eles apresentam as maiores virtudes que se pode alcançar na dialética, os mais puros aspectos imagináveis na ordem do mundo profano. Podemos designá-los, em certo sentido, como os efésios, como ponto culminante dos habitantes da fronteira.

Contudo, eles reagem a esse estado de modo diferente do da humanidade adâmica. Quando um homem adâmico alcança o estado de efésio, ele se volta para a sua pátria original e deseja abandonar a condição de prisioneiro. Os arcontes não podem alcançar esse estado de efésio porque são cosmocratas,* criadores de um sistema complexo da natureza da morte. Eles devem prosseguir suas atividades até que o último ser decaído se liberte de sua influência por vontade própria e seu Universo possa ser abolido.

Deveis observar que, por meio dos arcontes e de todas as criaturas que deles receberam suas almas, podem ser alcançados níveis de evolução cultural muito elevados. Mediante suas sugestões, pode-se até falar de fraternidade, amor pelo ser humano, bondade, verdade e justiça. Eles mantêm um *devakan,* um céu do mais alto nível, repleto de beleza e felicidade inimagináveis, embora tudo isso, ainda assim, nada tenha a ver com libertação verdadeira.

Quem deseja encetar o caminho da transfiguração e renovar sua alma por meio dos doze salvadores primordiais da Câmara do Tesouro de Luz, deve compreender isso de modo perfeito, para que não haja possibilidade de engano. Ele vai dedicar-se com exclusividade ao aspecto substancial e libertador da Doutrina Universal pura e da manifestação salvadora de Cristo. Por isso especificamente o mosaico e o semítico devem ser excluídos de sua consciência.

Com isso nada queremos dizer contra o povo semita, pois muitos judeus eram e são transfiguristas. Lembrai apenas das doze tribos de Israel desaparecidas e da seita sagrada de Baal Schem, que ainda é conhecida em nossos dias.

Uma prova para nossa opinião encontra-se em Deuteronômio 32, no Quinto Livro de Moisés, designado como o Cântico de Moisés. Dizem os versículos 8 e 9:

Quando o Altíssimo separou os povos e distribuiu os filhos dos homens, fixou as fronteiras dos povos segundo o número dos filhos de Israel [a raça semita]. Porque a porção do Senhor é seu povo, Jacó é a sua herança.

Esse "Senhor" não é, portanto, o "Altíssimo", o "Absoluto", mas o Deus da Aliança de Israel, Jeová. É evidente que todos esses semitas, sob essa direção sobre-humana, não deixavam de dar seus testemunhos de gratidão:

Porque eu [Moisés] quero proclamar o nome do Senhor.
Honrai somente a nosso Deus (Dt 32:3).

Só o Senhor o guiou [Jacó], e não havia deus estranho com ele (Dt 32: 12).

Essa é uma típica expressão dialética. Nos primórdios, o Altíssimo (o Absoluto) é absoluto. Na dialética um arconte pode até crescer mediante a obediência de seus filhos. E ele é tomado pela fúria quando eles se opõem à sua vontade.

Moisés, portanto, foi um hierofante dos Mistérios de Jeová, os mistérios semíticos, assim como cada arconte dirigente tem seu mistério. Talvez, visto pelos parâmetros dialéticos, Moisés tenha sido um grande homem, porém, é evidente, um ser com uma alma de arconte, que tudo aceita e observa a palavra divina como lhe diz o seu Deus (Dt 32: 39):

E vede então que somente eu sou
e não há outro Deus senão eu.
Eu posso matar e tornar vivente.
Eu posso ferir e posso curar,
e ninguém há que possa livrar-se da minha mão.

Sabeis que a raça semita foi dividida em doze tribos, denominadas conforme os doze filhos de Jacó. Eles formavam a "parte do Senhor". Sabeis, de modo geral, o que ocorreu devido a essa "parte do Senhor". Quando a tribo nômade dos antigos semitas invadiu Canaã, matou ali todos os habitantes e tomou suas posses. De acordo com a ordem de seu deus, ninguém podia sobreviver. Quando alguns humanistas entre os semitas pouparam a vida de algumas pessoas, foram, mais tarde, punidos de maneira severa pelo seu deus. E depois, quando o povo semita progrediu bastante na terra tomada onde havia aniquilado uma elevada e magnífica cultura egípcia, continuou ainda com suas incursões assassinas. O pior caso foi o da tribo de Dan, que teve dificuldades nas fronteiras que estabeleceu, ocupando um reino vizinho em nome de Jeová e matou o seu povo.[9] O nome "Dan" significa juiz ou justiça. É de se notar a dialética dessa justiça.

Não precisamos lastimar a respeito, pois todas as pessoas deste mundo receberam sua alma da força dos éons. E até hoje encontraremos provas de que as figuras que dirigem este planeta são subservientes e fiéis servidoras dos éons. O "olho por olho, dente por dente", essa antiquíssima lei mosaica recebida da mão de seu deus, ainda hoje é a ideia motriz da massa e do indivíduo, embora já não seja chamado Jeová, mas se fale de Cristo. Que esse é um falso Cristo, até uma criança pode entender.

Em todas as pessoas deste mundo, que são descendentes das antigas raças, agitam-se e estão em ebulição as sugestões do passado cinzento que emergem do subconsciente e das radiações diretas da lípica dos arcontes. Por isso, deveis compreender que há apenas uma solução: consagrar-vos por inteiro ao processo de libertação para que, um dia, se possa dizer também a vosso respeito: "a força que está em vós vem de mim, Jesus, o Senhor, e a vossa alma pertence ao reino original".

[9] Cf. Juízes 18:27: Eles, porém... invadiram Laís, onde um povo vivia tranquilo e seguro, e mataram-no a fio de espada e puseram fogo à cidade.

12

O NASCIMENTO DE JOÃO

Lemos no capítulo 7 do evangelho *Pistis Sophia:*

Ao chegar em meio aos arcontes dos éons, olhei para baixo, para o mundo dos homens por mandamento do Primeiro Mistério. Encontrei Isabel, a mãe de João Batista, antes de ela o haver concebido. E nela introduzi uma força que havia recebido do pequeno Iaô, o Bom, o que está no Meio, para que João Batista tivesse condição de ser meu precursor, de preparar para mim o caminho e batizar-me com a água da absolvição dos pecados. Essa força é a que se encontra no corpo de João.

Ademais, em vez da alma arcôntica que ele deveria ter recebido, encontrei a alma do profeta Elias no interior dos éons das esferas. E eu o acolhi, tomei sua alma e a trouxe para a Virgem de Luz. Esta transmitiu-a a seus Paralemptores.[10] *Estes trouxeram-na à esfera dos arcontes e introduziram-na no regaço de Isabel. Assim a força do pequeno Iaô, o que está no Meio, e a força do profeta Elias estão vinculadas ao corpo de João Batista.*

---

[10] A palavra grega *paralemptor,* que aparece no texto copta do evangelho *Pistis Sophia*, significa literalmente "receptor". Aqui é feita alusão aos "guardiães dos portais", entidades que recebem as almas salvas na sua chegada ao Pleroma e as dirigem para as regiões da vida eterna.

Desse modo o autor do evangelho *Pistis Sophia* tenta esclarecer aos alunos da Escola Espiritual algumas informações incompreensíveis no Evangelho. E como a maioria de nossos leitores considerará um tanto obscuro o comentário do evangelho *Pistis Sophia* quanto ao mistério de João Batista, é conveniente analisá-lo.

Não pretendemos examinar a figura de João Batista como personalidade histórica, porém como um tipo de pessoa que pode ser chamada realmente um precursor de Jesus no seguinte sentido: antes que a radiação de Cristo possa tomar forma num ser humano e, por isso, este possa ser chamado homem-Jesus, ele deve ser um homem-João. Deve ser acolhido num processo preliminar.

Por esse motivo o Evangelho relata que João precede Jesus, e por isso João Batista é um personagem de todos os tempos e se manifesta assim que um aluno da Escola Espiritual inicia o caminho na mesma condição e com as mesmas forças que o tipo João. Daí não se pode simplesmente decidir com arbitrariedade *ser* um tipo joanino. Pode-se, no máximo, decidir por *tornar-se* num tipo joanino.

Quanto a isso há diversas fases de desenvolvimento e, por conseguinte, diferentes tipos e subdivisões:

1. O tipo homem dialético comum que também é diferenciado em várias gradações.
2. O tipo João, que encontramos na Escola Espiritual comum visível.
3. O tipo Jesus, que é o do novo homem liberto.
4. O tipo Cristo, que é o do homem divino.

Nas informações do Evangelho e nas do evangelho *Pistis Sophia* consta que já no tipo João acontece um nascimento milagroso. Não nos referimos ao nascimento natural de uma criança, mas à entrada num estado de ser não dialético.

Acontecem três nascimentos, três fases no ressurgimento milagroso:

1.º O nascimento de João, que os rosa-cruzes designam com as palavras "inflamado pelo espírito de Deus".
2.º O nascimento de Jesus, representado pelos rosa-cruzes por "morrer em Jesus".
3.º O nascimento de Cristo, que os rosa-cruzes designam como "renascido pelo Espírito Santo".

O primeiro nascimento é a condição para a transfiguração.
O segundo é o processo de transfiguração.
O terceiro assegura a realização da transfiguração.

Damo-vos esse esquema como uma visão geral, porém o ponto mais significativo para vós é se de fato entrastes no processo do primeiro nascimento, o nascimento de João. E repetimos que se trata de um nascimento extraordinário. Não se pode tomar a resolução de ser um João a partir de hoje. Mas pode-se decidir por consagrar-se ao caminho.

Nesse caminho, desde que atendidos os requisitos, precisais ser agraciados com os fatores para esse nascimento. É por isso que é um nascimento maravilhoso, pois deve ser comprovado que ele se dá mediante uma atitude de vida muito concreta, na qual o desapego do eu é o centro.

Para melhor compreensão desse primeiro maravilhoso nascimento e do tipo João é preciso rever alguns pontos. Começaremos com a pergunta "Como deve ser um aluno da Escola Espiritual que é bem sucedido em sentido deveras libertador?"

A resposta é: "Será o aluno que, por meio de experiências amargas, de mágoas, aflições e morte, de sofrimento e desgosto, descobriu que nossa ordem de natureza de modo nenhum pode ser a ordem divina".

Assim, um aluno como esse considerará desnecessária e inútil qualquer atividade para melhorar o mundo na linha horizontal. Por esse motivo, ele não aceita o mundo sem mais nem menos, porém interiormente procura pelo outro. Ele com certeza deseja procurar porque é compelido pela inquietação que o acometeu no sangue.

Quando esse aluno tiver conhecimento do como e do porquê das coisas, estará também preparado para perseguir o seu objetivo mais elevado em razão de consequências radicais. Ele é chamado homem Isabel-Zacarias na literatura da Escola da Rosacruz. Uma pessoa assim terá conseguido as condições para o primeiro nascimento maravilhoso, e isso vale para muitos alunos da Escola Espiritual. Esse nascimento realiza-se do seguinte modo:

Encontrei Isabel, a mãe de João Batista, antes de ela o haver concebido.

A pessoa que traz a mencionada inquietação no sangue emite certa vibração magnética, o que é evidente. Essa reação provoca um contato com uma fonte de força que, no evangelho *Pistis Sophia,* é chamada *a força do pequeno Iaô, o Bom, o que está no Meio.* Que força é essa? É a força que atingiu a natureza da morte até o coração, como diz Jacob Boehme. É a força fundamental, que conclama, do corpo gnóstico da Corrente Universal e que atua no mundo da dialética. É uma força que não procede direto do novo campo de vida, todavia está ligada a ele e toma forma de maneira perfeita no campo natural dialético. Apesar disso, é uma força claramente separada deste, e pode atuar apenas na pessoa do tipo mencionado. Por essa razão, esse campo de força está ao alcance dos homens dialéticos sem que eles tenham de entrar num estado não natural.

Esse campo de força que "está no Meio", e que, portanto, também está no centro da natureza da morte, está para a Gnosis assim como a Escola Espiritual para o novo campo de vida. Ele é chamado o campo do "pequeno Iaô, o Bom" para expressar que, embora atue na natureza da morte, está absolutamente sob a direção da força divina primordial. A força desse campo é, então, implantada no tipo humano e ligada ao átomo original, ao coração, em resposta à aflição da alma. Quando esse trabalho é concluído, desenvolve-se a segunda fase do processo:

Ademais, em vez das almas dos arcontes que ele deveria ter recebido, encontrei a alma do profeta Elias nos éons das esferas.

Com a alma do profeta Elias a Pistis Sophia considera a herança de sangue reunida de todos os libertos na luz e presente na natureza da morte. Todos os que seguiram o caminho e se libertaram da natureza dialética deixaram na natureza a herança do sangue de sua grande vitória. E todos os que seguem a senda e evoluem para o tipo acima referido em determinado momento recebem essa herança de sangue. Passam a ter parte nela, assim como na força que está no Meio.

Cada homem recebe uma herança de sangue, quer queira quer não. Se é intensamente ligado à família, povo e raça e disso não se liberta radicalmente, é compelido a sempre aceitar, queira ou não, a herança de sangue de todo o grupo, que, é natural, está muito sobrecarregado do ponto de vista cármico. Então ele não vive, mas é vivido pelo sangue e mediante o sangue.

Entretanto, quando evolui para o referido tipo e sente-se seguro, mediante seu estado de ser, de estar ligado pelo coração à força que está no meio, recebe, ao mesmo tempo, uma herança de sangue harmonizada com ela, um tesouro de sangue, o tesouro de sangue dos vitoriosos, a força da fraternidade vivente dos irmãos e irmãs que nos precederam no caminho.

Essa herança cresce de século a século e torna-se uma posse imensurável. Esse tesouro de sangue é insuflado no regaço de

Isabel. Portanto, a força do pequeno Iaô, que está no meio, e a alma do profeta Elias são unidas no corpo de João Batista para que João esteja em condição de ser o precursor, de preparar o caminho e de batizar-me com a água do perdão das culpas, livre do carma, por meio de uma estrutura de alma diferente.

Desse modo desenvolve-se o primeiro nascimento maravilhoso. Como afirmamos, ele tem três fatores:

1.º um estado de ser preliminar correto, o estado Zacarias-Isabel;
2.º um efeito da energia irradiada de um campo magnético isolado existente na natureza da morte;
3.º a condição de acolher a herança sanguínea dos antepassados gnósticos e dela viver.

Quem é assim pode tornar-se num precursor, pode preparar o reto caminho nesta natureza e libertar-se da carga de culpa do ser aural e preparar-se para o segundo nascimento milagroso, o encontro com Jesus, o Senhor.

Assim, descobrimos o que é necessário para um verdadeiro discipulado e que todos podem viver esse discipulado se o seu tipo corresponder às exigências lógicas apresentadas.

O que, eventualmente, ainda detém o homem, talvez seja o fato de ele ainda tentar servir a dois senhores e, por isso, precisar suportar a carga de uma herança de sangue que se explica por completo pela natureza inferior e pela linha horizontal.

PISTIS SOPHIA

LIVRO I

CAPÍTULO 8

Jesus prosseguiu com sua explicação e disse: "Quando, por mandamento do Primeiro Mistério, olhei para baixo sobre o mundo dos homens, encontrei Maria, que, segundo o corpo físico, é chamada 'minha mãe'. Eu falei com ela na forma de Gabriel e, quando ela se voltou para mim no Alto, introduzi nela a primeira força que havia recebido de Barbelo, isto é, a força do corpo que utilizei no Alto. Ao invés da alma eu introduzi nela a força do grande Sabaoth, o Bom, que se acha na região da direita.

Introduzi na esfera dos arcontes os doze poderes dos doze salvadores da Câmara do Tesouro de Luz que recebera dos doze auxiliares do Meio. E os decanos dos arcontes e seus auxiliares pensaram que eram almas arcônticas. E os servidores trouxeram-nas e fixaram-nas nos corpos de vossas mães.

Quando vosso tempo chegou, nascestes no mundo sem que houvesse almas dos arcontes em vós. Desse modo recebestes uma parte da força que o último auxiliar soprou neste mundo. É a força que assim está mesclada com todos os invisíveis e todos os arcontes e éons, em suma, mesclada com este mundo de perdição.

Essa força, que no princípio emanei de mim mesmo, eu a introduzi no Primeiro Mandamento. E o Primeiro Mandamento introduziu uma parte dela na grande luz. A grande luz introduziu uma parte do que havia recebido nos cinco auxiliares. O último dos auxiliares tomou uma parte que havia recebido e introduziu-a na mistura. E essa parte encontra-se assim em todos os que vivem neste mundo da mistura, como também acabo de dizer-vos."

Assim falou Jesus a seus discípulos no Monte das Oliveiras. E acrescentou: "Alegrai-vos, rejubilai e regozijai-vos, pois chegou o tempo de vestir-me com a veste que me fora destinada desde o princípio e que eu havia deixado no Primeiro Mistério, até que chegasse o tempo da consumação.

O tempo da consumação é o tempo no qual, pelo Primeiro Mistério, me é determinado falar convosco sobre a verdade, desde seu princípio até a sua consumação e do interior dos interiores até o exterior dos exteriores, porque através de vós o mundo será salvo. Alegrai-vos e rejubilai, porquanto sois abençoados dentre todos os homens da terra, pois sois os que libertarão o mundo inteiro".

Pistis Sophia, capítulo 8

13

A força do pequeno Iaô, o Bom

Quando observais a estrutura do conhecido Evangelho de Cristo, comprovais que, em primeiro lugar, se fala de uma família de sacerdotes, de Zacarias e Isabel. A Isabel é profetizado que dela nasceria o profeta João. Algum tempo depois, a mesma revelação é feita a uma segunda família, ou melhor, uma futura família, a de José e Maria, que estavam prometidos um ao outro. É informado que de Maria nasceria Jesus, o Senhor, de maneira milagrosa, sem intervenção de seu cônjuge.

Nasce João – nasce Jesus. João realiza seu trabalho e desaparece assim que Jesus, o Senhor, dá início ao seu. A mudança desses personagens na cena do Evangelho ocorre quando do batismo nas águas do Jordão. O relato evangélico continua depois na forma conhecida.

Na Escola da Rosacruz Áurea sempre é afirmado com ênfase que não deveis entender a informação do Evangelho como fato histórico no sentido convencional, mas como acontecimento sempre atual, realizável no hoje.

Isso soa absurdo e impossível para os que não compreendem o sentido da informação do Evangelho, os que durante toda a vida viveram segundo regras exteriores e se tornaram dependentes de deuses e ídolos. Em resumo, é absurdo para todos os que persistem na consciência religiosa natural, comum.

Porém, os que sabem a respeito da Doutrina Universal, que professam o discipulado de uma escola espiritual, conhecem e sentem a verdade dessa interpretação. Falamos a esse respeito de acordo com a explicação do evangelho *Pistis Sophia.* Afirmamos que há três nascimentos extraordinários:

1.º o nascimento de João,
2.º o nascimento de Jesus
3.º e o nascimento de Cristo.

Para participar do primeiro nascimento maravilhoso é preciso ser determinado tipo humano, uma pessoa que, depois de experiências amargas de aflição e morte, de sofrimento e desgosto, encalhou nesta natureza da morte e começa uma busca, devido à inquietação em seu sangue e a todos os esforços dialéticos infrutíferos.

Então, esse homem, que pode ser chamado Zacarias-Isabel em razão do seu estado de ser, é atingido pela radiante força do pequeno Iaô, o Bom, a força que está no meio. É uma radiação eletromagnética, a força gnóstica fundamental que atingiu nossa natureza dialética até o coração da morte.

Essa força é a resposta divina à aflição da alma do homem acima referido. E quem, agora ou no futuro, vive em tal aflição anímica recebe essa resposta. Por meio dela o homem se abre de maneira gradativa para uma nova perspectiva. Todas as coisas mudam. Com essa primeira radiação, o trabalho da Fraternidade atua na Escola Espiritual em todas as atividades habituais. É a força de Iaô, o que está no meio. Todos os que entraram para a Escola Espiritual perceberam isso quando pela primeira vez tomaram conhecimento de seu trabalho e de seus ensinamentos. Foi como se um véu tivesse sido retirado diante do neófito e coisas incontáveis, até mesmo toda a vida, de repente passassem a ser vistas de outro modo.

Entretanto, ninguém que esteja passando ou já tenha passado por esse período deve supor já se tratar do estado de ser perfeito do objetivo final, pois é apenas uma fase preliminar, a anunciação de um possível nascimento. Por isso, após essa ampliação das faculdades orgânicas e mentais da consciência, deve haver a prontidão e a firme determinação, com base na nova visão, de pôr mãos à obra e iniciar o trabalho fundamentado nessa nova perspectiva.

Se ansiais por isso, se houver um crescente anseio nesse sentido, sereis fortalecidos para a ação, habilitados para a ação de livres construtores, mediante uma segunda radiação. Essa segunda radiação é chamada o nascimento de João ou o renascimento de Elias. Isso significa que o jovem candidato é ligado com a força do sangue de todos os libertos. Ele recebe a herança de sangue, que é uma radiação sideral. Ele é ligado de fato no sangue com todos os irmãos e irmãs que o precederam no caminho.

É um tesouro do sangue, o tesouro do sangue dos vitoriosos, a força de uma irmandade vivente. Essa força vos capacita a empreender e levar a bom termo o caminho como verdadeiros alunos. Não são todas as capacidades humanas comuns, opiniões, deficiências, propósitos e manifestações também propriedades sanguíneas? O que não possuís no sangue jamais poderá realizar-se de fato. Por esse motivo esse novo nascimento no sangue, essa acolhida da herança de sangue, é condição necessária para tudo. Quando vosso tipo responder às exigências estabelecidas tereis parte na herança de sangue.

Nesse ponto, o evangelho *Pistis Sophia* prossegue com suas explicações sobre a Doutrina Universal:

Jesus prosseguiu com sua explicação e disse: "Quando, por mandamento do Primeiro Mistério, olhei para baixo sobre o mundo dos homens, encontrei Maria, que, segundo o corpo físico, é chamada "minha mãe". Eu falei com ela na forma de Gabriel e, quando ela se voltou para mim no Alto, introduzi nela a primeira força que havia recebido de Barbelo, isto é, a força do corpo que utilizei no Alto. Ao invés da alma eu introduzi nela a força do grande Sabaoth, o Bom, que se acha na região da direita.

Portanto, no aluno que vos descrevemos agora atuam dois raios do novo campo eletromagnético: o raio que anima o buscador e lhe mostra o lar paterno como que projetado à distância e o raio da herança sanguínea que dinamiza o aluno, estimulando-o à ação, levando-o a tornar-se num personagem João. Quando o aluno se empenha nesse sentido, seu ser evolui para um novo tipo simbolizado no Evangelho por José-Maria.

Esse trabalho sobre si mesmo, fundido pela ação dos dois primeiros raios da verdade eterna, naturalmente, é automaçonaria. Abris o caminho em meio aos obstáculos: é João, o pioneiro. O resultado dessa ação de liberar o caminho é tipicamente José, o carpinteiro, o livre construtor.

Com essas transformações o ser do aluno é levado com certeza a uma crise, um limite, um ponto extremo no qual devem terminar, com legitimidade, todas as possibilidades dialéticas. Esse estado é denominado "Maria". O microcosmo alcança esse estado por meio do trabalho consequente de José, o carpinteiro. Por essa razão é dito que Maria e José estão unidos, são em verdade dois em um.

Entretanto, podeis dizer que vosso trabalho preparatório de carpinteiro é suficiente para tornar-vos dignos do perfeito estado de Maria? Não estais sempre em dúvida e com a sensação de mal haver começado o trabalho? É por isso que o relato diz que José e Maria ainda estão noivos. Eles estão destinados à unidade, porém, a realização ainda está distante.

Então, nessa situação de "empenho fervoroso levado por um impulso do sangue, mesmo supondo estar longe do objetivo", acontece, como que por um milagre, o toque de uma terceira força da radiação gnóstica, a de Barbelo. Traduzindo de forma literal, *Barbelo* significa filho da destruição, do rompimento. Talvez compreendais que, então, com essa força de Barbelo, começa a conversão do ser natural em um ser da Ordem Espiritual de Jesus Cristo.

Entretanto, essa conversão exige um rompimento. Talvez tenhais imaginado que o rompimento mediante João e José fosse suficiente para entrar no porto com todas as velas desfraldadas. Mas esse aparar as veredas da primeira fase é tão-somente na linha horizontal. Sustentados pelos dois primeiros raios da Gnosis, tornais retos os caminhos de acordo com a vossa vontade, vossa concepção e gosto à medida que vossa visão, vossos recursos sanguíneos e capacidade de trabalho em sentido libertador vos permitirem desimpedir o caminho.

Perguntamo-vos: Possuís um perfeito conhecimento? Vossos recursos sanguíneos são perfeitos? Vossa capacidade de trabalho é absolutamente no sentido libertador?

Respondereis honesta e intimamente com um "não"! Pois bem, naturalmente isso é uma lacuna na evolução. Assim, perder-vos-eis no deserto, o que é um impedimento para o terceiro raio de Barbelo. Ele quebra e pulveriza de forma metódica e completa o que às vezes não quereis, tudo aquilo para o qual a vossa razão é insuficiente, para vosso desespero, tudo o que vossa energia é incapaz de conseguir.

Essa força de radiação afeta-vos pela vontade do Pai. Isso pode provocar uma confusão desesperadora, quando antes tudo ia tão bem em vós. Pode haver forte oposição, resistência natural, impulso para autoafirmação e um medo desmesurado. Se não vos impuserdes com bravura, como heróis decididos e de cabeça erguida, sofrereis uma ruptura.

Como alunos dedicados da fase de João, é natural que queirais preparar vosso caro cordeiro pascal, permanecendo concentrados em vossa cabana, cheios de humildade. Então entra a tempestade do terceiro raio, o raio de Barbelo, que estremece a casa de forma desordenada, como aconteceu com Cristiano Rosa-Cruz. Agora tudo depende de abandonardes de maneira espontânea vossa resistência natural e dizer como Maria: "Faça-se em mim conforme tua palavra". Deveis proceder como se pedísseis mediante e em própria atitude de vida: "Não a minha vontade, mas a tua seja feita". Então a força do grande Sabaoth, o Bom, o que está do lado direito, é acolhida em vossa alma.

Este é o quarto raio da Gnosis, o raio que impõe ordem e equilíbrio, que vos habilita a seguir com alegria o caminho do rompimento. É um caminho que, segundo a natureza, não quereis, não vedes e não podeis empreender, contudo, seguis morrendo sem resistência, para renascer por toda a eternidade.

14

A força do grande Sabaoth

Explicamos com pormenores que há três nascimentos maravilhosos. O candidato precisa passar por três estágios se deseja abandonar o eu dialético e a vida dialética. Esses estágios ou nascimentos são: o nascimento de João, o nascimento de Jesus e o nascimento de Cristo.

Cada um desses nascimentos realiza-se para o aluno mediante a ação dos quatro raios de luz, das quatro forças de radiação do campo eletromagnético da renovação. Esclarecemo-vos como se desenvolvem os quatro raios e como atuam no nascimento de João. No evangelho *Pistis Sophia* o primeiro raio no nascimento de João é chamado o pequeno Iaô. É a resposta divina ao anseio da alma do aluno principiante. Como consequência, desenvolvem-se no aluno a compreensão, o conhecimento e novas perspectivas para o caminho da libertação. O buscador vê o caminho à sua frente.

Quando, mediante essa revelação, desperta um imenso anseio para seguir o caminho da libertação, surge uma receptividade para o segundo raio da Gnosis, coerente com a natureza e o poder desse anseio. E o anseio desperta quando no buscador se consumarem o desmascaramento da dialética e a amargura da ilusão.

Ao tornar-se receptivo ao segundo raio da Gnosis, o candidato é ligado ao campo sanguíneo, com a herança de sangue de todos os irmãos e irmãs que o precederam no caminho. Essa ligação sanguínea capacita o neófito a pôr mãos à obra com suficiente coragem, força, e dinamismo. Nessa força o jovem aluno pode verdadeiramente entrar em ação.

Compreendereis que um homem dialético só pode chegar até determinado limite em seu trabalho sagrado quando vivencia seu ser e seu mundo afastados de Deus e, por isso, em sua vida verifica erros incontáveis, erros elementares ou resultantes de ilusão. Podeis neutralizar muitos erros na vida mediante um anseio absoluto e sério. Podeis aplainar muitas veredas na vida para vosso Deus, mas, decididamente, não podeis neutralizar o erro que é o vosso próprio ser. O eu não pode matar o eu.

Na verdade, falamos sobre o desapego do eu como necessidade absoluta nos mistérios da transfiguração, porém não se pode neutralizá-lo por completo. Pode-se, no máximo, alcançar determinado limite. Sempre resta um raio de ação no qual o eu deve entrar em cena e está imbuído do papel de perceber, de pensar, sentir e agir. Pensai apenas na vida burguesa, da qual não podeis vos distanciar por completo.

O desapego do eu leva, portanto, até um certo ponto na primeira fase. Chegando a essa fronteira, o candidato vivencia o toque de uma terceira força de radiação que no evangelho *Pistis Sophia* é chamada "a força de Barbelo", o filho da ruptura. Essa força de radiação atinge-vos pela vontade do Pai e rompe, aniquila de maneira metódica e completa tudo o que eventualmente quereis e também tudo o que muitas vezes não quereis, bem como o que de modo nenhum conseguis romper. Nessa terceira radiação o eu da natureza é despedaçado em seu núcleo. Por esse motivo diz a Bíblia que João é decapitado.

A força de radiação de Barbelo é radical e absoluta. O aluno deve estar preparado para conformar-se com essa aniquilação e comprovar de fato: "Senhor, não a minha, mas a tua vontade seja feita".

Quem, nesse ponto, quer entregar-se por inteiro, até o último reduto de seu antigo eu, dá abertura para um quarto poder de radiação da Gnosis que é chamado "a força do grande Sabaoth". É uma radiação que traz direção e equilíbrio à conduta na vida, colocando o aluno em condição de seguir o caminho do rompimento com grande alegria e atravessar os portais de uma morte excepcional.

Assim o aluno passa por um segundo nascimento milagroso, o de Jesus, que também é sustentado pelos quatro raios da Gnosis. Já falamos antes sobre os doze pontos magnéticos no ser aural que, juntos, viabilizam a nova veste-de-luz. Para possibilitar agora uma compreensão melhor de todo o mistério do renascimento, é preciso também chamar a atenção mais uma vez para esses doze pontos magnéticos.

Sabeis que o firmamento magnético no ser aural determina toda a natureza do vosso estado anímico e do vosso estado de vida porque todas as linhas magnéticas de força que partem do ser aural correspondem aos respectivos pontos no santuário da cabeça e do coração. Assim, todo o microcosmo forma uma unidade magnética, um único sistema homogêneo. E a posse do átomo-centelha-do-espírito no ápice do ventrículo direito do coração também não pode alterar esse fato em nada.

A Escola Espiritual faz referência a entidades portadoras da centelha espiritual e entidades portadoras da centelha de vida. A esses dois grupos devemos acrescentar um terceiro. Isso torna a visão geral dos fatos bem mais complicada, porém ela é necessária para explicar ocorrências na vida de algumas pessoas e sua conduta, uma vez que essa maneira de comportar-se e esses fatos, em futuro próximo, serão mais frequentes do que nunca.

Sabeis que uma entidade portadora da centelha de vida não é em absoluto outra coisa senão uma criatura da natureza, um animal de uma ordem superior. A entidade portadora da centelha espiritual possui um microcosmo que vem do passado remoto da humanidade e descende das sete raças-raízes primordiais. Esse microcosmo possui, portanto, determinado caráter. Além do firmamento magnético de fato em funcionamento, também se encontra em seu ser aural um firmamento magnético latente, um sistema apagado, escuro, e no centro de sua esfera esse microcosmo possui um átomo original. Quando uma personalidade vivente está manifestada nesse microcosmo, esse átomo corresponde ao ventrículo direito do seu coração.

Esse átomo, no centro da esfera microcósmica, sempre é receptivo ao extremo a impressões do campo de vida onde o microcosmo se manteve antes de sua queda. Entretanto essas impressões não podem ter ressonância no microcosmo, portanto, também não na personalidade, se no ser aural desse microcosmo os doze núcleos magnéticos primários latentes do sexto anel não tiverem se tornado receptivos. Quando esses doze núcleos magnéticos primordiais ainda estão assim latentes, a função de reflexão do átomo original não pode suscitar nenhum efeito realmente libertador na personalidade e, portanto, nem em todo o ser. Então, essa função de reflexão do átomo original causa, no máximo, um certo interesse intelectual e místico na pessoa em questão. Mas essa pessoa, por certo, não seguirá o caminho do nascimento joanino, tampouco conhecerá o estado precedente de Zacarias-Isabel.

Ela persistirá em seu ser egocêntrico, e seu sangue se mostrará fechado para uma ação regeneradora. Essa pessoa não conhece o sacrifício de toda a sua natureza e não pode oferecê-lo. Quando muito, ela está preparada para o sacrifício e a obediência se estiver segura de reter algo importante para o seu próprio eu. Quando o seu sacrifício não tem a recompensa esperada resulta dor intensa. Entretanto, não é a dor do ser humano que estagnou neste mundo, mas a dor do eu decepcionado.

Mediante a função refletora negativa do átomo original, esse ser humano pode, de fato, entrar nas fileiras dos alunos da Escola

Espiritual, compreender a literatura universal até determinado nível, ser sensível a seu encanto dentro de certos limites, mas não pode chegar a atuar no campo de força dos quatro raios, nem mesmo em benefício próprio, porque seu sistema magnético não o permite e bloqueia por completo todos os acessos ao ser e ao sangue.

Vemos que tais alunos cometem os maiores erros em suas próprias vidas e geram influências e condutas prejudiciais à obra. Para eles, então, vale apenas a conhecida súplica: "Senhor, perdoa-os, pois não sabem o que fazem". Eles são capazes apenas de ter reações puramente dialéticas, e não no sentido que a Escola Espiritual exige. Esses alunos precisam esperar até que novas possibilidades magnéticas se manifestem em seu ser, por mais que se queira ajudá-los ou assisti-los, porque também são filhos decaídos de Deus.

A Escola Espiritual também precisa aguardar que, nessas pessoas, o aborrecimento causado pela resistência que o eu vivencia depois de muito sofrimento e experiência e pelo comportamento muito orgulhoso e brutal que é sua característica seja transformado em humildade diante de Deus e dos homens. Com efeito, tal humildade comprovará que os doze guardiães da Câmara do Tesouro de Luz permitiram que a luz brilhasse um pouco nos doze núcleos magnéticos latentes do ser aural. A partir desse momento, um grupo de novas linhas magnéticas de força sensibilizará os respectivos doze pontos na cabeça e no coração.

Uma nova condição magnética será formada. E com essa conversão de todo o ser, os raios da Gnosis que tocam o átomo do coração podem iniciar seu maravilhoso trabalho e dar-lhe continuidade.

Então a sementeira já não encontrará solo rochoso, porém um campo lavrado onde poderá crescer até a vitória. Por isso a Escola Espiritual da Rosacruz Áurea deseja, em primeiro lugar, reunir em seu campo de força as entidades portadoras da centelha espiritual que, em razão de suas condições aurais, de fato possam ser livres construtores.

Precisamos dar-vos esta explicação antes de continuarmos com o comentário sobre o evangelho *Pistis Sophia,* pois o átomo original de quem possui essa magnífica característica libertadora poderá desabrochar como uma rosa que em verdade pode ser chamada Rosa das Rosas. Assim como Jesus Cristo possui seus doze discípulos, o candidato possui Cristo em seu coração. E, num amplo círculo em volta dessa Rosa das Rosas, estão seus doze servos, doze discípulos nas doze novas forças aurais magnéticas do sexto anel, que darão continuidade ao trabalho da rosa até a consumação.

Quem está envolvido por esse círculo apostólico possui um círculo que não pode nem deseja nada além de servir de modo perfeito a Cristo, que é designado como a Rosa das Rosas.

15

Os cinco auxiliares

Abordamos em pormenores a estrutura microcósmica da entidade portadora do átomo original que deseja seguir o caminho da vida libertadora. Prosseguimos essa explicação de acordo com o seguinte trecho do capítulo 8 do evangelho *Pistis Sophia:*

"Quando vosso tempo chegou, nascestes no mundo sem que houvesse almas dos arcontes em vós. Desse modo recebestes uma parte da força que o último auxiliar soprou neste mundo. É a força que assim está mesclada com todos os invisíveis e todos os arcontes e éons, em suma, mesclada com este mundo de perdição.

Essa força, que no princípio emanei de mim mesmo, eu a introduzi no Primeiro Mandamento. E o Primeiro Mandamento introduziu uma parte dela na grande luz. A grande luz introduziu uma parte do que havia recebido nos cinco auxiliares. O último dos auxiliares tomou uma parte que havia recebido e introduziu-a na mistura. E essa parte encontra-se assim em todos os que vivem neste mundo da mistura, como também acabo de dizer-vos."

Assim falou Jesus a seus discípulos no Monte das Oliveiras. E acrescentou: "Alegrai-vos, rejubilai e regozijai-vos, pois chegou o tempo de vestir-me com a veste que me fora destinada desde o princípio e que eu havia deixado no Primeiro Mistério, até que chegasse o tempo da consumação.

Para que compreendais bem esse trecho, chamamos mais uma vez a vossa atenção para o seguinte:

O ser aural de uma entidade portadora do átomo-centelha possui um sistema magnético latente, apagado, além do firmamento magnético em funcionamento. Enquanto esse sistema latente não apresentar um mínimo de atividade, o átomo original no coração não terá a menor condição de ser impulsionado para uma ação libertadora.

A pessoa em questão, sem dúvida, devido à capacidade de impressão do átomo original, vai interessar-se até certo ponto pela vida libertadora e, talvez, também ligar-se a uma escola espiritual, mas continuará impondo o eu por inteiro, permanecendo, portanto, inacessível e fechada em seu sangue.

Tal pessoa está preparada para assimilar a filosofia da Escola como conhecimento e talvez até a difundi-la de maneira fervorosa, acreditará estar progredindo por ter adotado um estilo de vida regrado, contudo jamais poderá ser tida como um verdadeiro aluno. Um aluno é uma pessoa que oferece o seu próprio ser, o eu. Quem oferece esse sacrifício deve estar em condição de fazê-lo mediante o sistema magnético latente do ser aural, pois os raios magnéticos e linhas de força que o ser aural emite encontram-se nos santuários da cabeça e do coração e, em sua unidade, formam e sustentam o eu. Por isso, se essas linhas de força ainda forem originárias do sistema magnético natural e comum, nenhuma impressão da Gnosis que seja realmente demolidora pode entrar na personalidade, porém, quando muito, poderá dar ensejo a uma exibição da Escola e da sua filosofia.

Por essa razão um átomo original ativo sempre trabalha em conjunto com uma parte também ativa do sistema magnético primordial antes latente e adormecida por completo. Trata-se de doze pontos magnéticos primários. Quando essas doze forças estão ativas em certa medida, doze linhas de força magnéticas tornam-se perceptíveis no centro da cabeça e do coração. Então, uma porta também é aberta no sistema da morte e a força da rosa não apenas pode entrar, mas também iniciar seu trabalho.

Quando a rosa-do-coração pode irradiar, Jesus, o Senhor, nasce no homem e escolhe seus doze discípulos para um círculo apostólico aural. Esse círculo prosseguirá o trabalho de libertação do Cristo interior até a consumação. Pode-se, assim, afirmar que cada aluno que sabe impelir seu Cristo interior ao nascimento e concretizar seu círculo apostólico será bem sucedido.

Cada buscador possui o Cristo interior. É o átomo original, a rosa. Contudo, enquanto essa rosa permanecer em botão, oculta entre as sépalas, ela não poderá desabrochar. Enquanto esse botão de rosa vos for perceptível apenas de modo teórico e filosófico, não conheceis absolutamente vosso Cristo interior na realidade. A Bíblia dá testemunho disso com sua linguagem metafórica: Ele está entre vós, mas vós não o conheceis.

Para reconhecer a rosa, perceber seu perfume e entrar no roseiral, o homem precisa seguir o caminho preparatório de João. O desgosto motivado pela oposição do eu da natureza da morte deve, após muito sofrimento e experiência, transformar-se em dor de arrependimento e em humildade diante de Deus e dos homens. Essa humildade vai comprovar que os doze guardiães do Tesouro de Luz inflamaram os doze pontos magnéticos aurais primários da libertação. E os doze discípulos cercam o Senhor do Graal na Santa Ceia.

Porém, ainda há mais. O relato diz que no nascimento de Jesus havia uma estrela acima do estábulo, uma radiante estrela de cinco pontas. Ela permaneceu acima da gruta do nascimento e os sábios do Oriente foram guiados pela maravilhosa luz da estrela para prestar honras à criança.

Não achais notável que em tantos relatos sagrados se fale em tal estrela de cinco pontas? O corpo anímico glorificado, ou seja, a nova veste do aluno, também é apresentado como uma estrela de cinco pontas. A estrela de cinco pontas é o símbolo do homem primordial. Os cinco pontos desses cinco ângulos correspondem à cabeça, às duas mãos e aos dois pés, portanto, aos cinco sinais do discipulado perfeito. Ligando esses cinco sinais por meio de linhas formamos a estrela de cinco pontas, os cinco sinais do Filho do Homem. "A estrela pairava silenciosa acima do estábulo." Cinco sinais: reconheceis aí os cinco auxiliares dos quais fala o evangelho *Pistis Sophia?*

Essa unidade quíntupla constitui, ela própria, um mistério. Pensai nos átomos-sementes. São princípios atômicos que prevalecem após a morte e são inseridos no novo corpo numa nova encarnação. Existem sete átomos-sementes e, no mundo da dialética, são sete correntes com as quais o microcosmo é encadeado na roda* do nascimento e da morte. Os átomos-sementes são distribuídos na personalidade, como sabe quem estudou a literatura esotérica. Entretanto, esses átomos-sementes não têm correlação alguma com a maravilhosa estrela de Belém. Todos os sete átomos-sementes da configuração celeste primordial ficam encerrados no átomo original do coração.

A rosa-do-coração, o Cristo interior, é uma rosa de sete pétalas. Quando essa rosa floresce, quando nasce o Cristo interior, eleva-se a estrela de cinco pontas. Sobre o aluno que pode celebrar essa festa do nascimento pode ser dito: "Vimos sua estrela no oriente", o que significa no ponto de nascimento, no instante do nascimento. Se quiserdes desvendar esse mistério, deveis empregar o seguinte método: imaginai o átomo original como sete átomos encerrados em *um* espaço. Quando, com a introdução da cruz, ocorre a festa do nascimento, dando início ao processo de renascimento ou transfiguração, o átomo sétuplo é, por assim dizer, fragmentado sob a ação do fogo gnóstico. Ele é fissionado, decompondo-se em sete átomos e dando origem a uma grande luz. Mediante essa explosão atômica o candidato é envolvido como que por uma chama cujos sete princípios formam uma figura: é o selo do verdadeiro homem primordial.

Porém, são apenas princípios, ainda não são uma realidade absoluta. Um desses princípios, no entanto, fica retido no ápice do ventrículo direito do coração, como centro da nova configuração atômica. Um segundo princípio amplia-se, preenche todo o microcosmo e forma o pentagrama, a veste-de-luz. E os cinco restantes encontram-se no interior do pentagrama e correspondem à cabeça, às mãos e aos pés. Esses cinco podem ser denominados planetas, os dois primeiros, sol e lua. Assim, eles formam um novo sistema solar completo no interior do novo zodíaco aural. Quando se diz que a rosa se revela, fazendo notar o seu perfume, isso simboliza a cisão nuclear do átomo original.

No evangelho *Pistis Sophia,* os cinco átomos que se acham na veste-de-luz são chamados "os cinco auxiliares". Com efeito, os cinco auxiliares das duas outras pétalas da rosa, a veste-de-luz e seu centro no coração, que produzem uma radiação positiva e negativa, têm de fato todo o sistema dialético cada vez mais sob controle. Esses cinco auxiliares conduzem o processo de transfiguração.

Quando tal sistema estelar paira tranquilo acima de um aluno, essa luz é vista à distância e os sábios e as forças da Fraternidade apressam-se para prestar honra ao recém-nascido. Eles oferecem ouro, incenso e mirra: o ouro do espírito, o incenso da ligação gnóstica e a mirra da purificação. Um aluno como esse tornou-se um verdadeiro rosa-cruz. A seu respeito é dito com justiça: "Alegra-te e rejubila-te, pois são chegados os tempos".

Assim, conheceis agora o mistério da rosa em seu desabrochar. Dispensadas todas as considerações supérfluas, esse mistério vos diz que o átomo original, em seu estado dialético de aprisionamento, é apenas uma rosa de sete pétalas ainda em botão, fechado e incapaz de realizar qualquer trabalho libertador, um princípio que pode colocar o homem-deus decaído em condição de seguir a senda da salvação, é uma força de Cristo em potencial, que está encerrada num tipo humano do qual se pode dizer: "Eu vos digo, sois deuses". Mas esse deus precisa libertar a si mesmo de suas cadeias. Entretanto, a homens desse tipo não se pode dizer: "Estais tornando-vos deuses". Seria uma mentira, um grande engano. Não sois futuros deuses, pois isso significaria uma evolução gradativa, uma elevação lenta, e isso é algo que negamos. O gênero humano foi traído dessa forma, enganado e mantido numa ilusão durante éons. Este é o ponto principal que diferencia a nossa filosofia das ideias teosóficas modernas.

Não existe uma evolução do verdadeiro homem, porém apenas uma revolução do velho homem. O velho homem deve declinar, o verdadeiro homem deve nascer. Este está aprisionado no botão de rosa e apenas pode irromper mediante o fogo ardente do sol gnóstico. A antiga natureza deve abrir caminho mediante sua própria neutralização para que os raios do novo sol possam atingir o botão de rosa. O botão de rosa crescerá quando vós quiserdes diminuir. Esse é o mistério do fogo libertador.

Podeis alegrar-vos pela posse do botão de rosa porque ele é a base para o grande trabalho. Porém, vosso erro pode ser o fato de ficardes fixados nessa posse dizendo: "Eu sou uma entidade portadora da centelha espiritual. Sou um filho de Deus. Sou um rosa-cruz". E, confiando nisso, fingir com autossuficiência ou com brutalidade.

Sereis de fato um rosa-cruz, um Filho de Deus, tereis de fato um roseiral, quando a grande luz for inflamada pelo grande fogo e os cinco auxiliares forem visíveis nele. Então, plenamente acolhidos pela rosa, sereis de novo os homens alados de outrora. Estareis de posse das asas e do poder do Filho de Deus.

Então o um transformou-se em sete,
o sete em dois,
o dois em cinco,
e o cinco novamente em um.

Quem pode compreender isso, que compreenda!

16

O milagre do átomo original

Há muito que se vem falando sobre o átomo-centelha-do-espírito na Escola da Rosacruz Áurea. Talvez já tenhais percebido que essa contínua abordagem do mesmo tema traz consigo o risco da banalização, da superficialidade.

Esse perigo existe em especial quando se trata de temas de tão grande profundidade e de significado tão decisivo, que um homem dialético deles só consegue apreender alguns aspectos exteriores. E um aspecto exterior é conhecido de forma rápida; o interesse logo diminui, e, com frequência, a energia para um estudo mais preciso é enfraquecida.

Entretanto, quem mantém sua atenção voltada para o átomo-centelha-do-espírito com o devido entusiasmo, com toda a sua alma pesquisadora, descobre maravilhas. Suas descobertas são tão maravilhosas e de resultados tão ilimitados que nele se manifesta grande gratidão pelo fato de a Escola da Rosacruz aproveitar cada oportunidade para chamar sua atenção para o átomo-centelha no ápice do ventrículo direito do coração. A eterna mensagem que a Escola Espiritual transmite a seus alunos diz: "Irmãos, irmãs, prestai atenção sempre e sobretudo ao átomo original, pois ele é a chave para o verdadeiro ser. Ele é o mistério dos mistérios, o princípio e o fim de todo novo vir a ser".

Queremos apresentar-vos o relato sério de um homem que seguiu o chamado imperativo e manteve a atenção sempre voltada para o átomo-centelha-do-espírito com toda a dedicação e espírito de busca. Aqui está o resultado de sua pesquisa:

"Seguindo o conselho que me foi dado com sábio propósito, passei a manter minha atenção continuamente voltada para o átomo-centelha-do-espírito. E, em meio a todas as minhas ocupações diárias, consegui manter-me centrado nesse tema de minha pesquisa ininterrupta. Até mesmo quando atividades na linha horizontal requisitavam todo meu pensar ativo, eu sabia que o tema em que me havia concentrado estava presente e dinâmico em determinado ponto de meu cérebro.

Finalmente meu estado era tal que fazia esforço para evitar que essa questão me dominasse, mas, enfim, senti essa joia a que me havia dedicado como uma posse de sangue, assim como existem no sangue os atributos de caráter e as peculiaridades de cada tipo, que sempre se fazem valer.

Assim o mistério do átomo original circulou nas minhas vias sanguíneas como um atributo típico, de modo que todos os centros de minha personalidade foram tocados por ele dia e noite sem cessar. Tornou-se parte de meu pensar, querer, sentir e agir. Eu sonhava com esse mistério do coração.

E, como um instrumento de precisão extremamente sensível registra impressões que passam desapercebidas aos órgãos sensoriais, meu ser tornou-se habilitado para ver um imenso milagre. Eu já sabia que o átomo original em seu estado dialético, virgem, também é chamado botão de rosa. Nosso microcosmo, nosso pequeno mundo, encerra em si uma alma, uma personalidade anímica, uma pequena alma do mundo. Não dizia Platão em seus mistérios sobre a alma do mundo, que esta é crucificada? De fato, como é correta essa afirmação!

A cruz de nossa personalidade encontra-se erigida na natureza da morte, num microcosmo separado do Logos.* Vivenciei tudo o que a Escola da Rosacruz ensinou sobre a dialética. Estou pendendo da cruz em meio ao hálito da morte. Mas agora há uma imensurável alegria por existir um botão de rosa impregnado por promessas de uma nova juventude.

O átomo é um fenômeno maravilhoso! O que é um átomo? Ele é tudo – um universo. Ele contém forças que superam a mais ousada fantasia. Quando se sabe, de determinado modo, desintegrar um pequeno número de átomos com energias poderosas, ocorrem explosões que varrem tudo num circuito de milhas de distância.

Talvez possamos em breve canalizar a energia liberada por um átomo desintegrado e empregá-la de maneira inofensiva. Porém, o átomo da rosa-do-coração não pode ser desintegrado por qualquer energia dialética conhecida ou desconhecida. A energia contida em seu interior, o mistério ali contido, não pode ser libertado dessa maneira. A rosa-do-coração só pode crescer e florescer num campo de existência completamente diferente. A alegria deve ceder ante a tristeza, pois se um gênio da ciência natural conseguisse desintegrar o átomo do botão de rosa, a energia liberada só causaria devastação.

Um átomo é um mundo, uma ordem universal, um microcosmo. Compreendo muito bem que o significado de grande e pequeno é apenas uma noção desta dimensão. Os espaços no interior do átomo do botão de rosa são amplos como a eternidade. Os aspectos, significados e possibilidades em seu interior são tão multifacetados quanto a areia do mar.

O botão de rosa é uma ordem universal, uma alma universal, uma onimanifestação que não pode revelar-se aqui. Trata-se de uma onimanifestação que não é deste mundo, um reino gigantesco, porém não desta natureza. O botão de rosa contém uma vida sonhadora que poderia florescer com efusiva majestade. Entretanto, o perfume desse fogo régio não pode ser sentido aqui.

Trago um novo mundo dentro de mim, um mundo que é de uma tríplice divindade. Trago em mim a casa do Pai, na qual há muitas moradas, mas ninguém pode manter-se em dois mundos ao mesmo tempo ou pertencer a dois mundos. O que o ocultista entende por participar de dois mundos é apenas participação em duas esferas do mesmo mundo. Se desejo participar de um mundo idílico, adormecido, do reino que não é deste mundo, que, ainda assim, trago dentro de mim e do qual é dito: 'Vê, o reino de Deus está em ti', então devo deixar o meu mundo.

O que é o meu mundo? Meu mundo depende da vida alentada em seu interior. E esse alento sou eu mesmo. Devo abandonar a mim mesmo. Devo aniquilar o eu. Desse momento em diante haverá outro eu alentado por outra vida, por outra ordem universal. Nada de mim entrará no outro reino, pois ele não precisa de mim. Não há eu decaído em meu eu; meu eu ajusta-se de forma maravilhosa ao mundo no qual eu existo. Não sou um homem decaído como se diz na ilusão das religiões naturais. Nasci nesta natureza da morte e a morte é minha marca, minha vida. Já dissemino a morte e a degeneração a meu redor apenas com a minha existência. Eu vivo da morte.

Não, o ser decaído, o ser submerso, está no botão de rosa no qual eu não estou, do qual não participo, mas que carrego sem cessar dentro de mim.

Oh, tolo poder da ignorância que me permitiu tentar entrar no reino de Deus! O novo reino é para o Outro em mim, que reside e dorme no botão de rosa. Poderia eu amar tanto esse Outro a ponto de entregar-me?

Para poder amar outro é preciso conhecê-lo. Por isso é preciso que haja a possibilidade de conhecer a estrutura, o tipo, os atributos e aspectos do átomo prodigioso, e também prová-lo, experimentá-lo, para que, nesse compromisso de amor, o sacrifício, o declínio do eu, possa ser oferecido ao Outro. Afinal, é por essa razão que trago em mim o botão de rosa, para que o amor que se sacrifica possa despertá-lo. Não é esse o significado de todas as narrativas e escritos sagrados? Estaria eu sendo vítima de um êxtase emocional? Será que sofro a ação de um complexo freudiano, pleno de erotismo religioso e de automortificação? Posso provar minhas descobertas pela moderna ciência nuclear?

Posso. A ciência natural ensina e comprova que pela desintegração de um átomo obtém-se um ou mais átomos de espécie e valor completamente diferentes. O declínio consciente de um átomo no grande fogo da libertação de si mesmo dá vida ao outro.

Agora sei o que significa a roseira florida na linguagem dos símbolos. A roseira em flor não quer embelezar o lugar velho e decadente, fazendo-o parecer o que não é. A roseira na cruz da natureza, a roseira da alma universal crucificada, mostra-nos o homem que, ao contemplar o botão de rosa, leva uma vida à morte para obter outra vida. A vida que se consagra à morte não é inútil, ela é valiosa em múltiplos aspectos. Ela dá ao botão de rosa a oportunidade de se desenvolver. É a doce morte, a endura, a autoanulação do gnóstico.

Como num espelho do coração vejo o amado de quem falaram tantos iniciados. O mundo do santo Outro me é revelado como olhos que me fitam. Vejo como o botão de rosa realça suas pétalas, que o átomo prodigioso consiste em sete átomos, e como, com as poderosas palavras 'Faça-se luz', essa constelação sétupla se abre como um universo em expansão. Vejo como essa manifestação sétupla idílica é cercada em amplos arcos por um zodíaco também latente, um círculo ígneo magnético.

E reconheço que, na escritura sagrada, esse zodíaco adormecido, ainda escuro, é simbolizado pelo trono, o trono divino, e o átomo sétuplo, a rosa de sete pétalas, é simbolizada pelos sete Senhores diante do trono.

Vejo o microcosmo divino que está encerrado em mim, que me cerca por todos os lados e tem sete campos de atividade, que existem sete raios e sete possibilidades e que sete obras do renascimento devem ser realizadas. E vejo que castiçais são sucessivamente acesos e brilham numa luz magnífica e indescritível. Só agora compreendo de modo correto o início do Apocalipse. É o chamado de quem desperta o amado, o chamado de quem dá início ao trabalho da endura* e, por isso, diz o mantra:

'João, às sete igrejas que estão na Ásia: Graça e paz seja convosco da parte daquele que é, e que era, e que há de vir, e da dos sete espíritos que estão diante do seu trono; e da parte de Jesus Cristo, que é a fiel testemunha, o primogênito dentre os mortos'. E no mesmo instante fui arrebatado em espírito, no dia em que me consagrei ao Bem-Amado. Arrebatado... até a realização."

17

Sangue, fogo e fumaça

Lemos no capítulo 143 do evangelho *Pistis Sophia:*

Seus discípulos disseram-lhe: "Mestre, desvenda-nos o mistério da Luz de Teu Pai, porquanto ouvimos dizer que existe um batismo de fogo e um batismo do Espírito Santo".

Estas palavras correspondem às de João Batista que diz: "Eu vos batizo com água, mas ele, aquele que vem depois de mim, vos batizará com o Espírito Santo e com fogo".

Encontramos o princípio dos dois batismos em todos os tempos e em todos os escritos sagrados. Imaginai estar vendo uma coluna de fumaça, subindo a distância. Sabeis que ali arde um fogo, pois sem fogo não existe fumaça. A fumaça comprova a existência de fogo, mas não é o próprio fogo. Naturalmente quem se aproxima da fumaça também encontrará o fogo. Aproximar-se da fumaça, vê-la e experimentá-la é o batismo da água. A água é o símbolo para toda a manifestação da matéria, e o batismo de fumaça faz alusão à manifestação da Gnosis no Universo do tempo.

O que o homem pode provar, entender e assimilar do fogo sagrado do espírito na existência do tempo é apenas sombra do fogo, fumaça. Porém, o fogo mesmo fica oculto para a existência material. Contemplar o próprio fogo apenas é possível quando rompemos a existência material e sua ilusão. É por isso que o batismo de fumaça, a sombra do fogo, é tudo o que o homem pode alcançar do fogo sagrado. Porém, alcançá-lo já é tão magnífico, tão divino, que o homem emudece de gratidão porque o batismo de fumaça é o único caminho para a cura. Este é também o sentido do prólogo do Evangelho de João. João precede Jesus. Quem segue João no deserto da vida e torna retos os seus caminhos até o Jordão encontra Jesus. Isso o aluno não só deve entender, mas provar por meio da ação viva. Sem essa prova não há batismo de fogo.

Ao fazermos essas afirmações como introdução, é preciso que compreendais que, em relação ao duplo batismo, ocorrem muitos equívocos tanto nas religiões naturais como no ocultismo.

Deveis examinar bem e com profundidade esses equívocos, porque se difundiram na humanidade por tantos séculos que cada criatura humana sofreu suas influências nas ocupações dialéticas. Não há homem que possa afirmar que esteja totalmente livre delas. Pode até afirmar, mas não resistiria a uma prova. Todos beberam dessa taça de veneno e, por isso, estão profundamente danificados.

Baseados nisso é que deveis entender o pedido dos discípulos nesse trecho do evangelho *Pistis Sophia.* É um grito do coração: "Senhor, desvenda-nos o mistério da luz".

O que é desvendar o mistério? Aliás, será que podemos desvendar um mistério para vós? Não, isso só é possível por vós mesmos!

Assim, vamos à questão dos equívocos nos quais com frequência estão envolvidos os melhores deste mundo. Diz-se, por exemplo, "o batismo da água está relacionado ao aspecto material das coisas, aos mistérios e iniciações terrenas, assim como à ciência dos mistérios".

Muitos têm grande conhecimento sobre os mistérios, porém a questão é se mediante todo esse conhecimento pode um homem ou um aluno tornar-se mais feliz, ainda que só por uma hora. Será que todas as iniciações pelas quais o aluno passou no caminho do Senhor e experimentou, confiando que o enriqueceriam, lhe trouxeram libertação e felicidade?

Neste mundo da morte não se pode esperar por luz. Ainda que tivéssemos tudo, todo o conhecimento, se não tivéssemos o amor, o amor que ultrapassa todo o entendimento, nada teríamos. O que chamamos conhecimento, razão e cultura da iniciação é um recurso muito degenerado da natureza da morte.

Gostaríamos de esclarecer-vos que para os mistérios *divinos* não é necessário nenhum conhecimento. Por essa razão, se perguntardes a um zen budista sobre esse conhecimento, ele se sairá bem da situação com um gracejo banal, pois, na verdade, não sois *vós* que deve ser iniciado. Deveis desaparecer deste mundo. Deveis morrer. Vosso *eu* deve ser aniquilado pela endura. Nada tendes para acumular. Por que deveis aumentar o fardo que vosso microcosmo já carrega? Deveis esvaziar-vos.

Em *A nuvem sobre o santuário*, Karl von Eckhartshausen diz que não deveis simplesmente penetrar do exterior para o interior. "Pois", diz ele, "no exterior, os hieróglifos do interior são preservados e, por isso, a verdade, a essência do interior está oculta nas cerimônias exteriores, na magia cerimonial".

Aí está o ponto fraco de seu livro, pois não é assim de maneira alguma. Apresentar os mistérios dessa forma é um delito contra a Gnosis.

Os rosa-cruzes clássicos ofereceram seus tesouros aos sábios e sensatos da natureza com toda a sinceridade: "Aqui estão nossos tesouros. Trabalhai com eles, vivei deles, mergulhai neles!"

Mas os sábios não os aceitaram. O que aconteceu então? Ergueram os rosa-cruzes clássicos uma igreja ou uma escola com magia cerimonial na qual, com hieróglifos ocultos, a multidão era alimentada em pequenas doses e na qual os próprios irmãos davam as boas-vindas como sacerdotes ou adeptos?

Não, construíram a Casa *Sancti Spiritus*. Inflamaram o fogo perfeito para que sua fumaça envolvesse todo o mundo como um campo* de respiração. A magia cerimonial é uma máscara de fumaça, um refinamento dialético para manter-se no campo de respiração da Gnosis sem ali submergir porque se pode, a qualquer hora, continuar respirando o oxigênio da degeneração.

Não há, então, nenhum auxílio humano para o pobre errante? Não pode ser ele tomado pela mão e conduzido para fora?

O Lectorium Rosicrucianum age exatamente como Cristiano Rosa-Cruz e seus irmãos. Ele oferece ao mundo os seus tesouros, tudo o que possui: sangue, fogo e fumaça. Ele não se coloca do lado do mundo, não utiliza seus métodos nem divulga suas concepções. Não, o Lectorium Rosicrucianum não pode comprometer-se com o mundo. Nossos tesouros são também os da humanidade, de todo o mundo. Toda a riqueza da Gnosis é para todos!

A Casa *Sancti Spiritus* está em todo lugar. Porém, o homem, o pesquisador e aluno, deve abandonar sua antiga condição. Porque na vossa antiga condição não podeis tomar posse de vossa herança. Por esse motivo, a primeira ligação verdadeira deve ser ao mesmo tempo a última. E essa ligação deve ser estabelecida por vós mesmos. Por isso não há sacerdote, iniciado nem guia espiritual que possa ajudar-vos.

Mediante o fogo, a Escola Espiritual gera a fumaça e transmite-a ao vosso sangue. Nos últimos dias haverá sangue, fogo e fumaça. O cogumelo de fumaça que acena ao longe é o alvo do caminho que vos foi mostrado e continua sendo indicado agora, e precisais cruzar o deserto com João Batista, fazer a endura com o próprio eu para encontrar o verdadeiro fogo com um grito de alegria e nele imolar-vos.

Se vosso sangue for receptivo a isso, haverá em vós a súplica do coração: “Desvenda-me os mistérios do fogo!” E quem fizer sua súplica com toda a dinâmica da aflição anímica do anseio terá de imediato a herança colocada à sua disposição. Nessa certeza infinita o homem segue a senda.

Esta é a grande diferença entre ocultismo e religião por um lado e transfigurismo por outro:

No mundo da dialética indica-se um caminho tendo como objetivo a iniciação, ou seja, uma especulação. O que pode então acontecer antes que esse objetivo seja alcançado senão engano, desorientação etc?

No transfigurismo existe primeiro o compromisso com o objetivo e depois a senda. Então há o processo de renascimento absolutamente seguro e infinito.

E assim se comprova mais uma vez que a especulação mística e oculta é apenas um reflexo da verdade única.

18

Vós sois os que salvarão o mundo todo

No capítulo anterior, esclarecemo-vos que o átomo do coração, a rosa da libertação, também é um microcosmo primordial compacto que está aprisionado no microcosmo atual. É um ser divino inativo, completamente latente, circundado por um sistema de forças eletromagnéticas que não são divinas.

Pode-se dizer que o átomo original deixou os seus recursos que despertavam para a vida, o campo de radiação da divina Gnosis, no reino imutável. Por isso o evangelho *Pistis Sophia* fala de uma veste-de-luz abandonada. Logo que o homem dialético estiver preparado para seguir o caminho da autoentrega, fazendo que o microcosmo já não viva com dinamismo, mas como um ser que se abre todo para uma força de radiação destinada com exclusividade ao outro reino, o átomo original será agraciado com a veste-de-luz primordial, a força-luz do átomo original.

Mediante esse fogo intenso do Espírito Santo, o átomo original é dividido, desintegrado. A rosa original abri-se-á. Ele, aquele que foi o primeiro e será o último, tornou-se vivente outra vez.

Quando a rosa primordial se abre, verifica-se que ela tem uma composição extremamente complexa: há um princípio central que arde no coração como uma nova luz solar. Jacob Boehme denomina-o Nova Aurora. Um segundo princípio gira em torno do primeiro como força que dá o ritmo. E, a certa distância do segundo princípio, existem ainda cinco outros princípios. São cinco sinais que, juntos, formam uma estrela de cinco pontas: o sinal do Filho do Homem. Podemos considerar essa estrela de cinco pontas como um sistema de linhas de força com auxílio do qual o novo homem se revela por inteiro depois de "tornar-se adulto". Isso é o que simboliza a estrela de cinco pontas que os sábios viram.

O brilho dessa estrela forma um campo magnético por meio do qual o renascido da Gnosis pode respirar. Por esse motivo existem doze novos pontos magnéticos num círculo amplo do novo campo magnético. Eles formam um novo sistema magnético ao qual não pertence coisa alguma do antigo ser aural. Os doze novos grandes princípios de luz formam o novo zodíaco microcósmico.

Mediante o campo de radiação nasceu o novo homem. Jesus, o Senhor, de fato desceu para o curso do tempo. Ele é chamado de Jesus Cristo porque esse Salvador provém da sagrada Gnosis mesma. Ele tem doze discípulos, doze magníficas forças, doze grandes faculdades das quais vive.

Essa é uma descrição sucinta do nascimento do novo sistema. Deveis entender que esse novo microcosmo existe com o antigo, assim como dentro e em torno dele. O novo corpo celeste existe, porém no início também existe o antigo. Poderíamos falar de uma estrela dupla: um universo apagando-se, enquanto o outro se revela com brilho cada vez maior.

Esclarecemo-vos em nossas considerações sobre a verdadeira natureza do microcosmo que o ser aural, o eu superior de um microcosmo, em certo sentido, é imortal no giro da roda do nascimento e da morte. Esse ser aural, esse eu cármico, está presente em todas as vidas do microcosmo. E em seu interior nasce sempre uma nova personalidade. Portanto, nenhuma personalidade conheceu uma vida anterior e também não viverá outra vez. A assim chamada reencarnação relaciona-se ao fato de o ser aural, que continua existindo no mundo da dialética, perder uma personalidade e, no devido tempo, providenciar uma nova.

Em vossa reflexão, deveis dar mais um passo e compreender que, com o nascimento de um novo microcosmo não dialético, o ser aural (o eu superior de nosso microcosmo) desagrega-se por completo apesar de sua existência na dialética.

A esse respeito lemos na Bíblia o relato muito velado sobre a tentação no deserto. O antigo eu superior tenta obter o controle sobre o homem que cresceu recentemente, aquele que estava morto e reviveu. Contudo, não consegue. É por isso que, após o triunfo de Jesus Cristo, é dito: "Os anjos de Deus serviram-no". Isso significa que não eram as forças magnéticas da antiga lípica que alimentavam o recém-nascido e assim podiam reinar, porém uma nova lípica, um novo ser aural, um novo zodíaco, um novo anel apostólico, servia-o. Um novo campo de evolução abre-se diante do novo homem. Por isso diz o evangelho *Pistis Sophia: Assim falou Jesus aos seus discípulos no Monte das Oliveiras. E ele acrescentou:*

Alegrai-vos e rejubilai e somai alegria à alegria, pois são chegados os tempos de vestir-me com a veste que me estava destinada desde o princípio e que eu havia deixado no Primeiro Mistério, até que chegasse o tempo da consumação.

O tempo da consumação é o tempo no qual, pelo Primeiro Mistério, me é determinado falar convosco sobre o início da verdade até a sua consumação e do mais recôndito do interior até o mais extremo do exterior porque através de vós o mundo será salvo. Alegrai-vos e rejubilai, porquanto sois abençoados dentre todos os homens da terra, porque vós sois os que salvarão o mundo todo.

Quem desperta como novo homem é abençoado diante de todos os homens que estão sobre a terra, pois esse homem pode salvar o mundo todo. Vamos investigar o sentido dessas palavras até onde o permite a nossa capacidade.

Começamos com um exemplo muito simples. Vamos imaginar um pedaço de madeira que, sabidamente, é mais leve do que a água. Por alguma causa não natural ele é mantido no fundo de um lago. Mas, em determinado momento, a causa não natural é retirada e, então, o pedaço de madeira volta de imediato à superfície da água. Em outras palavras, cessando uma condição não natural, o equilíbrio natural é restabelecido.

Assim também acontece com o novo homem. Em seu sono de morte ele está submerso no fundo da dialética, mas, uma vez desperto e renascido pela autoentrega do homem dialético, levanta-se do sepulcro da natureza para voltar a seu lar paterno e lá reencontrar o seu equilíbrio. Por isso, o homem renascido sai em viagem ao lar paterno, e essa viagem simboliza a salvação do mundo e da humanidade decaída.

Para melhor compreensão é preciso observar a constelação da natureza dialética. Por que o homem é tal como é, como personalidade dialética, com todas as falhas de caráter e o egocentrismo, portanto, com toda essa prática e predisposição psicológica? Ele é assim por causa do ser aural e cármico no qual se acumula a carga de incontáveis séculos.

Poderíamos apontar o ser aural com tudo o que ele contém como a esfera refletora privativa que está ligada ao campo dialético e do qual viveis. Vós e todas as criaturas que foram as personalidades que vos precederam em vosso microcosmo sois o reflexo, o foco de reação dessa esfera refletora particular em vós. Esse assim chamado eu superior é o verdadeiro eu dialético, é o éon, o arconte que vos governa.

E agora eleva-se em vós outro microcosmo mediante a negação da esfera refletora particular. O verdadeiro microcosmo desperta, dotado de outra veste-de-luz. Podeis imaginar bem o que acontece então. Vós, antes apenas um reflexo e escravo do eu superior satânico e dialético, vós que vos entregastes ao Outro e também fostes acolhidos nele, ou seja, num novo eu, emergis da natureza da morte. Esta natureza já não pode vos deter. Vós vos elevais ao lar do Pai. O eu superior satânico, despojado de seu foco, desmorona e desaparece e, como toda quimera, desfaz-se como um casulo vazio ao vento.

O que acontece com relação ao microcosmo individual também acontece agora no cosmo. Nosso cosmo é o campo de vida de incontáveis microcosmos. Assim como existe uma esfera refletora e um eu superior satânico do microcosmo, também existe, como se sabe, uma esfera refletora e um eu superior satânico do cosmo. Assim como o microcosmo renascido rompe e destrói o antigo, também o renascido, o transfigurado, penetrará na esfera refletora cósmica, passará pelo seu eu superior muito complexo e desse modo cooperará para a sua aniquilação.

Imaginai que um grupo de pessoas siga esse caminho e a natureza não consiga detê-lo. Então esse grupo despojará a força da natureza da morte em grande proporção, até quase paralisá-la. Dessa forma tal grupo de renascidos facilitará o caminho da libertação para todos os que o sucederem.

Desse modo, cada nova alma que segue para a casa do Pai com passo rápido aplaina as veredas para todos os decaídos. Por isso diz o evangelho *Pistis Sophia:*

Alegrai-vos e rejubilai, porquanto sois abençoados dentre todos os homens da terra, porque vós sois os que salvarão o mundo todo.

Uma ação como essa é verdadeiro humanismo, portanto verdadeiro amor ao próximo. Deveis ver todo o esforço dos alunos de uma escola espiritual num contexto maior. Mediante vosso empenho e esforço pela libertação, libertareis outros. Haverá para eles uma oportunidade melhor. A graça outorgada a tal grupo de alunos, acolhida e empregada pelo grupo, será em benefício de todos os outros.

O ser humano que é tão afligido pela autocentralização e pelo egoísmo grosseiro do homem animal, o ser humano que tenta empenhar-se em estar na dianteira na luta pela existência, pode imergir no grande, magnífico e divino milagre, numa liberdade que se estende, ao mesmo tempo, para todos os outros.

Isso é religião, ciência e arte juntos. É democracia. É a *Sancta Democratio:* um por todos, todos por um!

Por essa razão há alegria no céu quando um pecador se converte, voltando-se para a verdadeira luz. Assim, o evangelho *Pistis Sophia* descreve nos capítulos seguintes essa passagem da alegria através da esfera refletora do cosmo na qual os poderes do inferno foram fulminados.

PISTIS SOPHIA

LIVRO I

CAPÍTULOS 9–11

Depois de haver dito isso a seus discípulos, Jesus prosseguiu com sua exposição: "Vede, agora estou trajando minha veste e me foi concedido todo o poder pelo Primeiro Mistério. Mais um instante e falarei convosco sobre o Mistério e a Plenitude do Universo. A partir desta hora nada mais vos ocultarei, mas aperfeiçoar-vos-ei completamente em toda a plenitude, em toda a perfeição e em todos os mistérios, que são a culminância de todas as culminâncias, e o Pleroma de todos os pleromas e a Gnosis de todas as Gnosis que se encontram em minha veste. Transmitir-vos-ei todos os mistérios, do exterior dos exteriores para o interior dos interiores. Escutai, pois, para que eu relate todas as coisas que me aconteceram.

E, quando o sol despontou no oriente, sucedeu que uma grande força luminosa desceu de onde se encontrava minha veste, que eu deixara no vigésimo quarto mistério, como acabei de contar-vos. E revelei um mistério escrito em minha veste, da mesma maneira que os que estão no Alto, e deveras em cinco palavras: ζαμα ζαμα ωζζα ραχαμα ωζαϊ,que significam: Ó Mistério manifestado no mundo, causa do Universo, tu és o fim e o princípio perfeitos, de onde provieram todas as emanações e o que nelas está contido, e, por cuja vontade, existem todos os mistérios e todas as regiões. Vem a nós, porque somos teus membros. Somos inteiramente unos contigo. Somos um e o mesmo. Tu és o Primeiro Mistério, que existiu desde o princípio no Inefável, antes de ele manifestar-se, em cujo nome estamos todos juntos. Agora esperamos todos por ti na fronteira final, ou seja, no último mistério do interior, que é ele próprio uma parte de nós. Enviamos a ti a tua veste, que te pertence desde o princípio e deixaste na fronteira final do último mistério do interior, até que se conclua o tempo por mandamento do Primeiro Mistério.

Vê, o tempo agora se cumpriu. Veste o manto e vem a nós. Porque todos esperamos por ti para, por mandamento do Primeiro Mistério, vestir-te com sua magnificência. Porque o Primeiro Mistério nos deu a veste, que consiste em dois mantos, para com ela vestir-te, além daquela que já te enviáramos, pois és digno dela, já que és superior a nós e já eras antes de nós. Por essa razão o Primeiro Mistério enviou a ti, através de nós, o mistério de seu perfeito esplendor, formado por dois mantos. No primeiro se encontra a perfeita magnificência de todos os nomes de todos os mistérios e de todas as emanações das ordens e espaços do Inefável. No segundo manto se encontra a glória perfeita do nome de todos os mistérios e de todas as emanações das ordens e dos dois espaços do Primeiro Mistério.

Na [terceira] veste que agora te enviamos se encontra o esplendor do nome do mistério do Anunciador, que é o Primeiro Mandamento, assim como o mistério dos cinco sinais e o mistério do grande Enviado do Inefável, da grande Luz, e o mistério dos cinco dirigentes, dos cinco auxiliares.

Encontra-se também nessa veste o esplendor do nome do mistério de todas as ordens das emanações da Câmara do Tesouro de Luz e de seus salvadores e de suas mais elevadas ordens, dos sete Améns e sete vozes, das cinco árvores e dos três Améns e do Salvador-Gêmeo, que é a criança das crianças. Também se encontra em seu interior o mistério dos nove guardiães nos três portais da Câmara do Tesouro de Luz.

Além disso, encontra-se nessa veste o perfeito esplendor do nome de todos os que estão na direita e os que estão no Meio. Também está nele todo o fulgor do nome do grande Invisível, do grande Pai do Universo, bem como o mistério dos três poderosos tríplices e o mistério de todo o seu domínio, assim como o mistério de todos os seus invisíveis e os que se encontram no Décimo Terceiro Éon, bem como o nome dos doze éons, e seus arcontes, e todos os seus arcanjos, e anjos, e todos os que se encontram nos doze éons. Também está nele todo o mistério do nome de todos os que se encontram no destino e em todos os céus, e todo o mistério do nome dos que estão nas esferas, e seus firmamentos e todos os seus habitantes e suas regiões.

Vê, nós te enviamos essa veste que, abaixo do Primeiro Mandamento, ninguém conhecia; porque o esplendor de sua luz estava oculto nela. As esferas e todas as regiões abaixo do Primeiro Mandamento até agora não a reconheciam. Veste depressa esse traje e vem a nós. Porque aproximamo-nos de ti para, por mandamento do Primeiro Mistério, vestir-te com ambos os teus mantos que a ti estavam destinados no Primeiro Mistério desde o princípio, até que esteja consumado o tempo determinado pelo Inefável.

Vê, o tempo está concluído. Vem, pois, depressa a nós, para te vestirmos com eles de modo que concluas toda a missão do aperfeiçoamento do Primeiro Mistério, como foi estabelecido pelo Inefável.

Vem depressa a nós para que te vistamos com ela, em obediência à ordem do Primeiro Mistério. Porque, em pouco tempo apenas, muitíssimo pouco tempo, virás a nós e deixarás o mundo. Portanto, vem depressa, para que possas receber em perfeição teu resplendor, o resplendor do Primeiro Mistério.

Ao ver o mistério de todas essas palavras na veste que me foi enviada, vesti-a imediatamente. A luz irradiava extraordinariamente de mim. Elevei-me às alturas e cheguei ao portal do firmamento, radiante da imensurável luz que me cercava. Os portões do firmamento moveram-se, abrindo-se todos ao mesmo tempo.

Todos os arcontes, potestades e os anjos que se encontravam em seu interior ficaram aflitos devido à grande luz que havia em mim. Avistaram a radiante veste-de-luz que eu portava e viram o mistério que continha seus nomes e ficaram muito atemorizados.

Todos os liames com os quais estavam atados se soltaram. E cada um abandonou a sua ordem. Prostraram-se diante de mim, venerando-me, e disseram: 'Como foi que o Senhor do Universo passou por nós sem que o soubéssemos?' Todos juntos veneravam o interior dos interiores. A mim mesmo, porém, eles não viam, viam somente a luz. E ficaram com grande temor, e muito confusos, e reverenciavam o interior dos interiores."

19

O Senhor conhece-nos a todos pelo nome

Quando o aluno, levado pela sua experiência dialética e pelo reconhecimento da essência da dialética, volta-se para a Escola Espiritual da Rosacruz Áurea, descobre a verdade e o caráter impreterível dos mistérios da transfiguração. Quando de fato se sente impelido do interior a ser um aluno da Escola Espiritual, ele pode ser chamado um aluno do *primeiro grau.*

Um aluno como esse é uma pessoa séria ao extremo, porém, mesmo assim, ainda coloca seu eu dialético totalmente no centro de suas atividades. A rosa-do-coração ainda está oculta em botão. O antigo firmamento aural magnético ainda está inteiramente intacto e o eu superior ainda é o fator determinante em sua vida.

Esse aluno começa então a ponderar sobre a autoentrega, por influência da Escola Espiritual, levado em especial por sua própria reflexão e pela compreensão filosófica. Ele dá os primeiros passos no caminho da transfiguração e esforça-se com perseverança para ser, de certo modo, um bom aluno. A partir desse momento ele nasceu como João Batista. É, então, um aluno do *segundo grau.*

Embora o eu comum esteja ocupado em diminuir, ele ainda existe, bem como o eu superior dialético em sua totalidade. A rosa-do-coração, o novo microcosmo embrionário, ainda não está aberto de modo positivo, mesmo que o aluno saiba o que é a rosa. Entretanto ele persevera com passos firmes na senda transfigurística, decidido a tornar retos os caminhos do Senhor. Seu ser dialético diminui. Ele muda o seu comportamento, todo o seu estilo de vida. Começa com o trabalho de livre construção, sem ser levado pela tensão de grande coação do eu, quase sem controle, porém com grande espontaneidade, com verdadeira fé e amor. Assim, a rosa-do-coração, em determinado momento, abrirá suas pétalas mais externas. Com isso os primeiros raios da luz da manhã podem entrar. Um aluno como esse é denominado aluno do *terceiro grau*. Na Bíblia esse ponto é simbolizado pelo nascimento de Jesus que contempla a luz da manhã, alguns meses depois de João. Mas também nesta fase o eu habitual e o eu superior dialético ainda estão presentes. O sistema magnético da natureza comum ainda funciona. A rosa alcançou apenas o primeiro estágio do florescimento.

E o processo continua. A vereda joanina é concluída com alegria, a autorrendição levada até o mínimo biológico. O nadir é atingido. Em todo esse processo a rosa floresce cada vez mais, o novo microcosmo irrompe e revela seu segredo. Este é o momento em que João entrega a iniciativa ao renascido Jesus. Já não é o eu, mas o Outro, a alma, que conduz todo o ser. Esse aluno alcançou o *quarto grau*. Mas isso não significa de forma alguma que este grau seja concedido ao aluno por alguém; é, simplesmente, o quarto grau no caminho da automaçonaria.

Nesse ponto há mais uma ressalva a fazer. Apesar de a rosa ter se tornado a dirigente luminosa e radiante da vida, o eu superior dialético — o sistema magnético da natureza comum, a poderosa ligação com a natureza da morte, que tudo domina — ainda está intacto. Quem ainda porta essa veste está ligado à criatura da morte de maneira inevitável. Por essa razão o aluno do quarto grau ainda não está de fato livre. O obstáculo mais importante ainda deve ser removido: o eu superior ainda deve ser sobrepujado.

Isso é um grande milagre, um grandioso e magnífico processo de muitos aspectos. Até esse momento o eu superior era apenas um adversário negativo e, em muitos casos, até mesmo um fator de cooperação. O aluno do quarto grau ainda pode ser agrilhoado e mantido na prisão. Com certeza podeis imaginar uma autoentrega com grande beleza mística e devoção sem que com isso haja uma atividade verdadeiramente transcendente. O fato de que podeis imaginar uma prática mística como essa comprova que na natureza comum é possível tal prática, na qual o eu superior dialético continua sendo o senhor e mestre. Desse modo, todo resultado místico é irradiado na natureza por meio eletromagnético e, assim, fortalecido e conservado.

Portanto, se o livre maçom deseja alcançar o *quinto grau,* ele deve neutralizar seu eu superior e ultrapassá-lo. Quem está determinado nesse sentido percebe que seu adversário negativo se transforma em um muito positivo. Então já não se trata de dirigir e cooperar. O candidato será confrontado com seu maior inimigo natural, o inimigo do início. Ele precisa livrar-se de sua veste de forças eletromagnéticas da natureza comum, pois essas forças o mantêm aprisionado desde o princípio.

O inimigo não é um demônio, tampouco uma criatura da esfera refletora, porém um campo magnético aural muito comum no qual está oculto o carma de todos os tempos. Diversas entidades podem estar ligadas a ele, mas isso é de pouca importância, pois como traz a veste-de-luz, ele já não pode ser atingido por entidades da esfera refletora. Assim, o aluno do quarto grau deve seguir o caminho da libertação, aquele que é, por exemplo, simbolizado pela "tentação no deserto".

Deste relato podemos deduzir como um irmão do quarto grau rompe a sua própria esfera refletora e de que modo ela é aniquilada. Então fica claro que quem assim passa por seu próprio ser aural da natureza comum, com o olhar firme no alvo e cada vez mais revestido da veste-de-luz da rosa, atravessa ao mesmo tempo a esfera refletora cósmica. Assim, quem extermina seu próprio firmamento magnético comum livra-se também do firmamento cósmico e macrocósmico da natureza dialética.

Toda a natureza da morte já não pode deter um aluno como esse. Tal irmão ou irmã, na realidade, está *no* mundo, mas já não é *do* mundo. Na *Pistis Sophia* é dito sobre este aluno do quarto grau:

Alegrai-vos e rejubilai, porquanto sois abençoados dentre todos os homens da terra, porque vós sois os que salvarão o mundo inteiro.

Um firmamento macrocósmico envolve toda a humanidade decaída com forças eletromagnéticas. Esse macrocosmo utiliza um firmamento microcósmico que vos envolve de modo muito particular para levar a efeito vosso aprisionamento. Então destruís essa blindagem microcósmica, aniquilando o sistema eletromagnético. Com isso, é evidente, o firmamento macrocósmico fica debilitado. Quando um grupo de pessoas segue o caminho em conjunto, por certo enfraquecerá, devido a leis científicas naturais, o poder dos éons da natureza, redimindo assim todo o mundo e a humanidade decaída.

O processo que vos apresentamos na Escola Espiritual moderna é isento de qualquer fantasia, qualquer sentimentalismo e qualquer autoengano. Passamos por esse processo numa atmosfera real, na serenidade e silêncio da única verdade. Não se trata daquilo que o aluno testemunha com palavras ou daquilo com que sonha, porém do que assume de fato. A questão é: que forças de atração dominam seu sistema?

É missão da Escola Espiritual livrar seus alunos das garras da natureza. No entanto, cada aluno deve começar por si mesmo com sua primeira tarefa: trilhar o caminho do primeiro ao quarto grau. Em seguida deve ser explorado o caminho do quarto ao quinto grau.

As palavras do capítulo 11 da Pistis Sophia referem-se a um grande grupo de irmãos e irmãs do quarto grau que possuem o manto da rosa áurea e estão todos trajados com a veste nupcial, de cujas características ainda falaremos, e seguem conosco na viagem para de fato transcender a matéria. Sobre esse grupo abençoado diz a *Pistis Sophia:*

Ao ver o mistério de todas essas palavras na veste que me foi enviada, vesti-a imediatamente. A luz irradiava extraordinariamente de mim. Elevei-me às alturas e cheguei ao portal do firmamento, radiante da imensurável luz que me cercava. Os portões do firmamento moveram-se, abrindo-se todos ao mesmo tempo.

Todos os arcontes, potestades e os anjos que se encontravam em seu interior ficaram aflitos devido à grande luz que havia em mim. Avistaram a radiante veste-de-luz que eu portava e viram o mistério que continha seus nomes e ficaram muito atemorizados.

Todos os liames com os quais estavam atados se soltaram. E cada um abandonou a sua ordem. Prostraram-se diante de mim, venerando-me, e disseram: "Como foi que o Senhor do Universo passou por nós sem que o soubéssemos?" Todos juntos veneravam o interior dos interiores. A mim mesmo, porém, eles não viam, viam somente a luz. E ficaram com grande temor, e muito confusos, e reverenciavam o interior dos interiores.

Isso quer dizer que, quando um irmão ou irmã do quarto grau recebeu o manto da rosa e segue o caminho, entrando para o quinto grau, o firmamento dialético é destruído com seus valores e sua ordem. Todo o sistema magnético é aniquilado, todas as conexões e sistemas internos são completamente destruídos e expurgados. Com isso se faz uma alusão a livrar-se da força de gravitação da dialética. Caem todas as cadeias e toda a força magnética dialética abandona sua ordem.

"Ver o mistério com seu próprio nome" é um conhecido conceito na Doutrina Universal. Em seu significado primordial, o nome simboliza o verdadeiro estado de ser. Todos nós temos um nome, uma condição de ser e, por isso, diz a Bíblia que "o Senhor conhece-nos a todos pelo nome", o que é muito significativo. Quem tem um nome, um estado de ser da natureza inferior à do mistério divino até pode ver o mistério, o insondável, por exemplo, como uma manifestação da luz, porém não percebe a verdade.

Portanto, podemos entender que alguém que, como irmão ou irmã da Rosa-Cruz, está vestido com o manto da rosa e inicia a viagem celeste não é obstaculizado por poderes e forças da esfera refletora, nem mesmo pode ser visto por eles. Por isso lemos:

A mim mesmo, porém, eles não viam, viam somente a luz. E ficaram com grande temor, e muito confusos [...].

E, no interior da roda do nascimento e da morte, toda a legião de entidades de luz diz:

Como foi que o Senhor do Universo passou por nós sem que o soubéssemos?

Como? É claro! Porque o que está oculto aos sábios e entendidos deste mundo é revelado aos filhos de Deus.

Possa essa revelação tornar-se em realidade para vós, a fim de que, assim, possais ajudar outros a chegar a essa verdade.

20

A JANELA ORIENTAL E A JANELA OCIDENTAL

Num dos capítulos anteriores abordamos a senda de cinco graus da automaçonaria, os cinco aspectos da construção sobre a pedra angular do foco de radiação da Fraternidade Universal. São os cinco degraus que levam o homem do princípio até a libertação absoluta.

O primeiro grau relaciona-se com o aluno sério que entrou para a Escola porque descobriu o caráter verdadeiro e inexorável dos mistérios da transfiguração e da senda do renascimento.

O segundo grau significa que o aluno de fato trilha o caminho da endura, da autorrendição.

O terceiro grau adverte para a primeira consequência da endura. Então a rosa-do-coração abre-se com os primeiros raios da gnóstica luz matinal.

Quando se ergue esse sol do espírito e seu campo de radiação ganha força, desenvolve-se um novo fogo serpentino em seu aspecto estrutural e orgânico, um novo eu, uma veste-de-luz, um estado de ser. Nesse momento Jesus, o Senhor, nasce no candidato e este se torna um irmão do quarto grau.

Uma vez que esse quarto grau se tornou realidade, o candidato dispõe de recursos para iniciar a viagem de volta ao lar. Ele viaja através da esfera refletora e do ser aural, aniquilando-o. E, assim, atravessa também a esfera refletora cósmica, livrando-se das cadeias dialéticas, as quais ele destrói. Dessa maneira ele enfraquece as forças da dialética, facilitando o caminho para todos que o sucederem. Torna-se, assim, um irmão do quinto grau, festejando as núpcias alquímicas.

É evidente que tornar-se num irmão ou irmã do quarto grau, mediante a automaçonaria, depende de forma absoluta e direta de vossa possibilidade atual. Se fordes elevados a esse estado de ser, é porque tendes verdadeiramente o "nome" do Filho de Deus renascido em vossa condição interior e assim podereis considerar como uma alusão a vós as palavras do evangelho *Pistis Sophia:*

Alegrai-vos e rejubilai, porquanto sois abençoados dentre todos os homens da terra, porque vós sois os que salvarão o mundo inteiro.

Quem abre uma trilha numa floresta virgem cheia de perigos facilita a viagem dos que o seguirem. E quando todo um grupo realiza essa tarefa, cria uma passagem para todos os que vierem depois. Esta é a magnífica obra para a qual sois chamados: estar no caminho e trabalhar para todos.

Que grandioso e divino momento será aquele em que pudermos cumprimentar-nos uns aos outros como irmãos do quarto grau e juntos falar da magnífica veste-de-luz, da áurea veste nupcial que então possuiremos! Podeis tecer essa veste em um curto período de tempo. A pedra angular sobre a qual deveis tecê-la existe. O material de construção é colocado à disposição em abundância mediante o campo de força e tendes todo um ferramental em vosso próprio ser. Por que não executar a obra para festejar as núpcias alquímicas?

Se a realizais de fato, então abre-se para vós o capítulo dez do evangelho *Pistis Sophia* como um vasto panorama visto do alto numa escalada:

E, quando o sol despontou no oriente, sucedeu que uma grande força luminosa desceu de onde se encontrava minha veste, que eu deixara no vigésimo quarto mistério, como acabei de contar-vos. E revelei um mistério escrito em minha veste, da mesma maneira que os que estão no Alto, e deveras em cinco palavras: zama zama ozza rachama ozai.

A interpretação dessas palavras é a seguinte: Ó Mistério manifestado no mundo, causa do Universo, tu és o fim e o princípio perfeitos, de onde provieram todas as emanações e o que nelas está contido, e, por cuja vontade, existem todos os mistérios e todas as regiões. Vem a nós, porque somos teus membros. Somos inteiramente unos contigo. Somos um e o mesmo. Tu és o Primeiro Mistério, que existiu desde o princípio no Inefável, antes de ele manifestar-se, em cujo nome estamos todos juntos. Agora esperamos todos por ti na fronteira final, ou seja, no último mistério do interior, que é ele próprio uma parte de nós.

O nascer do sol no oriente se refere ao terceiro grau, como vereis. Enquanto estiverdes no primeiro ou no segundo grau ainda vos encontrareis na aurora, na luz crepuscular do dia que se avizinha. Porém, assim que se ergue o sol no oriente, a grande força-luz surge para vós e desperta a rosa de seu sono eônico.

Na Doutrina Universal, o oriente é sempre o início das coisas, assim como a janela ocidental é o fim. Através dessa janela as coisas abandonam o homem, mas também o passado tenta agarrar-se a ele. Ao erguer-se o sol gnóstico no oriente ele é confrontado com o mistério da manifestação de Deus que, de fato, também é passado. Quando a força da luz gnóstica chega para atingir o coração, descobris que ela contém a veste-de-luz que um dia abandonastes. Trata-se de algo muito profundo, e para que compreendais este relato da Pistis Sophia de modo mais claro precisaremos nos alongar um pouco mais.

Todo microcosmo tem uma janela oriental e uma ocidental. Através da primeira vemos o sol erguer-se e através da outra vemos o seu ocaso. Numa condição discipular produz-se no microcosmo uma corrente ascendente mediante a qual todas as forças e valores exauridos, todos os poderes com os quais o aluno rompeu, são descartados e aniquilados. Quando o microcosmo segue o caminho, rompendo os liames com a natureza e despedindo-se das coisas da dialética, tudo isso o abandona, retirando-se da corrente magnética que conduz para o exterior pela janela ocidental. Mas na sua luta pela existência as coisas antigas sempre emergirão, quase sempre apresentando aspectos mais modernos. Se o eu não for totalmente aniquilado, o conteúdo do passado dialético surgirá sempre diante da janela ocidental, talvez com falsa aparência de renovação, porque o eu comum a idealiza em suas considerações meditativas.

Se refletirdes sobre o personagem John Dee do livro *O anjo da janela ocidental,* de Gustav Meyrink, verificareis por que o anjo do destino aparece diante da janela ocidental e o leva ao precipício. Nunca permitais a entrada do passado, pois quem o faz segue seu destino dialético, que promete ouro, mas traz apenas infinita dor como consequência.

Existe também uma corrente gnóstica que flui para o interior do microcosmo denominada "o oriente". Agora poderíeis perguntar: "Então o destino não penetra pela janela oriental?" Naturalmente, porque em vós penetra aquilo que sois, aquilo que atraís. Estais em equilíbrio, em harmonia com isso e não podeis mudar vossa condição, vosso estado de ser, vosso "nome". Mas tudo o que bate à porta ocidental já não pode entrar pela janela oriental se tiverdes elevado vossa condição a esse respeito. A vibração da luz no oriente determina a vibração de todo o microcosmo.

Se, como alunos sérios, fixardes o objetivo na alvorada, sustentando-o por meio da ação, a luz virá no oriente. A vibração do microcosmo aumenta e tanto a corrente magnética do oriente como a do ocidente devem adaptar-se a ela. A corrente que flui para o exterior elimina o que é ímpio e a corrente que flui para o interior evoca o passado primordial do Filho de Deus. Assim pode acontecer que recebais a veste-de-luz que um dia foi deixada para trás.

Precisais compreender esse mistério maravilhoso e tentar abarcá-lo com todo o vosso ser, pois o segredo da salvação será então revelado. A veste-de-luz não é apenas um campo de radiação eletromagnética como provavelmente supondes, mas é muitíssimo mais do que isso.

Imaginai que no mundo da dialética construístes uma casa, porém, em determinado momento a abandonastes, deixando de cuidar dela. Depressa a poeira, as teias de aranha, a umidade e os tentáculos do tempo cuidarão de levar a casa à ruína. Na natureza dialética tudo está sujeito ao passado e à morte. Até mesmo tudo de que cuidais com esmero é destruído inexoravelmente. No mundo primordial, no entanto, nada pode arruinar-se. Tudo o que existiu uma vez nos vastos salões de Deus existe e permanecerá por toda a eternidade.

Por isso, a luz que o filho de Deus decaído abandonou não é apenas um campo eletromagnético que o envolve como um manto renovado, porém a veste-de-luz é a existência primordial, uma corporalidade, um sistema totalmente organizado que, seguindo os passos de um processo, unifica-se com o átomo original, que está desabrochando.

É por esse motivo que o Outro que está dentro de vós está simultaneamente no vigésimo quarto mistério do campo de vida. Esse Outro está aprisionado em vosso átomo original. Algo dessa primordialidade está no coração, submerso no microcosmo, porém o essencial, o mais importante, está por toda a eternidade na veste-de-luz que deve descer pela janela oriental.

Compreendeis agora o que é automaçonaria? É, sobretudo, a demolição do eu animalesco, dialético, o desprendimento de seu corpo e seu ser aural. Automaçonaria é um contínuo esvaziar-se da natureza da morte através da janela ocidental até despontar a manhã de um novo dia. Automaçonaria é uma vigilância noturna, como diz o Salmo 119, versículos 147 e 148:

Antecipei o cair da noite, e clamei; esperei na tua palavra. Os meus olhos anteciparam as vigílias da noite, para meditar na tua palavra.

O novo homem existe por toda a eternidade. Ele desce com a nova veste-de-luz para o vosso microcosmo porque aí algo dele é mantido aprisionado. A transfiguração, na verdade, outra coisa não é senão o livrar-se de um espectro noturno na luz da alvorada. Quando a rosa irradia, todo o microcosmo da natureza da morte é destruído. E tudo o que era e é a verdadeira vida continua existindo naquele que era e é por toda a eternidade. E assim surge, simultaneamente com a veste-de-luz, o novo homem do Apocalipse que diz: "Não temas; eu sou o primeiro e o último. Estive morto, mas eis que estou vivo para todo o sempre".

Esta é a grandiosidade da sagrada revelação gnóstica, o fato de que encontrais um mistério em vossa veste-de-luz primordial que está ligada à veste áurea de núpcias da alma: o mistério da plenitude, da verdade, da revelação absoluta. Tudo o que desejais fazer é. Tudo aquilo que esperais em vossa vigília noturna é.

Apenas quando rompeis o muro que vos separa da luz da manhã é que se eleva o grande milagre do sol do oriente.

21

A veste-de-luz da renovação

Todos os que seguem o caminho da rosa e da cruz anseiam por ser revestidos da veste luminosa da renovação. Eles reconhecem que são pobres em espírito e aspiram por ele. A todos os que pertencem a um grupo ativo de candidatos é revelado o mistério de que a veste-de-luz da renovação não consiste apenas em luz e força, em poderes eletromagnéticos, mas que esse manto é uma manifestação de uma potência puramente espiritual que circunscreve e abarca todo o microcosmo dialético. No campo da Gnosis divina toda a manifestação é indestrutível e vive na eternidade. O sistema da manifestação, ao qual outrora pertenceu o eu divino que está encerrado no coração, vive infinitamente por toda a eternidade. A rosa-do-coração é uma centelha de um fogo que arde de maneira contínua. A centelha está morta e aprisionada, mas, por causa de sua origem, pode ser avivada de imediato como brasa incandescente.

Isso ocorre quando o homem procura pela "veste-de-luz que seu botão de rosa precisa receber". É por essa razão que a Fraternidade primeiro abrigou e protegeu-vos com a sombra projetada por sua radiação, assim como um floricultor protege em caixas os bulbos das plantas. Experimentastes o consolo do campo de força, fostes cuidados para sair do isolamento. E para cada irmão e cada irmã do quarto grau ressoa a voz:

Agora esperamos todos por ti na fronteira final, ou seja, no último mistério do interior, que é ele próprio uma parte de nós. [...] Somos inteiramente unos contigo. Somos um e o mesmo.

Nesse estágio recebeis a veste-de-luz destinada a vós para que possais concluir a viagem de volta através de todas as esferas da dialética. Tendo como referência o capítulo 10 do evangelho *Pistis Sophia,* gostaríamos de falar sobre essa veste-de-luz, o mistério da existência primordial.

Este capítulo trata de coisas muito singulares a esse respeito. Fala inclusive sobre três vestes de luz, além da conhecida veste nupcial. A veste-de-luz enviada ao irmão é a veste que lhe pertencia desde o princípio, a qual ele abandonou na última fronteira, o último mistério do interior. A veste que ele trajou por último lhe é presenteada com esta participação:

Vê, o tempo agora se cumpriu. Veste o manto e vem a nós. Porque todos esperamos por ti para, por mandamento do Primeiro Mistério, vestir-te com sua magnificência. Porque o Primeiro Mistério nos deu a veste, que consiste em dois mantos, para com ela vestir-te, além daquela que já te enviáramos, pois és digno dela, já que és superior a nós e já eras antes de nós. Por essa razão o Primeiro Mistério enviou a ti, através de nós, o mistério de seu perfeito esplendor, formado por dois mantos. No primeiro se encontra a perfeita magnificência de todos os nomes de todos os mistérios e de todas as emanações das ordens e espaços do Inefável. No segundo manto se encontra a glória perfeita do nome de todos os mistérios e de todas as emanações das ordens e dos dois espaços do Primeiro Mistério.

Na [terceira] veste que agora te enviamos se encontra o esplendor do nome do mistério do Anunciador, que é o Primeiro Mandamento, assim como o mistério dos cinco sinais e o mistério do grande Enviado do Inefável, da grande Luz, e o mistério dos cinco dirigentes, dos cinco auxiliares.

Encontra-se também nessa veste o esplendor do nome do mistério de todas as ordens das emanações da Câmara do Tesouro de Luz e de seus salvadores [...].

Assim, no capítulo 10, o evangelho *Pistis Sophia* prossegue com uma vertiginosa enumeração de tudo o que se encontra na terceira veste-de-luz. Essa explicação é concluída com as palavras:

Vê, nós te enviamos essa veste que, abaixo do Primeiro Mandamento, ninguém conhecia; porque o esplendor de sua luz estava oculto nela. As esferas e todas as regiões abaixo do Primeiro Mandamento até agora não a reconheciam. Veste depressa esse traje e vem a nós. Porque aproximamo-nos de ti para, por mandamento do Primeiro Mistério, vestir-te com ambos os teus mantos que a ti estavam destinados no Primeiro Mistério desde o princípio, até que esteja consumado o tempo determinado pelo Inefável.

Vê, o tempo está concluído. Vem, pois, depressa a nós, para te vestirmos com eles de modo que concluas toda a missão do aperfeiçoamento do Primeiro Mistério, como foi estabelecido pelo Inefável.

Vem depressa a nós para que te vistamos com ela, em obediência à ordem do Primeiro Mistério. Porque, em pouco tempo apenas, muitíssimo pouco tempo, virás a nós e deixarás o mundo. Portanto, vem depressa, para que possas receber em perfeição teu resplendor, o resplendor do Primeiro Mistério.

Ao apreender, ponderar e estudar tudo isso, toda a Doutrina Universal também vos é revelada em estilo telegráfico. Quando a magnificência é revelada ao irmão ou irmã do quarto grau e lhe envia a terceira veste-de-luz, a veste de Pimandro, a veste do espírito manifestado, essa manifestação simboliza o fulgor e a majestade da Gnosis perfeita e todo o poder do céu e da terra.

A grande viagem ascendente para o lar do Pai conduz através de todas as regiões da natureza da morte, seguindo as fases de um processo. Isso não diz respeito apenas ao nosso campo de vida, mas também a todo o Universo dialético.

Nesse Universo se encontram incontáveis sistemas, do mais primitivo ao mais refinado. Existem miríades de seres e ondas de vida que se diferenciam, de forma surpreendente, em espécie e força.

É um oceano insondável e imensurável de manifestações que se movimentam dentro dos limites da impiedade e da decadência fundamental e estrutural. É o oceano de vida da experimentação, um gigantesco campo de trabalho para os aprendizes de feiticeiro entregues a si mesmos. Algumas regiões estão como que mergulhadas em profundo sono, em outras reina uma atividade efervescente e dinâmica, outras demonstram a vertigem e o torvelinho da obsessão, mas em cada lugar sentimos a limitação e a atividade febril do nascimento, florescimento e desaparecimento. Tudo e todos seguem curvados sob a maldição de ser praticamente constrangido a tudo empreender e a empregar todos os meios para "dali ainda extrair alguma coisa". Nesse oceano ativo e multiforme ao extremo, nossa própria esfera refletora e a do nosso cosmo nada representam.

Se a natureza da morte consistisse apenas no nosso campo de vida com suas duas esferas, livrar-se dela seria relativamente fácil. Entretanto o homem existe num universo da morte. Por esse motivo, a viagem de volta ao lar é um processo impressionante, de uma dimensão imensa, uma evolução que se expande em espirais, na qual já não se pode falar em conflito como o conhecemos em nossa ordem de Universo. Não há conflito no próprio eu, porém uma poderosa corrente de forças sem agressões pessoais em que o ímpio deve ceder ao divino. Não devemos encarar esse contexto como uma grande viagem através de um atoleiro de maldade abominável e crimes horrendos, mas como a representação de uma obra multiforme da desordem, da ilusão de bondade, do enaltecimento de si mesmo e da busca universal.

Assim como em nosso campo de vida uma Fraternidade Universal sétupla atua para viabilizar uma veste-de-luz para os salvos, também em todo o Universo da morte existem os grandes salvadores e seu campo de trabalho. Todos os libertos fortalecem esses grupos e, mediante sua veste-de-luz, esse poderoso manto que envolve seus companheiros, colaboram para destruir a ilusão.

No Universo visível, em escala humana, reina uma grande magnificência sob muitos aspectos, mas aos irmãos e irmãs do quarto grau a ilusão dessa magnificência evidencia-se completamente, pois a terceira veste, que esses irmãos e irmãs podem e devem ter, é uma veste da majestade divina primordial que ninguém conhece no espaço sujeito à primeira lei. Não há uma única criatura no Universo da morte que possa ter essa veste. A terceira veste mostra o fulgor do nome dos profetas, o brilho das cinco ideias, o mistério dos cinco guias, o Tesouro de Luz da libertação: um tesouro imensurável!

Quando os irmãos e irmãs do quarto grau encetam a viagem de volta ao lar, estão providos de todos os poderes da sabedoria, ou seja:

1. do poder do conhecimento de toda a Gnosis,
2. do poder do conhecimento da compreensão e do desmascaramento,
3. do poder da perfeita autolibertação e
4. do poder da invencibilidade.

A faculdade intelectual do homem está ligada a um método por meio do qual fatos e fenômenos inumeráveis são acumulados na memória. Fundamentando-se nesse conhecimento exterior dos fatos e fenômenos passa-se, então, para um procedimento experimental.

Porém, a capacidade de conhecimento outorgada pela terceira veste-de-luz é sempre uma realidade total, vibrante, luminosa.

Aquilo de que se toma conhecimento por meio dela é imediatamente conhecido até a mais intrínseca profundidade. Aquilo que se torna objeto da atenção é imediatamente apreendido em conformidade com a essência do eu em todas as dimensões.

O procedimento experimental necessário, baseado no conhecimento dialético, sempre acumula carma, dá origem a novos e ininterruptos vínculos e cadeias mais pesadas. Mas quem obtém o conhecimento no sentido gnóstico livra-se de todas as cadeias existentes e também está em condição de libertar outros.

Quem está no esplendor dos profetas vive no esplendor do lar paterno, para onde ele se dirige. Quem conhece o esplendor das cinco ideias e dos cinco guias está no esplendor dos cinco *Dhyani-Buddhas*. São forças das quais os autores do Velho Testamento fizeram os cinco patriarcas. Tal pessoa, pela sua mais elevada consciência, é una com o Absoluto, o Pai universal. Ela é, no sentido mais elevado, partícipe do povo de Deus.

Assim, em perfeita magnificência, revestido pela terceira veste-de-luz, o irmão ou a irmã segue trabalhando radiante no caminho para o lar paterno. Eles ainda não estão no lar paterno, mas pertencem a ele, estão em unidade com ele. Eles ampliam o Tesouro de Luz do Salvador.

E, com a veste do espírito que liberta e conduz ao lar, eles se elevam ao Mistério primordial no qual os aguardam as outras duas vestes. Eles entram para a realidade mesma. Primeiro são adornados com a segunda veste-de-luz, que os une com o aspecto da realidade. Em seguida podem receber a primeira veste luminosa, que está na mais profunda essência da própria realidade divina. Os filhos de Deus voltaram ao lar.

Crescendo no Espírito Santo, introduzidos no mistério divino por meio do Filho, são acolhidos nos braços do Pai.

22

O domínio da lei da gravidade

Mostramo-vos com pormenores como estão providos os irmãos e irmãs do quarto ou quinto grau que iniciaram a viagem ao lar. Eles possuem a terceira veste-de-luz, que os torna capazes de viajar através de todas as regiões da força de gravidade dialética sem encontrar qualquer obstáculo. Gravitação é o efeito da força de gravidade de um campo magnético que vos atrai e mantém aprisionados quando vosso campo magnético pessoal se harmoniza com ele.

O foco de vossa realidade dialética é, naturalmente, vossa consciência, o eu, toda a energia potencial do fogo serpentino. Essa consciência está em perfeita unidade com o campo magnético cósmico no qual viveis. Assim, sois atraídos e subjugados nesse campo de vida e experimentais todos os efeitos conhecidos da força de gravidade. Num estado de ser no qual o eu governa completamente a vida, só podeis submeter-vos às leis de gravitação da natureza dialética.

Ao comprovarmos isso, verificamos também que as forças e valores que, em sua essência, são estranhos à natureza dialética são repelidos pela ação do campo magnético dialético e não podem introduzir-se num sistema de vida dialético em condição alguma.

Sabeis que todo campo magnético produz dois efeitos: um de atração e outro de repulsão. O campo cósmico de atração retém-vos, mantendo-vos aprisionados e, ao mesmo tempo, nutrindo-vos, pois o que penetra nesse campo se estende também a vós. É evidente, portanto, que tudo o que é repelido pelo campo magnético cósmico é ao mesmo tempo repelido pelo vosso campo magnético pessoal mantendo-se distante de vós.

Segundo a natureza sois inteiramente terrenos, de espécie terrena. Estais em perfeita harmonia com esta natureza. Pois bem, o caráter intrínseco do campo cósmico no qual viveis é dialético. Queremos com isso dizer que a vida manifestada é finita e não pode permanecer de maneira indefinida. Por isso vossa vida também é dialética. Detidos num campo que está em desarmonia, sois submetidos às leis de gravidade, tendes afinidade com ela. Por essa razão, também sois desarmônicos do ponto de vista existencial, caso contrário as leis de gravidade dialéticas não vos atingiriam.

Uma comparação simples pode provar que o eu humano, o núcleo da existência, sempre é infeliz em sua mais profunda essência. Está sempre diante do inacessível, é fundamentalmente desarmônico, falta-lhe sempre o mais importante. Por isso a característica natural do homem é ser um lutador. Por sua própria condição ele está sempre inquieto e nervoso. Em vista disso, com frequência é empregada a força para alcançar o objetivo. No fundo, por sua natureza, todas as ações do homem são violentas ao extremo. Um impõe sua força. É tipicamente masculino! Outro emprega o falar. É tipicamente feminino! Um terceiro, porém, utiliza muito refinamento para atingir sua meta. Por isso há conflito em toda a parte: conflito no mundo, em nosso coração, em nosso pensamento, vontade e sentimento. Essa é a marca da humanidade.

Pode-se, assim, afirmar com razão que tudo o que empreendeis com o eu em nome do espírito para servi-lo sempre resultará em conflito e desordem, sempre causará corrupção e jamais terá êxito do ponto de vista espiritual. Sempre falta a última e decisiva fase! Assim, o anelo baseado no eu se assemelha a um castelo de cartas que desaba à menor corrente de ar. Além disso, é certo que tudo o que fazeis com o eu em nome da Gnosis fortalece o campo magnético. Então, a serviço da Gnosis, na realidade, servis ao deus deste mundo.

Talvez já tenhais descoberto por vós mesmos como se pode enganar aos outros e a vós mesmos com a autorrendição. Aparentemente as pessoas perdoam-se umas às outras, sorriem ante um comportamento infeliz, mas em seu ser mais profundo jamais perdoam. Sempre fica um foco de combustão que impele à vingança. A aparente imagem de amor e perdão não era autorrendição,* não era altruísmo, porém determinada forma de autoafirmação firme e extrema. Assim acontece que duas pessoas podem fortalecer sua força-eu mediante o vínculo de mútua simpatia, cumprimentos e gentilezas.

Será que o homem que está na senda da rosa e da cruz age assim de maneira deliberada? É um hipócrita? Em hipótese alguma! É apenas um tolo! Exatamente sobre tais pessoas foi dito um dia: "Pai, perdoa-os, pois não sabem o que fazem".

O aluno de fato não pode saber o que faz enquanto estiver preso de maneira lógica ao campo magnético cósmico mediante o princípio nuclear de seu ser. Não é assim tão difícil realizar a autorrendição, o que é difícil é compreender o que é autorrendição! Enquanto o aluno não o souber, cada pensamento, cada sensação, cada ação, cada expressão da vontade contribuirá, de maneira inexorável, para a autoafirmação.

Presumindo que o aluno soubesse o que é autorrendição de modo que um pouco dessa hora matutina pudesse brilhar, isso significaria que, de algum modo, ele teria chegado ao âmbito da força de gravitação de outro campo não terreno. Isso provocaria de imediato uma cisão da consciência. No mesmo instante surgiria na consciência do aluno um conflito completamente diferente, concomitante com a atividade comum.

Em consequência de sua condição dialética comum, o ser humano é desarmônico; nele existem conflito e autoafirmação. A autorrendição, nessas circunstâncias, nada mais é do que determinada atitude de vida que não tem efeito libertador. Quando, então, desponta a "hora matutina", que põe em perspectiva a senda da libertação, surge outro conflito além da luta dialética comum. Essa nova experiência significa crescente consciência anímica, a formação de novo núcleo de consciência que se desenvolve na força de radiação da Gnosis por meio da ação do átomo original.

Essa nova experiência está completamente fora do âmbito do eu, não pode revelar-se ao homem, não pode falar-lhe enquanto ser dialético, pois é um efeito provocado por outro campo magnético.

Se o novo se dirigisse ao eu, se este o chamasse de "meu irmão" ou "minha irmã", esse novo seria apenas uma iniciativa da esfera refletora com a mesmíssima potência magnética. Não, o milagre é outro desenvolvimento magnético mediante a utilização de uma corporalidade dialética, inflamando nela, como um archote, outra consciência.

O segredo da autorrendição está em não fazer oposição a esse processo, não lutar contra ele, mas aceitá-lo. Podemos realizar isso absolutamente dentro dos limites das leis dialéticas da força de gravidade, o que significa seguir o caminho de Jesus no homem.

O aluno pode decidir-se por adotar uma atitude de vida a fim de não impedir a evolução do Outro. Assim ele mantém o eu reduzido aos limites do mínimo biológico, o que não pode ser de outro modo, porque a outra consciência, por certo, não poderia assumir o governo da vida dialética.

A centelha dessa nova consciência pode ser inflamada no aluno se ele perscrutar a palavra viva da Rosa-Cruz. Quando essa centelha começar a tremeluzir, ela deverá ser atiçada até transformar-se num fogo ardente. Naturalmente existem, então, duas hipóteses: ou a centelha é apagada pelo fogo dialético ou pode, mediante a reta atitude de vida, tornar-se num novo fogo no interior da personalidade comum. Então, o antigo fogo é apagado de forma gradual. Quem inicia esse processo pertence a uma nova raça. E esse tipo humano recebe a terceira veste-de-luz da qual testemunha o evangelho *Pistis Sophia.* É o espírito que liberta o homem de toda a força de gravidade dialética.

Quando o novo campo magnético de força tomar posse do microcosmo em grau suficiente e, como consequência, um novo eu nascer em seu interior, esse núcleo de consciência nascido do caminho de Jesus no homem, da senda das rosas, adotará outra vez a existência primordial. Assim, o Outro pode reerguer-se do sepulcro e ir para o céu, pois tal homem já não pode ficar aí retido. Iniciou-se a viagem de retorno ao lar paterno.

Vede, estais no sepulcro da natureza dialética. Estais aí cheios de dor, sofrimento e desespero? Ou ouvis a voz que vos diz: "Eu vos enviarei o Consolador, ele dará testemunho de mim"? Então também recebereis a possibilidade de erguer-vos do sepulcro.

Como prova da vitória será inflamado o fogo de Pentecostes. O Consolador, o Espírito Santo, é a força radiante da Fraternidade Universal, o raio magnético da nova aliança.

Compreendei, pois, este mistério da transformação magnética, das núpcias alquímicas de Cristiano Rosa-Cruz.

23

O TEMOR DOS ARCONTES, DAS POTESTADES E DOS ANJOS

No capítulo 11 do evangelho *Pistis Sophia* já citado lemos:

Ao ver o mistério de todas essas palavras na veste que me foi enviada, vesti-a imediatamente. A luz irradiava extraordinariamente de mim. Elevei-me às alturas e cheguei ao portal do firmamento, radiante da imensurável luz que me cercava. Os portões do firmamento moveram-se, abrindo-se todos ao mesmo tempo.

Todos os arcontes, potestades e os anjos que se encontravam em seu interior ficaram aflitos devido à grande luz que havia em mim. Avistaram a radiante veste-de-luz que eu portava e viram o mistério que continha seus nomes e ficaram muito atemorizados.

Todos os liames com os quais estavam atados se soltaram. E cada um abandonou a sua ordem. Prostraram-se diante de mim, venerando-me, e disseram: "Como foi que o Senhor do Universo passou por nós sem que o soubéssemos?" Todos juntos veneravam o interior dos interiores. A mim mesmo, porém, eles não viam, viam somente a luz. E ficaram com grande temor, e muito confusos, e reverenciavam o interior dos interiores.

Tratamos de forma detalhada das três vestes de luz, em particular da terceira veste-de-luz, que corresponde ao encontro com Pimandro. O candidato recebe-a após ter estabelecido contato com a

Gnosis, de modo que esse campo de radiação esteja consolidado no sangue e na consciência. Assim que essa base é implantada, o campo eletromagnético gnóstico obtém cada vez mais poder sobre o candidato.

Desse modo ele pode elevar-se de maneira progressiva do mundo da dialética e também transfigurar-se. O momento em que esse processo pode instalar-se é quando ele recebe a terceira veste-de-luz. Poderíamos também denominá-lo a descida do Espírito Santo, de acordo com a terminologia da Bíblia que melhor conhecemos.

Por meio do Espírito Santo a elevação, o renascimento, torna-se possível. No evangelho *Pistis Sophia* essas possibilidades são denominadas "mistérios". E o candidato que está enobrecido para sua viagem deve ser capaz de ler esses mistérios. Ele deve apreender e compreender todas essas possibilidades do ponto de vista da razão e da ética e, então, descobrir por que o Espírito Santo também é chamado o Consolador. Quem pode receber essa força reconhece os seus atributos consoladores da alma. Pode vivenciar o fato de o resultado ser certo, de poder cessar toda a luta, seja contra quem ou o que for, e de que nem mais um incidente pode ocorrer, a menos que seja expressamente desejado.

Quem o sabe se reveste imediatamente do manto de luz e inicia a viagem com muita consciência. Viaja em nome do Pai, do Filho e do Espírito Santo. E no mesmo instante está diante dos portões do firmamento iluminado pela luz imensurável que o envolve. Talvez compreendais que os portões do firmamento se relacionam com o firmamento magnético do ser aural e também com o firmamento magnético do cosmo dialético.

Naturalmente vosso campo de vida também possui um firmamento que está em perfeita harmonia com o vosso firmamento magnético pessoal. Se assim passardes pelos portais do vosso próprio sistema magnético, também fechareis, ao mesmo tempo, as portas da esfera refletora.

Se aniquilardes o poder da lípica, o poder da lípica terrestre também será destruído. Então todas as portas do firmamento mover-se-ão e abrir-se-ão simultaneamente. Todos os arcontes, poderes e anjos entrarão em alvoroço por causa da grande luz.

O candidato também leu no mistério de sua nova veste-de-luz:

Alegrai-vos e rejubilai, porquanto vós sois os que salvarão o mundo todo.

Então compreendereis como se dá essa salvação. Não é que a personalidade escape por uma brecha da própria lípica natural, como um pintinho sai da casca do ovo. Abrir a porta do céu significa: atacar a própria lípica natural, atacar sua base fundamental e, dessa maneira, também a lípica do firmamento magnético do mundo. Nesse sentido atacar significa aniquilar.

Esse é o aspecto libertador do mundo e da humanidade que esse trabalho apresenta.

Talvez seja difícil compreender que se fale de um trabalho que liberta a humanidade ao perturbarmos a influência dos éons dialéticos sobre nosso próprio sistema. Se considerardes que essa automaçonaria é um ataque ao sistema do Universo dialético, reconhecereis perfeitamente o efeito mencionado.

Por esse motivo nada de essencial em sentido libertador verdadeiro podeis fazer por outra pessoa se não estiverdes também empenhados no trabalho de libertar a vós mesmos. Portanto, o auxílio e a consolação que dispensais no âmbito da natureza nunca são libertadores.

Essa espécie de auxílio não deve ser negligenciada, porém vosso trabalho deve estar dirigido, em primeiro lugar, para a vossa própria libertação, pois apenas quem é livre pode libertar outros, e de modo muito particular.

O candidato que inicia sua viagem ao lar, ou seja, que tem uma veste-de-luz do Espírito Santo, irradia uma forte luz. Ele criou um novo campo de radiação. E, naturalmente, essa luz causa excitação em todos os poderes e forças da lípica natural:

Avistaram a radiante veste-de-luz que eu portava e viram o mistério que continha seus nomes e ficaram muito atemorizados.

Imaginai com clareza esta situação: como seres de personalidade dialética estais em unidade com vosso firmamento aural. Então um novo elemento luminoso vem e atinge vossa rosa-do-coração, transformando toda a personalidade. Quando essa nova luz tem suficiente força de irradiação faz todas as forças do firmamento entrar em desordem e já não poder sustentar-vos. Suas correntes são rejeitadas e suas atividades repelidas. As luzes da lípica apagam-se. Na terminologia do evangelho *Pistis Sophia* isso quer dizer: *os arcontes, forças e anjos atemorizaram-se muito.*

É uma referência a três grupos, três classes de pontos magnéticos que se encontram no firmamento magnético. A palavra "arconte" é derivada do conceito "vigilante". Os arcontes são os vigilantes, os pontos magnéticos de controle, os verdadeiros carcereiros da prisão microcósmica. Em concordância com suas experiências são aplicadas forças e poderes. Todas essas forças controladoras da lípica veem a nova veste-de-luz radiante. Elas temem muito, pois veem esse mistério com seu próprio nome, ou seja, vivenciam esse mistério com suas próprias qualidades.

Um nome é uma qualidade, uma indicação de um estado de ser interior. Quando uma pessoa vê um mistério com seu próprio nome e se atemoriza, isso comprova que sua qualidade interior é muito inferior à da nova força e está desesperadamente abaixo dela.

Quem se atemoriza é suscetível ao pânico. Medo, terror e pânico são inseparáveis. Quando um exército entra em pânico, sua ordem é perturbada e suas forças estão perdidas. Por isso é muito significativo o que lemos:

Todos os liames com os quais estavam atados se soltaram. E cada um abandonou a sua ordem.

Quando o candidato, por motivo das ocorrências já comentadas, já não pode aceitar seu próprio sistema magnético e toma uma decisão consciente, então os pontos magnéticos também são desligados de sua base no campo magnético cósmico. Eles abandonam toda a sua organização.

A partir desse momento nenhuma atividade dialética, nem uma força sequer da esfera refletora, pode exercer a mínima influência sobre o candidato, pois é claro que todas as influências dialéticas, tanto do Aquém como do Além, partem dos arcontes, forças e anjos do campo magnético da natureza da morte. Se o candidato chegasse a esse ponto da sua viagem e todas as forças dialéticas fossem excitadas em conjunto para influenciá-lo mediante poderosa ação concentrada, ele praticamente não sentiria essa influência. Só assim ele pode ser libertado da esfera refletora. Enquanto não for esse o caso é preciso estar muito atento.

Todos os pontos magnéticos do sistema aural estão agrupados conforme sua ordem sideral. Todos os valores astronômicos dentro do macrocosmo zodiacal desempenham aí um papel. Todas essas ordens siderais possuem seus arcontes, forças e anjos. Todos os habitantes da esfera material e da esfera refletora, desde os mais respeitados até os que estão nos níveis mais baixos, estão distribuídos em grupos em concordância com as ordens siderais. Como dissemos, o candidato que se elevou à porta do céu destrói todas as cadeias siderais em toda a extensão estrutural e fundamental.

Prostraram-se diante de mim, venerando-me, e disseram: "Como foi que o Senhor do Universo passou por nós sem que o soubéssemos?"

Precisais compreender que essa adoração é consequência do medo. Alguém amedrontado torna-se muito devoto. Aqui o evangelho

Pistis Sophia nos mostra uma situação magnífica e a palavra dos arcontes é típica: *Como foi que o Senhor do Universo passou por nós sem que o soubéssemos?* Por essa razão, os arcontes perguntam: "Como pode alguém possuir algo que não possuímos?"

No Universo dialético um dos estados de ser mais esplêndidos é o de Netuno. É a ilusão da divindade na natureza da morte. Todas as pessoas têm um ponto magnético netuniano no firmamento aural. Na alegoria da Pistis Sophia esse ponto é apresentado como uma pessoa que diz: "Como é possível que o Senhor do Universo tenha passado por nós sem que o soubéssemos? Pois tudo o que está embaixo está sob nosso poder, sob nosso controle, podendo, no máximo, evoluir até o nosso estado de ser. Como isso é possível?"

E ficaram com grande temor, e muito confusos, e reverenciavam o interior dos interiores.

Esse é então o grande milagre. Nós, pobres mortais, nós, seres inferiores submetidos ao grande e monstruoso poder do Universo dialético, somos agraciados com a libertação deste exílio.

Podemos libertar-nos dos que se cultivaram na natureza da morte desde tempos inimaginavelmente longos até o ponto em que estão hoje.

Isso é de uma magnificência tão grande que diante dela toda a superioridade dialética nada representa. Reina grande perplexidade em virtude de nossa veste-de-luz. Este é o glorioso milagre: do nada, de baixo, o homem liberto desperta e inicia a viagem para seu lar eterno.

No entanto, não podemos esquecer outro aspecto. É que o conceito de "temor" não deve ser entendido apenas no sentido de medo, mas também no sentido de respeito, como forma de grande veneração.

Com relação a isso a Bíblia emprega, por exemplo, a expressão "temor a Deus". E assim compreendemos as palavras que concluem o capítulo 11 do evangelho *Pistis Sophia:*

E ficaram com grande temor, e muito confusos, e reverenciavam o interior dos interiores.

Quando todos os que habitam o Universo da morte, até os limites mais distantes do espaço dialético, estiverem afinados nesse hino de louvor, veremos que o processo da libertação gnóstica provoca o seguinte:

1. interfere na lípica natural;
2. aniquila as influências de todo o Universo da morte;
3. mediante essa liberdade, os carcereiros são arrebatados pelo terror, pelo medo;
4. eles mergulham em profundo respeito;
5. enfim, cantam louvor aos que antes eram seus prisioneiros e, assim, despojados de seu poder, nessa nova situação psicológica, também abrem para si mesmos caminho para o reino imutável.

Assim verificamos de maneira clara que a senda transfigurística, em todos os seus aspectos, significa salvação e libertação para todos. Se percorreis o caminho, alegrai-vos e regozijai, pois sereis os que ajudarão a salvar o mundo.

PISTIS SOPHIA
LIVRO I
CAPÍTULOS 12–15

"Em seguida, deixei para trás esse lugar e subi para a primeira esfera, que brilhava sobremaneira, e era, portanto, quarenta e nove vezes mais forte do que na ocasião em que estive no firmamento. Quando cheguei ao portal da primeira esfera, os portões moveram-se e abriram-se todos ao mesmo tempo.

Entrei nas casas da esfera, que brilhava intensamente em imensurável luz, e todos os arcontes e habitantes da esfera ficaram aflitos. Eles viram a grande luz que me cercava e contemplaram minha veste e nela viram o mistério de seu nome. E, tomados de agitação e temor ainda maiores, gritavam: 'Como foi que o Senhor do Universo passou por nós sem que o soubéssemos?'

Todos os seus liames, regiões e ordens romperam-se. E cada um abandonou sua ordem. Prostraram-se diante de mim, adoraram a mim ou a minha veste-de-luz e reverenciaram o mais interior dos interiores em grande medo e aflição.

Depois de ter deixado aquele lugar, subi até o portal da segunda esfera, a do destino. Também aqui todos os portais se moveram e abriram ao mesmo tempo. Entrei nas casas do destino, extraordinariamente radiante, com uma luminosidade indescritível, pois ali eu brilhava quarenta e nove vezes mais forte do que na primeira esfera. Todos os arcontes e todos os que se encontravam na esfera do destino ficaram aflitos, caíram uns sobre os outros e atemorizaram-se muito ao ver minha grande luz. Avistaram minha veste-de-luz e nela viram o mistério de seu nome e ficaram ainda mais aflitos. Cheios de temor disseram: 'Como foi que o Senhor do Universo passou por nós sem que o soubéssemos?'

E todos os liames de suas regiões, ordens e casas partiram-se. Eles vieram todos juntos, prostraram-se, adoraram-me e louvaram o interior dos interiores, possuídos de grande temor e aflição.

Deixei para trás também essa região e ascendi ao grande éon dos arcontes. Com um brilho indescritível cheguei diante de seus véus e portais.

Quando alcancei os doze éons, seus véus e portões movimentaram-se uns contra os outros em tumulto. Os véus afastaram-se espontaneamente, e seus portões abriram-se um após o outro. Entrei no meio dos éons, com grande fulgor, e a luz que me cercava era extraordinária, e também quarenta e nove vezes mais intensa do que nas casas do destino.

Todos os anjos dos éons, e seus arcanjos, e seus arcontes, e seus deuses, e seus senhores, e suas potestades, e seus tiranos, e suas forças, e suas centelhas luminosas, e suas estrelas cintilantes, e seus sem-par, e seus invisíveis, seus patriarcas e as potestades tríplices, todos eles contemplavam-me nesse brilho imensurável. Eles ficaram inquietos e muito temerosos ao ver minha imensa luz.

Em sua grande perturbação e medo, recolheram-se à região do grande Patriarca invisível e das grandes potestades tríplices. Devido ao grande medo e à perturbação deles, o grande Patriarca e também as potestades tríplices corriam constantemente de um lado para o outro em sua região. Por causa do grande temor em que todos se encontravam, eles não conseguiam fechar suas regiões.

Eles mobilizaram todos os seus éons, esferas e ordens ao mesmo tempo, cheios de temor e tremor, por causa da grande luz que me envolvia e era de natureza diferente da que me envolvera quando me encontrei na terra dos homens. Porque o mundo não teria suportado a plenitude dessa luz. Ela teria aniquilado instantaneamente o mundo e tudo o que ele contém. Mas a luz que havia em mim em meio aos doze éons era 8700 miríades de vezes mais forte do que a que me envolvera quando estive entre vós na terra.

E quando todos os que se encontravam nos doze éons viram a grande luz em mim ficaram perturbados e corriam de um lado para outro. Todos os éons, céus e todas as suas ordens moviam-se, uns contra os outros, em grande temor, porque não conheciam o mistério que havia sucedido.

Adamas, o grande tirano, e todos os tiranos habitantes dos éons começaram a lutar em vão contra a luz. E eles não sabiam contra quem lutavam, porque nada mais viam além da luz que a tudo sobrepujava. Ao lutarem contra a luz, esgotou-se toda a sua força conjunta. Caíram nos éons inferiores e ficaram mortos e sem alento vital como os habitantes da terra.

Tomei de todos eles um terço de sua força para que não prosseguissem em sua maldade e não conseguissem fazer suas más ações quando os homens da terra clamassem por eles em seus mistérios, ou seja, os mistérios trazidos para a terra pelos anjos que cometeram pecado, portanto, sua magia.

Inverti o destino e a esfera na qual elas reinavam e fiz que exercessem suas influências astrais seis meses voltados para a esquerda e seis meses voltados para a direita. No entanto, por ordem do Primeiro Mandamento e por ordem do Primeiro Mistério, Jeú, o Guardião da Luz, interveio de tal modo que eles passaram a olhar sempre para a esquerda e exercendo suas influências astrais."

Pistis Sophia, capítulos 12–15

24

O ZODÍACO — UMA PRISÃO DUODÉCUPLA

Todos os que são dignos de receber a terceira veste-de-luz, a veste do Espírito Santo, elevam-se do mundo da dialética. Eles viajam para o lar paterno, o reino imutável. O caminho para esse reino é um processo de muitas etapas como pudestes deduzir do capítulo anterior. Não é apenas um processo pessoal do microcosmo, mas também tem uma amplitude universal. Por conseguinte, não se trata apenas de emergir da própria lípica natural, mas também de um ataque a todo o Universo da morte e da destruição de toda a manifestação da dialética.

O evangelho *Pistis Sophia* nos dá uma imagem significativa desse processo. Primeiro o candidato que está envolvido pelo manto do Espírito Santo emerge da esfera refletora de seu próprio campo de vida, do Além de nossa esfera terrestre, como comumente dizemos. Recebestes uma impressão a respeito disso no capítulo 11 do evangelho *Pistis Sophia*, que comentamos no capítulo anterior.

Todos os arcontes, poderes e anjos da esfera refletora entram em alvoroço ao ver o jato de luz do Espírito Santo irromper e elevar-se de baixo. Podeis imaginar então que uma luz mais poderosa do que a deles os atinge, pois sabem que existem grandes hierarquias do macrocosmo solar bem como o zodíaco. No entanto, que uma força-luz extraordinária como essa, mais poderosa que a sua, possa erguer-se das regiões que eles têm inteiramente sob seu poder, que controlam com perfeição, é algo que quase supera sua capacidade de entendimento. Por isso aterrorizam-se muito e abandonam sua organização.

Deveis compreender essa situação psicologicamente, pois as radiações eletromagnéticas mais poderosas da Gnosis perturbam as radiações da esfera refletora, assim como a primeira fase da viagem de retorno ao lar também transtorna e desorganiza o próprio ser aural.

Quando o candidato em sua evolução chegou a este ponto, na verdade se libertou da esfera refletora, mas, por certo, ainda não de todo o Universo da morte. A passagem através dessa região é descrita no capítulo 12 do evangelho *Pistis Sophia* que diz:

Em seguida, deixei para trás esse lugar e subi para a primeira esfera, que brilhava sobremaneira, e era, portanto, quarenta e nove vezes mais forte do que na ocasião em que estive no firmamento. Quando cheguei ao portal da primeira esfera, os portões moveram-se e abriram-se todos ao mesmo tempo.

Entrei nas casas da esfera, que brilhava intensamente em imensurável luz, e todos os arcontes e habitantes da esfera ficaram aflitos.

Aqui se fala a respeito do campo solar. O evangelho *Pistis Sophia* denomina esse campo "a primeira esfera". É o campo do sistema solar ao qual pertence a terra. Para conseguir sair desse campo, a luz da terceira veste-de-luz deve ter uma luminosidade quarenta e nove vezes mais forte do que durante a viagem através da esfera refletora. Ali acontece o mesmo. Também há uma grande confusão e ressoa o grito: *Como foi que o Senhor do Universo passou por nós sem que o soubéssemos!*

E novamente isso é bem compreensível, pois do ponto de vista dos habitantes da primeira esfera pode-se esperar pela manifestação de forças superiores que vêm do zodíaco, mas não de um corpo subjugado do macrocosmo solar. Assim, podemos, por exemplo, baseados nas ciências naturais, determinar a força e as propriedades de certos tipos de átomos e elementos e medir as energias que ocorrem em nosso campo natural.

Entretanto, se um cientista tivesse de afirmar que um mortal — cuja fragilidade física e cuja debilidade de forças é conhecida e fundamentada de modo científico — demonstra que zomba de todas as leis da estática, da dinâmica, da força de gravidade, do calor e do poder de radiação, esse cientista não apenas ficaria muito surpreso, mas espantado ao extremo. Ele ficaria "completamente fora de seu equilíbrio" interior, psicológico.

A Bíblia nos dá inúmeros exemplos de tal perplexidade quando os nascidos na nova raça, sem querer ou sem demonstrá-lo, comprovam uma invencibilidade fundamental. Lembremo-nos do que o Evangelho relata a esse respeito e também das experiências de Paulo. O que é fundamentalmente dialético, fraco, insignificante, torna-se forte, majestoso, porque uma força gnóstica vibra e irradia através de todo o Universo da morte, resistindo a qualquer controle dialético e contrariando toda a compreensão científica. Se o homem está ligado a essa força gnóstica como filho de Deus, escapa do âmbito dialético e de todos os seus dirigentes.

Quando os arcontes verificam isso que consideram uma anormalidade científica que zomba de seu conhecimento e de seu poder, já nada lhes resta senão louvor e respeito, apesar de se encontrarem em grande temor e confusão:

Todos os seus liames, regiões e ordens romperam-se. E cada um abandonou sua ordem. Prostraram-se diante de mim, adoraram a mim ou a minha veste-de-luz e reverenciaram o mais interior dos interiores em grande medo e aflição.

Trata-se aqui, no capítulo 13, da segunda esfera, a esfera do destino, que se estende entre o macrocosmo solar e o zodíaco. É a esfera na qual se origina todo destino dialético e da qual depende todo o sistema solar e, portanto, também todo o microcosmo. O candidato entra nessa segunda esfera. Sua potência luminosa aumentou quarenta e nove vezes.

Depois de ter deixado aquele lugar, subi até o portal da segunda esfera, a do destino. Também aqui todos os portais se moveram e abriram ao mesmo tempo. Entrei nas casas do destino, extraordinariamente radiante, com uma luminosidade indescritível, pois ali eu brilhava quarenta e nove vezes mais forte do que na primeira esfera.

O fato de que o número quarenta e nove é mencionado outra vez está relacionado à estrutura sétupla do Universo divino, através do qual o candidato vai liberando sete vezes sete forças sétuplas à medida que o processo avança.

O mesmo acontece então na segunda esfera. Todos os arcontes entram em excitação e temor, caindo uns sobre os outros, e dizem: *Como o Senhor do Universo passou por nós sem que o soubéssemos!* E todos os liames são desatados.

Assim que o candidato consegue sair dessa região, chega a vez dos doze éons. Novamente a veste-de-luz do irmão, em sua viagem através dessas regiões estranhas, torna-se quarenta e nove vezes mais majestosa. No capítulo 14 o evangelho *Pistis Sophia* diz a esse respeito:

Quando alcancei os doze éons, seus véus e portões movimentaram-se uns contra os outros em tumulto. Os véus afastaram-se espontaneamente, e seus portões abriram-se um após o outro. Entrei no meio dos éons, com grande fulgor, e a luz que me cercava era extraordinária, e também quarenta e nove vezes mais intensa do que nas casas do destino. Todos os anjos dos éons, e seus arcanjos, e seus arcontes, e seus deuses, e seus senhores, e suas potestades, e seus tiranos, e suas forças, e suas centelhas luminosas, e suas estrelas cintilantes, e seus sem-par, e seus invisíveis, seus patriarcas e as potestades tríplices, todos eles contemplavam-me nesse brilho imensurável. Eles ficaram inquietos e muito temerosos ao ver minha imensa luz.

Em sua grande perturbação e medo, recolheram-se à região do grande Patriarca invisível e das grandes potestades tríplices. Devido ao grande medo e à perturbação deles, o grande Patriarca e também as potestades tríplices corriam constantemente de um lado para o outro em sua região. Por causa do grande temor em que todos se encontravam, eles não conseguiam fechar suas regiões.

Eles mobilizaram todos os seus éons, esferas e ordens ao mesmo tempo, cheios de temor e tremor, por causa da grande luz que me envolvia e era de natureza diferente da que me envolvera quando me encontrei na terra dos homens. Porque o mundo não teria suportado a plenitude dessa luz. Ela teria aniquilado instantaneamente o mundo e tudo o que ele contém. Mas a luz que havia em mim em meio aos doze éons era 8700 miríades de vezes mais forte do que a que me envolvera quando estive entre vós na terra.

A situação altera-se. Em todas as regiões da natureza da morte havia espanto e temor porque a evolução acontecia de baixo, mas enfim o mistério deslocou-se para as alturas. Se pensardes do ponto de vista da religião natural, compreendereis isso. Sofrimento, desgosto e miséria são atribuídos àquele que é chamado "Deus". Diz-se que "o Senhor vai julgar".

Mas agora, conforme a imagem que nos dá a Pistis Sophia, já não existe uma instância superior! Os próprios deuses superiores estão aflitos e perderam o controle. Então eles vêm com seu último recurso: ficam zangados.

Adamas, o grande tirano, e todos os tiranos habitantes dos éons começaram a lutar em vão contra a luz.

Compreendeis que este último recurso dialético é também o fim, deve ser o fim. Na viagem da alma para o Pai se torna evidente que a chegada ao décimo segundo éon é a última e decisiva fase.

Para ter disso uma visão mais clara é preciso saber o que entendemos por zodíaco. Falamos de zodíaco porque as doze forças macrocósmicas que governam o Universo dialético em sentido literal são designadas, em parte, com nomes de animais. Essas doze forças mantêm o Universo dialético fechado e dirigem-no. Elas formam a instância divina mais alta da dialética da qual resulta a personalidade duodécupla.

Elas formam:

1.º a autoconsciência dialética,
2.º o instinto dialético de posse,
3.º a ideia dialética de fraternidade,
4.º o conceito dialético do lar paterno, a ideia de concretização do reino de Deus sobre a terra,
5.º o ideal dialético de força, coragem e heroísmo,
6.º a ideia dialética da fecundidade,
7.º a ideia dialética da harmonia da vida,
8.º a ideia dialética da evolução que se exprime no ocultismo,
9.º o sonho da idolatria dialética,
10.º o primeiro passo para a realização dessa ilusão de Deus no sentido mental,
11.º o segundo passo no sentido ético,
12.º o terceiro passo no sentido da manifestação material, que significa incessante dor.

Toda essa corrente duodécupla forma o grande cárcere da natureza da morte. São doze deuses dos quais provêm doze ideias, doze ilusões, doze trabalhos.

Essa corrente como unidade é chamada no evangelho *Pistis Sophia* de "o grande Patriarca", com seus poderes tríplices e suas forças invisíveis. Nesse sistema existem uma força fundamental, uma força dirigente e uma força continuamente ativa. Essa é a tríade da natureza da ilusão. Cada candidato que deseja levar a cabo sua viagem até a décima segunda hora deve livrar-se dessa corrente da ilusão.

Doze deuses regem tudo o que vive no interior do zodíaco. Eles se refletem na lípica, ou seja, no sistema magnético do homem e em sua personalidade. É lógico que nenhum aluno na senda pode contentar-se com o rompimento de seu próprio zodíaco no ser aural. Ele precisa sair de todo o Universo da morte para já não ser sacrificado no Jardim dos Deuses.

A Rosa-Cruz, porém, coloca-o diante de outro Patriarca com seus poderes tríplices, pois da Gnosis provém outra força fundamental. Quem nela se apoia está como sobre uma rocha. Existe uma força dirigente que é gnóstica. Quem segue pela mão dessa força nunca se perde. E existe uma força ativadora. Quem está armado com essa força, quem a possui como veste-de-luz, como uma espada de Siegfried, escapará de todo perigo.

Enfim, essa espada de Siegfried tem uma potência luminosa 8700 miríades de vezes maior do que no início da peregrinação. Isso significa que ela rompe toda a matéria e, sendo inextinguível, está em unidade com o Universo divino.

25

A DESTRONAÇÃO DOS QUATRO SENHORES DO DESTINO

No capítulo anterior nos referimos às doze forças macrocósmicas que circundam e governam o Universo dialético. Popularmente chamamos essas forças de zodíaco. Para o nosso planeta, elas são a instância mais alta da divindade dialética.

Comentaremos primeiro a correlação entre essas doze forças e a personalidade. No crânio, elas são representadas por doze pontos magnéticos. Também os doze pares de nervos cranianos são vivificados por essas forças.

Além disso, podemos observá-las no firmamento magnético do ser aural do homem, no qual existem doze grupos de pontos magnéticos que correspondem aos doze pontos no cérebro.

Em terceiro lugar percebemos que, harmonizadas com esses pontos, existem doze forças que cercam o campo de vida mais próximo do homem, a esfera material e a esfera refletora. Estas também se encontram no firmamento de nosso planeta. Por isso temos e vivenciamos essas doze forças juntamente com toda a humanidade.

Em quarto lugar existe o zodíaco duodécuplo que envolve o sistema solar. No aspecto mágico podemos designar estas quatro muralhas como os quatro senhores do destino:

um encontra-se na personalidade,
um no ser aural,

um no campo de vida,
e outro circunda o sistema solar.

Daí pode-se concluir que há também quatro fases na evolução do aluno que de fato segue o caminho.

A primeira fase é a mais importante e decisiva, pois o primeiro senhor do destino exerce sobre o cérebro uma influência duodécupla que explica a espécie, a condição e a essência do eu. O homem é um "nascido dos astros". Isso significa que sua vida deve ser interpretada pelo princípio duodécuplo, pelos doze grupos de linhas de força magnética do âmbito mais imediato de nosso microcosmo.

Talvez já tenhais ouvido falar a respeito do segundo nascimento sideral, que também é denominado renascimento místico e está relacionado à primeira fase da evolução, quando o primeiro senhor do destino é destronado. Esse nascimento rompe a barreira magnética duodécupla no cérebro, substituindo-a por outra estrutura de linhas de força magnética duodécupla.

Porém, antes que esse processo tenha chegado a esse ponto na vida de uma pessoa, é preciso que algo aconteça! Quando mencionamos a nossos alunos e pesquisadores o caminho de um candidato nesse processo fundamental, surge o grande perigo de que os ouvintes se atenham apenas às considerações intelectuais. Então acreditam ter obtido algo que, na realidade, nada significa.

Por isso, mais uma vez dirigimos a vossa atenção para o início do processo de salvação no Evangelho. Ali o homem buscador é simbolizado primeiro pela dupla figura de Zacarias-Isabel. Ele está velho e cansado de viver, e nada pode apresentar como resultado de sua vida. Apesar disso, esse estágio de sua busca é uma graça do Espírito Santo. Comprova-se assim a atividade da rosa-do-coração, do átomo original.

No entanto, pode ser que o primeiro senhor do destino influencie o homem de tal modo que este conduza sua vida dialética convencional e a busca seja para ele apenas um passatempo. Compreendereis que, dessa forma, a vida continua sem nenhum sentido libertador. Zacarias-Isabel já estava muito além desse estágio. Sua busca e seu anelo eram um assunto do coração, um imenso anseio por uma vida nova e diferente.

Quando o candidato alcança esse estado inicia-se o segundo processo evangélico: nasce João, que vai endireitar as veredas do Senhor, os caminhos para seu Deus. Quem segue esse caminho entra em conflito direto com o deus de seu cérebro e seus vassalos, com a consciência do eu. Quem segue a senda de João com base na rosa-do-coração deve, naturalmente, seguir a senda da demolição do eu. Dessa nossa interpretação se deduz, é lógico, que essa senda consiste em doze fases, doze aspectos.

Nessa primeira fase precisais negar por completo a personalidade, que, naturalmente, é muito egocêntrica, que tudo sabe, tudo vê, tudo realiza e entende, já de antemão, de acordo com seu próprio juízo e, portanto, é absolutamente irresistível. Na força da luz e da rosa podeis negar perfeitamente esse altivo eu. Denominamos esse estado de resignação, humildade, discrição, tranquilidade. É o fim do orgulho.

Quando o candidato passou por esse caminho e o endireitou, segue-se a segunda fase, e assim por diante até que as doze sejam vencidas. Seguir esses doze caminhos significa um ataque direto ao eu e a seu deus do cérebro.

Mas quem deseja entrar para esse caminho duodécuplo deve primeiro nascer para isso e, como João, nascer de uma força que é concedida pelo Espírito Santo. Deve nascer do estágio de Zacarias-Isabel, do estágio do pesquisador que esvaziou a taça dessa condição até a última gota e então conheceu o desejo de salvação.

Quem faz a demolição do eu de modo puramente experimental, como um método, um sistema, jamais terá resultado. Ele encontra dificuldades tais que se apressa em sair do deserto e voltar para sua antiga vida.

Quando as doze fases de João estão concluídas, segue-se o nadir no Jordão, o instante do nascimento de Jesus no homem. É o momento em que o deus do cérebro, o primeiro senhor do destino é destronado. A partir de então esse homem vê a estrela de Belém; do ponto de vista da personalidade ele é libertado da vida dialética e nasce na nova raça, no povo de Deus.

Então doze novos pontos magnéticos, doze novos aspectos devem ser estabelecidos no cérebro. É por essa razão que Jesus, o Senhor, escolhe doze discípulos, ensina-os, ajuda-os e impele-os à perfeição. Todo esse processo na personalidade é chamado via-crúcis. Fazer parte da nova raça é nascer e chegar à consumação, é o caminho de Belém ao Gólgota.

Quando o "consummatum est" consegue ressoar, o novo ser humano da nova raça cresceu e está amadurecido para a ação e para a fraternidade. Então a morte foi superada, e a transfiguração entra na etapa mais importante. É por isso que a Bíblia diz que Jesus, o Senhor, precede seus discípulos numa nova fase do processo de salvação.

Em seguida, podeis certamente visualizar o que se segue: no momento em que o candidato destrona o deus do cérebro e as doze vias magnéticas dos éons naturais do santuário da cabeça são rompidas, ocorre também um conflito fundamental com os três outros senhores do destino, ou seja, com o senhor do destino no ser aural, o senhor do destino do nosso campo de vida e o senhor do destino do sistema solar, portanto, com o microcosmo, o cosmo e o macrocosmo. Daí ser necessário também emergir do microcosmo, do cosmo e do macrocosmo. Essa elevação em quatro etapas nos é mostrada pelo evangelho *Pistis Sophia.*

No capítulo 15 do evangelho *Pistis Sophia,* já referido, são revelados alguns fatos muito importantes dessa maravilhosa viagem de quatro etapas. A pessoa que vivenciou o segundo nascimento sideral, o renascimento místico e como resultado destronou o senhor do destino, o deus do cérebro, não precisa preocupar-se nem um pouco com os três outros poderes dialéticos. Quando a nova luz for acesa, Adamas e todos os tiranos lutarão contra ela, mas já não conseguirão atingir a personalidade. A força, ainda que esteja direcionada para a personalidade, é aniquilada.

As forças magnéticas do ser aural, do cosmo e do macrocosmo são desviadas de suas trajetórias. E o destino e a esfera que dominavam, ou seja, o deus do cérebro e a personalidade, já não poderão ser influenciados por essas linhas magnéticas de força. Periodicamente eles são voltados para a esquerda e para a direita, expondo bastante o percurso anormal da personalidade. E as energias liberadas serão absorvidas por tudo aquilo que, em sua essência, está afinado com elas. Por isso é dito que, por determinação do Senhor da Luz Divina, Jeú, seu olhar fica sempre voltado para a esquerda.

Mediante a Gnosis, de acordo com a vontade de Deus, a personalidade na qual está oculta a preciosa joia, o átomo original, é resgatada do antigo microcosmo. E um novo microcosmo é formado e revestido da terceira veste, a veste-de-luz. Quem tem ouvidos para ouvir, ouça!

PISTIS SOPHIA

LIVRO I

CAPÍTULOS 16–18

"Quando cheguei à sua região, eles se opuseram e combateram a luz. E eu tomei um terço de suas forças para que não conseguissem consumar suas más ações.

Inverti e enquadrei o destino e a esfera onde eles reinavam, de tal modo que eles exercessem suas influências astrais seis meses olhando para a esquerda e os seis meses seguintes voltados para a direita."

Após ter dito isso a seus discípulos, Jesus lhes disse: "Quem tem ouvidos, ouça".

Tendo ouvido o Salvador dizer essas palavras, Maria olhou fixamente no vazio por uma hora e disse: "Meu Senhor, permite-me falar francamente."

Jesus, o Misericordioso, respondeu a Maria: "Maria, tu, abençoada, a quem vou iniciar em todos os mistérios das alturas, fala abertamente, tu, cujo coração está mais orientado para o reino dos céus do que o de teus irmãos".

Então disse Maria ao Salvador: "Meu Senhor, o que nos disseste: 'Quem tem ouvidos, ouça', falaste para que compreendêssemos tua palavra corretamente. Ouve, meu Senhor, pois quero falar francamente. Tu disseste: 'Eu tomei um terço das forças dos arcontes e de todos os éons e inverti seu destino e a esfera onde reinam, de modo que, desta hora em diante, não estejam mais em condição de cometer suas ações más e vergonhosas quando os homens invocarem por eles em seus mistérios, aqueles a quem os anjos decaídos ensinaram para realizar suas ações malévolas e vergonhosas no mistério de sua magia'. Porque lhes tiraste sua força e a de seus astrólogos, magos e adivinhos, para que, dessa hora em diante, já não conseguissem fazer previsões. Porque tu inverteste suas esferas e os fizeste exercer suas influências astrais voltados seis meses para a esquerda e seis meses voltados para a direita.

Em relação a essa palavra, Senhor, outrora a força encontrada no profeta Isaías, numa alegoria espiritual em sua 'visão sobre o Egito', pregava o seguinte: 'Onde estão, ó egípcios, vossos magos, e astrólogos, e os que clamam da terra, e os que clamam de seu regaço? Para que, de agora em diante, eles possam anunciar-te as coisas que fará o Senhor Sabaoth'.

Antes que tu viesses, a força que atuava através do profeta Isaías profetizou a teu respeito, dizendo que virias tomar a força dos arcontes dos éons para que, daí em diante, nada mais viessem a saber.

Por essa razão também é dito: 'Já não sabereis o que fará o Senhor das Hostes'. Isso significa que ninguém dos arcontes saberá o que tu farás doravante. Os arcontes podem ser equiparados a 'egípcios' porque são matéria.

Outrora a força do profeta Isaías vaticinou a teu respeito: 'De agora em diante já não sabereis o que fará o Senhor das Hostes'. Com relação à força-luz que tomaste de Sabaoth, o Bom, que se encontra na região dos justificados, força essa que, a partir de agora, está em teu corpo material, tu, ó Senhor Jesus, disseste-nos: 'Quem tem ouvidos para ouvir, ouça', para que tu sintas quem tem o coração anelante orientado para o reino dos céus".

Pistis Sophia, capítulos 16–18

26

A ALEGRE MENSAGEM DA ESCOLA ESPIRITUAL MODERNA

Das nossas considerações anteriores podeis deduzir que os doze éons zodiacais exercem um poder tríplice:

1.º sobre o nosso planeta,
2.º sobre cada microcosmo e, portanto, sobre o firmamento magnético do ser aural,
3.º sobre os doze pontos magnéticos no cérebro da personalidade.

Quando o candidato tiver se livrado da influência dos éons, destronado o deus do cérebro e concretizado um novo anel magnético duodécuplo em torno do santuário da cabeça, os doze éons relativos à entidade que seguia o caminho serão praticamente privados de um terço de suas forças. Nenhum poder da dialética poderá ser exercido sobre esse indivíduo. "Liberto em Cristo", "nascido de Deus" e outras expressões místicas semelhantes da Bíblia contêm um significado profundo e extraordinário.

Quem é capaz de levar a termo essa fase do caminho, a fase da demolição do eu na graça da rosa, e consegue aniquilar o sistema magnético da natureza comum à qual está preso, liberta-se a partir desse mesmo instante. Apesar de continuar existindo como criatura da natureza e ainda se encontrar no interior do sistema dos doze éons, tal pessoa, que realizou o segundo nascimento sideral, já não sofrerá impedimentos. Ela estará para sempre livre de todas as cadeias.

Algumas pessoas alheias à Escola Espiritual moderna consideram sua filosofia deprimente, difícil e melancólica, mas é possível imaginar uma mensagem mais alegre que a da Escola Espiritual moderna?

Naturalmente, uma opinião como essa é compreensível quando é emitida por uma pessoa de fora. Deve soar sombrio e desesperador quando a Escola diz: "Nada esperem desta natureza. Distanciem-se dela. Não desperdicem energias com ela". Para pessoas que ainda esperam tudo do eu e desta ordem de natureza deve ser triste quando exigimos a anulação total do eu.

No entanto, para os que têm em vista partir, elevando-se deste vale de lágrimas e com o coração voltado para a pátria original, é uma alegria imensurável verificar que a senda começa com uma salvação radical. Alegra-os o fato de que a salvação não é aguardada apenas ao final de um imensurável processo de evolução na Gnosis. Gostaríamos que essa alegria se estendesse a todos vós.

A base para isso é a certeza de que quem realiza o segundo nascimento sideral pela graça da rosa liquida em si mesmo, por meio da autodemolição, o sistema magnético dos éons ao qual estava ligado. Ele despojou os éons da terça parte de suas forças, justamente a parte pela qual foi sacrificado.

Precisais ter ouvidos para ouvir por que no evangelho *Pistis Sophia* se fala sobre essas coisas. Se seguis o caminho como indivíduos, privais os éons de um terço da força que eles exercem sobre vós. E isso diz tudo. Sois libertados como indivíduos.

Mas os éons continuam enfurecidos. Eles dominam todos os vossos semelhantes. E todos os arcontes dos éons, seus anjos e a força de todas as esferas prosseguem suas atividades em virtude do sistema da natureza dialética. Que podeis fazer individualmente contra esses poderes? Quando muito podeis ser alguém que clama no deserto.

Entretanto, se seguirmos o caminho da libertação *em conjunto*, se reunirmos todos os libertos numa comunidade universal e se servirmos a todos os buscadores, ajudando-os a se unir a nós, vivificaremos o nosso bem conhecido novo campo magnético. Em toda a natureza dialética se manifesta, então, uma influência não dialética muito perceptível, que debilita todas as pérfidas influências dialéticas por algum tempo. Por isso diz o evangelho *Pistis Sophia:*

Eu tomei um terço das forças dos arcontes e de todos os éons e inverti seu destino e a esfera onde reinam, de modo que, desta hora em diante, não estejam mais em condição de cometer suas ações más e vergonhosas quando os homens invocarem por eles em seus mistérios, aqueles que os anjos decaídos lhes ensinaram para realizar suas ações malévolas e vergonhosas no mistério de sua magia. Porque lhes tiraste sua força e a de seus astrólogos, magos e adivinhos, para que, dessa hora em diante, já não conseguissem fazer previsões. Porque tu inverteste suas esferas [...].

Quando o campo magnético da coletividade da nova raça estiver forte o suficiente, ele desviará os raios da natureza comum de sua trajetória, virando-os para a esquerda e para a direita, seis meses para cada lado. Devido à referida influência do novo campo magnético, as vibrações originárias da natureza dialética já não conseguem atingir seus objetivos de forma direta e, por isso, ocorre um desvio que curva ora para a esquerda, ora para a direita. Sem ter atingido seu objeto, o desvio leva a influência de volta para sua fonte. No momento do retorno se dá uma descarga e a influência que antes se voltava para a esquerda é lançada de volta, e segue, então, o desvio para a direita.

Se alguém desenvolveu capacidades extrassensoriais egocêntricas, seus órgãos de secreção interna são, naturalmente, suscetíveis a determinadas linhas de força eletromagnéticas irradiadas pelos arcontes e seus mistérios. Os órgãos de secreção interna são especialmente sensíveis no aspecto eletromagnético, e seus hormônios são corpúsculos com uma carga eletromagnética que mantém os órgãos, grupos de células, o sangue e o fluido nervoso em determinada condição.

Quando o novo campo magnético estiver forte o suficiente para projetar os impulsos eletromagnéticos dos éons para fora de suas trajetórias, um ocultista perderá, a partir de determinado momento, todas as suas faculdades de maneira gradativa, porque as radiações eletromagnéticas que devem alimentar essas capacidades já não existem. É a esse fato glorioso que o evangelho *Pistis Sophia* se refere.

Existem inúmeros mistérios oficiais e não oficiais. Existem conglomerados de forças magnéticas na esfera refletora e também fora dela que são mantidos por diversos grupos e escolas ocultistas, assim como por muitos outros agrupamentos. Essas fontes de força mantêm milhões de pessoas sob o poder de seu encanto de diversas maneiras. Mesmo sob sua influência, inúmeras pessoas procuram por uma saída, suspirando e suplicando.

Incontáveis pessoas em seus mistérios chamam seus deuses e imploram por auxílio porque ignoram algo melhor. Isso provoca uma ação eletromagnética recíproca cujas consequências não se fazem esperar.

Porém, com o desenvolvimento do novo campo magnético, essas fontes de radiação, em dado momento, são desviadas de suas trajetórias de um modo que se explica apenas pela ciência natural. Elas perdem todas as suas forças. E todos os que são dignos podem ser ajudados pela força liberada pela Fraternidade Universal.

Se tiverdes ouvidos para ouvir, compreendereis que a vossa libertação pode significar a libertação de todos. Daí se pode apreender por que nestes últimos tempos todas as forças do abismo se encontram tão empenhadas em atacar tantos seres humanos, a fim de deter na realização desse processo quem, de algum modo, estiver predisposto a isso.

Não é uma tolice sujeitar-se a tais influências? Elas prendem todos vós mediante vosso eu. Não é motivo de muita alegria que nada, nem nos níveis mais elevados, nem nos mais baixos, possa separar-nos do amor de Deus, que se manifesta nos hierofantes da Fraternidade de Cristo? São as forças de amor que têm por objetivo tocar-vos mediante a rosa-do-coração!

O processo de evolução aqui descrito ocorre algumas vezes em cada dia de manifestação quando é tempo de recolher a colheita dos campos. E o evangelho *Pistis Sophia* conta o passado para que todos os alunos possam encontrar energia e coragem nesses triunfos históricos irresistíveis:

Onde estão, ó egípcios, vossos magos, e astrólogos e aqueles que clamam da terra [...]?

Por isso é dito: Não saberão o que fará o Senhor das Hostes. O tempo chegou e, em parte, já começou, em que já nenhum dos participantes dos mistérios conseguirá saber ou ainda descobrir e compreender o que traz a Escola Espiritual moderna. Está ocorrendo o esgotamento da capacidade de conhecimento dialético, e esse processo propaga-se cada vez mais. E o mais notável e grandioso é que o grande adversário e seus seguidores, por deficiência da capacidade de conhecimento, já não conseguirão travar uma luta sequer contra o rei dos exércitos. E então virá grande silêncio, a tranquilidade do povo de Deus.

Quem tem ouvidos para ouvir, ouça e junte-se conosco a essa multidão da nova raça. Vereis e vivenciareis essa experiência se o vosso coração anelante procurar pelo reino dos céus.

PISTIS SOPHIA

LIVRO I

CAPÍTULOS 19–20

Quando Maria terminou, disse ele: "Falaste bem, Maria. És abençoada diante de todas as mulheres da terra, porque serás a suprema plenitude e a suprema perfeição".

Tendo ouvido essas palavras do Salvador, Maria ficou muito contente. Aproximou-se de Jesus, prostrou-se a seus pés, adorou-o e disse: "Meu Senhor, escuta-me e permite-me perguntar sobre o que disseste antes de falares conosco a respeito das regiões para as quais foste".

Jesus respondeu a Maria: "Fala francamente e não temas. Revelarei tudo o que perguntares".

Maria disse: "Senhor, os homens que conhecem o mistério da magia de todos os arcontes de todos os éons, bem como a magia dos arcontes do destino e das esferas, nos quais os anjos pecadores os instruíram para impedir boas ações, eles a realizarão doravante ou não?"

Jesus respondeu a Maria: "Eles já não a realizarão do modo como o faziam no princípio, porque retirei um terço de sua força. Mas eles pedirão força aos que conhecem os mistérios da magia do Décimo Terceiro Éon. E quando invocarem pelos mistérios da magia que se acham no Décimo Terceiro Éon, eles a realizarão dessa maneira e com certeza porque, por mandamento do Primeiro Mistério, não arrebatei forças dessa região".

27

O mistério do Décimo Terceiro Éon

Nos capítulos anteriores vos revelamos um dos mais singulares e importantes mistérios da doutrina da transfiguração. Pudestes apreender com clareza a essência e as consequências do segundo nascimento sideral.

Quem na graça da rosa completa a primeira fase do verdadeiro caminho, a fase da demolição do eu, com desejo de salvação e em autorrendição, destruiu no santuário da cabeça o sistema magnético da natureza comum que o dirigia. A partir desse momento essa pessoa está livre. Já não é da natureza da morte, embora continue existindo na natureza da morte. Ela despojou os éons da natureza, no que lhe concerne, de um terço de suas forças. Eles já não conseguem exercer influência sobre essa pessoa.

Podemos então afirmar, com certeza e também com grande gratidão e alegria, que o verdadeiro caminho dos mistérios da transfiguração não termina com uma salvação completa do candidato em questão, porém aí começa. Tudo o que se manifesta com base nesse início é uma evolução imperturbável e intensa, um retorno sereno, fascinante e magnífico ao reino imutável. Quando a Bíblia, com júbilo, testemunha: "Sois chamados à liberdade", ela alerta para esse caminho de libertação para o qual são conclamados todos os que se preparam para a nova raça.

É um milagre quando nesse caminho de libertação dos mistérios da transfiguração mesmo algo insignificante pode ser tirado da poderosa e gigantesca influência de todo o Universo da morte. Para melhor esclarecer um acontecimento magnífico e singular como esse, diz o evangelho *Pistis Sophia* no capítulo 20:

Maria disse: "Senhor, os homens que conhecem o mistério da magia de todos os arcontes de todos os éons, bem como a magia dos arcontes do destino e das esferas, nos quais os anjos pecadores os instruíram para impedir boas ações, eles a realizarão doravante ou não?"

Jesus respondeu a Maria: "Eles já não a realizarão do modo como o faziam no princípio, porque retirei um terço de sua força. Mas eles pedirão força aos que conhecem os mistérios da magia do Décimo Terceiro Éon. E quando invocarem pelos mistérios da magia que se acham no Décimo Terceiro Éon, eles a realizarão dessa maneira e com certeza porque, por mandamento do Primeiro Mistério, não arrebatei forças dessa região".

Convém formar uma ideia nítida do que está prestes a acontecer e de seus desdobramentos, colocando essa imagem claramente diante de vossa consciência:

a. Sabemos que no segundo nascimento sideral o candidato destrói o sistema magnético no cérebro, libertando-se de todas as cadeias dialéticas. Quando muitos seguem esse caminho, a situação é a que já descrevemos com frequência.
b. Um grande grupo de libertos ainda está na linha horizontal do campo dialético, embora nascido na esfera magnética dos hierofantes de Cristo.
c. Como grupo, eles desenvolvem um novo campo magnético.
d. Eles expandem esse campo em torno do campo de vida comum. A partir desse momento ocorre toda uma série de interferências magnéticas na vida convencional.
e. Essas interferências constituem impedimentos para todos os mistérios da magia de todos os arcontes dos éons.

f. Esses impedimentos tornam-se cada vez mais dinâmicos até que já nenhum dos mistérios mágicos possa ser levado a efeito sob qualquer aspecto.

Naturalmente essa situação tem consequências dramáticas ao extremo e já é tão revolucionária por si mesma que diante dela todos os problemas sociais, políticos e econômicos nada significam.

Se pensardes um pouco sobre quais grupos e movimentos neste mundo são sustentados pelas forças magnéticas dos arcontes e eóns, chegareis, após breve reflexão, à seguinte conclusão: todos eles.

Por detrás de todos os grupos místicos e religiosos, pequenos ou grandes, existem forças da esfera refletora, que no evangelho *Pistis Sophia* são chamadas "arcontes da esfera". E entre eles há hierarquias e ordens. Todas essas forças regem e controlam a massa religiosa e mística com o propósito que já conheceis: imitar o reino de Cristo ou uma de suas revelações salvadoras e, assim, salvaguardar de modo místico o reino da ilusão.

As mesmas forças estão por trás de todos os grupos éticos e humanísticos e têm as mesmas intenções. Por detrás de todos os países da terra, por detrás de todos os grupos de interesse desses países, por detrás de todos os grupos internacionais, como, por exemplo, da OTAN, da Liga dos Países Árabes, de Israel, dos países da Cortina de Ferro, ainda que estes se considerem materialistas históricos,[11] existem forças da esfera refletora de um refinamento maior ou menor, desta ou daquela espécie, porém em essência estão perfeitamente harmonizadas na manipulação da natureza dialética. Há, portanto, uma série interminável de mistérios, que no entanto é dirigida de cima por uma única mão, apesar de aparentemente haver grupos e interesses divergentes que lutam

[11] Esta referência baseia-se na situação política da década de sessenta do século XX, quando este livro foi escrito. (N.E.)

violentamente uns contra os outros, porque derramamento de sangue e luta são métodos da unidade dialética.

Com o desenvolvimento do novo campo magnético, a terça parte de todos os poderes e grupos é suprimida. A consequência única e decisiva é o declínio gradativo e total de toda a vida social dos dias atuais com toda a sua variedade de formas de expressão. Por mais que se tente, já não será possível insuflar nova vida nesse processo em decadência.

E quando as influências entusiásticas já não existirem, cessarão a luta, a batalha violenta, a constante tensão. Um desânimo geral, um silêncio aflitivo, entrará em cena, uma letargia recairá sobre toda a humanidade. Até mesmo o demonismo parará com suas orgias, porque também as trevas estarão atadas.

Assim a humanidade está como após um naufrágio, atirada à praia diante dos destroços da própria vida e da sociedade. E nesse silêncio de perplexidade e de terror, maior do que o silêncio do sepulcro, a revelação do Filho de Deus apresentar-se-á a todos de modo muito significativo. Todos os que de fato procuraram por Cristo e seu reino implorarão por força ao Décimo Terceiro Éon, e nenhum dos antigos poderes poderá estorvá-los.

Que são os mistérios do Décimo Terceiro Éon? São os mistérios da Fraternidade Universal que se encontram no coração da natureza da morte ou, como diz Jacob Boehme: "Foi Cristo que tomou o coração da natureza decaída". O Décimo Terceiro Éon é o campo de força universal sempre presente no quinto elemento básico da substância original. Então também podemos conceber como será insólita e extraordinária a evolução do trabalho de salvação nos momentos históricos que se avizinham depressa no mundo.

A Escola Espiritual apela do íntimo e com grande anseio para esse mistério do Décimo Terceiro Éon, porém a realização desse mistério ocorre de modo lento e imperfeito. Enquanto não se consumar o segundo nascimento sideral, todos os buscadores ainda enfrentarão impedimentos por parte dos mistérios dialéticos. Por isso os mistérios da plenitude nesta natureza ainda são uma pálida luz.

Quando os fatores impeditivos forem suprimidos por meio do processo de desenvolvimento aqui mencionado, os mistérios divinos resplandecerão com força incomum. Então, inúmeras pessoas poderão realizar com grande rapidez aquilo para o que antes seu coração estava apenas orientado interiormente. No grande silêncio do colapso dialético, essa glória levará um grande número de desencaminhados a um contato mais estreito, e, então, eles poderão também, com humildade, seguir sem impedimentos o caminho dos novos mistérios. E assim se cumprirá a profecia que diz que os fortes obtiveram misericórdia para os fracos.

Tudo deve ser feito ainda para fortalecer o novo campo magnético de forma suficiente a fim de que os anelantes, os pobres de espírito, tenham uma séria oportunidade de libertação. Por isso, procuram-se seres humanos que se consagram interiormente à sua própria libertação para celebrar o segundo nascimento sideral. Trabalhai enquanto é dia para criar as oportunidades, de modo que também para os fracos e transviados chegue logo a hora! Inspirai-vos no que dizem as conhecidas palavras: *Alegrai-vos e rejubilai, porquanto vós sois os que salvarão o mundo todo.*

Os mistérios do Décimo Terceiro Éon existem e atuam em todo o Universo da morte, em todas as regiões da manifestação dialética. Todo o novo campo de vida, a nova raça e também o que chamamos Vácuo de Shamballa existem graças a esse mistério extraordinário. É um grande sistema magnético de ajuda para todos os que se encontram no corpo ou fora dele e se voltam para a Fraternidade Universal.

Os sete mistérios manifestados podem facilitar muito a cooperação para a realização da grande obra. Isso significa que tendes uma chave sétupla para o Décimo Terceiro Éon. Isso significa que não precisais esperar por mais dádivas e ajuda do Espírito Santo.

Já tendes tudo de que necessitais. E a tarefa mais importante a ser realizada é tomar dos éons da natureza a terça parte de sua força.

Isso debilitará tanto a influência magnética dos éons da natureza sobre todos os buscadores anelantes, que eles poderão ser salvos do mar da vida com esforço infinitamente menor do que agora.

28

A criação do Décimo Terceiro Éon

Comentamos com pormenores o décimo nono e o vigésimo capítulos do evangelho *Pistis Sophia,* que tratam da impotência e derrocada dos mistérios mágicos dos arcontes e éons da natureza bem como da majestade dos mistérios do Décimo Terceiro Éon. É necessário, ainda uma vez, rever esses pontos, para formardes uma clara imagem da verdadeira essência de uma revolução atmosférica e cósmica que ocorre de tempos em tempos na história do mundo.

No estilo da narrativa do evangelho *Pistis Sophia* é dito que Jesus, o Senhor, depois da sua ressurreição, passou de cima para baixo, através de todas as esferas e regiões do Universo da morte escudado pela luz primordial dos mistérios. Assim ele arrebatou a terça parte da força de todos os arcontes e éons — princípios de poder da natureza da morte. Como consequência, a influência dos arcontes e éons sobre o sistema magnético do cérebro torna-se cada vez menor, devendo, em dado momento, cessar por completo.

Como microcosmo tendes um passado espantosamente longo atrás de vós desde a alvorada da queda. A história desse passado está impressa no sistema magnético de vosso ser aural. E a soma desse passado sempre fala através do sistema magnético de vosso cérebro. Estais vinculados às centenas de milhões de anos do passado que vosso próprio microcosmo também construiu e conservou. Daí todos os arcontes e éons da natureza dialética, de tempos em tempos, fazerem valer sua voz em vossa vida e muitos deles ainda hoje dominarem vosso ser.

Vosso ser intelectual biológico — vosso estado natural — depende deles por completo. Até este momento eles determinam vossa postura intelectual e vosso estado cultural, quer consoante a arte, a ciência e a religião, quer consoante os padrões de conduta social e os matizes políticos de natureza social e econômica.

Da mesma forma todo o vosso caráter, vossos instintos e necessidades biológicas, a expressão da vontade e vossa conduta individual são determinados e dirigidos pelos arcontes e éons, de modo que não apenas temos de admitir que "sois da natureza", mas também que "sois dos éons da natureza". Na situação atual são de fato os éons que determinam vossa natureza.

Por essa razão perguntamos mais uma vez: "O quê e como são os arcontes dos éons, como os denomina a filosofia gnóstica?"

São princípios e concentrações de poder, certas tensões e relações eletromagnéticas que ocorrem na natureza da morte. Podemos dar o seguinte exemplo a esse respeito:

Estais numa ilha completamente deserta e inóspita. Não existe habitação, nem vestuário, nem fogo. Sois apenas um ser biológico com uma consciência biológica que sabe apenas que existe. O mundo a vossa volta é frio, duro, adverso e excessivamente mau. Por isso instala-se a autoafirmação, a luta pela existência. Disso não escapais, é a lei básica da natureza.

Sobre esse fundamento se desenvolve aos poucos a consciência intelectual. Começa com uma reminiscência na qual são registrados os efeitos negativos da luta pela existência, com o propósito de edificar um pensamento baseado na experiência dessa memória, que, enfim, ajudará a converter os efeitos negativos da luta pela existência em resultados positivos. Cada homem esforça-se por obter resultados positivos na natureza da morte, o que, como compreendereis, é, em primeiro lugar, uma atividade do cérebro baseada nas necessidades biológicas. O homem elabora um plano para autoafirmação. Quando a concepção mental é bem sucedida, e ele continua trabalhando mentalmente nesse sentido, ela cresce em seu campo de respiração e, em determinado momento, passa a governá-lo. Então ele é possuído por seu plano.

Assim é criado um arconte, um deus da natureza. Seguindo uma fórmula específica, os raios eletromagnéticos do campo natural são, em parte, transformados em um princípio eletromagnético separado que habita um microcosmo. Nasce o deus da natureza individual!

Quando mais pessoas são envolvidas no plano para autoafirmação, juntas elas criam um poderoso deus da natureza. Daí resulta um grande campo eletromagnético transmutado cuja força é muito maior do que a do arconte individual. E com essa força maior o plano de autoafirmação pode ser realizado em parte. O êxito é atribuído ao deus da natureza, ao arconte a quem se rende louvor, e a mobilização para a realização do plano continua de três formas:

Cria-se um culto ao arconte.

Cria-se uma arte religiosa para apoiar o culto.

Cria-se uma ciência, porque os resultados de início foram apenas parciais.

E o empenho para levar o plano a cabo continua. Assim se comprova que arte, ciência e religião são resultado da autoafirmação biológica primária do homem.

Podemos encarar essa descoberta de duas formas: como crente e como ateu. Essa diferença é apenas uma questão de gosto. Gostais de um dos arcontes, outra pessoa gosta de outro. Acreditais apenas em vosso éon e não no do outro.

Comentaremos agora o comportamento dos arcontes. Com a enorme alimentação mental que recebem, eles crescem com incrível rapidez. Há a seguinte lei da ciência natural: semelhante atrai semelhante, ainda que se combatam reciprocamente. As concepções eletromagnéticas que vos mostramos se reúnem em nível mais alto com a mesma vibração. Os princípios de poder aglomeram-se, formando concentrações de poder. Arcontes juntam-se, formando éons.

Os éons são nuvens de arcontes com a mesma vibração. Se considerais um arconte como um deus natural de formato menor, mais planetário, então é claro que um éon deve ser um deus natural de formato universal, um deus intercósmico.

Assim podeis considerar o seguinte: quando um período da humanidade dura tempo suficiente, todo o Universo acaba por ser povoado, desde seu ponto mais baixo, por forças poderosas originárias de instintos, impulsos e necessidades da humanidade dialética, forças essas que governam toda a natureza com uma contranatureza.

Uma contranatureza? Sim, pois todos os arcontes e éons são a prova da horrível miséria e da condição fundamental da desgraça da humanidade.

Mas, será que a humanidade poderia reagir de modo diverso? Não estaria cada um de nós sustentando os arcontes e éons?

É preciso então considerar uma solução para esse problema. Há duas soluções: uma negativa e uma positiva.

Nesta natureza dialética há grupos de radiações eletromagnéticas muito fundamentais, que giram com determinada regularidade, exercendo suas influências. Com o despertar dos arcontes e éons, essas radiações e suas influências são dispersadas e afastadas de suas trajetórias.

As transformações eletromagnéticas provocadas pela humanidade trazem ao campo de vida dialético constante desarmonia, que se comprova incessantemente. E isso significa uma complicação da vida dialética. Os deuses que os próprios homens criaram lhes prestam auxílio que, por isso, não é insuspeito. Como a realização dos planos dos seres humanos sempre se dá apenas de modo parcial, podeis imaginar que a cultura dos arcontes e éons prossegue, precisa prosseguir. Todavia, com a continuidade do desenvolvimento cultural, a desarmonia no campo magnético básico também deve aumentar. Isso continua até atingir um limite, uma crise. O campo magnético fundamental da dialética está relacionado a todo o Universo. Como este é mais forte do que as nuvens aglomeradas de éons, quando o ponto de crise é atingido, o que ocorre não é uma transferência de forças do Universo para as dos éons, mas exatamente o contrário, uma grande depuração. Algo parecido sempre acontece no Universo. As radiações e efeitos dos éons produzidos pela humanidade ameaçam o campo natural básico por meio da cultura ininterrupta. A consequência é a diminuição da força dos éons.

Uma consequência traz a outra. Quando os éons perdem a terça parte de sua força, isso significa que o sistema magnético terrestre é separado de seus arcontes e éons. Eles já não conseguem atuar com sua energia sobre o homem, e este já não consegue agir por meio deles.

Talvez penseis que isso seja magnífico. Porém, será que compreendeis de modo claro que tendes de colocar algo em seu lugar? Quando a obra dos éons é anulada, a humanidade precisa retroagir ao início primordial da dialética, o início biológico. A harmonia com as forças fundamentais será então restabelecida. E então o homem será como antes. A sua cultura artística desaparecerá. Resta o homem biológico em sua nudez; a civilização é aniquilada. Naturalmente essa regressão é dramática ao extremo. Assim o homem atinge um limite e retorna a seu ponto de partida. Dessa forma ele cria deuses e, enquanto os cria e serve, prepara-lhes a morte.

Se quiserdes escapar deste destino, que, como microcosmo, já vivestes tantas vezes, deveis tomar outro caminho, o caminho do Décimo Terceiro Éon. O evangelho *Pistis Sophia* afirma que o Décimo Terceiro Éon é o único do qual não é tomada força alguma na hora da crise e no momento inevitável da mudança na história universal. Por isso o Décimo Terceiro Éon e todos os que pertencem a seu sistema podem continuar sua evolução cultural.

No evangelho *Pistis Sophia* se fala também sobre "esferas". Essas esferas dos arcontes e éons, na realidade, também são forças naturais, mas não se explicam pela característica fundamental do Universo dialético, apesar de se originarem e se tornarem atuantes com o auxílio de suas leis.

Os arcontes e éons podem ser encarados como transformadores eletromagnéticos produzidos pela humanidade. Eles forçam, por assim dizer, todas as correntes magnéticas fundamentais da natureza dialética a se transformar, canalizar e transmutar por seu intermédio.

Assim se desenvolve um conflito eletromagnético periódico perfeitamente natural no Universo dialético. Assim que o poder dos arcontes e éons se estende acima de determinado limite, ocorre uma revolução intercósmica para restabelecer o equilíbrio que foi comprometido e está interrelacionado com todo o sistema da Via Láctea.

Como primeira consequência desse conflito os arcontes e éons são despojados de um terço de suas forças, como diz o evangelho *Pistis Sophia,* com o objetivo de romper o contato entre eles e a humanidade. E uma vibração magnética totalmente estranha à humanidade, com um comprimento de onda e uma tensão completamente diferentes, interfere no vínculo milenar entre o sistema magnético do cérebro e o ser aural por um lado e os deuses da natureza por outro.

Com isso a humanidade fica separada por completo de suas criações, fazendo a linha ascendente da cultura transformar-se em declínio. A obra dos éons, ou seja, a cultura da humanidade, é então aniquilada, e a humanidade regride ao ponto de partida primordial. A isso está ligada uma perda total da memória, pois toda a trama de pontos magnéticos no ser aural e na personalidade é apagada, de modo que, por fim, o homem volta a ser o primitivo de outrora. Isso prossegue até um mínimo biológico. O inteiro Universo da morte fica então depurado dos arcontes e éons e, em determinado momento, começa uma nova evolução cultural. A roda gira de novo em sentido ascendente para, mais tarde, mover-se outra vez em sentido descendente. Quantas vezes já terá o homem, como microcosmo, vivido essa experiência?

Agora precisamos chamar a vossa atenção para a essência do Décimo Terceiro Éon. Determinada parte da humanidade é responsável pela criação do Décimo Terceiro Éon. Para melhor compreender, podeis usar o seguinte exemplo como hipótese:

Eis um homem saturado pela multiplicidade da experiência, pelo sofrimento e desgosto em seu caminho de dor e lágrimas. Ele descobriu que todo o esforço exercido pela natureza é em vão. Descobriu que tudo o que ocorre já aconteceu nos séculos que se foram. Portanto, já provou e conheceu a dialética em sua verdadeira forma.

Agora ele presume, com razão, que esse não pode ser o objetivo da existência humana. Pensa que há uma falha na base da manifestação do Universo que conhece. Então formula um plano. Cria uma concepção mental de libertação da natureza da morte que ele reconheceu. Esse plano contém a disposição de oferecer todo o sacrifício para sua realização, também o sacrifício da própria existência, do próprio eu.

O que esse homem empreende então? Ele cria um arconte, não um arconte para preservar a natureza, mas sim um arconte para escapar, para elevar-se da natureza.

Depois encontra outras pessoas que são como ele, que também procuram o sentido da vida. Ele faz que participem de seu plano de salvação. Eles colaboram, e o arconte torna-se maior.

É evidente que, em determinado momento, uma formação de arcontes desse tipo, seja lá em que local do mundo ela se desenvolva, deve transformar-se num éon. O Décimo Terceiro Éon é criado, apesar de, segundo sua natureza, ainda ser muito fraco e terreno.

O que acontece então? O novo éon, é natural, interage corporalmente com todos os membros da comunidade. As forças magnéticas transmutadas mediante o plano impelem para a cultura, para a ação e, portanto, para resultados.

Mas esses resultados ainda não são satisfatórios. Qual é o motivo? As tensões eletromagnéticas transmutadas ainda não foram eliminadas do campo natural dialético comum e, por isso, só podem conduzir a resultados do tipo que correspondem a esse campo natural.

A comunidade do plano de libertação não desanima, porém continua. Corrige-se em suas deliberações, sem alterar os fundamentos de sua filosofia. Por meio da experiência, aprofunda essa filosofia conforme os fatos. É que chega o momento no qual a comunidade descobre que, caso pretenda obter êxito, as forças eletromagnéticas da natureza da morte não servem como hipótese de trabalho. Ao olhar para a imensidão do Universo, a comunidade apresenta um grande anseio por outra energia como base para a vida.

Assim, com base no conhecimento, surge o primeiro desejo de salvação. Dá-se então o primeiro contato, ainda que muito elementar, com a Gnosis, com a verdadeira natureza divina, que não se explica pela natureza da morte. Daí em diante, o Décimo Terceiro Éon assimila forças não apenas da natureza comum, mas também da natureza original. Poderíamos dizer que nasceu o éon joanino.

Então ocorre uma alteração notável nos corpos das pessoas que pertencem à nova comunidade: os sistemas magnéticos do ser aural, da cabeça e do coração ligam-se a esse éon.

É uma situação na qual se tornam retos determinados caminhos do ponto de vista físico, estrutural e fundamental. A evolução prossegue ainda que com muita dificuldade. Há sensível progressão. Uma nova alegria mobiliza a comunidade. Mas, o egocentrismo ainda lhe prega peças. Ainda se faz necessária muita tribulação, experiência e nova unidade* de grupo até que o desapego do eu seja total.

Mediante o trabalho incessante da comunidade, o Décimo Terceiro Éon torna-se cada vez mais refinado, cada vez mais harmonizado com o círculo magnético divino, perdendo gradativamente seu caráter terreno. Sintonizado com essa cultura, o Décimo Terceiro Éon exerce uma influência cada vez maior sobre todos os que são atraídos para sua esfera.

Vereis então de maneira clara que, em determinado momento, existirá um Décimo Terceiro Éon, inúmeros arcontes e uma comunidade muito grande que está *no* mundo, mas, quanto ao que realmente importa, já não é *do* mundo. Suas características eletromagnéticas tornaram-se tais que neles pouquíssimos elementos terrenos podem ser encontrados.

Quando ocorrem os referidos momentos de crise na natureza comum e a terça parte das forças de todos os arcontes e éons é tomada, nada há para ser tirado do Décimo Terceiro Éon, porque ele não transmuta forças magnéticas dialéticas. Ele não força a natureza comum, por isso fica ileso, assim como todos os que pertencem à sua esfera. Portanto, quando na natureza comum uma evolução cultural se volta para níveis inferiores, os que pertencem ao Décimo Terceiro Éon prosseguirão de força em força e de glória em glória.

Para o restante da humanidade a roda gira no sentido descendente para o ponto inicial. Quando, então, se segue um novo dia de manifestação e a humanidade penosamente vai ao encontro de sua nova evolução cultural, a situação no todo manifestado já estará bastante mudada, pois no dia de manifestação anterior houve um grande grupo do Décimo Terceiro Éon, um grupo de libertos. Esse grupo não abandona a humanidade porque não está voltado para sua própria salvação. A salvação já aconteceu. Não existe autoafirmação! Esse grupo está orientado para os que ainda são da natureza da morte e nela estão. Ele envia mensageiros, profetas e iluminados para chamá-los. Quando esses chamados encetam o caminho joanino pela experiência devem apenas ligar sua comunidade com a comunidade universal, assim como um novo elo se junta a uma corrente.

E assim a comunidade universal do Décimo Terceiro Éon se torna mais luminosa e magnífica, mais forte e poderosa. A ascensão dos libertos torna-se cada vez mais simples. Por isso pode ser dito no evangelho *Pistis Sophia:*

E quando invocarem pelos mistérios da magia que se acham no Décimo Terceiro Éon, eles a realizarão dessa maneira e com certeza porque [...] não arrebatei forças dessa região.

Que possais compreender esse processo de salvação como ideia e como razão superior para seguirmos juntos esse alegre caminho.

PISTIS SOPHIA

LIVRO I

CAPÍTULOS 9–11

Quando Jesus disse essas palavras, Maria perguntou novamente: "Senhor, então os astrólogos e adivinhos já não poderão, no futuro, por algum tempo, prever para os homens o que acontecerá?"

Jesus respondeu-lhe: "Quando os astrólogos encontrarem as esferas do destino e a primeira esfera voltadas para a esquerda, como era o caso no princípio, suas palavras serão corretas e eles poderão prever as coisas vindouras. Porém, quando as encontrarem orientadas para a direita, não poderão dizer a verdade, porque inverti suas influências astrais, seus quadrados, triângulos e octógonos. Porque suas influências astrais, quadrados, triângulos e octógonos estavam, desde o princípio, constantemente voltados para a esquerda.

Mas agora os direcionei por seis meses para a esquerda e seis meses para a direita. Quem os calcular, a partir da época da mudança — em que as deixei seis meses voltadas para o seu trajeto à esquerda e seis meses para o seu trajeto à direita — quem os consultar dessa maneira, conhecerá exatamente suas influências astrais e preverá todas as coisas que farão.

Do mesmo modo, quando os adivinhos invocarem os arcontes pelo nome e os encontrarem voltados para a esquerda, poderão dizer, com precisão, tudo sobre o que consultarem a seus decanos.

Contudo, quando encontrarem os arcontes voltados para a direita, eles não os ouvirão, porque estarão orientados de maneira diferente da posição anterior, a que Jeú lhes havia dado. Porque seus nomes, quando voltados para a direita, diferem dos que estão voltados para a esquerda.

Quando estes forem chamados enquanto estiverem voltados para a direita não lhes revelarão a verdade, mas os confundirão e ameaçarão.

Portanto, os que não reconhecerem sua trajetória, seus triângulos, quadrados e outras figuras, quando voltada para a direita, tampouco encontrarão alguma verdade, mas sentirão uma grande comoção e ficarão iludidos. Porque inverti as obras que antes eles realizavam em seus quadrados, triângulos e octógonos voltados para a esquerda, e agora faço-os passar seis meses voltados para a direita para que fiquem totalmente desnorteados. Além disso, deixei-os passar seis meses durante os quais ficam voltados para a esquerda, quando fazem sua obras, influências astrais e todas as suas disposições para que os arcontes nos éons e em suas esferas e céus e todas as suas regiões sejam perturbados e iludidos, de modo que sigam caminhos de engano e já não compreendam suas próprias trajetórias".

Pistis Sophia, capítulo 21

29

O FIM DO HORÓSCOPO

Os homens são os criadores dos arcontes e éons e também os sustentam sem cessar. Por essa razão os arcontes e éons naturais alcançam uma dimensão tão monstruosa e se tornam tão fortes que as relações eletromagnéticas dialéticas normais do Universo são perturbadas. Tratamos disso de forma minuciosa no capítulo anterior.

Quando essa perturbação chega a uma crise, rompem-se as tensões onde o calor é maior. A rede magnética, pode-se dizer, funde-se no ponto vital, ou seja, no ponto em que o homem está ligado a seus arcontes e éons. O sistema magnético do cérebro é, por assim dizer, arrancado do sistema restante.

Esse ponto corresponde ao círculo ígneo da pineal* que, como sabemos, pode ser chamado a coroa da consciência. Por conseguinte, a partir desse momento, o homem é separado dos deuses culturais próprios ou dos criados coletivamente, que foram vivificados por meio dos arcontes e éons. Então se estabelece um processo degenerativo que leva de volta ao nadir. Esse processo mostra de modo significativo a característica de todos os fenômenos dialéticos, isto é, nascer, florescer e declinar.

Sabeis que o evangelho *Pistis Sophia* descreve o início dessa separação e por isso podemos compreender também a pergunta feita a Jesus no capítulo 21:

Senhor, então os astrólogos e adivinhos já não poderão, no futuro, por algum tempo, prever para os homens o que acontecerá?

Jesus responde:

Quando os astrólogos encontrarem as esferas do destino e a primeira esfera voltadas para a esquerda, como era o caso no princípio, suas palavras serão corretas e eles poderão prever as coisas vindouras. Porém, quando as encontrarem orientadas para a direita, não poderão dizer a verdade, porque inverti suas influências astrais, seus quadrados, triângulos e octógonos. Porque suas influências astrais, quadrados, triângulos e octógonos estavam, desde o princípio, constantemente voltados para a esquerda. Mas agora os direcionei por seis meses para a esquerda e seis meses para a direita.

Imaginai essa situação! Em condições dialéticas normais os arcontes e éons intercósmicos, que procedem originariamente dos vinte e quatro invisíveis, estão ligados primeiro ao cosmo, em segundo lugar ao ser aural do microcosmo e, em terceiro lugar, ao sistema magnético do cérebro.

Entretanto agora ocorre a separação assim que um homem segue o caminho libertador e os arcontes e éons são despojados de um terço de suas forças. Sua influência já não é coercitiva no que se refere à personalidade. O homem é libertado, separado de suas criações, e por isso entra numa situação muito peculiar. As influências dos arcontes circulam no cosmo e no ser aural enquanto ainda têm vitalidade. Quando a pessoa já não o deseja absolutamente, já não pode ser atingida e arrastada por essas influências. Ela alcançou uma espécie de estado de neutralização. Já não se pode prever o que vai acontecer e que decisão ela vai tomar; isso está inteiramente em suas mãos.

Isso, naturalmente, é uma grande vantagem para cada ser humano, pois comprova que nessa mudança há uma possibilidade de salvação para toda a humanidade. Para cada ser humano há então apenas uma questão: "Para onde volto o meu olhar, para a esquerda ou para a direita?"

Nesse estado de neutralidade é obtida certa liberdade de ação para cada ser humano. Para quem já deu os primeiros passos na senda da salvação e sabe que está ligado ao Décimo Terceiro Éon, isso significa que terá de superar muito menos resistência, o que possibilita uma progressão muito mais rápida. Para o buscador, isso significa um conhecimento claro e um contato mais rápido e mais positivo com os auxiliares. Entretanto, para os que já perderam seu equilíbrio por completo do ponto de vista lógico, moral e social, as barreiras serão eliminadas e eles cairão na bestialidade com a mesma rapidez e em grande número. Por esse motivo, nestes tempos, as sombras serão muito escuras e o contraste entre luz e trevas se acentuará muito.

Talvez já seja do vosso conhecimento que podemos fotografar e calcular a constelação do sistema magnético no cérebro. As forças naturais comuns e também as influências dos éons e arcontes atingem o homem por meio de linhas de força magnética comuns. Portanto, quando se calcula as condições existenciais do sistema cerebral, pode-se determinar as correlações atuais das linhas de força e ler os seus ângulos. Pode-se ver os quadrados, triângulos, octógonos e outros aspectos e daí tirar conclusões. Como astrólogos e videntes pode-se ler mais ou menos o futuro.

No entanto, assim que o contato entre o sistema magnético do cérebro e o restante é rompido, o horóscopo habitual torna-se negativo. Já não é possível tirar conclusões com base nesse sistema. Se encontrarmos alguém cujo olhar está voltado para a esquerda, é porque trabalha com as influências comuns sem constrangimento algum. E nessa fase de trabalho conjunto muita coisa é previsível. Entretanto, se essa pessoa estiver com o olhar voltado para a direita, ou seja, para a vida libertadora, estará absolutamente fora do alcance de qualquer influência coercitiva.

Há, porém, ainda outra possibilidade para se pensar que complica a situação. Quando o sistema magnético do cérebro é separado dos arcontes e éons, isso não significa que esse sistema desaparece. Pelo contrário, ele existe, deve existir, pois o seu desaparecimento ou degenerescência provocaria a morte do corpo físico. Mas só existe dentro do limite que atende às necessidades prementes para manter as condições de vida. Nessa base pode haver ainda fracas sugestões às quais, como comentamos acima, se pode reagir voltado para a esquerda ou para a direita, ou se pode rejeitar.

Existe, entretanto, ainda outro efeito com que se deve contar. A alteração no cérebro, em especial no fogo serpentino da pineal, provoca também uma mudança estrutural no sistema magnético do cérebro. Essa mudança ou inversão, no entanto, não é estática, mas transforma-se periodicamente. Pode-se comparar isso ao acender ou apagar de uma luz em intervalos regulares.

Queremos dizer com isso que, nessa nova situação, o fogo serpentino da pineal é sensível durante um certo tempo às influências dos arcontes da maneira habitual, mas também de forma negativa com uma possibilidade de perfeita autodeterminação para a pessoa em questão. Mas sempre se segue um período de modificação completa do sistema magnético no qual o ascendente se torna descendente e o nadir se torna o *medium coeli* (meio do céu). Por isso diz o evangelho *Pistis Sophia:*

Quem os calcular, a partir da época da mudança – em que as deixei seis meses voltadas para o seu trajeto à esquerda e seis meses para o seu trajeto à direita – quem os consultar dessa maneira, conhecerá exatamente suas influências astrais e preverá todas as coisas que farão.

Compreendereis que essas transformações notáveis no cérebro devem ser causadas por fenômenos magnéticos periódicos muito singulares no cosmo e no macrocosmo. E estes são motivo para outros fatos estranhos que, acima de tudo, serão significativos para a opinião pública. Para entender isso devemos observar o seguinte trecho:

Do mesmo modo, quando os adivinhos invocarem os arcontes pelo nome e os encontrarem voltados para a esquerda, poderão dizer, com precisão, tudo sobre o que consultarem a seus decanos. Contudo, quando encontrarem os arcontes voltados para a direita, eles não os ouvirão, porque estarão orientados de maneira diferente da posição anterior, a que Jeú lhes havia dado. Porque seus nomes, quando voltados para a direita, diferem dos que estão voltados para a esquerda. Quando estes forem chamados enquanto estiverem voltados para a direita não lhes revelarão a verdade, mas os confundirão e ameaçarão. [...]

Além disso, deixei-os passar seis meses durante os quais ficam voltados para a esquerda, quando fazem sua obras, influências astrais e todas as suas disposições para que os arcontes nos éons e em suas esferas e céus e todas as suas regiões sejam perturbados e iludidos, de modo que sigam caminhos de engano e já não compreendam suas próprias trajetórias.

Todavia, o grupo que estiver vinculado ao Décimo Terceiro Éon continuará com tranquilidade, e o número de seus membros crescerá rápido, pois muitos buscadores, uma vez livres da oposição, encontrarão o caminho e se juntarão ao povo de Deus sobre a terra.

PISTIS SOPHIA

LIVRO I

CAPÍTULOS 22–23

Quando Jesus concluiu essas palavras, Filipe estava sentado junto a ele e anotava todas as suas palavras. Em seguida Filipe se adiantou, prostrou-se a seus pés, adorando-o, e disse: "Meu Senhor e Salvador, permite-me inquerir-te sobre as palavras que disseste antes de falares conosco sobre as regiões para onde foste em virtude de tua missão".

O misericordioso Salvador respondeu e disse a Filipe: "A ti é permitido falar o que quiseres".

Filipe respondeu a Jesus: "Senhor, qual foi o mistério que te levou a inverter a ligação dos arcontes e seus éons, seu destino, suas esferas e todas as suas regiões, confundi-los em sua trajetória e iludi-los em seu percurso? Fizeste isso a eles pela salvação do mundo ou não?"

Jesus respondeu e disse a Filipe e a todos os discípulos: "Inverti sua trajetória para a salvação de todas as almas. Se não tivesse invertido seu percurso, um grande número de almas teria sido destruído, e muito tempo seria perdido se os arcontes dos éons, os arcontes do destino e das esferas, todas as suas regiões, seus céus e seus éons não tivessem sido destruídos.

As almas teriam de passar longo tempo fora deste mundo. E teria havido muito atraso na consumação do número das almas perfeitas que, através dos mistérios, são contadas para a herança das alturas e da Câmara do Tesouro de Luz.

Por essa razão inverti sua trajetória, para que fiquem desnorteados, e perturbados, e devolvam a força que se encontra na matéria de seu mundo com a qual eles criam para si almas, para que as que podem ser salvas se purifiquem prontamente e possam elevar-se, elas e toda a força, e para que as que não podem ser salvas sejam aniquiladas o mais rápido possível".

Pistis Sophia, capítulos 22–23

30

Vivificação para a morte e vivificação para a vida

No início do capítulo 22 do evangelho *Pistis Sophia* é dada uma explicação muito importante e interessante sobre a verdadeira essência da dialética a quem estuda a Doutrina Universal. Embora esses aspectos sejam tratados de múltiplas formas na literatura da Escola Espiritual da Rosacruz Áurea, a maneira como esse sistema é descrito no evangelho *Pistis Sophia* é tão instrutiva que não queremos omiti-la em nossas considerações. Além disso, o trecho aponta muitas características da dialética que merecem uma explicação absolutamente clara.

Um dos discípulos pergunta no capítulo 22:

Senhor, qual foi o mistério que te levou a inverter a ligação dos arcontes e seus éons, seu destino, suas esferas e todas as suas regiões, confundi-los em sua trajetória e iludi-los em seu percurso? Fizeste isso a eles pela salvação do mundo ou não?

A resposta afirma (capítulo 23):

Inverti sua trajetória pela salvação de todas as almas. Se eu não tivesse invertido seu percurso, um grande número de almas teria sido destruído, e muito tempo seria perdido se os arcontes dos éons, os arcontes do destino e das esferas e todas as suas regiões e seus céus e seus éons não tivessem sido destruídos.

As almas teriam de passar longo tempo fora deste mundo. E teria havido muito atraso na consumação do número das almas perfeitas que, através dos mistérios, são contadas para a herança das alturas e da Câmara do Tesouro de Luz.

Por essa razão inverti sua trajetória, para que fiquem desnorteados, e perturbados, e devolvam a força que se encontra na matéria de seu mundo com a qual eles criam para si almas, para que as que podem ser salvas se purifiquem prontamente e possam elevar-se, elas e toda a força, e para que as que não podem ser salvas sejam aniquiladas o mais rápido possível.

Como sabeis, os campos magnéticos dos arcontes e seus éons são formados pelos homens. Uma vez carregados, eles impelem a humanidade a determinada atitude de vida por meio de sua plenitude de radiação. Em dado momento essas forças entram em conflito com a radiação eletromagnética intercósmica da dialética. Com esse conflito, os arcontes e éons são estorvados, suas trajetórias alteram-se, e a humanidade escapa à sua influência. Daí decorrem numerosos efeitos que, no decorrer dos anos, chamamos de "revolução cósmica e atmosférica".

Quando chegardes a perceber esses sinais insinuando-se no sistema da natureza da morte, descobrireis problemas muito interessantes e esclarecedores. Reconhecereis, por exemplo, que a essência da natureza da morte é dialética e, em seu contexto, tudo está sujeito a uma trajetória circular, ou seja, de retorno a seu ponto de partida. Mas, em virtude de sua origem, a humanidade opõe-se a essa lei de modo instintivo e fundamental e tenta superar a dialética mediante a cultura, transformando-a numa vida eterna.

Conforme afirmamos, os arcontes e éons são criações culturais, criações mentais da humanidade. Por isso, essas criações estão em conflito direto com os campos internos da dialética dos quais diferem completamente.

Agora deveis observar que a maior parte dos éons humanos atua no sentido de instaurar a vida eterna no tempo. Mas a essa pretensão é dado um "basta" categórico.

É preciso que entendais por que é assim. Se obtiverdes essa compreensão e nela baseardes vosso pensamento e vossas aspirações, enfrentareis a vida de modo totalmente diferente do da maioria das pessoas. Se tendes ou não esse conhecimento é a grande e profunda diferença entre o transfigurismo e todos os outros sistemas magnéticos e religiosos.

A natureza dialética é uma ordem de espaço e tempo. Ela abrange o microcosmo, o cosmo e o macrocosmo. Nessa ordem tudo é basicamente inserido no tempo e no espaço, ou seja, tudo tem um começo e um fim, o que exclui a possibilidade de uma evolução eterna, um "ser" constante. O evangelho *Pistis Sophia* afirma que tudo isso foi instituído e conduzido por Iaô, o Bom.

Por quê? A resposta é evidente: "Isso não é uma punição, porém uma magnífica bênção".

Uma parte da humanidade está submersa existencialmente num macrocosmo, uma ordem do espaço e tempo à qual não pertence devido à sua origem. Se a condição dessa parte da humanidade fosse tornada atemporal, a bênção se transformaria numa severa punição, um inferno. Por isso, Iaô, o Bom, cuida para que tal anseio nunca seja possível. É a lei natural da onimanifestação.

O esforço por evolução cultural da humanidade, incluindo a esfera refletora e todas as regiões do sistema solar, do zodíaco e do sistema da Via Láctea, é compreensível, pois todo mortal que caiu na ignorância e esqueceu sua origem tenta afirmar-se e superar a morte.

E como, apesar disso, ama-se todos esses mortais e procura-se ajudá-los, em determinado momento essa aspiração é frustrada e revertida. A ordem de espaço e tempo só tem um objetivo: manter seus habitantes no espaço e no tempo! Felizmente, um dia eles obtêm uma noção de sua origem e retornam a seu verdadeiro lar, à eternidade atemporal. Portanto, podemos entender o que é dito no evangelho *Pistis Sophia* a respeito dos éons: *Eu inverti as suas trajetórias para a salvação de todas as almas.*

Imaginai que todas as pretensões culturais dos éons pudessem prosseguir de modo indefinido. Por mais que essa pretensão fosse valorizada, significaria a ruína da ordem do espaço e tempo.

Como seria essa ruína? Seria uma contínua petrificação, uma cristalização cada vez maior de todas as manifestações da vida. As criaturas humanas que estivessem manifestadas aniquilariam por completo suas próprias possibilidades de manifestação, os corpos celestes seriam todos extintos, os sóis se tornariam em trevas, e apenas seria possível uma vida muito passageira na esfera refletora. No entanto, com a extinção do último fogo tremeluzente no sistema solar, os microcosmos da humanidade já não poderiam manter-se na esfera refletora e teriam de descer a uma ordem inferior à do espaço e tempo.

É uma lei natural de nossa ordem que ocorra uma cristalização imediata assim que nela se tente fazer algo absolutamente duradouro. É por esse motivo que o reino mineral, tal como o conhecemos, não é o início da vida, mas um sintoma de seu fim.

Com certeza podeis imaginar o imenso período de tempo que então seria perdido e quantas almas teriam de ser destruídas. Que atraso haveria no processo de salvação da Fraternidade Universal! Não é toda criatura um "filho perdido" que é chamado de volta? Não são todas herdeiras da verdadeira vida? E não é cada decaído que possui o reino de Deus em si um habitante da Câmara do Tesouro de Luz?

Por isso é magnífico, mais do que maravilhoso, que as trajetórias dos éons sejam invertidas quando chega o devido tempo. Essa inversão não realiza o retorno, mas dá abertura para a possibilidade do livre retorno. Ela restitui o brilho das conhecidas palavras do prólogo do Evangelho de João: "A todos os que o aceitam, dá-lhes o poder de se tornarem novamente filhos de Deus!"

"Dá-lhes o poder." Que poder é esse? É o poder, a força a que se refere o evangelho *Pistis Sophia* no trecho citado:

Por essa razão inverti sua trajetória, para que fiquem desnorteados, e perturbados, e devolvam a força que se encontra na matéria de seu mundo com a qual eles criam para si almas [...].

Quando assim o ledes, parece um estranho fragmento. O trecho quer dizer que cada criatura decaída possui uma "força", um grande poder mágico, uma energia para autodeterminação e autorrealização, um recurso mágico existente em toda a manifestação de vida na natureza da morte que nos foi concedido com a finalidade de dar a cada entidade decaída a oportunidade de retornar purificada mediante a transfiguração.

Mas a maioria das pessoas já não possui esse poder mágico completo e livre, pois o empregou para criar e manter seus arcontes e éons. Esses poderes são, por assim dizer, retirados dos homens por meio dos campos magnéticos, que agora estão ativos.

O desenvolvimento cultural dos éons e todos os seus esforços são inspirados por essas forças mágicas da humanidade que estão concentradas nos referidos campos. Diversos métodos culturais de caráter religioso e ocultista são empregados para a efetivação desse roubo de forças mágicas.

Certamente podeis compreender agora o processo de salvação, de retorno, e a energia na qual ele se baseia. Como homens da natureza já não tendes força mágica para dela dispor livremente. Ela vos foi tirada por causa de vossas invenções culturais. No entanto, o prólogo do Evangelho de João diz de fato: "A todos os que o aceitam dá-lhes o poder de se tornarem novamente filhos de Deus".

Quem deseja seguir o caminho, decidindo-se em definitivo, fica livre da influência dos éons sobre o cérebro. É em consequência disso que Sansão recupera sua força no santuário do coração. Assim, o candidato é salvo para que possa elevar-se o mais rápido possível, purificado e com toda a sua força.

Talvez desejeis saber de que maneira a Gnosis vos devolve a força depois que fordes libertos da influência dos éons. Para examinar essa questão, mostramo-vos mais uma vez a essência do Décimo Terceiro Éon.

Quem participa da construção do Décimo Terceiro Éon e se consagrou com todo o seu ser à Fraternidade da Câmara do Tesouro de Luz, com desejo de salvação e autorrendição, naturalmente confiará seu potencial mágico, seu poder mágico, ao Décimo Terceiro Éon. Esse éon não utiliza essa força para converter o que é da esfera do espaço e tempo em eterno, em atemporal, por meio da cultura, porém utiliza-a para elevar-vos ao novo campo de vida o mais rápido possível, purificados e com toda a vossa força.

Possuís força, um bem inalienável. Com essa força estais numa interação mágica, numa relação mágica, com vossos éons naturais, e com essa ação eles vos vivificam para a morte. Se, com essa mesma força, entrais em relação com o Décimo Terceiro Éon, sois então vivificados com vossa força para a vida. A vivificação para a *morte* degenerou e desnaturou por completo vosso microcosmo. A vivificação para a *vida* transfigurará perfeitamente o microcosmo. Este é o grande mistério da libertação.

Trata-se de duas leis mágicas, e apenas uma delas pode estar ativa. O que estais fazendo com essa força enquanto microcosmo? Se entregais vossa força à Gnosis, a lei da libertação começa a atuar para vós. Então não dependeis da eventual arbitrariedade de uma irmandade, porém sois absolutamente capazes da autorrealização.

PISTIS SOPHIA

LIVRO I

CAPÍTULOS 24–28

Depois de Jesus ter dito essas palavras a seus discípulos, adiantou-se Maria, a abençoada e sincera no seu falar. Prostrando-se aos pés de Jesus, ela disse: "Senhor, tem paciência para comigo e permite-me falar-te. Não te aborreças se te molesto, fazendo perguntas com tanta frequência".

O Salvador respondeu-lhe, cheio de piedade: "Dize as palavras que queres dizer, e respondê-las-ei sinceramente".

Maria disse a Jesus: "Senhor, de que maneira seriam as almas mantidas fora deste mundo e com que rapidez se daria sua purificação?"

A isso respondeu Jesus: "Muito bem, Maria. Fazes uma excelente pergunta e verificas tudo de maneira cuidadosa. Doravante, nada mais ocultarei de vós, mas explicarei tudo com franqueza e de acordo com a verdade. Ouve Maria, e ouvi, discípulos:

Antes de eu pregar a todos os arcontes dos éons e a todos os arcontes do destino e das esferas, todos eles estavam ligados a suas correntes, esferas e selos, como Jeú, o Guardião da Luz, os havia ligado desde o princípio. Cada um deles permaneceu em sua ordem e percorreu sua trajetória assim como Jeú, o Guardião da Luz, os havia preparado.

Quando chegou, então, o tempo do número de Melquisedeque, o grande Paralemptor da Luz, ele continuou em meio aos éons, em meio aos arcontes ligados às esferas e ao destino. Ele tirou o que estava purificado da luz de todos os arcontes dos éons e de todos os arcontes do destino e da esfera, e aniquilou tudo o que haviam perturbado. E ele acelerou seu movimento e fez que seus círculos girassem mais depressa. Ele [Melquisedeque] retirou a força que havia neles, o sopro de sua boca, as lágrimas de seus olhos e o suor de seus corpos.

Melquisedeque, o Paralemptor da Luz, purificou essas forças e levou sua luz para a Câmara do Tesouro de Luz. Os servidores dos arcontes dos éons recolheram a matéria de todos eles. Os servidores dos arcontes do destino e das esferas abaixo dos éons tomaram essa matéria e moldaram-na em forma de almas para homens, gado, répteis, animais selvagens e aves e enviaram-nas para o mundo dos homens.

Quando os Paralemptores do Sol e os da Lua olharam para cima e contemplaram as constelações da órbita dos éons e do destino e as das esferas, arrebataram deles a força-luz. Os Paralemptores do Sol prepararam-na e conservaram-na até que a entregaram ao Paralemptor Melquisedeque, o grande purificador da luz. Eles trouxeram seu resíduo material para a esfera inferior dos éons. Dele moldaram almas para homens, gado, répteis, animais selvagens e aves de acordo com o ciclo dos arcontes daquela esfera e do sentido de seu giro, e introduziram-nas no mundo dos homens. E ali se tornaram em almas como acabei de dizer-vos.

Faziam isso constantemente, antes que sua força diminuísse e ficassem fracos e débeis. Tendo sua força se reduzido e, enfim, desaparecido por completo, eles se tornaram impotentes. A luz de sua região apagou-se, seu reino foi aniquilado, e o Universo depressa se elevou.

Logo que perceberam isso e, tendo-se completado o número das cifras de Melquisedeque, o Paralemptor da luz, sucedeu de ele surgir outra vez e entrar no meio dos arcontes de todos os éons e de todos os arcontes do destino e das esferas. Ele deixou-os agitados e fez que saíssem logo de suas órbitas. Eles entraram imediatamente em aflição e arrojaram a sua força mediante o alento de sua boca, as lágrimas de seus olhos e o suor de seu corpo.

Melquisedeque, o Paralemptor da luz, purificou-a, como sempre fazia, e levou sua luz para a Câmara do Tesouro de Luz. Todos os arcontes dos éons e os arcontes do destino e os das esferas dirigiram-se para o seu resíduo material e devoraram-no. Eles já não permitiram que, com base nele, fossem formadas almas para o mundo. Eles devoraram sua matéria para que não ficassem fracos e sem forças, para não perder sua força e para que seu reino não fosse aniquilado. Eles a devoraram então, para que não fossem aniquilados e para que fosse retardado ao máximo o tempo para completar o número das almas perfeitas que ficam na Câmara do Tesouro de Luz.

Os arcontes dos éons e os do destino atuavam sempre assim, de modo que se viravam e devoravam seu resíduo material, já não permitindo que ele nascesse como alma no mundo dos homens — com o objetivo de prorrogar ao máximo o tempo de seu reinado e, assim, reter a força contida em sua alma do outro lado deste mundo por um longo período. Conseguiram persistir nisso durante dois ciclos.

Quando pretendia prosseguir em minha missão, para a qual fui chamado por mandamento do Primeiro Mistério, cheguei em meio aos tiranos dos arcontes dos doze éons, enquanto minha veste-de-luz mantinha um brilho incomensurável.

Quando, então, os tiranos viram a grande luz em mim, Adamas, o grande tirano, e todos os tiranos dos doze éons juntos, começaram a lutar contra a luz de meu manto para, apoderando-se dela, prosseguir em seu reinado. Ao fazer isso, não sabiam contra quem lutavam.

Enquanto eles se opunham e lutavam contra a luz, inverti, por ordem do Primeiro Mistério, as órbitas e a revolução de seus éons e as órbitas de seu destino e de sua esfera. E fiz que olhassem, durante seis meses, para os triângulos, quadrados, octógonos e os outros aspectos que estavam à esquerda, como costumavam fazer antes.

Mas depois inverti seus percursos e aspectos e fiz que, pelos seis meses seguintes, olhassem para as obras de suas influências astrais nos quadrados, triângulos, octógonos e outros aspectos que estavam à direita. Dessa forma, deixei os arcontes dos éons e todos os arcontes do destino e das esferas em grande confusão e engano. Deixei-os em tal agitação que, desse momento em diante, já não estavam em condição de voltar-se para o resíduo de sua matéria e devorá-lo para, com isso, prolongar a existência de suas regiões e afirmar-se como soberanos pelo maior tempo possível.

Ao tomar um terço de suas forças, inverti suas esferas de modo que passassem um tempo olhando para a esquerda e um tempo olhando para a direita.

Inverti toda a sua trajetória e todo o seu percurso e acelerei a trajetória de seu percurso para que fossem purificados e depressa conseguissem subir. Diminuí seu circuito e facilitei seu caminho, e por isso ele foi acelerado. Dessa maneira ficaram desnorteados em sua trajetória e já não estavam em condição de devorar o resíduo da matéria cuja luz fora purificada. Além disso, encurtei suas épocas e períodos para que se completasse o número das almas perfeitas que iriam receber os mistérios e deviam permanecer na Câmara do Tesouro de Luz.

Se eu não tivesse invertido suas trajetórias e encurtado seus períodos, já não teria sido dada a nenhuma única alma a oportunidade de vir ao mundo por causa do resíduo de sua matéria que eles devoram, e assim teriam destruído muitas almas. Por essa razão eu vos disse outrora: 'Abreviei os tempos por causa de meus eleitos. Senão, nem uma única alma poderia ser salva'. Encurtei, pois, as eras e os períodos por causa do número das almas perfeitas, os eleitos, que deverão participar dos mistérios. Caso eu não tivesse encurtado seus tempos, uma alma material sequer poderia vir a ser salva, mas todas seriam consumidas pelo fogo na carne dos arcontes. Essa é a palavra, pela qual me perguntaste de modo tão pormenorizado".

Tendo Jesus dito essas palavras a seus discípulos, todos eles prostraram-se ao mesmo tempo e adoraram-no, dizendo: "Somos abençoados dentre todos os homens porque nos revelaste essas grandes obras".

Jesus retomou a palavra e disse a seus discípulos: "Ouvi, agora, o que me aconteceu entre os arcontes dos doze éons e todos os seus arcontes e senhores, suas potestades, seus anjos e arcanjos. Quando eles e seus sem-par viram a veste-de-luz que me envolvia, cada um deles mirou o mistério de seu nome em minha veste-de-luz.

Todos juntos caíram por terra, adoraram minha veste e clamaram a uma só voz: 'Como foi que o Senhor do Universo passou por nós sem que o soubéssemos?' Eles louvaram em uníssono o interior dos interiores. Todas as suas potestades tríplices, seus grandes patriarcas, seus incriados, seus autogerados e seus gerados, seus deuses, suas centelhas luminosas e estrelas cintilantes, numa palavra, todos os seus grandes viram que a força dos tiranos em seu lugar fora reduzida e estavam enfraquecidos.

Com temor desmedido, miravam o mistério de seu nome em minha veste e tentavam aproximar-se para adorar o mistério de seu nome em minha veste. Entretanto, eles não eram capazes disso devido à grande luz em mim. Todavia, eles a adoravam, mantendo certa distância de mim. Assim reverenciaram a luz de meu manto e enalteceram o interior dos interiores.

Então, quando aconteceu isso aos tiranos que se achavam abaixo dos arcontes, a força lhes foi arrebatada, e eles caíram por terra em seus éons e pareciam mortos, eram como seres que exalaram seu último alento, como também ocorreu quando lhes tomei a força. Quando, em seguida, deixei esses éons, todos os que se encontravam nos doze éons foram juntos confinados a suas ordens. A partir de então, eles realizaram suas obras como eu lhes havia indicado, de modo que por seis meses realizaram suas obras em seus quadrados, triângulos e outros aspectos voltados para a esquerda e os seis meses seguintes passaram orientados para a direita em seus triângulos, quadrados e outros aspectos. Assim também, todos os que se encontram na esfera seguirão seu caminho no futuro."

Pistis Sophia, capítulos 24–28

31

Um novo sol e uma nova lua

O microcosmo precisa de uma vivificação, sem a qual ele é um organismo morto-vivo. Poderíamos comparar um microcosmo não animado a um plano não executado.

No microcosmo que conheceis e ao qual a condição anímica humana pertence, não se pode falar de um estado anímico imortal porque o princípio da vida anímica primordial, que pertence ao organismo microcósmico, não pode ser vivificado. Esse princípio encontra-se permanentemente numa condição de morto-vivo. É como um botão de rosa que fica oculto na folhagem que o recobre. Ainda não existe um sol que o desperte para a vida, que possa ajudá-lo a se manifestar plenamente. O sol que desperta para a vida existe na verdade, mas para o botão de rosa o microcosmo está oculto, é como a escuridão. "A luz brilha nas trevas, mas as trevas não a compreenderam."

A causa está na desorganização total do microcosmo. Ele está abatido por uma cristalização. É como um fogo quase apagado e, por isso, a alma primordial está desaparecida, morta. Restou apenas um princípio, uma semente que, todavia, não pode ser lançada em solo apropriado para crescer.

Em vista dessa situação, foi criada uma ordem de emergência na natureza da morte, que é a manifestação do estado anímico mortal, manifestação essa que não pode, de forma absoluta, ser comparada com a manifestação primordial, pois deve originar-se totalmente da matéria da natureza da morte. Ela ocorre de maneira completamente diversa da manifestação original, porém pode ser encarada como uma grande e magnífica bênção, uma ajuda para todos os microcosmos decaídos e desnaturados.

Referimo-nos com isso ao processo de nascimento terreno da alma vivente. Desse modo, de tempos em tempos, o microcosmo é animado mediante uma espécie de vivificação, ainda que mortal e muito distante da vivificação primordial.

O evangelho *Pistis Sophia* esclarece que o estado mortal provém da esfera cósmica dos éons. Podeis visualizar essa circunscrição cósmica como uma imensa esfera na qual está encerrada toda a vida na forma que conhecemos.

Essa esfera está dividida em doze aspectos, doze áreas de poder, doze raios. Esses doze raios eônicos ou ondas são acolhidos pelo sistema magnético do ser aural, que então os projeta no sistema magnético do cérebro. Uma vez que o sistema cerebral recebeu essas influências, essas forças continuam sendo assimiladas pelo sistema de secreção interna, pelo sistema das glândulas hormonais, sistema esse de natureza tríplice: uma parte é organicamente ligada ao fogo serpentino, outra parte ao sistema nervoso e outra ao sistema sanguíneo.

Assim podeis entender com facilidade como os raios eletromagnéticos dos éons se estendem por todo o sistema. Todas as espécies de hormônios podem ser explicadas com base nos raios eônicos.

Os hormônios e suas forças produzem também a semente humana. Ela é um princípio da vida de emergência. Essa semente deve ser bem diferenciada do átomo-semente de Cristo, da rosa-do-coração. A semente humana contém forças anímicas eônicas sintonizadas com o estado de ser do microcosmo em questão e sua carga cármica. A união da semente masculina com a semente feminina é a união de um princípio carregado positivamente e um carregado negativamente, o que produz um processo ígneo. Esse princípio ígneo, assim despertado, evolui do sistema do fogo serpentino, do sistema nervoso e do sangue para uma alma vivente.

Um microcosmo esvaziado que melhor se harmoniza com esse novo produto recebe-o e envolve-o. Assim, no devido tempo, nasce a alma mortal. Compreendereis que durante esse processo podem surgir muitas complicações, o que acontece na maioria dos casos.

Quando a alma mortal ficou adulta e foi incorporada por completo ao complicado enredo da natureza da morte, quando experimentou seu sofrimento, sua dor, e provou todas as alternativas da vida dialética, são-lhe transmitidos impulsos pelo princípio de vida original, a rosa-do-coração. Esses impulsos não provêm da esfera macrocósmica eônica comum, mas da natureza da vida, que também emite seus raios. Se pensardes nas palavras: "A luz brilha nas trevas", então o compreendereis. Nessa condição, deveis ver a rosa como um ponto receptivo que, em certa medida, pode refletir as radiações da Gnosis.

Quando a alma mortal reage a isso também se lhe diz assim:

"Ó alma, para com os esforços vãos para afirmar-te na natureza da morte e inicia a única obra, a única tarefa para a qual fostes chamada que é vivificar e libertar a alma imortal em teu microcosmo. Começa com esse trabalho joanino! Torna-te o precursor para a salvação de teu pequeno e pecaminoso mundo microcósmico. Se, ó alma, assumires esse trabalho, tua consciência recuará e será acolhida na nova consciência imperecível. Então, para ti também já não haverá morte".

Quem começa essa grande obra de libertação, a obra do renascimento, é ligado, no mesmo instante, à esfera macrocósmica da natureza da vida, apesar de ainda existir o vínculo com a esfera eônica. Naturalmente, essa é uma condição muitíssimo indesejável. Por essa razão, é dito no evangelho *Pistis Sophia,* no capítulo 25, através de Melquisedeque, o Paralemptor, o grande Receptor da Luz,[12] que todos os que estão empenhados no grande processo de purificação são separados da natureza dialética e introduzidos na grande Câmara do Tesouro de Luz:

Ele tirou o que estava purificado da luz de todos os arcontes dos éons e de todos os arcontes do destino e da esfera, e aniquilou tudo o que haviam perturbado. E ele acelerou seu movimento e fez seus círculos girar mais depressa. Ele [Melquisedeque] arrebatou a força que havia neles, o hálito de sua boca, as lágrimas de seus olhos e o suor de seus corpos.

É óbvio que, em paralelo ao processo de conservação dialético comum da natureza da morte, existe um processo de salvação que nada tem a ver com a natureza da morte. Esta continua a agregar sua matéria para a animação das almas mortais. Porém, quando uma alma mortal dá ouvidos à voz do libertador, ela é retirada da natureza da morte. No evangelho *Pistis Sophia* o texto prossegue:

Quando os Paralemptores do Sol e os da Lua olharam para cima e contemplaram as constelações da órbita dos éons e do destino e as das esferas, arrebataram deles a força-luz. Os Paralemptores do Sol prepararam-na e conservaram-na até que a entregaram ao Paralemptor Melquisedeque, o grande purificador da luz.

Eles trouxeram seu resíduo material para a esfera inferior dos éons. Dele moldaram almas para homens [...] de acordo com o ciclo dos arcontes daquela esfera e do sentido de seu giro, e introduziram--nas no mundo dos homens.

Sabeis, e a ciência também explicou, que o sol e a lua são os grandes purificadores e ativadores no campo da natureza comum. O

[12] Ver nota do capítulo 12, p. 177.

sol é o grande princípio da vida no nosso campo natural. Em vários sentidos, não poderíamos viver e nossos microcosmos não poderiam sustentar-se se não houvesse a energia solar.

Na Escola da Rosacruz Áurea fala-se com frequência de radiações eletromagnéticas. Os raios elétricos vêm do sol para sustentar e ativar as demais radiações magnéticas em geral. É por meio da radiação da energia elétrica do sol que as outras radiações dos éons se tornam sensíveis e ativas. E, nesse processo, a lua é, em certo sentido, um instrumento semelhante.

O sol é a energia fundamental, ao passo que a lua é a energia reguladora que, por fim, provoca a manifestação. Não há uma única influência do zodíaco e do sistema solar que não seja ativada por meio da lua para tornar-se efetiva. Com base nessa dupla atividade do sol e da lua como ativadora e manifestadora é que se explica por que, na Antiguidade, se via o sol como masculino e a lua como feminino e se falava do deus sol e da deusa lua.

Assim como é na natureza da morte, também é na natureza da vida. Assim como na natureza da morte existem sol e lua na mais intensa atividade para todos os processos da natureza, existem também sol e lua como dois focos na natureza da vida. Quantos escritos sagrados, mitos e lendas existem que relatam sobre um sol por trás do sol (Vulcano) e sobre uma lua por trás da lua! Eles falam de um sol e de uma lua invisíveis como corpos ativos num universo desconhecido e invisível para os olhos dialéticos.

Assim como na natureza da morte existe uma Fraternidade Universal para a salvação dos microcosmos decaídos, que não se explica pela natureza da morte, existe um sol por trás do sol e uma lua por trás da lua por uma necessidade natural a serviço dessa Fraternidade. Portanto, estão ativos um campo de força solar e um campo de força lunar que não podemos associar ao sol e à lua que conhecemos, cujo estado, fases e efeitos não podem ser considerados da maneira habitual. É a esses dois campos de força que se refere o evangelho *Pistis Sophia.* Tão logo o aluno inicie a grande e magnífica obra do renascimento de acordo com o método e os princípios da Gnosis universal quíntupla,* ele é vinculado ao campo solar invisível e ao campo de força lunar correspondente. Esse sol torna-se a sua força vivificada. E mediante a lua a nova vida nele se revela de forma gradual.

Quando esse sol desponta para o candidato na senda, ele nunca mais se põe. E quando essa lua irradia para o candidato, ele será auxiliado através de toda oposição e todos os limites devido aos efeitos reveladores dessa força.

Na natureza da morte o homem está sob a direção do sol e da lua desta natureza. Essa é uma realidade científica natural. Mas quando uma nova força-luz se manifesta no microcosmo, por meio do processo de maçonaria da pedra angular, os "Paralemptores" do sol e da lua dos mistérios introduzem-se no microcosmo. A força luminosa é então retirada da natureza da morte e transferida ao vigilante Melquisedeque. Há milênios esses vigilantes já eram chamados Irmãos do Sol, Filhos da Sabedoria e da Névoa Ígnea.

O dia eterno surgiu para aqueles diante dos quais raiou esse novo sol. Eles já não precisam do sol e da lua da natureza dialética, pois para eles manifestou-se a eternidade no tempo.

PISTIS SOPHIA

LIVRO I

CAPÍTULO 29

"Quando ascendi para os véus do Décimo Terceiro Éon e ali cheguei, eles mesmos se afastaram para o lado e se abriram diante de mim. Entrei no Décimo Terceiro Éon e encontrei a Pistis Sophia abaixo do Décimo Terceiro Éon, inteiramente só, já que ninguém estava com ela. Estava ali desolada e cheia de tristeza porque não lhe havia sido permitido entrar no Décimo Terceiro Éon, sua região mais elevada. Também estava aflita por causa dos tormentos que Authades, uma das três potestades tríplices lhe impingira. Logo que eu vos falar sobre sua propagação, pretendo explicar o mistério de como foi que isso lhe aconteceu.

Ao ver-me brilhando intensamente em esplendor imensurável, a Pistis Sophia entrou em grande agitação e olhou para a luz de minha veste. Mirou nela o mistério de seu nome e toda a glória desse mistério. Porque ela estivera antes nas alturas, no Décimo Terceiro Éon, onde costumava enaltecer a luz sublime que havia visto no interior dos véus da Câmara do Tesouro de Luz.

Tendo ela continuado a exaltar essa luz nas alturas, todos os arcontes junto às duas grandes potestades tríplices e seu invisível que está ligado a ela, bem como todas as outras vinte e duas emanações invisíveis, olharam para a luz. Porquanto a Pistis Sophia e o seu par, assim como as outras vinte e duas emanações invisíveis, formam juntos as vinte e quatro emanações provenientes do grande Pai primordial invisível e das duas grandes potestades tríplices."

32

A AFLIÇÃO DA PISTIS SOPHIA

No capítulo 29 citado anteriormente começa a história da própria Pistis Sophia. Pistis Sophia é o símbolo da alma sedenta de sabedoria e de libertação, que descobriu a impossibilidade de a natureza da morte ser a natureza divina. Essa alma reconheceu que a dialética é uma ilusão sem fim e rejeita esta aparente ordem de natureza com seus doze éons. No início do capítulo 29 encontramos essa peregrina em grande aflição diante dos véus do Décimo Terceiro Éon.

Um éon é um tipo singular de criatura formada mediante almas mortais. É bom, com certeza, reportarmo-nos a ele mais uma vez. O macrocosmo é governado por doze poderosas correntes magnéticas astrais. Cada uma dessas correntes influencia e dirige uma parte do microcosmo e da alma mortal nele contida. Além disso, essas doze correntes magnéticas controlam os processos de nascimento, vida e morte bem como os consequentes processos de dissolução e união de todas as almas mortais.

Essas doze correntes magnéticas são também responsáveis pela existência das forças tríplices na alma mortal, ou seja, a vontade, o intelecto e os desejos.

Essas três forças em conjunto determinam a consciência ou o eu. Cada uma delas tem três capacidades: a de atração, a de repulsão e a de neutralização. Mediante esses três atributos é possível a cooperação entre incontáveis atividades anímicas. As ações que acontecem aí fundamentadas dão origem ao estado de vida do indivíduo em sua ascensão e seu declínio. Com essas três faculdades, grandes e potentes atividades criadoras podem ser realizadas pela alma mortal como, por exemplo, a criação de formas-pensamentos.

Na sua grande luta pela existência, nessa luta espetacular contra imensuráveis ameaças e tomada por milhares de medos, a alma povoa sua esfera de vida com inúmeras formas-pensamentos das mais variadas espécies.

Todas essas incontáveis formas-pensamentos das inúmeras almas humanas podem ser divididas em doze classes ou grupos. Algo de toda essa trama de pensamentos é o principal responsável por uma das doze grandes correntes astrais. Assim, podemos compreender que todas essas formas-pensamentos de todos os homens se aglomeram de acordo com princípios vibratórios gerais em doze forças muito poderosas, criadas e mantidas pelo homem. Por um lado elas são alimentadas pelas doze correntes macrocósmicas, e por outro, pelas contínuas correntes de pensamentos dos homens.

Dessa ação recíproca entre as doze forças astrais e as almas mortais resultam doze anomalias, doze monstruosas formações explicáveis segundo a ciência natural, que preenchem e iludem cada vez mais o Universo dialético. Assim, em dado momento, esses doze monstros, com toda a sua ação e efeitos secundários, governarão todo o sistema dialético, tirando-o de seu rumo. Por esse motivo são sempre necessários uma depuração e um novo dia de manifestação. Os microcosmos sempre precisam ser livrados das garras dos doze monstros criados por eles mesmos. Se não houvesse uma depuração, o trabalho de salvação dos microcosmos estagnaria e todo o macrocosmo dialético ficaria paralisado, como mostra corretamente o Inferno de Dante.

No evangelho *Pistis Sophia* esses doze monstros são denominados doze éons. Os arcontes dos éons remetem-nos para todas as muitas impressões que deles irradiam. Toda a devoção aos deuses e as orações da humanidade, todo o quadro multicor das atividades religiosas e ocultistas estão relacionados com isso. Se tiverdes participação ou ainda estiverdes participando dessas coisas, também vosso deus e vós mesmos estais envolvidos nisso com todas as consequências e dores daí resultantes!

O Décimo Terceiro Éon é o "não" absoluto que as almas em sua busca e luta dizem a este mundo. Se, pela experiência, estiverdes cansados e saturados da interminável repetição das coisas, se tiverdes chegado a um beco sem saída, partirão correntes magnéticas de vossa vontade, pensamento e desejo. Então, com vossos companheiros de infortúnio, criareis um campo cósmico neutro que não é deste mundo, mas também ainda não é de um novo mundo. Poderíamos comparar esse campo a um portal do qual irradia uma luz e uma poderosa atração magnética. Atrás desse portal está a natureza da vida.

Quando vos aproximardes desse portal e os véus se afastarem de modo que percebereis a luz e a atração magnética, estareis então numa fase que o evangelho *Pistis Sophia* assim descreve:

Estava ali desolada e cheia de tristeza porque não lhe havia sido permitido entrar no Décimo Terceiro Éon, sua região mais elevada.

Ela ainda não podia ser acolhida ali por causa do sofrimento que lhe impôs Authades,*[13] uma das forças tríplices. Porém, a causa de seu sofrimento e sua estagnação residia nela própria.

Authades é a vontade humana, a essência tríplice da vontade da alma mortal. É o instrumento mágico da alma e, por isso, os resultados e consequências da vontade quase sempre são comprometedores. A pessoa pode desejar as coisas e pensar nelas, mas tão

[13]Literalmente: o voluntarioso.

logo as queira, desejos e pensamentos tornam-se manifestações concretas que a ligam ao mundo em que elas passam a existir.

A Pistis Sophia fez a peregrinação até os portais do Décimo Terceiro Éon. Ela experimentou os vínculos estabelecidos por intermédio de Authades, pois, devido a seu nascimento, as forças tríplices são alimentadas de maneira contínua pelo sistema magnético do ser aural e do cérebro. Por esse motivo a Pistis Sophia está diante dos portais do Décimo Terceiro Éon aflita e triste. Ninguém está com ela.

Mas ela está enganada. Em dado momento, vê aproximar-se a veste luminosa da Fraternidade dos Hierofantes. Todo o potencial das forças salvadoras vem a ela. Elevando-se de sua esfera de desolação, ela fica exaltada. Como a Fraternidade a toca no sistema magnético do cérebro, ela reconhece interiormente que, apesar de sua evolução estar bloqueada, ela pertence ao Décimo Terceiro Éon.

Ela vê o mistério de seu nome e seu brilho pleno, pois graças ao Outro dentro de si ela pertence ao Roseiral. E, por causa de sua peregrinação, estava acostumada a louvar e agradecer ao perfeito brilho da luz primordial. E quando a glória do contato magnético primário é derramada sobre ela, a Pistis Sophia continua seu cântico de louvor e está plena de alegria e entusiasmo. Ela é libertada da influência magnética de Authades. Isso tem consequências muito singulares, pois em determinado momento se comprova que, além da Pistis Sophia e do invisível que a ela está ligado, também os outros vinte e dois invisíveis contemplam a luz da Gnosis.

Aqui se faz referência aos doze pares de nervos cranianos e às forças que os perpassam bem como às possibilidades de vida que se desenvolvem desse modo. Os doze éons, as doze monstruosidades, revelam-se nos doze pares de nervos cranianos mediante o sistema magnético do cérebro. O fato de que todos os vinte e quatro invisíveis, em dado momento, contemplam a luz que irradia do portal dos mistérios é a prova de que todos esses discípulos do sistema magnético cerebral livraram-se das garras das doze monstruosidades e, mediante novas influências magnéticas, são orientadas para um novo fluido vital, o elixir da nova vida.

Sabeis por que se fala no evangelho *Pistis Sophia* de vinte e quatro criaturas, de vinte e quatro forças criadoras? As três forças tríplices da razão, da vontade e dos desejos utilizam o fluido nervoso para manifestar-se, para se fazer valer. O fluido nervoso é o fluido magnético, nosso alento de vida, nosso espírito vital. Assim como o sangue cria e conserva a forma, o fluido nervoso lhe dá conteúdo, significado e objetivo.

Quando a vida fica entorpecida na forma, primeiro o sangue deve ser atacado para que a cristalização possa ser rompida e a vida, assim liberada, possa receber um novo conteúdo.

A Escola Espiritual da Rosacruz Áurea segue com seus alunos um caminho no qual o sangue é atacado e a vida renovada para que todo candidato possa um dia dispor de vinte e quatro novas criações.

PISTIS SOPHIA

LIVRO I

CAPÍTULOS 30–31

Quando Jesus disse estas palavras a seus discípulos, Maria adiantou-se e disse: "Senhor, uma vez te ouvi dizer que a Pistis Sophia é, ela mesma, uma das vinte e quatro emanações. Por que ela não se encontra em sua região? Porquanto tu disseste que a encontraste abaixo do Décimo Terceiro Éon".

A história da Pistis Sophia

Jesus respondeu e disse a seus discípulos: "Quando a Pistis Sophia se encontrava no Décimo Terceiro Éon, na região de todos os seus irmãos, dos invisíveis, das vinte e quatro emanações do Grande Invisível, por mandamento do Primeiro Mistério ela voltou seu olhar para o alto e viu a luz no véu da Câmara do Tesouro de Luz. Ela ansiava por chegar a essa região, contudo não estava em condição para tanto. Ela parou de realizar o mistério do Décimo Terceiro Éon. Todavia, louvava a luz das alturas, que havia visto no véu de luz da Câmara do Tesouro de Luz.

Tendo ela prosseguido em sua exaltação à região das alturas, todos os arcontes que viviam nos doze éons odiaram-na porque ela já não compartilhava de seus mistérios e desejava chegar às alturas e ficar acima de todos eles. Por essa razão, enfureceram-se com ela e odiaram-na. Da mesma forma, ela odiava a grande força tríplice de Authades, a terceira potestade tríplice do Décimo

Terceiro Éon, que fora desobediente porque não irradiara toda a sua força interior purificada, nem entregara sua luz purificada na ocasião em que os arcontes entregaram sua força purificada, porque ele desejava ser soberano sobre todo o Décimo Terceiro Éon e sobre os que estão abaixo dele.

Quando então os arcontes dos doze éons ficaram muito enfurecidos com a Pistis Sophia, odiando-a intensamente, a grande força tríplice de Authades, da qual falei há pouco, juntou-se aos doze éons. Também ele ficou enfurecido com a Pistis Sophia e odiou-a porque ela desejava subir para uma luz que era superior a ele.

De si mesmo ele criou uma grande força com cabeça de leão e de sua própria matéria fez uma porção de outras criaturas materiais muito poderosas. Ele as enviou para as regiões inferiores, as regiões do Caos, para ali atormentar a Pistis Sophia e roubar sua força, porque ela desejava subir para as alturas, que estão acima deles, e porque, além disso, ela havia parado de realizar seus mistérios, mas apenas ficava sempre triste, ansiando pela luz que havia visto. Também os arcontes, que continuavam realizando seus mistérios, odiavam-na, bem como todos os guardiães dos portais dos éons.

Por ordem do Primeiro Mandamento, o grande, três vezes poderoso Authades, que é uma das potestades tríplices, perseguiu a Pistis Sophia no Décimo Terceiro Éon, para mobilizá-la a olhar para as regiões inferiores, de modo que visse sua força-luz — a com cabeça de leão — e desejasse ir para aquelas regiões para que ali pudesse roubar-lhe sua luz.

Ao olhar para baixo e perceber sua força-luz nas regiões inferiores, ela não sabia que isso era a força-luz da potestade tríplice, Authades. Pensou que provinha da luz que, no início, avistara nas alturas, a qual provinha dos véus da Câmara do Tesouro de Luz. E ela pensou consigo mesma: 'Quero, sem meu par, descer para aquela região e tomar a luz para, com ela, criar éons de luz para mim mesma e, com isso, ficar em condição de me dirigir para a Luz das Luzes nas alturas mais elevadas'.

Enquanto pensava nisso, ela abandonou sua região, o Décimo Terceiro Éon, e desceu para o décimo segundo éon. Ali perseguiram-na todos os arcontes dos éons que estavam enfurecidos com ela porque havia pensado na grande glória.

Entretanto, ela deixou também os doze éons e desceu para a região do Caos, aproximando-se da força-luz com cabeça de leão para devorá-la. Contudo, ali a cercaram todas as emanações materiais de Authades. A grande força-luz com cabeça de leão devorou todas as forças-luzes da Pistis Sophia. Sua luz foi filtrada e devorada. Sua matéria foi atirada no Caos. Ali se encontrava um arconte com cabeça de leão, com uma metade em fogo e a outra metade em trevas, ou seja, Ialdabaoth, de que vos falei várias vezes.

Quando isso aconteceu, a Pistis Sophia ficou muito fraca, e a força-luz com cabeça de leão recomeçou a arrebatar todas as suas forças-luzes, enquanto as forças materiais de Authades mantinham-na aprisionada e sob pressão".

Pistis Sophia, capítulos 30–31

33

A influência de Authades

A Pistis Sophia é o homem, o candidato, o aluno que anseia pela nova vida libertadora. Assim, encontramos a Pistis Sophia diante da porta do Décimo Terceiro Éon, mas já atrás das cortinas dessa porta e, portanto, ligada à nova corrente de vida. E, então, lemos:

Entrei no Décimo Terceiro Éon e encontrei a Pistis Sophia abaixo do Décimo Terceiro Éon, inteiramente só, já que ninguém estava com ela. Estava ali desolada e cheia de tristeza porque não lhe havia sido permitido entrar no Décimo Terceiro Éon, sua região mais elevada. Também estava aflita por causa dos tormentos que Authades, uma das três potestades tríplices lhe impingira. Logo que eu vos falar sobre sua propagação, pretendo explicar o mistério de como foi que isso lhe aconteceu.

Já vos esclarecemos em pormenores que Authades é a vontade humana dialética, a essência muito mágica da vontade tríplice da alma mortal. A esse propósito podem surgir perguntas como, por exemplo: "Como é possível que alguém chegue até o Décimo Terceiro Éon, portanto, seja acolhido no campo da renovação e, mesmo assim, seja deixado só, não lhe sendo permitido, por conseguinte, passar para sua região mais elevada?"

O autor desse texto previu essas considerações, pois ele permite a Maria, que pertence ao grupo de discípulos, expressar estas reflexões:

Senhor, uma vez te ouvi dizer que a Pistis Sophia é, ela mesma, uma das vinte e quatro emanações. Por que ela não se encontra em sua região? Porquanto tu disseste que a encontraste abaixo do Décimo Terceiro Éon.

Tentaremos encontrar a resposta para esta pergunta de acordo com os capítulos 30 e 31 do evangelho *Pistis Sophia.*

Primeiro é preciso que vos identifiqueis por inteiro com a Pistis Sophia. Depois deveis ter consciência de que todo o plano e o trabalho de libertação da Gnosis estão apoiados numa nova ligação magnética com o candidato na senda. Pelas leis da natureza precisais das doze forças astrais da natureza da morte. Viveis com base nelas. A essência de vossa forma tem origem nelas.

Se quiserdes livrar-vos delas não podeis empreender uma tentativa com um recurso sequer da natureza da morte. Para libertar-se da força dialética não se pode empregar a força dialética.

Por essa razão, quem se decide a seguir o caminho da libertação deve empregar a força libertadora de maneira direta. Portanto, ela deve estar à sua disposição para que ele próprio possa empregá-la. Esse recurso de salvação, essa suprema e sagrada força auxiliadora, existe de fato e está inteiramente ao alcance do candidato. Denominamo-la o "Espírito Santo" ou a "Força da Fraternidade", a "Força da Gnosis" ou simplesmente "Gnosis".

Essa força está à vossa disposição neste exato momento. Mas, naturalmente, para poder utilizá-la é preciso comportar-vos de acordo com as leis da ciência natural. Também não podeis tocar num fio de alta tensão desprotegido com as mãos nuas. É preciso preencher algumas condições.

A Escola da Rosacruz Áurea é um instrumento mágico formado ao longo de muitos anos que auxilia o Espírito Santo a manifestar-se de múltiplas maneiras, graças à Gnosis. Pensai aqui numa estação transformadora.

A Escola da Rosacruz é, em primeiro lugar, um campo de força, o que significa que uma influência gnóstica é exercida do exterior sobre os alunos. A intenção é que o ensinamento seja realizado da maneira correta com o auxílio dessa força. Em segundo lugar, vem a reação do aluno, pois, se ele não reagir a essa força, o ensinamento não tem sentido.

A terceira manifestação do corpo-vivo da Escola da Rosacruz é a vivência do discipulado quando o aluno reage à referida força na proporção requerida. Por essa razão, a Escola atua iluminando de antemão, irradiando força-luz e estabelecendo contato com essa força. Em sua totalidade, é um processo de maçonaria do qual o aluno pode participar com autonomia, mantendo-se dentro dos limites da elevada disciplina da Escola.

Portanto, quando o candidato reage de modo correto à força gnóstica e preserva a elevada disciplina dos mistérios, pode ser acolhido entre os irmãos e irmãs do Décimo Terceiro Éon. Então ele não apenas é ligado ao Décimo Terceiro Éon, mas é aceito por ele.

Se o candidato trabalhar sobre esse alicerce tríplice da Escola, aí estarão os fundamentos de seu trabalho, as bênçãos com que é agraciado. Assim, acolhido no campo de trabalho da maçonaria, ele pode realizar sua obra e seguir seu caminho com a força que não é deste mundo. Portanto, o capítulo 30 do evangelho *Pistis Sophia* não se refere a uma pessoa que está num grau de evolução infinitamente acima de vós, mas fala de vós mesmos.

Enfim, o que o candidato deve fazer neste campo de trabalho da maçonaria? A esse respeito lemos:

Quando a Pistis Sophia se encontrava no Décimo Terceiro Éon, na região de todos os seus irmãos, dos invisíveis, das vinte e quatro emanações do Grande Invisível, por mandamento do Primeiro Mistério ela voltou seu olhar para o alto e viu a luz no véu da Câmara do Tesouro de Luz.

Sois, portanto, acolhidos neste lugar de serviço mágico para responder ao chamado da Gnosis, voltando-vos para a vida primordial, orientando-vos para a Câmara do Tesouro de Luz primordial.

Totalmente de acordo com o plano, o método e a ordem, a Pistis Sophia também desejava alcançar essa região. Entretanto é preciso entender bem que "ela" não podia alcançá-la! Então quem é "ela"?

Ela era uma criatura dialética, uma alma mortal, nascida da natureza da morte. Por isso devia concluir o mistério do Décimo Terceiro Éon, o trabalho da Gnosis universal quíntupla, ou seja: discernimento, anseio de salvação, autorrendição, nova atitude de vida e submersão no ser da renovação. Esse é o trabalho que ela deve realizar.

Mas ela interrompeu a obra do mistério do Décimo Terceiro Éon e apenas louvou a luz do céu que havia visto na luz do véu da Câmara do Tesouro de Luz.

Isso acontece com frequência com o candidato. Ele interrompe o trabalho para o qual foi admitido na oficina. E qual é a atitude que toma então? A atitude da pura contemplação. Ele acha a filosofia da Escola grandiosa e todas as reuniões magníficas, mas continua sendo a mesma pessoa que sempre foi. Ele conserva o mesmo egocentrismo petrificado e o mesmo potencial nos anseios de seu eu.

Entretanto, a presença na oficina exige do candidato que não permaneça como ouvinte da palavra, mas que se torne um agente dela. Por esse motivo a Fraternidade não permite que um aluno fique estagnado nessa condição. O Décimo Terceiro Éon não pode tolerar isso, não pode permitir que essa condição persista por duas razões. Por isso a disciplina do Décimo Terceiro Éon determina que é preciso intervir, de preferência, no mesmo segundo em que se apresenta um comportamento desviado. As duas razões referidas são as seguintes:

1.ª esse estado não pode ser permitido no interesse da oficina;
2.ª e também não no interesse do próprio aluno.

Quem está de maneira positiva no processo que é realizado com a energia gnóstica continua sendo estimulado, fortalecido e protegido por essa força tríplice. Todavia, quem louva e enaltece a luz de todas as formas, mas não presta o mínimo serviço no que é essencial e não alcança resultados em qualquer sentido, encaminha-se para enorme declínio que leva a uma catástrofe. Essa catástrofe é apresentada no evangelho *Pistis Sophia.* Trataremos desse tema no próximo capítulo.

34

O conflito magnético

Toda a natureza da morte e o homem dialético são movidos e conservados por uma força astral intercósmica. Essa força explica tudo o que é dialético.

Se falamos de uma salvação, de uma transfiguração perceptível, positiva e verdadeira, e se a sagrada revelação cristã não deve prevalecer como um conto, então já o primeiro passo no caminho da renovação deve começar com outra força astral e nela consumar-se. Se quisermos renovação, uma energia renovadora também deve existir como necessidade natural.

Na Bíblia, essa energia renovadora é simbolizada pelo "Espírito Santo". Dissemo-vos que na Escola Espiritual moderna o Espírito Santo existe e atua de modo tríplice. O que muitos grupos religiosos, baseados em textos confusos, pensam estar transmitindo, ou seja, os recursos da graça do Espírito Santo, pelos quais se procura no mundo com tanto fervor e paixão, tornou-se realidade, começando de baixo para cima na Escola Espiritual moderna. A arca, ou o navio celeste, está outra vez perfeitamente preparada. Os três tesouros dessa obra consistem em:

1. uma revelação sagrada,
2. uma manifestação de um campo de força e
3. uma manifestação mágica renovadora.

Com essas três manifestações abre-se um caminho quíntuplo, a senda da Gnosis universal quíntupla.

A revelação sagrada não é um texto exterior, não é um livro, nem uma palavra falada. Não, ela se apresenta ao homem que está abatido do ponto de vista da natureza e se torna um pesquisador. Então, esse buscador pode ser atingido por uma nova radiação astral que faz amadurecer um novo conhecimento, um conhecimento totalmente diferente. Os rosa-cruzes clássicos designavam esse toque como "ser inflamado pelo Espírito de Deus".

Quem experimentou esse toque no sangue se abre então para a revelação do campo de força que o torna capaz de seguir o caminho do desejo de salvação e da autorrendição. Isso significa "morrer em Jesus, o Senhor".

A isso está ligada, naturalmente, uma mudança na atitude de vida, na orientação e na concepção da vida, portanto, uma transformação total da vida. E quem apresenta provas disso entra de imediato no terceiro momento, a manifestação renovadora da Gnosis, e dele passa a participar. Esse é o processo do renascimento pelo Espírito Santo.

Trata-se, portanto, de uma corrente eletromagnética com três poderosas ondas que não se explica pela natureza da morte. Quando, na natureza da morte, um grupo de pessoas reage de modo inteligente e organizado a esses três raios, estamos falando do Décimo Terceiro Éon ou da Escola de Mistérios. Tal grupo vai ao encontro de um objetivo libertador como unidade, como um navio nessas três novas ondas.

Podemos imaginar que existem muitos navios como esse que já se fizeram ao mar e, portanto, já estão mais próximos do alvo. Esses veículos, todos os navios celestes, formam uma corrente, uma vívida unidade superior. Todos estão ligados a uma disciplina, orientam-se para o mesmo objetivo e obedecem a mesma lei. Esse é o glorioso mistério do Décimo Terceiro Éon. Eis aí um aluno, uma Pistis Sophia que se confiou à corrente tríplice da revelação gnóstica. Encontramos esse aluno na entrada por trás dos véus. Então a ligação aconteceu, o peregrino subiu a bordo. Como todos os outros, também ele é orientado para o objetivo da viagem. Como participante da viagem, ele está comprometido a ter um comportamento condizente e a realizar todo o trabalho em conjunto com os demais.

A Pistis Sophia, que conseguiu fazer parte do Décimo Terceiro Éon, deve voltar-se para o objetivo para que possa ver o véu da Câmara do Tesouro de Luz.

Entretanto, nesse momento ocorreu um incidente. A Pistis Sophia interrompeu a realização do Décimo Terceiro Éon. Ela apenas louvava a luz, porém nada fazia para torná-la realidade. Orientada para outras coisas, ela usava o Décimo Terceiro Éon para fins pessoais. Portanto, tentou mudar o curso do navio.

Entendereis que isso é impossível. Houve então uma ruptura. A harmonia entre os três raios primários foi quebrada. A Pistis Sophia foi deixada só, ninguém estava com ela. Estava desolada e muito triste porque não fora aceita na sua região superior.

Deveis compreender isso muito bem. Em princípio, o novo campo de vida é vossa região superior. Podeis viajar com a Escola de Mistérios, o navio do Décimo Terceiro Éon, esse novo campo, desde que vos sujeiteis ao curso, à forma de trabalho e ao código de honra.

Se não o quiserdes, o problema é vosso. Ninguém vos pressionará. Mas seria uma grande indignidade forçar vosso companheiro de viagem a mudar o curso e abandonar a tríplice corrente gnóstica. Repetimos que, devido a vosso caráter interior, o principal é o novo campo de vida de vossa região superior, assim como o dos demais. Porém, se desejais alcançar esse campo, isso deve ocorrer mediante uma viagem numa direção e com a coordenação perfeita de todos os recursos existentes para tanto. Infelizmente, isso alguns não querem, e nós apenas podemos considerar essa atitude muito pouco inteligente.

Também a Pistis Sophia não o quis. Ela deixou de sujeitar-se à obra e por isso foi abandonada. Não havia alternativa.

Então diz o texto: *Ela estava ali desolada e cheia de tristeza.* Deveis compreender bem essa espécie de desolação. Ela se deve ao fato de seu anseio negativo ter sido bloqueado, de ter sido impedida de dar andamento às suas intenções que apresentavam grandes perigos a toda Escola Espiritual de Mistérios. É preciso reconhecer ser impossível, do ponto de vista gnóstico, respeitar essa espécie de desolação, e que para esse tipo de dor não há uma única possibilidade de ajuda. É lógico que, diante dessa situação, a Gnosis deve mostrar-se inflexível. Por quanta dor já passastes pelo fato de vossos motivos egocêntricos não terem obtido resultados? Alguma vez obtivestes auxílio da Fraternidade para algum desses anseios pérfidos?

O que é dor? Dor é um estado de ânimo, uma vibração sanguínea, uma vibração nervosa e uma reação a uma decepção. Quando nos encontramos num estado como esse, ele se consolida por meio de uma atividade hormonal. E fortalecemos esse estado quando, com os nossos pensamentos, nos entregamos por inteiro a essa decepção e insistimos em lutar contra as suas supostas causas.

A Escola ficará feliz se compreenderdes que, numa situação como essa, ela tem o dever de permanecer fiel a seus princípios mesmo que haja razões suficientes para comiseração. A solidão que acometeu a Pistis Sophia é, portanto, perfeitamente explicável. Para ela, é nessa solidão que está a única possibilidade de ajuda, pois em determinado momento lhe surge outra tristeza.

Sabeis que Authades é a essência mágica tríplice da vontade da alma mortal. Authades é a causa da desgraça que a Pistis Sophia atraiu sobre si mesma.

Uma semente tem três elementos, três forças, três aspectos. Ela contém um princípio vital, um objetivo vital e uma força vital que estão subordinados à meta e com ela se harmonizam. Imaginai um grão de trigo. Ele tem um princípio vital e também um objetivo, que é a formação do pé de trigo, da espiga e a produção do fruto correspondente à sua espécie. O princípio vital da semente jamais poderá ser modificado, dela não poderá nascer outra planta. A força vital serve ao objetivo como recurso dinâmico existente no grão para manifestar-se de acordo com o objetivo.

Cada vida que surge reage à manifestação desses três elementos. Também a alma mortal tem um princípio vital, um objetivo vital e uma energia vital. Designamos o *princípio* como consciência, com tudo o que a ela se relaciona. O *objetivo* se expressa no desejo e em tudo o que a ele se relaciona. A *energia vital* manifesta-se na vontade e em tudo o que a ela se relaciona.

Assim como a semente está sujeita a uma lei, também acontece com a alma mortal. Ela jamais poderá tornar-se imortal. A vontade é o grande aspecto revelador e criador no homem. O que está na consciência e é acalentado pelo desejo é manifestado pela vontade. Como o homem, em razão de sua natureza, é vinculado aos éons da natureza da morte à qual está sujeito, é evidente que a entrada da Pistis Sophia no Décimo Terceiro Éon ou na Escola de Mistérios dá origem a uma grande dificuldade básica pela qual todo aluno passará, que é a grande luta contra Authades, a vontade própria.

Vossa vontade baseia-se nos princípios da natureza da morte. Se entregardes vossa vontade à Gnosis em sua tríplice radiação reveladora na Escola de Mistérios e então vos firmardes noutro triângulo, estabelece-se um grande conflito com as leis magnéticas da natureza da morte.

Assim como os biólogos tentam alterar as características das sementes de determinadas plantas, sabendo que, se o conseguirem, poderão dirigir a vida conforme seus desejos, também a Escola Espiritual põe-se a trabalhar. De fato, ela também é um lugar de trabalho para biólogos, lugar onde é exercida a magia biológica transfigurística.

Compreendereis o que a biologia transfigurística tenta fazer. Existem dois átomos-sementes no microcosmo: o átomo-semente da alma mortal, que é continuamente vivificado, e o átomo original, a rosa. Na Escola Espiritual procura-se influenciar negativamente o átomo-semente mortal e positivamente o átomo imortal.

Isso só se consegue quando a alma mortal, em condições muito diferentes das naturais, se confia às três correntes do Espírito Santo. Então o átomo-semente mortal faz a endura, daí emana o átomo imortal e, assim, toda a criatura realiza a transfiguração. Essa é a alquimia da Escola Espiritual.

Se desejardes passar por esse processo tendes de entrar em conflito com Authades, a tríplice vontade mágica da natureza da morte. É como diz de modo significativo o prólogo do Evangelho de João: a vontade da carne, a vontade do homem, a vontade da alma mortal pensante deve declinar.

Tendo ela [Pistis Sophia] prosseguido em sua exaltação à região das alturas, todos os arcontes que viviam nos doze éons odiaram-na porque ela já não compartilhava de seus mistérios e desejava chegar às alturas e ficar acima de todos eles.

Começa o conflito magnético. Primeiro é um estado ainda no âmbito exterior da alma. Mas logo se torna um conflito interior. Por isso eles se enfureciam com ela e a odiavam.

É evidente que o aluno entra para a Escola Espiritual com a essência de sua vontade habitual. Deveis compreender bem isso. Quando o conflito se instala na alma, pode, facilmente, voltar-se contra a Escola. E como a alma que se encontra em conflito quer primeiro ceder à mais insignificante oposição, tenta fazer valer na Escola as pressões ímpias da vontade que sempre são dialéticas por estarem sujeitas às leis biológicas naturais.

Então Authades junta-se aos éons da natureza da morte. O

conflito atinge seu ponto máximo. A vontade fica enfurecida devido aos impulsos gnósticos também ativos na Pistis Sophia. A vontade opõe-se ao código de honra da Escola Espiritual de Mistérios e converte-se numa grande força com cabeça de leão.

Tão logo a alma perseguida no inevitável conflito mostre a força com cabeça de leão, a Escola põe-se em vigilância muito mais do que antes, pois é nessa força que a alma refratária vai motivar e idealizar sua oposição, dando-lhe uma conotação de sublime religiosidade ou elevada moral. Então ouvimos: "A Escola é falha, e eu sou bom. A Escola vai à ruína, e comigo está a verdade". Por certo conheceis os disfarces da morte, esse manto de retidão no qual tanto gostamos de envolver-nos.

Tudo isso e suas consequências a Pistis Sophia precisa suportar e contra isso tem de lutar até o fim. Os guardiães dos portais não lhe permitirão entrar enquanto não estiver livre dessa pérfida ilusão.

35

A força com cabeça de leão

Quando uma pessoa entra para a Escola Espiritual como aluno, não ocorre ainda mudança fundamental alguma. O anelo e o anseio pela busca podem ser elementos importantes, mas essa condição é apenas uma prova de que um ser humano em perigo procura uma saída. O ingresso na Escola Espiritual dá-se com base num inteiro estado de ser dialético.

No momento da entrada sereis confrontados com um campo de radiação que está em grande oposição a vós. Assim, as três forças tríplices em vós serão atacadas de modo direto e muito impessoal. Vossos pensar, sentir e querer sofrerão interferências.

Sabeis que vossa vontade é a maior faculdade mágica no homem. A vontade é um fogo, é a energia e o baluarte da consciência-eu. A vontade é o sumo sacerdote que se autoafirma no eu do homem. A vontade é o velho escudeiro do eu. Esse Authades quer então, em benefício próprio, transformar e ajustar o objetivo pelo qual vossa alma anseia e que vos é esclarecido na Escola Espiritual.

Dessa forma, o conflito se instala de imediato. Duas teses contrapõem-se de modo implacável. Cada pessoa que é impedida de atingir o seu alvo ou cuja vontade é impotente para alcançar seu objetivo encontra-se em situação de forte constrangimento. Mas esse desgosto é um protesto egocêntrico. E quando o eu dá o tom é impossível levar o homem a compreender valores anímicos e possibilidades anímicas libertadoras. No entanto, quem um dia teve contato com a luz e conheceu a sabedoria é um homem marcado. Torna-se uma figura trágica e solitária porque descobre que vive numa terra de ninguém. Já não encontra um lar no mundo, não obstante o mundo o detenha mediante sua própria vontade.

Se verdadeiramente procurais a Escola levados por um impulso interior, a busca deve ter nascido de uma necessidade do coração, do fato de que já nada podíeis encontrar no mundo dialético. Essa situação por si só já é uma prova de que entrastes em conflito com o campo de radiação da natureza comum.

Cria-se, então, uma situação totalmente nova: por parte do campo de força magnético da Escola a consequência é a neutralização, por parte da natureza segue-se a inimizade. Nessa condição o homem nada pode fazer senão voltar-se para a luz e pedir ajuda, em absoluta humildade e compreensão, assim como fez a Pistis Sophia ao entoar seus cânticos de arrependimento motivada por profundo desespero.

Entretanto, na maioria dos casos não é assim. O homem, justamente o homem enérgico, arruína a si mesmo mediante esses lastimáveis impulsos da vontade. Sua vontade pode transformar-se em paixão, isto é, pode governá-lo. Podemos ser possuídos pelos nossos impulsos. A vontade, por trás da qual se excitam todos os impulsos do eu, é também orgulhosa em alto grau e, além disso, é muito mágica e criativa.

A Pistis Sophia foi expulsa do Décimo Terceiro Éon e ali está em grande padecimento. À sua frente o isolamento ameaça como um precipício escancarado, às suas costas a hostilidade está à espreita.

E então, ergue-se Authades com toda a sua opressão. Também ele estava enfurecido com a Pistis Sophia porque ela desejava elevar-se a uma luz superior a ele. E de si mesmo extraiu a grande força com cabeça de leão que simboliza a força da imitação. Com o auxílio dessa energia mágica podeis imitar tudo o que vos serve para a libertação, tudo o que é do espírito. Aconteceu, assim, que a Pistis Sophia começou a imitar o campo espiritual em torno de si com a ajuda de falsas imagens. Esses fantasmas da imaginação, animados pela vontade mágica, tomam forma e escolhem para domicílio as regiões inferiores, as regiões do Caos, para assediar a Pistis Sophia e roubar a sua força a partir dali. A alma impelida pelo eu tenta, assim, restabelecer o equilíbrio e consolar-se com as fantasias dos impulsos da vontade.

Se não desejais seguir o caminho e, mesmo assim, com tristeza ansiais por ele, apesar de vos negardes a realizar o mistério da senda, sereis atirados a uma dura realidade como a Pistis Sophia nessa situação impossível. Isso outra coisa não é senão o princípio fundamental da necessidade que é aplicado a ela e que ela própria atraiu sobre si.

Prossigamos, então, com a leitura:

Por ordem do Primeiro Mandamento, o grande, três vezes poderoso Authades, que é uma das potestades tríplices, perseguiu a Pistis Sophia no Décimo Terceiro Éon, para mobilizá-la a olhar para as regiões inferiores, de modo que visse sua força-luz — a com cabeça de leão — e desejasse ir para aquelas regiões para que ali pudesse roubar-lhe sua luz.

Então ainda havia algo a ser roubado na situação em que estava a Pistis Sophia? Qual é a força-luz referida aqui?

Alguém que teve contato com a Gnosis e foi iluminado pela luz do sol espiritual conserva algo dela, e no sangue e em sua essência leva algo quando é banido. E é justamente essa condição, esse estado natural estranho e sua força que instigam os éons à hostilidade.

Por essa razão deve suceder ou uma reconciliação com a Gnosis conforme a lei da Gnosis universal quíntupla ou com a natureza da morte. Se esse último for o caso, toda a pequena centelha de luz gnóstica desaparecerá desta criatura, e o sangue se tornará insensível à Gnosis.

O vácuo ao qual a Pistis Sophia foi levada pelo Décimo Terceiro Éon, o isolamento, de fato tem o objetivo de fazê-la reconhecer que a autorrendição é a única chave para o caminho da libertação. Authades, com suas forças e seus partidários, ilude-a então com a falsa luz para que ela, em seu orgulho ferido, se entregue a ele. Quem está possuído pelos impulsos da vontade perde a capacidade de discernimento e de autoavaliação. Dessa forma a Pistis Sophia foi vitimada pela força com cabeça de leão.

No mundo ao nosso redor podemos ver incontáveis buscadores vitimados por essa força que se manifesta em inúmeras criações. Estas são organizadas e sustentadas pelos que, um dia, falharam diante dos portais do Décimo Terceiro Éon.

Antes de seguir a Pistis Sophia no nadir de seu descaminho, leremos as maravilhosas palavras do capítulo 31. A Pistis Sophia olha para baixo instigada pelos impulsos da vontade. Ali, vê a falsa força-luz e pensa ser a luz da Gnosis que contemplara no Décimo Terceiro Éon. E então lemos:

Quero, sem meu par, descer para aquela região e tomar a luz [...].

Quem é esse que está ligado a ela? Esse par em seu interior é a rosa-do-coração que, dia a dia e de hora em hora, aí propaga seu perfume. Por meio da rosa, a Gnosis se dirige a ela, acompanhando-a em todos os seus caminhos.

Existe um par convosco no vácuo, mesmo após a "parada" que vos foi imposta pelo Décimo Terceiro Éon. Em vossa solidão e decadência, o par está ali, acima de vossa figura curvada, pronto para servir-vos a cada instante. A Pistis Sophia o conhece e conhece Authades. Ela precisa escolher entre os dois. E escolhe a descida para a região sem o par que está vinculado a ela.

De fato, há regiões às quais o par não vos acompanha. Há fronteiras que o par não pode atravessar. O botão de rosa fecha-se, dobrando todas as suas pétalas, e produz-se grande silêncio. Quem, como a Pistis Sophia, bebeu da taça do Graal abandona seu par com muita consciência quando segue a vereda que aqui nos foi mostrada. Esperamos e pedimos que não abandoneis vosso par de maneira intencional.

O evangelho gnóstico *Pistis Sophia* foi-nos concedido para que todo buscador possa dele haurir o ensinamento. A senda da Pistis Sophia é um caminho científico natural. Mas ele não deve tornar-se para vós num meio científico seguro voltado para necessidades naturais. Podeis, a todo instante, voltar-vos para a verdadeira luz e nela ser admitidos se apenas preencherdes as condições requeridas.

Infelizmente, é preciso reconhecer que o caminho a nós apresentado pelo antigo escrito do evangelho *Pistis Sophia* corresponde tão perfeitamente à realidade costumeira que se aplica como se tivesse sido escrito hoje.

As pessoas vêm à Escola da Rosacruz Áurea cheias de entusiasmo e verdadeiro anelo. Tudo iria bem se a Escola se adequasse à sua orientação egocêntrica. Contudo, o homem deve adaptar-se à sagrada lei e cumpri-la. Se isso não acontecer, o conflito irromperá. O resultado é que ele se envolverá no brilho da falsa luz. Assim, toda a verdadeira força-luz que ainda existia é arrebatada dos homens, e seu par se atrofia, transformado num princípio. Eles fracassam levados pelos próprios impulsos da vontade e seu altivo egocentrismo.

Se em vós existir algo da Pistis Sophia em seu declínio, é preciso que o reconheçais e vos livreis de vosso orgulho. Destruí a veste da falsa luz e dirigi-vos, com toda a humildade, ao sagrado salão do Espírito Santo. Ali soarão hinos de vitória e um alegre riso cheio de gratidão para todos os que venceram a si mesmos.

36

Ialdabaoth: fogo e trevas

Lemos no capítulo 31 do evangelho *Pistis Sophia:*

Ao olhar para baixo e perceber sua força-luz nas regiões inferiores, ela não sabia que isso era a força-luz da potestade tríplice, Authades. Pensou que provinha da luz que, no início, avistara nas alturas, a qual provinha dos véus da Câmara do Tesouro de Luz. E ela pensou consigo mesma: "Quero, sem meu par, descer para aquela região e tomar a luz para, com ela, criar éons de luz para mim mesma e, com isso, ficar em condição de me dirigir para a Luz das Luzes nas alturas mais elevadas".

Enquanto pensava nisso, ela abandonou sua região, o Décimo Terceiro Éon, e desceu para o décimo segundo éon. Ali perseguiram-na todos os arcontes dos éons que estavam enfurecidos com ela porque havia pensado na grande glória.

Entretanto, ela deixou também os doze éons e desceu para a região do Caos, aproximando-se da força-luz com cabeça de leão para devorá-la. Contudo, ali a cercaram todas as emanações materiais de Authades. A grande força-luz com cabeça de leão devorou todas as forças-luzes da Pistis Sophia. Sua luz foi filtrada e devorada. Sua matéria foi atirada no Caos. Ali se encontrava um arconte com cabeça de leão, com uma metade em fogo e a outra metade em trevas, ou seja, Ialdabaoth, de que vos falei várias vezes.

Quando isso aconteceu, a Pistis Sophia ficou muito fraca, e a força-luz com cabeça de leão recomeçou a arrebatar todas as suas forças-luzes, enquanto as forças materiais de Authades mantinham-na aprisionada e sob pressão.

Podeis ver neste capítulo vosso estado de vida refletido em sua totalidade ou em parte. Desse modo podeis clarear ou esclarecer vosso estado de consciência. A sabedoria divina é a energia estelar divina pura do princípio. Essa energia estelar ou força astral deve ser bem diferenciada da força astral do Universo dialético. Isso porque o fogo astral divino tem um caráter duplo: espiritual e material. A força astral do Universo dialético é caótica e material. No Universo da morte tudo é feito com base na matéria, tudo se manifesta com o auxílio da substância primordial desencadeada de modo caótico.

O Universo material tem seu ponto de partida na menor partícula imaginável; referimo-nos à substância primordial. O Universo é movido pelo Caos. E como distinguimos nas forças da substância primordial um movimento constante, uma transformação contínua, uma união e separação das forças por meio das quais surgem e desaparecem as formas, podemos dizer que o Caos é a causa da dialética da morte.

Esta dialética explica-se pela propriedade da matéria primordial que é a dupla polaridade, ou seja, bem e mal, luz e trevas. O que resulta desta matéria jamais pode ser divino. Além disso, tudo o que provém da substância primordial da morte é vinculado a limites e ao tempo. Por essa razão o Universo dialético está inserido no tempo e no espaço, em cujos limites tudo surge e declina, todas as coisas se convertem em seu contrário.

Neste mundo do espaço e tempo, a morte é um princípio universal. Quem entra neste Universo entra no âmbito da morte. No Universo do espaço e tempo intervêm forças dentre as quais mencionamos primeiro os doze éons.

Essas doze forças manifestam-se primeiro de maneira tríplice e depois de forma quádrupla, como três vezes quatro e quatro vezes três. Nesse contexto está inserido outra vez o número *sete,* o princípio sete. Daí podemos dizer que as forças que se manifestam no espaço e no tempo formam um conjunto sétuplo, cujo princípio condutor mais elevado é denominado *Ialdabaoth* na filosofia universal. Esse princípio condutor das forças astrais inferiores é literalmente o filho das trevas ou o filho do Caos.

O homem possui no santuário da cabeça um candelabro de sete braços formado pelos sete ventrículos cerebrais, no qual encontramos o fogo astral flamejante da grande força sétupla do Universo dialético. O princípio central do candelabro sétuplo, o princípio condutor no homem é, portanto, Ialdabaoth, do qual metade é fogo e metade, trevas, ou seja, o princípio mágico dinâmico que persegue a criatura através da escuridão.

Ialdabaoth é o foco do princípio humano, é o seu eu. E o eu é uma imitação do eu primordial. Ialdabaoth é uma imitação de Anthropos, o primeiro homem. Este proveio do primeiro Logos, e Ialdabaoth, do segundo.

As criaturas do segundo Logos — a humanidade atual — as imagens do Anthropos primordial, devem seguir o caminho da Rosa-Cruz para reconduzir o sistema inteiro à origem do Primeiro Logos, para que o Anthropos possa despertar, livrando-se de Ialdabaoth e sua queda.

O homem possui uma razão, ou seja, uma inteligência. Essa faculdade provém e é alimentada pelo candelabro sétuplo no homem cujo princípio central é Ialdabaoth. Portanto, o homem não é uma Pistis Sophia, porém um Ialdabaoth-Sophia. Sua razão, sua inteligência, procedem das forças astrais inferiores e são alimentadas por elas, isto é, pela força-matéria da natureza da morte.

Uma Pistis Sophia é alguém cuja razão e cuja inteligência são iluminadas pela sabedoria divina, o Logos primordial. Semelhante transformação deve ocorrer por meio da renovação de uma ou mais luzes do candelabro sétuplo. Seu princípio central – Ialdabaoth – precisa ceder lugar a um novo princípio.

Uma Pistis Sophia é, portanto, um aluno no qual se iniciou a sagrada obra de salvação. Foi também para esse fim que a Pistis Sophia veio ao Décimo Terceiro Éon. Por esse motivo lhe foi permitido passar pelos véus do grande mistério. Ela foi tocada pela Pistis com base na rosa.

Entretanto, ela levou consigo Authades, a essência de sua vontade dialética, ao Décimo Terceiro Éon. Também não poderia ser de outra forma, pois ela ainda não possuía a nova vontade. Por conseguinte, foi necessário deixá-la só, no isolamento, para que a antiga vontade, os impulsos da vontade inferior, pudesse aquietar-se.

Um processo como esse pode demorar, pois a vontade é uma grande força mágica. Com a presunção da vontade o homem evoca e cria todas as coisas. Mas a Pistis Sophia, ou seja, a pessoa que contemplou a luz, que comeu o pão da nova vida e bebeu da taça do Graal, procura, nessa condição, obter a nova vida com a antiga vontade. Ela encena o papel de quem "está progredindo". Entretanto, não é hipócrita por isso, mas está sob o poder da ilusão, pois Ialdabaoth ainda participa do jogo da vida, contando com o auxílio de outros aspectos do candelabro sétuplo.

O Décimo Terceiro Éon mantém afastado da Pistis Sophia o que ela deseja alcançar com sua antiga vontade. Então, Authades a engana, "encenando" esse inalcançável na região a que ele pertence.

Assim, a Pistis Sophia contempla abaixo a região de Authades e não eleva os olhos ao Décimo Terceiro Éon. Então, torna-se apenas a Sophia, tendo perdido a Pistis.

Com uma linha de pensamento comum, puramente racional, distante da Pistis e guiada por Authades, ela vê força-luz em abundância na sua própria região, e sua ilusão é: "Não tenho necessidade do Décimo Terceiro Éon. Aquilo que me foi negado arbitrariamente me é proporcionado por toda parte. Fui tratada com injustiça. Não reconheceram a minha grandiosidade." Ela não percebe que Authades lhe prega uma peça:

Pensou que provinha da luz que, no início, avistara nas alturas, a qual provinha dos véus da Câmara do Tesouro de Luz.

E ela desce para a região da ilusão, abandonando, portanto, o Décimo Terceiro Éon. Então, seu par, a rosa do coração, a deixa. Ela espera tomar a luz que foi oferecida com tanta sinceridade. "Quero obter dali éons de luz para mim mesma e, então, entrar para o novo campo de vida à minha própria maneira."

Essa Sophia não quer voltar para o mundo. Orientada para a Gnosis, ela almeja a libertação, mas não quer renunciar à antiga vontade. Sua autorrendição é cultura da personalidade. E, assim, ela é aprisionada pelas luzes de Authades.

A Pistis Sophia abandona o campo da graça divina e desce para a perdição como Sophia. Naturalmente, volta ao campo de vida comum que lhe é hostil. Ela também já não pertence a este campo.

Ela continua a descer até as forças do Caos. Atraída por Authades, desce cada vez mais, até que chega o momento psicológico em que o campo da graça da Gnosis a abandona. Chega assim a seu lastimável eu, a Sophia.

Nesse momento, ela é cercada pelas criações materiais de Ialdabaoth. A vontade mágica terrena sempre consegue produzir apenas seres da espécie de Ialdabaoth. Desse modo, toda a sua força-luz libertadora é tragada. Tudo o que no candelabro sétuplo luzia para a renovação retira-se.

Assim, sua materialidade é outra vez lançada no Caos. Nada mais lhe resta senão Ialdabaoth, o filho das trevas, a força astral inferior, o filho do Caos. O Anthropos está mais longe do que nunca e a Sophia fica muito debilitada.

Contudo, agora ela tem uma certeza: a Pistis morreu, mas a ilusão também. Pela primeira vez ela conheceu bem o próprio Authades. Ela chegou ao nada. Como Jó, ela está sentada sobre os escombros. Nada lhe restou, mas pela primeira vez o conhecimento reluz para ela como uma porta aberta.

Através dessa porta ela contempla ao longe os véus do Décimo Terceiro Éon. E ela reconhece sua queda, seu salto na morte. Nesse momento começa uma nova fase na história da Sophia que começa com o famoso cântico de arrependimento: *A Pistis Sophia clamou: [...] Ó Luz das Luzes...*

Com esse arrependimento, essa conversão fundamentada no conhecimento, a Sophia torna-se outra vez a Pistis Sophia, e seu par, que está ligado a ela, apressa-se em sua direção.

37

O arrependimento de treze aspectos

Sabeis que existem sete sistemas de força estelar e que a natureza comum é seu sétimo aspecto. A personalidade do homem é formada pelo sistema de energia estelar da dialética. Sua capacidade de raciocínio, sua Sophia, como também a faculdade volitiva harmonizam-se de modo perfeito com esse sistema. O fluido nervoso, o fogo serpentino, o fluido hormonal e o sangue também se explicam com base nele.

Cada célula do corpo contém o princípio de força estelar da natureza comum. Essa energia estelar incide sobre o homem em doze correntes. No evangelho *Pistis Sophia* elas são chamadas doze éons. Existem ainda inúmeras subdivisões simbolizadas pelos arcontes. Essas doze correntes são introduzidas no sistema magnético cerebral, no santuário da cabeça, e aí captadas por sete focos que formam o candelabro de sete braços. A energia mais importante nesse candelabro é Ialdabaoth. O candelabro sétuplo é o núcleo da consciência, o eu, a inteligência. Nesse núcleo do santuário da cabeça originam-se doze pares de nervos. Eles comandam e sustentam todo o sistema para o núcleo da inteligência, Ialdabaoth.

Uma pessoa volta-se para a Escola Espiritual quando não consegue descobrir no mundo o que é essencial. Seu anseio dirige-se então à finalidade desconhecida da existência humana. Uma pessoa que pensa assim capta um pouco das radiações da Gnosis com o coração. Essas influências chegam ao seu íntimo por meio da rosa-do-coração. Elas atingem o sangue e, com força suave, encaminham a pessoa na direção de uma escola espiritual. O que ela ali vê e vivencia corresponde às sugestões que atuam em seu sangue. Sentindo-se agradecida, ela louva a luz.

Todavia, isso em nada altera no fato de essa pessoa, na realidade, ainda ser a mesma de antes de sua filiação à Escola Espiritual. A Pistis e a Sophia ainda pertencem por inteiro ao mundo da dialética. Portanto, para essa nova ligação chegar a um bom resultado, tanto a Pistis como a Sophia devem ser substituídas nessa pessoa pela energia estelar da Gnosis, o que significa uma nova Pistis e uma nova Sophia.

Então, um novo candelabro poderá arder, e um novo fluido nervoso poderá correr através dos doze pares de condutos nervosos. Uma nova energia quíntupla se mostrará e a grande transformação, a transfiguração, será então apenas uma questão de tempo.

É de se esperar de uma pessoa que ingressa numa escola espiritual que ela se submeta a esse inevitável processo de renascimento. No entanto, a antiga natureza é forte e opõe-se. Por isso, o aluno principiante ainda enfrentará um período doloroso e de desventura, pois tenta empregar primeiro sua conduta da Sophia costumeira. Ele mobiliza seu Authades para alcançar seus objetivos, para assimilar a doutrina, para reagir e realizar o trabalho.

Entretanto, assim não é possível entrar em unidade com a Gnosis. Por conseguinte, dá-se um afastamento: a Gnosis deixa a Pistis Sophia sozinha. Mas a Sophia dialética percebeu bem que uma nova força-luz foi lançada sobre ela. Como foi deixada só, procura imitar essa força-luz. Tenta imaginar o que existe no Décimo Terceiro Éon. A faculdade volitiva mágica projeta essa imitação a seu redor.

O homem não apenas sabe sobre a Gnosis, não apenas acredita nela, mas também é um artista: cria para si mesmo o que deseja, e assim há muita luz à sua volta. Ele não percebe que é a falsa luz de Authades. Tira partido da vida como artista, como mágico. É um autêntico aprendiz de feiticeiro. A luz o envolve. Ele acredita ter iniciado a transfiguração.

A Pistis Sophia, então, dirige o olhar para baixo, e já não para cima, porque ainda não sabe o caminho. A rosa-do-coração fechou-se outra vez, e sem este par o homem cai na desgraça. É a desgraça da prisão que ele próprio criou. E ficará prisioneiro até que reconheça que se enganou. Esse reconhecimento está ligado à descoberta de estar em meio à miséria. Essa descoberta traz ao homem uma nova experiência, mas ele agora está mais distante da casa do Pai do que antes.

Cada homem deve passar pelo caminho da amarga experiência, porém o evangelho gnóstico *Pistis Sophia* o previne de antemão. Um homem pode estar no início ou no meio de tal experiência ou já pode ter chegado ao fim. E para todos os que conhecem uma experiência como essa e, assim, sabem que estão muito distantes da casa do Pai, resta apenas um arrependimento intenso. Isso significa uma verificação realista e absoluta do que de fato aconteceu, de modo que, com esta base, um novo conhecimento e uma nova ação libertadora possam originar-se. A grande obra de recriação não pode acontecer alicerçada na Sophia dialética. É necessário que um novo fundamento seja lançado após a purificação, após a influência incontestável de Authades, portanto, após a influência da ilusão.

Entre o primeiro e o segundo contato fundamental com a luz do Décimo Terceiro Éon há um importante processo de preparação. Esse processo pode ser dramático ao extremo. Ele pode realizar-se dentro ou fora da Escola Espiritual, mas sempre o arrependimento é a chave para o segundo contato. Arrepender-se é uma vida de ação, significa lidar com uma tristeza e com isso realizar e cumprir alguma coisa. Esse é o profundo significado do arrependimento. É a ação, com base em uma condição sanguínea. Não é um anseio egocêntrico. Arrependimento é autoconhecimento consistente relacionado a um fato irrevogável. A tristeza pode paralisar um homem. Todos os cinco fluidos anímicos entram em determinada condição. O homem está, então, face a face com uma evidência que lhe expõe as causas amplamente. A verdade nua e crua então se lhe apresenta e nele vive. E agora o homem precisa agir com base nessa verdade, deve cingir-se com essa verdade. Isso é arrependimento.

Arrependimento é quando todo o ser, desde as profundezas do sangue, retorna para a Gnosis. Significa ter no sangue a certeza de estar de posse do autoconhecimento. Com base nesse arrependimento se desenvolve, então, um processo de treze aspectos, descrito com pormenores no evangelho *Pistis Sophia.*

A Pistis Sophia começa então a cantar seus treze cânticos de arrependimento. Ela canta seis deles sem nenhum resultado, pelo menos é o que parece à sua consciência.

Apenas depois do sétimo cântico de arrependimento ela vive uma iluminação interior. Diz o texto que ela é levada a uma região maior. O oitavo cântico não provoca outras mudanças, mas depois do nono cântico sua oração é ouvida. A Gnosis responde a seu arrependimento e lhe envia Jesus na região dialética. No entanto, essa nova ligação ainda não é invencível aos ataques dos arcontes da natureza.

Mas, depois de soar o décimo terceiro cântico de arrependimento, segue-se a elevação ao Décimo Terceiro Éon. A segunda entrada é festejada. Um halo de luz rodeia sua cabeça. Seu tempo terminou. Os treze cânticos de arrependimento transmutaram por inteiro todo o sistema magnético cerebral, todo o candelabro de sete braços e os doze pares de correntes nervosas.

Pela primeira vez a força estelar da Gnosis pode entrar de forma direta no santuário da cabeça. Então o homem de fato nasceu de Deus e tornou-se numa verdadeira Pistis Sophia.

O caminho seguido pelo aluno na senda da Rosa-Cruz é o mesmo seguido pela Pistis Sophia. Que o caminho do aluno possa comprovar depressa a consumação dos tempos mediante o processo do arrependimento de treze aspectos.

PISTIS SOPHIA

LIVRO I

CAPÍTULOS 32–34

"A Pistis Sophia deu um grito agudo, clamando pela Luz das Luzes que ela havia visto no princípio e em que acreditava. E disse estas palavras de arrependimento:

'Ó Luz das Luzes, em que acreditei desde o princípio, ouve agora o meu arrependimento; pois maus pensamentos me enclausuraram.

Lancei meu olhar para as regiões inferiores e ali vi uma luz que me fez pensar em ir para aquela região para apoderar-me daquela luz. E fui. Entretanto, caí nas trevas do Caos inferior e não tive condição de me elevar e voltar para a minha região; pois as criaturas de Authades afligiram-me, e a força com cabeça de leão roubou minha luz interior. Clamei por socorro. Porém, minha voz não conseguiu trespassar as trevas. E olhei para o céu para que a luz em que eu acreditava viesse em meu auxílio. Todavia, ao olhar para o alto, vi todos os arcontes dos éons olhando e rindo de mim, embora eu não lhes tivesse feito nada de mal e me odiassem sem motivo. Quando as criaturas de Authades perceberam a satisfação maldosa dos arcontes dos éons, tiveram certeza de que os arcontes dos éons não viriam em meu auxílio. Assim, as criaturas recobraram ânimo e atormentaram-me com força, enquanto despojavam-me da luz que não provinha delas.

Por essa razão, ó Luz da Verdade, sabes que fiz isso na minha inocência, porque pensei que a luz com cabeça de leão te pertencia. E o pecado que cometi agora é de teu conhecimento.

Não me deixes em aflição, ó Senhor, pois acreditei na tua luz desde o princípio. Ó Senhor, luz das forças, não me deixes agora ficar afastada de minha luz. Porque, por tua causa e por tua luz caí nesta aflição, e a vergonha me envolve.

Por causa de tua luz tornei-me estranha a meus irmãos, aos invisíveis, e às grandes criaturas de Barbelo.

Tudo isso aconteceu-me, ó Luz, porque procurei ardentemente por tua morada. A cólera de Authades, que não agiu por tua ordem, para criar de acordo com as emanações de sua força, caiu sobre mim, porque eu me encontrava em seu éon sem realizar o seu mistério.

E todos os arcontes dos éons zombaram de mim.

Permaneci nessa região em profunda tristeza e com intenso anseio pela luz que havia visto nas alturas.

Os guardiães dos portais procuravam por mim e todos os que perseveravam em seus mistérios escarneciam de mim.

Eu, todavia, elevei meu olhar para ti, ó Luz, e confiei em ti. Agora, porém, estou em aflição e nas trevas do Caos, ó Luz das Luzes. Se, então, queres vir para libertar-me — pois grande é a tua misericórdia — ouve-me então, em verdade, e salva-me.

Salva-me da matéria dessas trevas, para que eu não venha a perecer nelas e para que eu seja liberta das criaturas do deus Authades, que querem encurralar-me.

Não deixes que essas trevas me enfraqueçam e não permitas que a força com cabeça de leão devore toda minha força e que o Caos oculte sua força. Ouve-me, ó Luz, pois tua compaixão é infinitamente grande. Olha por mim na grande misericórdia de tua luz.

Não escondas de mim o teu semblante, pois estou em grande aflição. Ouve logo a minha oração e salva minha força.

Liberta-me dos arcontes que me odeiam, pois tu conheces minha aflição, meu sofrimento e a falta de minha força que eles tomaram. Os que me causaram tudo isso são conhecidos por ti. Faze com eles conforme teu parecer.

Minha força olhava do meio do Caos e das trevas. Esperei pelo meu par, que ele viesse e lutasse por mim, mas ele não veio, apesar de eu esperar que ele viesse e me concedesse força. Contudo, não o encontrei. Quando procurava pela luz, deram-me escuridão. Quando procurei pela minha força, deram-me matéria. Destarte, ó Luz das Luzes, oxalá as trevas e a matéria que as criaturas de Authades fizeram vir sobre mim se tornem cilada para elas. Que nela se enredem. Retribui-lhes, priva-as até mesmo de tua graça para que não cheguem à região de seu Authades.

Faze que permaneçam nas trevas e não permitas que contemplem a luz. Que contemplem para sempre o Caos e não as alturas.

Que sua vingança recaia sobre elas mesmas e que tua justiça as atinja. Que sejam excluídas da região de seu deus Authades, e que suas criaturas sejam impedidas de chegar às suas regiões; pois ímpio e impudente é seu deus. Ele pensou haver perpetrado essa maldade por sua própria força, sem saber que não teria poder sobre mim se eu não tivesse sido humilhada por teu mandamento.

Porque quando, por teu mandamento, me rebaixaste, perseguiram-me ainda mais e suas criaturas acrescentaram sofrimento à minha humilhação.

Arrebataram minha força-luz e outra vez me atacaram para levar-me à aflição e roubar toda minha luz. Não permitas que se elevem ao Décimo Terceiro Éon, a região da justiça, por me haverem feito isso.

E não permitas que sejam contados entre os que purificam a si mesmos e a sua luz. Não permitas que sejam contados entre os que, sem demora, exibem arrependimento para receber o mistério da luz.

Porque arrebataram a minha luz. Minha força-luz está-se esgotando, e sinto falta de minha luz.

Por essa razão, ó Luz que está em ti e que está comigo, louvo teu nome em magnificência, ó Luz.

Que meu louvor seja de teu agrado, ó Luz, como um mistério extraordinário recebido nos portais da Luz, louvor manifestado pelos arrependidos, cuja luz é purificada.

Que se alegre tudo o que é material. Procurem todos a luz para que força de vossa alma, que está em vós, viva.

Porque a Luz acolheu a matéria, e nenhuma matéria deixará de ser purificada. Que as almas da matéria e tudo o que nela existe louvem o Senhor de todos os éons. Porquanto Deus libertará a alma de toda matéria. Um lugar será preparado na luz, e todos os libertos ali habitarão, e ele será sua herança.

As almas dos que receberem os mistérios e todos os que receberem os mistérios em seu nome ali permanecerão'."

Depois dessas palavras, disse Jesus a seus discípulos: "Este é o louvor que a Pistis Sophia proferiu em seu primeiro cântico de arrependimento, porque se arrependeu de seus pecados e contou-me tudo o que lhe havia acontecido. Portanto: Quem tem ouvidos para ouvir, ouça."

De novo Maria se adiantou e disse: "Senhor, o meu par de luz imanente tem ouvidos e eu ouço com minha força-luz. Teu espírito, que está comigo, despertou-me. Permite-me, então, falar sobre o cântico de arrependimento que a Pistis Sophia proferiu sobre os seus pecados. Outrora tua força-luz profetizou através do profeta Davi, no Salmo 69:

'Salva-me, ó Deus, porque as águas me chegam até a alma.

Estou mergulhado em lamaçal sem fundo, onde não posso ficar. Cheguei às profundezas dos mares, onde a maré me submerge.

Estou cansado de clamar. Arde-me a garganta; os meus olhos enfraqueceram-se de tanto procurar por meu Deus.

Os que, sem razão, me odeiam são mais numerosos do que os cabelos de minha cabeça. Poderosos são meus inimigos, aqueles que querem me destruir; o que não furtei, exigem que lhes devolva.

Ó Deus, tu conheces a minha loucura, e os meus pecados não te estão ocultos.

Que, por minha causa, não fiquem envergonhados os que esperam por ti, ó Senhor, Deus das Hostes. Não deixes que sofram vexame os que buscam por ti, ó Deus de Israel.

Pois, por ti, meu rosto se encobre de vergonha. A meus irmãos tornei-me estranho e desconhecido aos filhos de minha mãe. Pois o zelo de teu templo me consumiu, e os insultos dos que te ultrajam caem sobre mim.

Mortifiquei minha alma pela abstinência, e isso me envergonhou. Vesti um manto grosseiro e me tornei motivo de escárnio para eles.

Eles, os que se assentam às portas, falam a meu respeito, tornei-me motivo de escárnio para os ébrios.

Todavia, meu espírito dirige-se a ti, ó Senhor, ó Deus. Acolhe-me, no devido tempo, segundo tua complacência e salva-me segundo a grandeza de tua graça. Salva-me deste lamaçal, para que eu não naufrague. Liberta-me dos que me odeiam e salva-me das profundezas das águas.

Não deixes que a corrente das águas me arraste, nem que me traguem as profundezas, nem que o abismo se feche sobre mim.

Responde-me, ó Senhor, pois tua graça é magnífica. Volta-te para mim segundo a grandeza de tua misericórdia.

Não escondas teu semblante de teu servo, pois estou angustiado. Apressa-te em responder-me, aproxima-te de minha alma e liberta-a.

Livra-me de meus inimigos, pois conheces minha vergonha, meu opróbrio e minha afronta. Todos os que me ameaçam estão diante de ti.

O opróbrio partiu-me o coração. Em vão esperei por um sinal de piedade dos consoladores, mas não os encontrei. Deram-me fel por alimento e mataram-me minha sede com vinagre.

Que a mesa posta diante deles se torne embuste, pedra de tropeço, vingança e desonra para eles. Faze que se lhes curve o dorso para sempre. Derrama sobre eles a tua indignação e que o ardor da tua cólera os atinja.

Que sua morada se torne um deserto, que não haja um habitante em suas tendas.

Porque aqueles a quem tu golpeaste são perseguidos por eles. Aumentam as dores de suas feridas. Acrescentam pecado ao pecado; não deixes que gozem de tua equidade.

Que sejam riscados do livro da vida e não sejam inscritos com os justificados. E eu estou amargurada de dor. Que teu socorro me resguarde, ó Deus. Quero louvar o nome de Deus com hinos e glorificá-lo com cânticos. Isto será mais aprazível a Deus do que um novilho com chifres e patas.

Que vejam isso e se alegrem os resignados. Buscai a Deus para que vossas almas possam viver. Porque o Senhor atende os necessitados e não descuida dos prisioneiros.

Que os céus e a terra, os mares e tudo o que neles se move louvem ao Senhor. Pois Deus libertará Sião e edificará as cidades de Judá para que nelas habitem e as tenham por herança.

A descendência de seus servidores as herdará e aqueles que amam Seu nome hão de ali morar'."

Após ter pronunciado estas palavras a Jesus no círculo dos discípulos, Maria disse: "Senhor, esta é a explicação do mistério do cântico de arrependimento da Pistis Sophia".

Ao ouvir essas palavras de Maria, ele respondeu: "Muito bem, Maria. És abençoada, a plenitude, a plenitude que abarca toda a bênção, és a que será louvada por todas as gerações".

Pistis Sophia, capítulos 32–34

38

Primeiro cântico de arrependimento: o cântico da humanidade

Até aqui, nos capítulos anteriores, seguimos convosco o caminho da Pistis Sophia até o momento em que ela começou o cântico dos treze hinos de arrependimento. Vimos que ela abandonou o Décimo Terceiro Éon no qual havia sido acolhida porque não quis renunciar ao egocentrismo. Ela tentou conquistar um lugar com a ajuda da força estelar da natureza da morte que sustentava a sua vida natural.

Analisamos sua situação dramática de diversos ângulos. Enquanto o sofrimento desencadeado por ela mesma lhe acrescenta profundas feridas na alma, a Pistis Sophia descobre, em determinado momento, a causa de tudo isso. Ela reconhece perfeitamente sua própria situação e demonstra um intenso arrependimento.

Sabeis que, em sentido gnóstico, o arrependimento é uma mobilização interior quíntupla da alma. O arrependimento transforma-se, assim, na conversão de todo o ser anímico, conversão essa ligada a profundo autoconhecimento. Com base nas profundezas anímicas do autoconhecimento se desenvolve um processo de treze etapas que é descrito até nos mínimos detalhes.

Descobrimos que o autoconhecimento deve ser absoluto e elevar-se com base na experiência. Esta deve dar-se em determinada condição da personalidade, de modo que os treze cânticos de arrependimento encontrem de fato solo fértil na psique da

Pistis Sophia. Não se trata de treze orações no estilo: "Ó Senhor, ajuda-me, pois estou em apuros", porém, o candidato justifica seu estado, sua miséria e seu penar mediante o autoconhecimento.

Com base nessas premissas, ele verifica sua impotência. E reconhece tudo isso na perspectiva absoluta da verdade como resultado da falsa atitude de vida, tanto com relação a suas causas como também a suas consequências naturais inevitáveis. Ele também está nu, muito humilde e em absoluta autorrendição à Gnosis e, nessa situação, desenvolve-se o processo de treze etapas.

Esse processo de conversão total e com conhecimento de si mesmo é examinado no evangelho *Pistis Sophia* primeiro sob o aspecto psicológico. É explicado de que maneira o aluno chega a uma solução do ponto de vista psicológico e retorna à vida livre no Décimo Terceiro Éon. Só depois é mostrada a experiência transfigurística e estrutural durante esse renascimento da alma.

Nós seguimos o mesmo método e nos reportamos ao primeiro cântico de arrependimento, o cântico da humanidade. No evangelho *Pistis Sophia* esse cântico é comparado ao Salmo 69. O início desse salmo mostra que foi cantado segundo *Shoshanim,* o que significa "no foco da Fraternidade Violeta", ou seja, num templo onde penetra o sétimo raio.

Nesse primeiro cântico de arrependimento o candidato percebe que se desencadeou nele uma situação de crise que o coloca à beira do abismo. Além disso, ele sabe que a situação de sua existência é sem esperança, não oferece nenhuma chance na vida, portanto, em poucas palavras, é insustentável. Esforços diversos foram feitos no plano horizontal para erguer-se do estado decaído, mas eles mostraram-se inúteis.

Um cansaço mortal tomou conta do candidato. Ele percebe que está envolvido por um ódio desmedido que não consegue entender. Os portadores personificados desse ódio contra ele atacam-no e arrebatam-lhe seus valores. Contudo, ele não conhece esses valores, não sabe que os possui. Deduz essa possibilidade apenas da realidade dos ataques, pois quem odeia ou ataca deve ter uma razão para isso. A alguém que é atacado, alguém que está completamente encurralado, que já perdeu tudo e também está afundado na lama, uma pergunta impõe-se então: "Por quê?"

O reconhecimento de ter cometido grande insensatez e de estar sobrecarregado de culpa brota no candidato em resposta a essa pergunta. Poderíamos esperar que, depois desse reconhecimento de si mesmo, ele gritasse por auxílio de modo negativo, em cega e obsessiva autoafirmação! No entanto, não é esse o caso, absolutamente! Suas preocupações e temores dizem respeito, em primeiro lugar, aos que o tomaram como modelo. Ser lançada no charco sem fundo, depois de ter entrado para o Décimo Terceiro Éon, ser tentada e atacada pelos arcontes não é, de fato, uma imagem majestosa da Pistis Sophia. É compreensível que outros que presenciam esse fato desistam de continuar na senda.

Vergonha e medo de terceiros, portanto, estão aí presentes em alto grau. Vergonha e medo, porém, constituem perigo devido a sua ação negativa, pois debilitam qualquer atividade autônoma. Por esse motivo, o candidato olha mais para baixo: "Não há esperança para mim. Pus tudo a perder, e diante da minha imagem os outros devem horrorizar-se", pensa ele. "Caí por ter reagido de modo completamente errado à radiação do Décimo Terceiro Éon. Essa queda, e tudo a ela relacionado, tem um sentido. Estou num ponto morto por causa da senda, por causa da Gnosis. A vergonha que sinto e exponho é por causa do discipulado. Assim, o próximo passo deve ser o reconhecimento do meu isolamento. Todos os meus irmãos me deixaram. Vivo em completo abandono, pois quem quer impor o eu na senda cai na solidão e no desamparo total."

O que deve ser deduzido daí? A conclusão deve ser de que essa via de experiência é intencionada pela Gnosis para aniquilar o eu da natureza, o egocentrismo. O curioso é que todos os seres da natureza inferior que, tomados pelo ódio, atacam o candidato numa fúria cega têm o mesmo encargo, quando é o caso. Assim, o último reduto da autoafirmação é atacado por dois lados. Pela Gnosis, mediante a negação, e pela natureza da morte, mediante a cólera cega.

A alma do eu, em completo isolamento, paralisia e cansaço, é acometida primeiro por profunda tristeza. Do ponto de vista psicológico isso é perfeitamente correto. Não há em absoluto nenhuma razão para alegria. O candidato fala de sua tristeza, dá testemunho dela, canta a respeito dela e age de modo coerente com ela. Ele é considerado o pessimista, o grande sofredor, o melancólico. Boatos surgem a seu respeito. Suspeita-se que tenha uma pesada carga de pecados. Então o seu isolamento torna-se ainda maior. Ele já não encontra consolo em explicar sua tristeza.

E então, nessa insignificância do isolamento do eu e depois da descoberta de que a assim chamada penitência com tristeza também é, afinal, apenas uma exibição e afirmação do eu, o candidato começa a invocar a Gnosis de maneira inteiramente nova. Ele já não faz valer qualquer direito. Nada pede com base em determinada condição ou valor, porém, recorre à benignidade gnóstica para a salvação do microcosmo decaído.

Ele implora nesta confissão absoluta: "Estou submerso num profundo lamaçal. Sou vítima dos que me odeiam. A matéria da natureza da morte me aprisionou". E como o candidato sabe ser um portador de imagem e ser chamado a cumprir sua missão, ele pede ajuda para libertar-se do curso da morte.

Apresentando-se ao amor divino universal, ele implora: "Olha para mim, Senhor. Não escondas de mim o teu semblante, pois estou muito atemorizado".

O grito de morte do eu é lançado: "Estou muito atemorizado". Quando ressoa esse grito, faz-se silêncio. O silêncio da serenidade impõe-se ao candidato. Ele aceita a sua situação no sentido de: "Não a minha vontade, mas a tua vontade se faça". A vida torna-se uma oração de salvação nascida da serenidade do estado anímico.

Entretanto, a alma ainda está ocupada consigo mesma. Com sua vergonha, sua desonra e seu opróbrio alternadamente, apresenta-se à Gnosis e confessa. A alma tornou-se mortalmente fraca. Ela esperava por compaixão, mas esta não veio. Procurou por consolo, mas este não veio. Ela se queixa das múltiplas experiências amargas nas quais teve de lutar.

Contudo, enquanto se encontra nesse estado de miséria, ela começa a esquecer-se de si mesma. "O que é a miséria do próprio eu comparada às imensuráveis forças da dialética que trituram inúmeros?"

Por essa razão a alma começa agora a confrontar-se com a natureza da morte de sete maneiras. Isso já não ocorre de modo queixoso, doentio e moribundo, não como aprisionada, mas como lutadora. A alma está no átrio da igreja militante e entra para as fileiras do grande trabalho da Fraternidade na terra.

Desse modo, a alma, em perfeita entrega a serviço de outros, percebe que não apenas se esquece de si mesma, porém torna-se extraordinariamente grata. Ela sente até mesmo alegria pelo fato de fazer alguma coisa, de ser útil em sua condição de decaída. Quem então reconhece e percebe que com o nada – e justo com isso – algo pode ser feito a serviço de Deus e da humanidade recebe novo alento de vida para poder perseverar. O coração torna-se puro mediante o puro anelo.

Assim a alma sabe que está outra vez no processo pela automaçonaria. Ela percebe que é um fator na onirrevelação e apenas agora sabe de fato algo sobre a senda. Ela compreende com clareza que o caminho conduz à libertação de modo ascendente, partindo de baixo, do nada que resta após livrar-se do eu.

E então há, enfim, uma certeza inabalável e, por conseguinte, um júbilo e um cântico de louvor nessa alma tão atormentada e profundamente atribulada: "Nós voltamos! Nós e as outras almas. Recebemos a herança!" Assim termina o primeiro cântico de arrependimento da Pistis Sophia.

PISTIS SOPHIA

LIVRO I

CAPÍTULOS 35–36

Prosseguindo, disse Jesus: "Em seguida, a Pistis Sophia pronunciou seu segundo cântico de arrependimento, no qual disse:

'Ó Luz das Luzes, acreditei em ti. Não me deixes ficar nas trevas até o fim de meus dias.

Ajuda-me e salva-me através de teus mistérios, inclina teus ouvidos para mim e liberta-me.

Que a força de tua luz me liberte e me conduza para os éons superiores, porque tu me libertarás, levando-me às alturas de teus éons.

Salva-me, ó Luz, da mão da força com cabeça de leão e das mãos das criaturas do deus Authades.

Porque tu és, ó Luz, aquela em que acreditei e em que confiei desde o princípio.

Desde o momento de minha criação, acreditei em ti. E tu mesma fizeste que eu fosse criada, e, desde o princípio, confiei em tua luz.

E quando acreditei em ti, os arcontes dos éons zombaram de mim, dizendo: "Ela não conseguiu realizar seu mistério". Tu és meu Salvador e redentor, tu és meu mistério, ó Luz.

Minha boca estava preenchida por tua glória, para que, por todos os tempos, eu pudesse enaltecer o mistério de tua magnificência.

Por isso, ó Luz, não me deixes no Caos até o fim de meus dias; não me abandones, ó Luz.

Toda a minha força-luz me foi arrebatada, e todas as criaturas de Authades cercaram-me. Queriam tomar toda minha luz e puseram um vigia diante de minha força.

Ao mesmo tempo diziam entre si: "A Luz a abandonou. Vamos subjugá-la e tomar toda luz que nela está contida".

Não me entregues, por isso, a meu destino, ó Luz. Volta-te para mim, ó Luz, e livra-me das mãos dos desalmados.

Que os que ambicionam minha força tropecem e se tornem fracos. Que os que querem roubar minha força sejam envoltos pelas trevas e fiquem enfraquecidos'. Este é, pois, o segundo cântico de arrependimento que a Pistis Sophia dedicou à Luz."

Tendo dito essas palavras a seus discípulos, Jesus falou: "Compreendeis o que vos digo?" Então, Pedro logo se adiantou e disse a Jesus: "Senhor, não podemos tolerar que esta mulher nos prive da oportunidade de dizer alguma coisa, porque ela mesma fala com muita frequência".

Jesus respondeu: "Aquele no qual a força do espírito se manifestou, de modo que consegue entender minhas palavras, pode apresentar-se e falar. Mas, agora, Pedro, vejo que a força que existe em ti compreende a explicação do mistério do cântico de arrependimento da Pistis Sophia. Pois bem, Pedro, fala, cercado por teus irmãos sobre as ideias desse cântico de arrependimento".

Pedro respondeu a Jesus: "Ó Senhor, ouve o que tenho a dizer sobre este cântico. A esse respeito tua força-luz profetizou, um dia, através do profeta Davi, quando expressa seu arrependimento no Salmo 70:

'Em ti, ó Senhor, procuro meu refúgio; jamais permitas que eu seja envergonhado. Salva-me através de tua equidade e liberta-me; inclina teu ouvido para mim e livra-me.

Sê para mim como um forte rochedo e uma fortaleza, para redimir-me; pois tu és minha força e meu refúgio.

Meu Deus, livra-me das mãos dos pecadores, das mãos dos ímpios e dos transgressores. Pois tu, ó Senhor, és minha perseverança e minha esperança desde a juventude.

Desde o regaço de minha mãe, entreguei-me a ti, ó Senhor. Desde meu nascimento me acompanhaste. Lembrar-me-ei sempre de ti.

Para muitos tornei-me um tolo, mas tu foste meu auxílio e minha força; és meu Salvador, ó Deus.

Meus lábios estão plenos de teu louvor, o dia todo enalteço tua glória. Não me rejeites na velhice. Não me desampares quando minha alma estiver extenuada!

Porque meus inimigos me injuriam, e os que espreitam minha alma juntos forjam intrigas e dizem: "Deus o abandonou; persegue-o e ataca-o, pois não há quem o salve!"

Ó Deus, apressa-te em auxiliar-me! Que sejam humilhados e destruídos os que perseguem minha alma. Em vergonha e ignomínia sejam envoltos os que procuram a minha desdita'.

Essa é, pois, a interpretação do segundo cântico de arrependimento da Pistis Sophia."

Pistis Sophia, capítulos 35–36

39

Segundo cântico de arrependimento: o cântico da consciência

Podemos afirmar então que os treze cânticos de arrependimento entoados pela Pistis Sophia diante do Décimo Terceiro Éon relacionam-se com as treze iniciações da alma. São treze transformações do estado anímico comum que devem ocorrer antes de o portador de imagem estar em condição de iniciar a grande obra da recriação.

Desejais estar muito bem preparados e também ansiais muito por isso, mas, ainda assim, estais em princípio despreparados para iniciar a grande transformação, pois todo o vosso estado de consciência até o momento ainda está completamente sintonizado com a vida dialética.

Vossa alma deve, portanto, estar preparada, não apenas para reagir a outras radiações magnéticas, mas também para repelir as radiações dialéticas, para tornar-se refratária a elas, para proteger-se de maneira orgânica contra elas. Esse processo preparatório tem treze etapas e apresenta tanto aspectos dramáticos quanto aspectos alegres. E para estar preparada para essa magnífica elevação, a alma deve seguir um caminho difícil. Nenhum candidato pode ser poupado desse processo de treze fases. Tudo de que tratamos com base na vida da Pistis Sophia é e virá a ser aspecto da vida de cada candidato na senda da transfiguração.

O processo transcorre, em síntese, do seguinte modo: por alguma razão séria, uma pessoa sente-se atraída pela Rosa-Cruz. Ela tem um anseio interior por seguir a senda. Depois da ligação com a Rosa-Cruz, ela entra para o campo magnético do Lectorium Rosicrucianum. Seu ser anímico precisa, então, adaptar-se ao novo campo magnético. Para isso, deve deixar o que é desta natureza do ponto de vista funcional, orgânico e eletromagnético.

Na sua condição existencial comum, ela não está apta para iniciar a grande obra. Portanto, fica sozinha para realizar o trabalho de preparação. Por toda a sua vida essa pessoa se deixou guiar por sua consciência, vontade e razão dialéticas mediante o fluido astral da natureza da morte.

No interior do novo campo magnético esse antigo dirigente, Authades, é atingido nos fundamentos de sua condição existencial e, então, revolta-se, resistindo às transformações que se avizinham. Dois campos magnéticos entram em choque. O novo ainda não pode entrar em cena, ainda não pode atuar. E o antigo está sob pressão e atua com força redobrada.

A vontade da antiga natureza, que é muito mágica, tenta oferecer ao candidato o que ele anseia: realização e contato gnósticos. Assim a pessoa cai na ilusão e vive todas as suas consequências. Ela deve reconhecer que Authades apenas constrói para ela castelos de cartas, que caem em ruínas. Se uma pessoa teve desejos intensos e fez construções imaginárias com toda a magia de sua vontade, precisa lidar com uma profunda decepção quando essas construções se desfazem em névoa. Desse modo, o candidato toma consciência de não poder obter com a energia da vontade dialética o que diz respeito à Gnosis.

Isso dá origem a uma intensa reação psicológica. Apenas a compreensão filosófica não é suficiente. Deve haver um conhecimento interior para passar de fato pelo processo. E, assim, o candidato que experimentou o fracasso e a impotência de sua vontade vivencia sua decepção. Ele percebe seu equívoco. E como seu anseio é sério, ele reage da maneira correta, demonstrando o arrependimento. Ele não endurece seu coração, não admite nenhum orgulho obstinado. Reconheceu não contar com nenhum recurso, sequer um talento, para seguir o caminho, mesmo apresentando um grande anseio para isso.

Essa é uma descoberta decepcionante, em especial para personalidades fortes que tudo conseguiram pela imposição de sua vontade, de sua tenacidade ou por meio de determinadas táticas. Para uma pessoa assim, é penoso tomar consciência de que: "Aqui estou eu. Nada sou, apenas um ignorante impotente. Tenho apenas um puro anseio pela nova vida".

Esse estado é, porém, a base psicológica para os treze cânticos de arrependimento. Mas essa pessoa não se arrepende por ter feito algo errado, pois ela não consegue agir de modo diferente; ela se arrepende por causa de sua inaptidão fundamental. Ela reconhece sua condição com perfeição. Não se arrepende de uma ação errônea, porém sente o arrependimento do autoconhecimento.

No entanto, um arrependimento como esse pode ser muito negativo. O homem pode cristalizar-se nesse ponto. Então vemo-lo de cabeça baixa, com o olhar voltado para o chão e abatido, o homem que acreditava poder tomar o céu de assalto.

Mas, depois de um período assim negativo, a saudade e o anseio podem ressurgir. Então essa pessoa começa a invocar a luz, mas agora de modo completamente diferente. Ela entoa seu primeiro cântico de arrependimento que consiste em trinta e seis versos. Ela canta o cântico da humanidade.

Primeiro, explica neste cântico o seu próprio estado, sua depressão, a profunda queda. Descreve seus inimigos que a atacam e a cercam por todos os lados. Envergonha-se da imagem negativa que apresenta. Relata sua impotência e seu isolamento. Está muito envolvida com sua própria sorte e suas consequências. Entretanto, uma vez que no primeiro cântico de arrependimento ela entoa o cântico da humanidade, ela olha a seu redor em sua autopiedade e, pela primeira vez, vê o imensurável sofrimento de todos os homens. Reconhece que o mundo todo está curvado pela miséria. Ela vê que todos, em sua ignorância, vão à ruína em alta velocidade. E, então, reconhece ser privilegiada em relação à humanidade por conhecer o seu próprio estado, sentir sua própria impotência. Está curada do lema "Querer é poder", com todas as respectivas consequências.

Todos os outros vagueiam no naufrágio a seu redor. Ela, porém, chegou a um período de pausa. Então sabe que pode fazer algo pelos outros. Por isso, o primeiro cântico termina com alegria. Ela serve à humanidade com a experiência e a crença de que por trás de tudo há um sentido profundo. Por isso é dito: Todos o louvam. Porque a Gnosis libertará todos. Assim termina o cântico da humanidade, o primeiro cântico de arrependimento.

Uma importante transformação ocorreu então no candidato. Ele nunca mais imporá o seu eu em qualquer circunstância. O engrandecimento de si mesmo tornou-se-lhe estranho, isso ele bem sabe por si mesmo e por suas possibilidades. Ele está aberto para o sofrimento do mundo.

Nessa situação ele começa o segundo cântico de arrependimento, que consiste em catorze versos. É o *cântico da consciência,* explicado no evangelho *Pistis Sophia* por Pedro, ao passo que o cântico da humanidade é comentado por Maria. No cântico da consciência o candidato experimentou o seguinte:

1. Sua consciência testemunha de uma confiança inabalável em Deus.
2. Sua consciência mostra que existe uma justiça gnóstica, à qual todo candidato pode elevar-se.
3. Sua consciência sabe que existe uma energia gnóstica que pode tocá-lo na sua condição natural, e que pode viver e trabalhar na natureza da morte, contando com essa energia.

A consciência experimenta essa energia e então permanece nessa certeza.

4. Sua consciência sabe que essa energia o libertará da natureza da morte.
5. O candidato descobre a maravilhosa realidade de que, já desde sua juventude, esse magnífico tesouro existia nele, mas foi completamente reprimido por seu estado de natureza.
6. Sim, já antes de seu nascimento esse elemento libertador estava presente. Não está ele ligado por uma condição existencial ao princípio nuclear de seu microcosmo, a rosa-do-coração?
7. Por esta razão tu, ó coração da rosa, és o meu refúgio.
8. Que eu preencha todo dia a minha vida em teu louvor. Que eu me torne cada vez mais consciente de tua magnificência.
9. A humilde oração vem em acréscimo: sei que, apesar de ser um portador de imagem, não passo de um ser finito, uma criatura mortal cuja vitalidade se esvai e que pode fazer cada vez menos a teu serviço. Não me rejeites quando minha capacidade de trabalho diminuir.
10. Estou muito consciente de que devo aproveitar cada segundo, pois todas as forças da dialética, devido a sua natureza e origem, estão sempre empenhadas em manter-me aprisionada. Em conjunto, elas deliberam de que maneira podem fortalecer meus grilhões.
11. Quem não tem Deus, não o possui, não conhece Deus. O outro homem, que tem a Gnosis, é sempre criticado pelos que estão neste estado de ignorância. Por esse motivo os ignorantes sempre dizem: "Ele ainda está entre nós, um homem nascido do sangue. Ele come, bebe e dorme como nós. Apenas age como se fosse diferente. Fala de uma nova vida. Dá testemunho de uma Gnosis que não é a nossa nem conhecemos. Tampouco ele conhece Deus. Esse Deus não existe. Esse estado de vida é uma utopia. E, se a Gnosis existe, é óbvio

que ela abandonou seus servidores. Atrás dele, agarrem-no! Porque ele não é um libertador e provoca inquietação".

12. Assim o cântico da consciência termina com um ponto máximo, com uma súplica: Ó Gnosis, milagrosa graça, não te distancies de mim!
13. Que sejam envergonhados! Salva-me por amor de teu nome!

Esse não é um grito de angústia como no primeiro cântico de arrependimento, mas um testemunho de esperança na vida. O cântico da consciência prova que o candidato que entoa esse cântico confiou interiormente à Gnosis todo o sistema nervoso duodécuplo, essa fonte da qual se origina a consciência.

Que em breve todos possam cantar, agradecidos, esse segundo cântico de arrependimento, o cântico da consciência, o hino da ruptura.

PISTIS SOPHIA

LIVRO I

CAPÍTULOS 37–38

O Salvador respondeu: "Falaste bem, Pedro. Essa é a interpretação de seu cântico de arrependimento. Abençoados sois dentre todos os homens da terra, porque vos revelei estes mistérios.

Em verdade, em verdade vos digo: Conceder-vos-ei a plenitude dos mistérios do interior para o exterior. Doar-vos-ei o espírito para que sejais chamados homens espiritualizados, perfeitos em toda plenitude.

Em verdade, em verdade vos digo: Dar-vos-ei todos os mistérios da região de meu Pai e de todas as regiões do Primeiro Mistério, para que todos os que acolherdes na terra também sejam acolhidos na Luz das alturas; e todos os que rejeitardes na terra também sejam rejeitados no reino de meu Pai que está nos céus.

Todavia, continuai ouvindo todos os cânticos de arrependimento que a Pistis Sophia expressou. Ela prosseguiu com seu terceiro cântico:

'Ó Luz das forças, guarda-me e liberta-me.

Que caiam na miséria e nas trevas aqueles que querem tomar minha luz. Que se voltem para o Caos e sejam envergonhados os que querem roubar minha força.

Que os que me perseguem e dizem: "tornamo-nos seu mestre" logo retornem para as trevas.

Alegrem-se e rejubilem todos os que buscam a luz, e os que almejam teu mistério possam dizer: "Que o mistério se eleve".

Liberta-me, ó Luz, pois sinto necessidade da luz que eles me arrebataram. E almejo a força que me roubaram. Tu, ó Luz, és meu Salvador e redentor. Livra-me logo deste Caos, ó Luz'."

Tendo dito estas palavras a seus discípulos, Jesus falou: "Este é o terceiro cântico de arrependimento da Pistis Sophia. Que se apresente aquele em quem se elevou o espírito do conhecimento e explique os propósitos deste cântico".

Antes mesmo de Jesus concluir suas palavras, adiantou-se Marta, caiu a seus pés, beijou-os e, chorando copiosamente com profunda humildade, clamou: "Senhor, compadece-te e tem misericórdia de mim. Permite-me explicar este cântico da Pistis Sophia".

Jesus estendeu a mão a Marta e disse-lhe: "Bem-aventurado é o que se submete, pois ele obterá misericórdia. Pois bem, Marta, tu és assim agraciada. Explica então o propósito do cântico de arrependimento da Pistis Sophia".

Marta respondeu a Jesus em meio aos discípulos: "Sobre este cântico de arrependimento da Pistis Sophia, ó Senhor, tua força-luz que estava em Davi profetizou outrora no Salmo 70: 'Ó Senhor, apressa-te em socorrer-me. Os que espreitam minha alma serão arruinados e ficarão cobertos de vergonha.

Que retrocedam e sejam destruídos os que me dizem, exclamando: Ah-ah!

Que os que te buscam exultem e se rejubilem. E que os que desejam a tua salvação digam sempre: "Deus é grande".

Mas eu sou lastimável e pobre. Ó Deus, ajuda-me! És meu amparo e meu escudo. Ó Senhor, não me faças esperar!'

Este é o significado do terceiro cântico de arrependimento da Pistis Sophia quando enalteceu as alturas."

Pistis Sophia, capítulos 37–38

40

TERCEIRO CÂNTICO DE ARREPENDIMENTO: O CÂNTICO DA HUMILDADE

Designamos o primeiro cântico de arrependimento da Pistis Sophia como o cântico da humanidade e o segundo como o cântico da consciência.

No cântico da humanidade a Pistis Sophia, como criatura buscadora, reconhece o verdadeiro estado da humanidade dialética. Ela vê todo o sofrimento do mundo e da humanidade. No princípio ela ainda se coloca como ponto central e envergonha-se de sua atitude. Mas no final vencem o amor à humanidade e a salvação do mundo. Ela roga por auxílio para a humanidade sofredora e reconhece como um encargo seu o serviço à humanidade em autoesquecimento. Enfim, sente gratidão e alegria por lhe ser permitido ser uma servidora, não obstante sua própria miséria.

Assim a alma iniciou a sua peregrinação, partindo de baixo, e deu os primeiros passos na senda. Esses passos significam ser prestativa para com os outros, de maneira abnegada, e ter os olhos abertos para o sofrimento do mundo e da humanidade.

O segundo cântico de arrependimento, o cântico da consciência, ajusta-se de modo perfeito a esta segunda fase, pois é o cântico da ruptura que atinge a alma em seu interior para que ela possa entrar no roseiral.

Então a Pistis Sophia percebe que a rosa-do-coração, durante toda a sua vida, já desde o nascimento, estava presente em seu microcosmo. Por essa razão ela deseja dar testemunho disso a cada dia e carregar a cruz com rosas com dedicação absoluta. Ao mesmo tempo existe ainda outra realidade: o fato de esse serviço correr risco devido à frágil e finita vitalidade dialética, ao curto período de duração da vida e ao contínuo antagonismo e ataque que visam a converter tudo numa disposição hostil à Gnosis.

Por isso a Pistis Sophia vive com a imperativa súplica: "Ó Deus, maravilhosa bênção, não te afastes de mim. Envergonha os que me ameaçam. Salva-me por amor de teu nome".

O conhecimento consciente de si mesmo preenche o candidato, e assim ele introduz todo o candelabro sétuplo da consciência no misericordioso campo da Gnosis. Isso comprova que há autoesquecimento, entrega à rosa-do-coração, prontidão para servir e também uma legítima suposição de que a tarefa assumida não pode ser levada a cabo em vista das adversidades. Há, portanto, uma consciência clara da própria impotência.

Poderíamos presumir que, assim, a peregrinação atingiu seu ponto mais crítico. Entretanto, este não é o caso. O processo de purificação da alma mal começou.

Por isso, a Pistis Sophia canta seu terceiro cântico, *o cântico da humildade.* Humildade relaciona-se a um estado de sabedoria, ou seja, a determinada condição do sistema nervoso cerebrospinal que consiste no pensar e em seu organismo.

Quando uma pessoa é humilde, pode também ser mansa e paciente. Como ao segundo cântico de arrependimento se segue o nascimento da consciência, o seu centro positivo é tocado pela Gnosis. Isso sempre está interrelacionado com o sistema nervoso cerebrospinal, que pode perfeitamente ser controlado outra vez mediante o pensamento e a vontade.

A primeira comprovação de uma ruptura dessa espécie é sempre a humildade. Para examinar o significado dessa condição devemos reportar-nos à atividade do sistema magnético do cérebro, por meio do qual o homem é mantido sob o controle dos doze éons da natureza comum. Nesse sistema magnético espinal estão os primeiros órgãos do sistema nervoso cerebrospinal e o centro do intelecto. É justamente aí que Authades tem seu trono.

O candidato pode ser receptivo à Gnosis com os demais órgãos anímicos, demonstrar muito interesse por uma escola espiritual e filiar-se a ela levado por seu poder de atração. Entretanto, por mais importantes que sejam estes fatores, se, apesar disso, não ocorrer a ruptura da consciência, a pessoa estará numa situação miserável de cisão.

Ela serve a dois senhores: Deus e Mâmon. Isso não acontece por hipocrisia de sua parte, não é isso que quer dizer o Sermão da Montanha, mas acontece porque que a parte maior e mais importante da consciência ainda é completamente controlada pela natureza dialética.

Depois que o candidato se encontra ligado à Gnosis pela rosa-do-coração, ou seja, através do sistema magnético do coração, ele deve primeiro forçar-se a seguir a senda. Não há outro meio de fazê-lo, senão empenhando nisso o eu. Contudo, para não cair na cultura da personalidade, o candidato deve cantar o seu cântico da humanidade de modo a esquecer seu próprio sofrimento e sua própria condição a serviço da humanidade. Apenas servindo à humanidade é que o candidato pode esquecer seu próprio sofrimento.

No campo de força de uma escola espiritual o aluno é devolvido totalmente a seu próprio eu. Ele deve reconhecer e viver a sua própria desordem como um fogo crepitante.

O primeiro recurso para esse estado existencial é o serviço à humanidade, o perfeito autossacrifício. Quem consegue fazer esse sacrifício, esquecendo-se de si mesmo, experimenta a ruptura da consciência.

Então a radiação gnóstica aflui pela primeira vez de maneira direta ao sistema cerebral. O sistema nervoso cerebrospinal é atacado, e, assim, o fogo gnóstico também consegue tocar o polo positivo do sistema nervoso pela primeira vez. Então ocorre a abertura da consciência. A essência da vontade é atingida pela Gnosis até seu núcleo mais intrínseco. Daí o candidato vê pela primeira vez, e de maneira toda nova, a sua própria condição interior com tudo o que a ela está relacionado. A luz gnóstica que penetrou o sistema nervoso cerebrospinal capacitou-o para isso. Apenas então se canta o segundo cântico de arrependimento.

Poder-se-ia esperar que o candidato agora, após a escura noite, vivesse uma hora matinal. Mas, o que acontece? Com a consciência noturna, ele já percebeu a verdade da natureza da morte. Agora, com a consciência de vigília, na luz da alvorada, reconhece a desordem e a desolação causadas pelas tempestades da vida. Tal experiência não é alegre de forma alguma.

Toda a faculdade do intelecto é confrontada primeiro com a realidade dura e contundente que se lhe apresenta como verdade nua, dura e inevitável. Assim começa o terceiro cântico de arrependimento. Toda a capacidade de percepção sensorial e orgânica é modificada mediante o toque gnóstico.

Seria compreensível se, nesse momento, o candidato fosse afligido por uma psicose de angústia, pois reconhecer a verdade é como ver o guardião do umbral como justiça vingativa, como uma das górgonas. É de se imaginar que o candidato pense em fugir. Entretanto, essa reação seria muito negativa. Assim, o terceiro cântico de arrependimento não chegaria a ser entoado.

Mas a Pistis Sophia canta o terceiro cântico de arrependimento e, para isso, precisa de coragem, de um ânimo que se apoia na sabedoria: a humildade. O homem humilde que é confrontado com a realidade fica isento de medo. Pelo contrário, com humildade, sem presunção, sem altivez, sem autoafirmação e sem deixar-se levar por instintos existenciais, ele se posiciona diante da luz gnóstica que o conduziu ao autoconhecimento. Um homem como esse não é apenas humilde, mas também paciente e manso. Tem infinita paciência e não ofende seu próximo com crítica mordaz.

É um obreiro que serve com amor misericordioso. E dessa maneira canta o terceiro cântico de arrependimento, o *cântico da humildade.* Ele tem cinco estrofes:

1. Primeiro vibra no candidato um pedido para ser libertado de realidade tão amarga.
2. No segundo aspecto ele descobre a causa e a intenção da hostilidade contra Deus.
3. No terceiro aspecto existe a consciência de que toda a maldade dos éons deve ser neutralizada.
4. No quarto aspecto eleva-se um pedido por todos os que sofrem e procuram a libertação.
5. E no quinto aspecto o candidato reconhece sua própria condição: Sou um miserável e estou em perigo. Apressa-te em vir a mim. Apenas tu és meu auxílio e meu libertador.

Assim, no fundo de uma realidade nunca antes reconhecida, o humilde professa sua confiança em Deus. A realidade ali está com todo o seu horror, mas acima de tudo está a coragem que o faz prosseguir.

Esperamos que essa tribulação logo venha também a acometer-vos para que a humildade vos possa ser conferida.

PISTIS SOPHIA

LIVRO I

CAPÍTULOS 39–40

Tendo ouvido estas palavras, Jesus disse: "Muito bem, Marta, tuas palavras foram belas".

Prosseguindo na sua alocução, disse ele a seus discípulos: "Antes de ser torturada pela segunda vez, a Pistis Sophia continuou com seu quarto cântico de arrependimento, para que a força com cabeça de leão e todas as criaturas materiais que Authades mandou para o Caos não roubassem toda a luz que ainda lhe restava. Ela pronunciou então este cântico:

'Ó Luz em que confiei, ouve minha súplica e permite que minha voz chegue à tua morada.

Não escondas de mim teu manto de luz, mas protege-me quando eles me atormentam. Salva-me sem demora no dia em que clamo por ti.

Porque meus dias se dispersaram como um sopro e me tornei matéria.

Tomaram minha luz e minha força está exaurida. Esqueci-me do mistério que outrora realizei fielmente.

Por causa das vozes do medo e de Authades, minha força desapareceu.

Sou como um estranho demônio que habita na matéria e no qual não há luz interior. Tornei-me um espírito satânico que habita um corpo material e não possui força-luz.

Tornei-me um decano que se encontra sozinho na atmosfera.

As emanações de Authades acuaram-me; e aquele que está em comunhão comigo diz a si mesmo: "Ao invés da luz que antes a preenchia, preencheram-na com Caos".

Esgotei o suor de meu corpo e as lágrimas de medo dos meus olhos materiais para que meus opressores não roubassem até mesmo estas.

Tudo isso, ó Luz, me sobreveio por teu mandamento e por tua ordem. E teu desígnio é que eu aqui me encontre.

Teu mandamento remeteu-me para baixo e eu desci como uma força do Caos. Minha força está paralisada.

Tu, porém, ó Senhor, és a luz eterna e procuras sem cessar os acossados.

Eleva-te, ó Luz, e procura minha força e a alma que está em mim. Tua ordem, que impuseste em minha miséria, foi cumprida. Meu tempo chegou, pois procuras minha força e minha alma. E é o tempo que antes havias determinado para me procurar.

Porque teus salvadores procuraram pela força de minha alma, porque o número está completo e para que também a sua matéria seja salva.

Neste dia todos os arcontes dos éons materiais temerão tua luz. E todas as emanações do Décimo Terceiro Éon material temerão o mistério de tua luz para que os outros possam atrair a purificação de tua luz.

Porque o Senhor procurará a força de vossa alma. Ele revelou seu mistério.

Ele vê a súplica dos que se encontram nas regiões inferiores. E não menosprezou seus cânticos de arrependimento.

Este é o mistério que se tornou exemplo para a geração vindoura. E a geração que então nascer louvará as alturas.

Porque a Luz olhou das alturas para baixo. Ela olhará para toda a matéria a fim de ouvir o gemido dos aprisionados e libertar as almas de sua prisão, para que registre a luz de seu nome em sua alma e seu mistério em sua força'."

Após estas palavras, disse Jesus a seus discípulos: "Este é o quarto cântico de arrependimento da Pistis Sophia. Quem puder compreendê-lo, que compreenda". Então apresentou-se João, beijou o coração de Jesus e disse: "Senhor, que me seja permitido receber de ti a tarefa de explicar o quarto lamento da Pistis Sophia".

Jesus disse a João: "Concedo-te a tarefa e autorizo-te a explicar o cântico de arrependimento da Pistis Sophia".

João respondeu: "Senhor e Salvador, sobre este cântico de arrependimento da Pistis Sophia, tua força-luz profetizou outrora, através de Davi, no Salmo 102:

'Senhor, ouve minha oração, e possa o meu clamor por socorro chegar a ti. Não escondas de mim o teu semblante, inclina-me teu ouvido no dia de minha tribulação. Apressa-te em acudir-me agora que estou clamando. Pois meus dias esvaíram-se como fumaça e meus ossos estão crestados como pedra. Estou queimado como a erva, e meu coração está ressequido. Esqueci-me de comer o meu pão.

De tanto gemer, meus ossos colaram-se à carne. Sou como um pelicano no deserto, como uma coruja num amontoado de pedras.

Passei a noite em claro e sou como um pardal solitário no telhado.

Os meus inimigos, que esbravejam contra mim, usando meu nome como maldição, escarnecem de mim o dia inteiro.

Como cinza em vez de pão, e minha bebida está misturada com lágrimas por temor de tua ira e de tua fúria; pois me elevaste e me abateste.

Meus dias inclinam-se como longas sombras, e estou ressecando como erva. Mas, tu, ó Senhor, reinas pela eternidade e teu nome permanece de geração em geração.

Levanta-te e sê compassivo com Sião, pois é tempo de ser misericordioso para com ele, porque a hora chegou.

Teus servidores amam suas pedras, terão piedade de sua terra.

Então todos os povos temerão o nome do Senhor, e todos os reis da terra, a sua glória.

Porque o Senhor edificará Sião e se manifestará na sua magnificência.

Ele ouviu a prece dos abatidos e não desprezou seus rogos suplicantes.

Isto foi registrado para uma geração seguinte. E o povo que então será criado louvará o Senhor.

Pois ele inclinou seu olhar de sua sagrada eminência. O Senhor olhou dos céus para a terra para ouvir o gemido dos cativos e libertar os condenados à morte para que o nome do Senhor seja proclamado em Sião e sua glória em Jerusalém.'

Esta, ó Senhor, é a explicação do mistério do quarto cântico de arrependimento pronunciado pela Pistis Sophia."

41

Quarto cântico de arrependimento: o cântico da demolição

É chegado o momento em que a Pistis Sophia entoa o seu quarto cântico de arrependimento. Primeiro, ouvimos o cântico da humanidade, em segundo lugar, o da consciência e, em terceiro, o da humildade. Agora ouviremos o *cântico da demolição.*

É doloroso para um candidato ouvir este cântico, porém é necessário na senda. Ele está relacionado à cisão da alma, resultado das duas vozes que se fazem ouvir na consciência anímica. Duas forças entram em cena: a Gnosis e a natureza. É um estado psicológico e todo aluno sério conhece essa situação.

O candidato segue a senda e está preparado para servir à humanidade. Isso ele comprova mediante o sacrifício de seu eu, sacrifício no qual esqueceu por completo sua própria miséria e seu próprio eu. Nesse magnífico serviço, as próprias dificuldades são de todo esquecidas. Mas, apesar disso, elas continuam existindo. Sua presença é a prova de que os éons da natureza ainda reinam na alma e que, de tempos em tempos, Authades está no comando. Por essa razão, cada candidato passa por períodos de recaída.

Entretanto, a Gnosis também está presente em sua alma e, por certos momentos, ele pode perceber seu poder em seu interior. Assim a alma de Cristiano Rosa-Cruz vive, no início da senda, entre a esperança e o medo. Ela caminha entre as depressões anímicas como numa trilha que segue ao longo do sopé de altas montanhas e só aqui e acolá deixa entrever o panorama.

A alma persevera com humildade. Contudo, se esta ainda é tão necessária ao candidato, algo ainda não está em ordem em seu estado anímico. As coisas evoluem, mas o fato de que ele precisa passar de maneira corajosa por períodos de obscuridade anímica demonstra que Authades tem um grande poder no centro da alma. Isso explica os altos e baixos, a alternância entre otimismo e pessimismo, a sucessão de opiniões contraditórias que não são causadas por influências negativas, mas são consequência do autoconhecimento e da experiência.

No entanto, se a alma deseja chegar ao nascimento da luz, à perfeita plenitude por meio da Gnosis, se deseja entrar em completa unidade com a radiação de Cristo, é imprescindível a aniquilação total da condição anímica natural com todas as suas formas de comportamento conhecidas e desconhecidas. Esse estado de aniquilação, tal depressão da alma, é apresentado no quarto cântico de arrependimento. Ela deve ser conduzida ao nada absoluto conforme a natureza. E precisa comprovar esse não ser, não em teoria, mas numa prática clara, assim como nos relata o evangelho gnóstico.

A alma deve perder tudo para tudo ganhar. Isso depende dos valores aos quais o candidato atribui importância: o que ele quer perder e o que gostaria de ganhar?

Nos três primeiros cânticos de arrependimento, a alma ainda luta com sua cisão. Ela ainda é movida por duas forças contrárias. Agora a Pistis Sophia, nessa situação, tenta permitir que a Gnosis sempre se imponha. E sempre quem vence é a sua orientação na senda. Essa vitória encerra por completo a fase da obstinação e da tenacidade. Não obstante, essa condição ainda não pode ser considerada ideal. O fato de que uma vitória foi alcançada é muito positivo. Mas, é bem significativo que exista algo que deve ser superado no eu. Essa vitória é sempre um sinal que indica a cisão da alma. Por isso, nesse ponto podemos dizer que todos os que riem da maneira mais exuberante, tentando assim esquecer suas dificuldades, na maioria das vezes estão dominados pela preocupação. Lutam com desespero contra ela com as armas do riso. Para anular por completo essa alternância entre êxito e fracasso é necessária a completa aniquilação da força anímica natural. A alma da natureza deve ser levada ao completo não ser e demonstrar esse estado de modo claro.

No quarto cântico de arrependimento, a Pistis Sophia apresenta a prova de ter feito uma grande descoberta. Ela verifica que quem vive o conflito da cisão em seu próprio eu apenas alcança uma vitória aparente. Ela pode esquecer-se de si mesma na prontidão para o serviço. Ela ama a humanidade, e a Gnosis viabilizou sua ruptura. Esta atitude de vida é a recompensa depois que ela canta os três primeiros cânticos de arrependimento. Ela permanece em perfeita humildade, o que significa que persevera sem egocentrismo.

Então ela verifica que quem luta já perdeu de antemão e, por isso, não pode entrar na vida libertadora. Conhecemos a máxima: "Todos os que lançarem mão da espada, à espada morrerão." Quem tenta reprimir forças violentas no fundo da alma e, de início, tem êxito, um dia perceberá que tudo o que foi reprimido levantará de novo a cabeça. O que é reprimido por um período prolongado ganha força cada vez maior, tornando-se tão poderoso a ponto de mostrar-se irresistível. Quanto mais lutarmos em nosso interior contra o que é irresistível mais seremos atacados por ele. Toda luta contra o próprio eu é, em sua essência mais profunda, absolutamente inútil.

O aluno na senda luta na alma contra as condições naturais. Com isso, torna-se cada vez mais fraco, porque atua com recursos dialéticos, pois o conflito é um método dialético. Mediante a luta, o aluno tenta camuflar a sua origem natural e, por conseguinte, a realidade da natureza. Pode-se sustentar essa situação por algum tempo, mas há um limite. Todas as leis naturais comprovam que a natureza sempre faz valer seus direitos. Assim, o que foi válido e eficaz nos três primeiros cânticos de arrependimento agora parece mostrar-se inútil, pois a natureza por tanto tempo reprimida impõe-se outra vez.

E a Pistis Sophia, com a humildade que agora tem, aceita a realidade e a verdade da palavra de Cristo: "Todos os que lançarem mão da espada, à espada morrerão". Em determinado momento, a Pistis Sophia já não entra no campo de batalha nem se opõe ao direito natural.

É preciso compreender bem esse estado psicológico. Com certeza a Pistis Sophia não dará as boas-vindas à natureza com alegria e entusiasmo, sujeitando-se a ela. Isso seria impossível. Ao procurar por sabedoria e sublimidade divina, a alma da Pistis Sophia cindiu-se. Duas almas coexistem no centro anímico. Uma delas vive com base na radiação divina fundamental e a outra no campo magnético dialético.

A alma que vive da radiação fundamental suspendeu a luta contra a sua companheira da natureza, mas continua existindo. Tendo reconhecido que o conflito sempre fortalece a alma natural, ela abandona a luta de maneira consciente e, quando lhe batem numa face, até oferece a outra. Do ponto de vista psicológico, ela entra de modo consciente e com nobreza no estágio da impotência, neutraliza as contradições também de modo consciente e vence sem luta.

O mesmo acontece entre as pessoas. Se uma pessoa quer combater outra, mas esta não consente nisso, tal fortaleza psicológica não pode ser ocupada. As armas são tomadas das mãos, e o antagonismo entre as duas pessoas é neutralizado. Restam apenas os valores psicológicos recíprocos. Quando a alma adota a postura do Sermão da Montanha, ela é inatacável. Quando a alma combate, ela perde porque então vive de modo dialético.

Como deve pois a alma superar o estado anímico natural e despertar na Luz das Luzes? Como pode a condição natural declinar sem conflito? Não ficam assim danificados a rosa-do-coração e os fluidos anímicos degenerados e perturbados? Deve a alma suportar todas as tribulações?

O grande segredo está em eliminar os antagonismos. A natureza golpeia a alma porque esta luta contra ela. Quando o candidato adota a "não reação" com absoluta espontaneidade e, em especial, de modo a não evidenciá-la, distanciando-se mentalmente da situação, ele neutraliza o antagonismo entre a natureza e os anseios de sua alma. Paz e liberdade instauram-se de imediato. O candidato na senda é inatacável. Quando o aluno não se deixa enredar para o combate e assim neutraliza de modo consciente os opostos, ele está, no mesmo instante, livre da dialética que se mobiliza mediante os opostos.

Só resta ainda livrar-se das aparências. O candidato amealhou muitos valores aparentes por meio da luta impetuosa entre os dois valores anímicos. De início ele acaricia a aparência, do mesmo modo que uma criança, em sua fantasia, anima suas bonecas, conversando com elas. E assim como uma criança cresce com sua fantasia e a substitui pela realidade, o candidato também deve superar suas fantasias. Ele deve aniquilar o antagonismo e os valores aparentes e entoar o cântico da demolição em voz alta, em tons audíveis.

Quem não compreende esse caminho permanece em seu antigo e tão conhecido modo de vida, vê seus dias esvaírem-se como fumaça, e sua ossada apaga-se como brasa ardente. Um homem como esse vai de um suspiro da aflição natural a outro, enfraquecendo cada vez mais sua sensibilidade à Gnosis.

Entretanto, quem consegue trazer à tona a realidade do verdadeiro candidato, da maneira acima descrita, reconhece que, enquanto candidato na senda, é um prisioneiro que, pela primeira vez na sua vida, pode expor-se na janela de sua prisão mediante a neutralização dos opostos. E, pela primeira vez, pode apresentar o novo e puro anseio da alma à Luz das Luzes.

Esperamos que sejais capazes de compreender e entoar o cântico da demolição, pois assim estareis perfeitamente amadurecidos para participar do novo campo magnético, o novo campo de vida e sua energia. Isso quer dizer que a radiação fundamental que, por meio do aluno, toma forma e é alimentada na alma, pode abrir-se na força sétupla transfigurística e recriadora.

O conflito é, em essência, dialético. No campo dialético sempre ouvireis falar de guerras e rumores de guerras, tanto em pequena como em grande escala. O candidato em vós, o elemento anímico, deve livrar-se do conflito tanto interna como externamente. Então o candidato, ou o elemento anímico, crescerá, porque superou a influência dos opostos. E irromperá em força sétupla com extraordinárias consequências mediante o calor do fogo e do Espírito Santo.

PISTIS SOPHIA

LIVRO I

CAPÍTULOS 41–42

Após João ter dito estas palavras a Jesus entre os discípulos, disse Jesus a ele: "Falaste muito bem João, ó puro, que dominará no reino da luz".

Jesus prosseguiu sua exposição dizendo a seus discípulos: "As criaturas de Authades investiram outra vez contra a Pistis Sophia no Caos e queriam arrebatar-lhe toda a sua força-luz. No entanto, os mandamentos para conduzi-la para fora do Caos ainda não estavam cumpridos. Também ainda não fora dada pelo Primeiro Mistério a ordem de libertá-la do Caos. Quando todas as criaturas materiais de Authades a atacaram, ela clamou, pronunciando seu quinto cântico de arrependimento:

'Ó Luz de minha salvação, canto em louvor a ti, tanto nas alturas como no Caos.

Exaltar-te-ei com meu cântico de louvor com o qual te enalteci nas alturas; e com ele te louvei quando estava no Caos. Possa ele te alcançar. Acolhe, ó Luz, o meu arrependimento.

Minha força está repleta de trevas, e minha luz submergiu no Caos. Eu mesma me tornei como os arcontes do Caos que imergiram nas trevas inferiores. Tornei-me um corpo material que, nas alturas, não tem ninguém que venha a salvá-lo. Tornei-me como a matéria destituída de toda a força quando foi atirada no Caos, aquela que não libertaste e que, por tua lei, foi aniquilada.

Por isso trouxeram-me para as trevas mais inferiores, trevas e matéria que estão mortas e desprovidas de força. Contra mim fizeste valer tua lei e tudo o que quiseste. Teu espírito retirou-se, abandonando-me. As criaturas de meus éons, por tua ordem, não me socorreram. Elas odiaram-me e afastaram-se de mim. Entretanto, ainda assim, não estou completamente aniquilada.

Minha luz debilitou-se e, com a luz que me restou, clamei por ti, ó Luz, e estendi minhas mãos para ti.

Cumprirás agora, ó Luz, tua lei no Caos? E os salvadores, que virão em obediência à tua lei, elevar-se-ão, depois, das trevas e tornar-se-ão teus discípulos?

Porventura proclamarão o mistério de teu nome no Caos?

Ou darão eles, pelo contrário, testemunho de teu nome na matéria do Caos, onde, purificando, não te manifestarás?

Eu, porém, louvei-te, ó Luz, e meu cântico de arrependimento chegará a ti nas alturas. Que tua luz desça sobre mim.

Eles tomaram minha luz, e eu sofro pela luz desde que fui criada. E quando subi para a luz e contemplei a força-luz aqui embaixo no Caos, ergui-me e desci. Tua lei veio sobre mim, e os horrores que para mim determinaste confundiram-me.

Eles cercaram-me como águas bravias; por todo o tempo mantiveram-me sob suas garras.

Por causa de tua lei meus companheiros não puderam ajudar-me. Também não permitiste que meu par me libertasse de minha miséria.'

Este é, pois, o quinto cântico de arrependimento que a Pistis Sophia pronunciou no Caos, enquanto as criaturas materiais de Authades continuavam a atormentá-la".

Tendo Jesus dito isso a seus discípulos, dirigiu-se assim a eles: "Quem tem ouvidos para ouvir, que ouça. E aquele em quem palpita o espírito, que se apresente e explique os desígnios do quinto cântico de arrependimento da Pistis Sophia".

Quando Jesus disse estas palavras, adiantou-se Filipe, largou o livro que tinha nas mãos — pois era ele quem registrava tudo o que Jesus dizia e tudo o que ele fazia — e falou: "Senhor, foi apenas a mim que deste o encargo de cuidar das preocupações do mundo e de registrar tudo o que dizes e fazes? Não me deste oportunidade de dar a explicação dos mistérios do cântico de arrependimento da Pistis Sophia. Várias vezes o espírito palpitou em mim, sentiu-se livre, incitando-me de modo intenso a apresentar-me e explicar os cânticos de arrependimento da Pistis Sophia. Mas não pude apresentar-me, porque sou o que deve registrar tudo o que é dito".

Ao ouvir Filipe, Jesus disse-lhe: "Filipe, tu, bem-aventurado, ouve para que eu possa falar-te. Tu, Tomé e Mateus sois os que foram encarregados pelo Primeiro Mistério de escrever todas as palavras que eu disser e tudo o que virem.

Quanto a ti, o número dos tratados que deves registrar ainda não está preenchido. Assim que o tiveres preenchido poderás apresentar-te e falar o que quiseres. Porém, de agora em diante, todos os três deverão registrar todas as palavras que eu disser e tudo o que eu fizer, tudo o que virem, como um testemunho de todas as coisas do reino dos céus".

Pistis Sophia, capítulos 41–42

42

Quinto cântico de arrependimento: o cântico da rendição

O quarto arrependimento, o cântico da demolição, diz respeito à cessação de todo conflito e da própria resistência.

Relacionado a este cântico de arrependimento, faz-se alusão no evangelho *Pistis Sophia* ao Salmo 102, no qual é expresso de modo significativo o estágio da aniquilação. O abandono direto e fundamental de todo conflito tem um efeito muito decisivo e pode demorar longo tempo até que o aluno possa cantar seu cântico de arrependimento. Todavia, neste quarto cântico está a única solução para elevar-se de fato, saindo da consciência do eu para entrar em seguida na consciência anímica.

Quando o aluno em vós, ou seja, determinada condição anímica, uma vibração anímica, luta contra o estado anímico dialético dentro de si, ele deve sempre perder. Desse modo, ele participa do grande combate dialético, do processo da contínua alternância. Então a consciência do eu comum torna-se cada vez mais forte, pois cresce e vive mediante a luta. Se o estado anímico em desenvolvimento no aluno deixar-se levar para o conflito, deve perder.

Se alguém deseja seguir o caminho da Gnosis, o novo princípio de vida nele deve entrar no estado de absoluta paz, apesar de sua condição de estrangeiro em campo inimigo. Não se consegue causar o mal a quem persevera no estado de paz.

Como a Pistis Sophia agora entoa seu quarto cântico de arrependimento, poder-se-ia pensar que sua elevação à luz está iminente. Mas não é o caso em absoluto! Jesus diz que ainda não houvera sido dado o mandamento do Primeiro Mistério para libertá-la do Caos.

Por que não? Porque, antes de tudo, deve estar presente a realidade, a ação, o fato, a posse. O estado a que o cântico da demolição dá origem deve ser comprovado. Portanto, ao quarto cântico de arrependimento deve seguir-se o quinto.

A este pretendemos chamar de cântico da rendição. O período do quinto cântico de arrependimento deve ser bem reconhecido pelo aluno do ponto de vista psicológico, pois aí ocorrem situações imprevisíveis.

O auxílio das radiações de luz gnóstica que desejam tocar, preencher e dinamizar o aluno está sempre próximo. Da mesma forma estão próximos o auxílio de uma fraternidade servidora, que lhe esclarece o caminho, como também uma escola, que o acolhe num campo magnético no qual ele pode crescer e viver.

No entanto, a pessoa pode imitar o cântico da demolição com a consciência do eu. Pode-se representar o homem aniquilado no sentido gnóstico.

Isso não significa que tal pessoa esteja mentindo, pois o ansioso e pretensioso eu, o homem que anseia por tranquilidade e equilíbrio, domina toda espécie de tática. Quando o aluno fica sabendo que no processo em andamento deve ser abolido todo conflito, então o eu, em desacordo com toda a sua natureza, começa a exercitar e a representar a ausência de conflito, a renúncia. E a ausência de violência torna-se uma forma de conflito da natureza. Alguns foram muito longe nessa conduta. O eu adorna-se então com os brancos véus do pacifismo e imita o discipulado. O palco da vida mostra isso em inúmeras cenas, e a arte dramática vem-lhe ao encontro. O eu pode imitar tudo. O homem inteligente, pensador, consciente de si, tenta alcançar uma realidade e vivificá-la por meio da ação cultural. Mas isso é absolutamente impossível.

Quando um homem entoa o cântico da demolição, é preciso que se comprove se foi uma vivência de caráter gnóstico ou se se trata de uma imitação. A autenticidade só pode ser comprovada na flama ardente da prática, ou seja, mediante a experiência. Qualquer teatralidade, qualquer verniz cultural, leva a uma crise existencial, a um perigo real, quando as dificuldades da vida ameaçarem o eu. Apesar disso, ainda existem alguns que persistem em suas ilusões! Tais pessoas levam sua imitação consigo até mesmo na morte.

A crise da Pistis Sophia ocorre durante seu quinto cântico de arrependimento: agora sua condição existencial precisa comprovar-se. É por esse motivo que ao cântico da demolição deve seguir-se o cântico da rendição e não o do heroísmo, pois heroísmo em horrível penúria é uma grande obsessão, uma falsidade. Não, a Pistis Sophia simplesmente aceita o destino que então lhe coube. Atingida pelo mal, ela não diz: "Não sinto dor", como uma heroína de romance. Ela é, na realidade, a pura imagem da rendição.

As criaturas de Authades investiram outra vez contra a Pistis Sophia no Caos e queriam arrebatar-lhe toda a sua força-luz. No entanto, os mandamentos para conduzi-la para fora do Caos ainda não estavam cumpridos. Também ainda não fora dada pelo Primeiro Mistério a ordem de libertá-la do Caos. Quando todas as criaturas materiais de Authades a atacaram, ela clamou, pronunciando seu quinto cântico de arrependimento.

Esse cântico soa como o grito de uma pessoa curvada. O que ela grita? Seu sofrimento e sua dor. O que ela reconhece? Na onda da amarga experiência em que é banhada, ela comprova sua tranquilidade com estas palavras bonitas e impressionantes:

Ó Luz de minha salvação, canto em louvor a ti, tanto nas alturas como no Caos.

Indizivelmente sublime e belo, isso é rendição, isso é consciência anímica e grandeza de alma.

Nesse sinal, nessa realidade comprovada está o quinto cântico de arrependimento. Enquanto as criaturas de Authades continuam a afligi-la, ela canta esse quinto cântico de arrependimento.

No evangelho *Pistis Sophia* há um intervalo antes de continuar a narração dos cânticos de arrependimento no capítulo 42, que relata o assim chamado conflito no círculo dos discípulos.

Jesus havia dito: *Quem tem ouvidos para ouvir, que ouça. E aquele em quem palpita o espírito, que se apresente e explique os desígnios do quinto cântico de arrependimento da Pistis Sophia.*

Filipe está inquieto por isso e diz que não pode escrever e falar ao mesmo tempo. Ele estava incumbido de registrar tudo o que se dizia e assim não tinha oportunidade de falar. A resposta de Jesus é:

Tu [Filipe], Tomé e Mateus sois os que foram encarregados pelo Primeiro Mistério de escrever todas as palavras que eu disser e tudo o que virem.

Quanto a ti, o número dos tratados que deves registrar ainda não está preenchido. Assim que o tiveres preenchido poderás apresentar-te e falar o que quiseres. Porém, de agora em diante, todos os três deverão registrar todas as palavras que eu disser e tudo o que eu fizer, tudo o que virem, como um testemunho de todas as coisas do reino dos céus.

Esse intervalo aparentemente estranho tem um significado profundo. Os três discípulos juntos representam a força sétupla do campo magnético de uma escola espiritual transfigurística perfeita:

> Filipe representa a radiação sideral;
> Mateus, a radiação fundamental;
> Tomé, as quatro radiações etéricas.

Existem três testemunhas no céu e três na terra: o espírito, a água e o sangue — o toque, a execução e a realização. "Inscreverei meu *espírito* em vosso coração." A *água* da vida deve ser vertida e formar uma corrente na qual deveremos seguir. O *sangue* é o sangue vital da renovação. Quem deixa esses três processos realizar seu trabalho na perfeita rendição do quinto cântico de arrependimento despertará para a vida em meio a todos os riscos.

Compreendereis agora que, após o cântico da rendição, uma evolução muito diferente começa a delinear-se na situação da Pistis Sophia. Na sua condição, ela deu provas de que seu eu não se ergueu de novo depois do quarto cântico de arrependimento para afirmar-se de algum modo. Tomada por sua miséria, ela permanece fiel à senda e suas leis.

PISTIS SOPHIA

LIVRO I

CAPÍTULO 43

Depois disso, falou Jesus a seus discípulos: "Quem tem ouvidos para ouvir, que ouça".

Em seguida levantou-se Maria, colocou-se no meio, ao lado de Filipe, e disse a Jesus: "Senhor, a luz imanente em mim tem ouvidos e estou preparada para ouvir com minha força. Compreendi a palavra que disseste com tanta exatidão. Ouve-me, então, Senhor, para que eu possa explicar as palavras que nos dirigiste, pois disseste: 'Quem tem ouvidos para ouvir, que ouça'.

A Filipe disseste: 'Tu e Tomé e Mateus, os três, sois os que pelo Primeiro Mistério foram encarregados de escrever todos os tratados sobre o reino da luz e dele dar testemunho'. Ouve, para que eu possa anunciar o significado dessas palavras. É o que foi profetizado por tua força-luz, através de Moisés: 'Através de dois ou três testemunhos, cada coisa deve ser comprovada sem dúvida'. Os três testemunhos são Filipe, Tomé e Mateus".

Tendo Jesus ouvido essas palavras, disse ele: "Falaste muito bem, Maria, este é o significado da palavra. Agora, porém, adianta-te, Filipe, e dá a explicação do quinto cântico de arrependimento da Pistis Sophia. Depois senta-te outra vez e registra cada palavra que eu disser até que tua parte que deves registrar nas palavras sobre o reino da luz esteja cumprida. Assim, podes levantar-te e dizer o que teu espírito consegue abarcar.

Agora, contudo, anuncia primeiro o significado do quinto cântico de arrependimento da Pistis Sophia".

Filipe respondeu: "Senhor, ouve minha explicação de seu cântico de arrependimento, pois a esse respeito profetizou outrora tua força-luz, através de Davi, no Salmo 88:

'Ó Senhor, Deus de minha salvação, dia e noite clamei a ti. Permite que minha oração chegue a teu semblante, inclina teu ouvido ao meu clamor.

Porque minha alma está saturada de miséria, minha vida se aproxima do reino da morte.

Estou incluído entre os que desceram à cova; tornei-me como um homem sem auxílio.

Os libertos submetidos à morte são como abatidos que jazem na cova, de quem já não te lembras; os que são aniquilados por tuas mãos.

Puseram-me numa funda sepultura, nas trevas e nas sombras da morte.

Tua cólera me oprime e tuas vagas caíram sobre mim.

Afastaste de mim meus conhecidos; tornei-me alvo de execração. Aprisionado estou e não consigo escapar.

Meus olhos estão enfraquecidos pela desgraça. Clamo por ti todos os dias, ó Senhor, estendendo a ti minhas mãos.

Causarás então maravilhas aos mortos? Ou acaso levantar-se-ão apenas os fantasmas para louvar-te?

Acaso proclamarão teu nome na sepultura e tua justiça no reino de teu esquecimento?

Mas eu clamei por ti, ó Senhor, e já de manhã chega a ti minha oração.

Não escondas de mim o teu semblante. Porque sou miserável e pobre desde a juventude. Mas, quando recobrei o ânimo, humilhei-me e levantei-me.

Tua cólera ardente se abate sobre mim e teus horrores me destroem. Cercam-me como água e atacam-me o dia inteiro.

Meus melhores amigos e companheiros afastaste de mim; somente as trevas tenho por companhia.'

Essa é, pois, a significação do mistério do quinto cântico de arrependimento que a Pistis Sophia pronunciou quando foi atormentada no Caos".

Pistis Sophia, capítulo 43

43

O mistério do quinto cântico de arrependimento

Apresentamo-vos agora o capítulo 43 do evangelho *Pistis Sophia* que, depois da história das três testemunhas, aparentemente tão singular no aspecto exterior, encerra um comentário sobre o quinto cântico de arrependimento, que denominamos cântico da rendição.

Quando um aluno sabe cantar o quinto cântico, este é a consequência de uma emoção exteriorizada por Filipe. As três figuras de Mateus, Filipe e Tomé estão relacionadas ao campo magnético de uma escola espiritual perfeita.

Mateus simboliza a radiação fundamental, Filipe, a radiação sideral, e Tomé, a radiação etérica. Eles são as três testemunhas que estão em perfeita unidade e têm o Espírito Sétuplo da Gnosis sempre presente em toda a sua personalidade e o irradiam. Essa linguagem metafórica talvez seja difícil de compreender. Entretanto, a linha de conceitos gnósticos não apresenta os três discípulos no contexto de seu significado histórico, mas relaciona a sua presença a aspectos do trabalho gnóstico.

Para os gnósticos, os doze discípulos representam os doze aspectos do trabalho gnóstico que podem ser determinados de maneira funcional e científica. Assim, os nomes dos discípulos não são escolhidos de maneira arbitrária. Pela sua etimologia eles podem ser relacionados à impressão que se propõem a causar. Estas explicações também cabem no contexto em que esses nomes aparecem na Bíblia. Nesse sentido, Mateus simboliza "o princípio", e Filipe, "a continuidade". Ele compreende tudo e também registra tudo. Tomé simboliza "a realização": ele deseja concretizar as coisas. É por isso que:

> Mateus é a radiação fundamental — o princípio,
> Filipe é a radiação astral — a plenitude anímica,
> Tomé é o alimento espiritual — a força realizadora.

No final do capítulo 42, Filipe protesta pelo fato de nunca ter a oportunidade de dar uma "explicação" sobre o significado dos cânticos de arrependimento da Pistis Sophia devido às atividades que lhe foram confiadas.

Como deveis entender isso? Quase sempre encaramos uma "explicação" como a elucidação de algo obscuro. Recebemos uma explicação para compreender. Do ponto de vista gnóstico pode significar literalmente uma revelação, um esclarecimento.

Por isso, muitos são atraídos por esse evangelho gnóstico, pois sentem os seus efeitos em si mesmos como aclaradores, elucidativos e esclarecedores.

Quando nos aprofundamos nesse evangelho gnóstico da maneira correta, são liberadas forças que atuam de modo compassivo e auxiliador. Portanto, é preciso compreender as palavras de Filipe da forma como ele deseja auxiliar os peregrinos e envolvê-los com sua luz.

A Pistis Sophia está ligada à luz. A luz sideral habita sua alma. E, pelo princípio da ausência de luta do quarto cântico de arrependimento, o princípio anímico sideral da Gnosis não pode intervir de maneira auxiliadora nem vir em seu socorro.

E assim vemos como a criatura naufraga impotente e é sacrificada pela força anímica terrestre, embora disponha de um novo potencial anímico redentor que, no entanto, não pode intervir de maneira redentora. Ele precisa observar como esse sofrimento vai evoluir. Por isso, Filipe quer intervir, auxiliar, para que a alma possa elevar-se na luz. Trata-se, de fato, de um conflito interior, um problema psicológico. Do ponto de vista teórico e potencial, o candidato pode elevar-se ao novo campo de vida, mas o momento para isso ainda não chegou, porque ele ainda não trilhou o seu caminho terreno até o fim. Em razão disso, uma elevação inoportuna vingar-se-ia no futuro de maneira irrevogável. Entretanto, não é bom abafar o impulso para a vida libertadora que fervilha na alma. Por isso se diz que:

Agora, porém, adianta-te, Filipe, e dá a explicação do quinto cântico de arrependimento da Pistis Sophia. Depois senta-te outra vez e registra cada palavra que eu disser até que tua parte que deves registrar nas palavras sobre o reino da luz esteja cumprida. Assim, podes levantar-te e dizer o que teu espírito consegue abarcar.

A luz sideral pode, então, oferecer um apoio à Pistis Sophia, uma elucidação é feita, trazendo-lhe a serenidade, como veremos perfeitamente.

Com certeza, percebestes que depois de cada cântico de arrependimento vem uma explicação, uma elucidação, em especial para o candidato que chegou a esse ponto. Portanto, mesmo em seu naufrágio, a Pistis Sophia não fica abandonada. A cada fase segue-se uma reação adequada. Todo esse caminho, toda a viagem de peregrinação, ajusta-se com perfeição ao processo que o aluno deve vivenciar. Os elos são unidos à corrente até que se chegue ao número determinado.

Quando acompanhamos a explicação de Filipe, perguntamo-nos primeiro em que motivos se apoia a tranquilização da Pistis Sophia. As razões estão no perfeito conhecimento de sua própria condição. Não é só o exame de seu estado de declínio, mas também de suas causas e de sua relação com a Gnosis nesse momento. Uma pessoa pode também chegar a uma serenidade com base em fatalismo e resignação, uma serenidade estéril. Mas não é este o estado existencial referido aqui, absolutamente. Por isso o quinto cântico de arrependimento é comparado ao Salmo 88. A Pistis Sophia consegue ligar-se bem à luz da salvação e começa seu quinto cântico:

Porque minha alma está saturada de miséria, minha vida se aproxima do reino da morte.

Ela está dominada, por assim dizer, pelas forças do reino da morte. Está completamente abatida. Tornou-se como um homem sem força. Seu egocentrismo deu o último suspiro, e seus pobres restos foram lançados no mais profundo sepulcro.

Quando a nova força sideral começa a crescer numa alma humana, a força sideral dialética deve diminuir na mesma proporção, isso não pode ocorrer de outra forma. É por isso que a luta mortal da natureza é a prova de que uma nova condição de vida está se desenvolvendo. Uma diminui, e a outra deve crescer.

Entretanto, o dramático nessa situação é que o que diminui domina toda a personalidade por seu nascimento natural e por se deixar governar pela natureza comum até o último segundo. É por isso que se fala no evangelho *Pistis Sophia* da sensação de estar numa cova ao passo que a nova energia vital, na realidade, está mais forte e próxima do que jamais esteve antes.

O muro tornou-se mais fino, mas também deve cair. Tudo o que está entre o aluno e a luz universal deve ser derrubado, o que apenas pode acontecer mediante completo isolamento e solidão. Assim diz o Salmo 88, versículos 8 e 9:

Apartaste de mim os meus conhecidos,
e me fizeste objeto de abominação para com eles;

estou preso e não vejo como sair.
os meus olhos desfalecem de aflição.

Talvez já tenhais sentido algo dessa condição de isolamento da personalidade. Quando alguém se apega, mesmo contra seu melhor julgamento, ao resto de seu próprio ser-eu, então a autoafirmação torna-se muito mais complexa, mais forte, mais intolerável. É muito surpreendente e desagradável para todos quando alguém, conhecido como candidato sério, demonstra grande autoafirmação como o melhor dos homens terrenos. Então, essa pessoa fica isolada, e todos se afastam dela.

Os fatos comprovam que, nessa fase, é muito difícil para o candidato alcançar um discernimento claro. Por isso a intervenção de Filipe fomenta esse discernimento, pois a nova atividade astral esclarece o estado anímico terreno aprisionado no aluno.

Como ensina o quinto cântico de arrependimento, é com base nesses pontos que o candidato deve obter o conhecimento, pois com a serenidade seguir-se-á o sexto cântico de arrependimento, o cântico da confiança. Enquanto o homem não fizer o exame de seu próprio estado não poderá haver serenidade, fato do qual seu próprio comportamento dá suficiente demonstração.

A Pistis Sophia poderá pensar, por exemplo, que já não poderá cometer erro algum na grandiosa senda porque ansiou muito pela luz e se dirigiu inteiramente para ela. Então busca encontrar uma explicação totalmente falsa para seu declínio. Assim poderia pensar que a luz se propõe a estabelecer o seu reino no Inferno.

Causarás então feridas aos mortos?
Ou acaso levantar-se-ão fantasmas para louvar-te?
Acaso proclamarão teu nome na sepultura
e tua justiça no reino de teu esquecimento?

Ela o exprime de maneira inquisitiva e acusadora. E acrescenta:

Não escondas de mim o teu semblante.
Pois sou miserável e pobre desde a juventude.
Meus melhores amigos e companheiros afastaste de mim;
somente as trevas tenho por companhia.

Para Filipe, a ilusão completou-se com isso. Quem rompe essa ilusão e reconhece que justo o último reduto da autoafirmação, a última pequena centelha do impulso egoísta, na maioria dos casos, é o maior obstáculo e fator de isolamento, alcançou o ponto mais profundo de sua desilusão. Ele pode cantar o cântico da serenidade.

A nova atividade astral, que é Filipe no aluno, deve esclarecer-lhe isso. Então a manhã se aproxima, no exato momento em que a noite é mais escura.

Esse é o significado do quinto cântico de arrependimento, que a Pistis Sophia entoou quando foi atormentada no Caos.

PISTIS SOPHIA

LIVRO I

CAPÍTULOS 44–45

Ao ouvir Jesus estas palavras de Filipe, disse ele: "Muito bem, amado Filipe. Vem e senta-te de novo e escreve tua parte das palavras que eu disser e todas as coisas que eu fizer e tudo o que vires". Filipe tomou imediatamente seu lugar para continuar escrevendo.

Em seguida Jesus retomou a palavra e disse a seus discípulos: "A Pistis Sophia clamou pela Luz. A Luz perdoou-lhe o pecado de ter abandonado sua região e descido para as trevas. Ela pronunciou seu sexto cântico de arrependimento e disse:

'Eu te enalteci, ó Luz, nas trevas mais profundas. Ouve meu cântico de arrependimento e presta atenção à voz de minha súplica.

Ó Luz, se considerardes meu pecado, não poderei subsistir diante de ti e me deixarás sozinha.

Porque tu, ó Luz, és minha salvadora; por amor da luz de teu nome, confiei em ti, ó Luz.

Minha força-luz confiou em teu mistério. Minha força confiou na Luz quando esteve nas alturas e também confiou nela quando esteve embaixo no Caos.

Que todas as forças em mim confiem na Luz, agora que estou na mais profunda escuridão; e que também nela confiem quando chegarem às alturas.

Pois a Luz é plena de misericórdia e liberta-nos. Na Luz há um mistério grande e Salvador.

Ele tirará todas as forças do Caos por causa de minha transgressão. Porque abandonei minha região e desci para o Caos.' Pois bem, o que tem a razão enobrecida para tanto que o compreenda".

Tendo Jesus dito estas palavras a seus discípulos, perguntou-lhes: "Compreendeis o sentido do que foi falado?"

André adiantou-se e disse: "Senhor, no que concerne ao significado do sexto cântico de arrependimento da Pistis Sophia, disse tua força-luz, através de Davi, no Salmo 130:

'Das profundezas clamo a ti, ó Senhor. Escuta minha voz. Inclina teus ouvidos à minha súplica.

Se tu, ó Senhor, lembrares de minhas iniquidades, quem subsistirá?

Mas, em ti está o perdão. Por amor de teu nome, esperei por ti, ó Senhor.

Minha alma esperou por tua palavra. Minha alma espera pelo Senhor de manhã até a noite. Que Israel espere pelo Senhor de manhã até a noite.

Porque no Senhor existe graça e grande libertação. Ele livrará Israel de todas as suas iniquidades'."

Jesus disse-lhe: "Muito bem, André, tu és abençoado. Este é o significado de seu cântico de arrependimento. Em verdade, em verdade vos digo: Iniciar-vos-ei em todos os mistérios da luz, em toda a Gnosis, do interior dos interiores até o exterior dos exteriores; do Inefável até as trevas mais escuras; da Luz das Luzes até o mais material do material; de todos os deuses até os demônios;* de todos os senhores até os seus decanos; e de todas as potestades até os servidores; da criação do homem até a criação dos animais, do gado e dos répteis; para que possais ser chamados perfeitos, consumados até a plenitude perfeita.

Em verdade, em verdade vos digo: No lugar onde eu estiver no reino de meu Pai, também estareis comigo. Assim que o número perfeito estiver completo, de modo que o mundo da mistura será dissolvido, determinarei que tragam aqui todas as divindades tirânicas que não irradiaram a parte purificada de sua luz. Ao fogo da sabedoria confiado aos perfeitos darei a ordem de consumir esses tiranos até que entreguem a última parte purificada de sua luz".

Depois destas palavras de Jesus a seus discípulos, disse ele: "Compreendeis o sentido do que foi dito?" Disse Maria: "Sim, Senhor, compreendi tua palavra. Com respeito ao que disseste: 'Na dissolução de todo o mundo da mistura, sentarás num trono de luz, e teus discípulos, ou seja, nós, estaremos à tua direita, e julgarás os deuses tirânicos que não entregaram a parte purificada de sua luz; e o fogo da sabedoria os consumirá até que entreguem o restante de sua luz interior' — no que concerne a isto, então, disse outrora tua força-luz, através de Davi no Salmo 82: 'Deus ocupará o trono na assembleia dos deuses e julgará os ídolos'."

Jesus disse-lhe: "Muito bem, Maria".

Pistis Sophia, capítulos 44–45

44

Sexto cântico de arrependimento: o cântico da confiança

A Pistis Sophia entoou o seu quinto cântico de arrependimento: o cântico da rendição. Ele nos mostra que o candidato, representado pela Pistis Sophia no estado psicológico descrito, deseja eliminar de seu ser o último resquício de autoafirmação e impulso egoísta. Por conseguinte, a Pistis Sophia chega a uma condição interior de calma e, pela primeira vez, sente uma confiança de fato tranquila, harmoniosa e alegre.

Assim ela entoa, após o cântico da rendição, o sexto cântico de arrependimento, o *cântico da confiança.* Ela subiu seis degraus e permanece alguém que confia completamente na luz.

Voltemo-nos aos aspectos já descritos. Quem é a Pistis Sophia? Sois vós, candidato no caminho da libertação da alma! De qualquer modo, podeis ser uma!

Comentaremos mais uma vez o processo nesse caminho. Tudo começou com um entusiasmo turbulento. Como pesquisador, depois de muitas experiências, o homem encontrou a Rosa-Cruz e a doutrina libertadora. Ele se apressa como de um salto em direção ao Décimo Terceiro Éon dos mistérios da salvação, esconde-se atrás dos véus e implora para que o admitam. Porém o Décimo Terceiro Éon nega-lhe de maneira resoluta a entrada, deixando-o sozinho.

Nesse estado de isolamento num ambiente completamente estranho, Authades vem ao candidato. Authades é visto como a concentração de todas as forças do eu. É natural que essa concentração de forças focalize o candidato, pois o eu, na exaltação do entusiasmo, estava voltado primeiro para a Gnosis.

A Gnosis não responde, e, por conseguinte, o eu habitual começa a falar outra vez e a entrar em cena. O candidato é um homem anelante, um verdadeiro buscador. Como não recebeu a luz da Gnosis, precisa dar-se por satisfeito com sua própria luz que, comparada à Gnosis, é a falsa luz de Authades. Portanto, foi provocada uma reação: primeiro a aproximação precipitada do Décimo Terceiro Éon dos mistérios gnósticos e depois um retrocesso ao antigo estado. O candidato é lançado de volta ao seu verdadeiro estado existencial. Essa é uma situação bem justificada.

A Gnosis não o negou, mas ainda não podia revelar-se porque a pessoa em questão ainda não estava aberta nem apta para isso.

Ninguém pode presumir que se pode arrebatar a vida gnóstica com o auxílio de uma estratégia. Entretanto, um homem dialético tenta fazê-lo porque está habituado a isso e obtém resultados com táticas como essa. Obviamente, as consequências são transitórias pela condição da natureza dialética, que está vinculada à temporalidade.

Por certo a Pistis Sophia, que depois do primeiro impulso foi rechaçada, voltando à realidade, não se sente feliz em absoluto. No lugar da luz gnóstica ela encontra o falso brilho da luz do mundo comum e do próprio eu.

Começam assim, nesse instante, os cânticos de arrependimento, um lamento intenso, pois o candidato compreende de modo perfeito por que caiu nesse estado e reconhece sua própria deficiência. Entre os candidatos que iniciam a senda da Rosa-Cruz não é sempre esse o caso, de forma alguma. Seus cânticos incluem protestos e críticas, sentimentos de amargura e injustiça. Contudo, queremos admitir que nosso candidato supera essas primeiras dificuldades e inicia seus cânticos de arrependimento. Então ele entra num processo mediante o qual é habilitado a, por fim, passar pelos véus do *Sanctum Sanctorum*. No entanto, esse processo precisa levar primeiro a um nadir, a um não ser, para poder erigir um novo ser sobre esse alicerce.

Esse processo inicia-se com cânticos de arrependimento, com lamento intenso, e conduz depois à tranquilização e à confiança para, logo em seguida, exprimir hinos de louvor, como podeis verificar no decorrer deste livro.

Se o candidato reconhecer que primeiro devem ser banidos de seu sangue os sentimentos de crítica, bem como tudo o que é inferior, isso já é o primeiro passo na direção certa. É só depois desse reconhecimento que a viagem ao nadir pode começar, o que significa uma queda ainda mais profunda para a maioria dos candidatos. Quando uma luz verdadeira não está disponível, tentamos consolar-nos com uma falsa luz, com todo o cortejo da natureza. Agora esta comédia deve cessar e ser esquecida completamente até o nadir. Esse é o preparo para a construção. Se quisermos construir uma casa alta que chegue até as nuvens, devemos antes cavar fundo na terra para ali lançar um alicerce apropriado. O candidato percebe isso e começa a viagem ao nadir. É preciso analisar bem os problemas relacionados a ela. Existe um problema que aparece em todos os cinco cânticos de arrependimento e também no sexto. A Pistis Sophia fala sempre das forças de Authades e do Caos que a atormentam, mas fala também de outras forças que se encontram nela mesma. Assim, ela diz, por exemplo, no sexto cântico de arrependimento:

Minha força-luz confiou em teu mistério. Minha força confiou na Luz quando esteve nas alturas e também confiou nela quando esteve embaixo no Caos.

Que todas as forças em mim confiem na Luz, agora que estou na mais profunda escuridão.

Fala-se com muita clareza de dois conjuntos de forças: do conjunto de forças de Authades, as forças do eu, e de um grupo de outras forças que também se encontram nela, mas que são governadas, impedidas e atadas, pelas forças de Authades e do Caos.

De onde provém esse grupo de forças místicas e a que estão relacionadas? Isso o candidato deve saber impreterivelmente, pois se reconhecesse essas forças em si mesmo, ele próprio poderia cantar também o sexto cântico de arrependimento libertador com o avanço de seu próprio processo.

Em vosso ser existem dois pontos de contato importantes ao extremo: o santuário do coração, no qual se encontra a rosa-do-coração, e o santuário da cabeça com sua janela, a sede da maravilhosa flor áurea. Através dessa janela deve entrar a luz gnóstica. E através dessa mesma janela a luz da alma deve irradiar para o exterior. É através dessa janela que se dá a abençoada ligação entre o candidato e o Décimo Terceiro Éon. Através dela a força-luz libertadora de fato flui para o interior, e a homem-alma transfigurado vai para o exterior.

A respeito da áurea força-luz da libertação ainda não é falado no início da Pistis Sophia. A janela ainda está fechada, e ela mesma deve abri-la a partir do interior. Para tanto é preciso reduzir ao silêncio todo o bramido do santuário da cabeça regido pelo eu. Isso pode e deve ser alcançado com a força da rosa do santuário do coração.

A viagem ao nadir da natureza egocêntrica, a endura, é, portanto, a rendição total de um conjunto de forças dominantes e dos atributos da personalidade com o auxílio e a intervenção de outros conjuntos de forças. Essa é a via-crúcis para o eu.

Uma vez despertadas no coração, essas forças devem ser mobilizadas. Devem passar por toda a criatura, por todo o seu estado de vida e pregar o evangelho da renovação em todo lugar, curar os órgãos doentes até chegar ao lugar do crânio, a colina do Gólgota.

Ali, a força sanadora deve dar o seu último suspiro em meio aos agonizantes homicidas de todo o seu ser.

Quem segue esse caminho da Rosa-Cruz até o último suspiro, e está preparado para abandonar o último resíduo de fúria do eu, segue a *via dolorosa.* Com isso, tinge a rosa branca com o sangue vermelho de sua própria cruz e abre a janela da alma. Ele sai do sepulcro e o hino de ressurreição, a canção da rosa dourada, ressoa como um cântico de júbilo.

Quem inicia essa viagem com a energia da rosa-do-coração, com a energia liberada pela radiação fundamental e na luz do nascimento sideral, sente que sua energia aumenta a cada hora. E obterá paz interior e absoluta confiança mediante essa certeza muito antes de chegar à vitória. E então poderá cantar com plena convicção:

Minha alma esperou por tua palavra. Minha alma espera pelo Senhor de manhã até a noite. Que Israel espere pelo Senhor de manhã até a noite. [...] Porque no Senhor existe graça e grande libertação.

Se quiserdes entender bem tudo isso, precisais reconhecer que o homem é uma mescla de força-luz e trevas. A força-luz permite compreender muito sobre a Gnosis e desperta um anseio por libertação. Com essa força luminosa atraís e construís ao vosso redor muita coisa que se vos tornou agradável e com cujo auxílio vos mantendes íntegros neste mundo.

Entretanto, dessa forma não avançais um milímetro sequer no caminho da libertação. No máximo tereis o amor à vossa força-luz e com ela construireis uma quimera gnóstica. De tempos em tempos essa quimera será, então, destruída, e sereis lançados nas trevas de forma enérgica.

Como podemos afirmar isso com tanta segurança? Porque em vós a treva é unificada com a personalidade. Essa personalidade, sua estrutura e sua consciência são construídas inteiramente com base nas trevas e nelas se fundamentam. Portanto, a força-luz não tem em vós ainda uma habitação, uma base, um órgão. Ela não tem uma forma. Em vossa condição existencial ela é apenas uma matéria prima, um tesouro latente.

É por esse motivo que deveis seguir uma via-crúcis com essa força-luz, com esse recurso de luz, essa substância luminosa. Então tudo o que é treva em vós será tragado. Assim Authades será destruído. Então vós mesmos ireis à ruína para tornar-vos o Outro.

Que todos sigam essa via-crúcis até o nadir dos cânticos de arrependimento para depois se elevarem desse nadir na hora da decisão.

45

O MISTÉRIO DAS TRÊS FORÇAS-LUZES

Como já comentamos, existem na personalidade dois pontos de contato: a sede da rosa branca ou átomo original no santuário do coração e o ventrículo cerebral, o espaço vazio no qual um dia a rosa áurea deve florescer. Em seus cânticos de arrependimento, a Pistis Sophia sempre fala de "sua força-luz" e também no sexto cântico volta a dizer:

Minha força-luz confiou em teu mistério. Minha força confiou na Luz quando esteve nas alturas e também confiou nela quando esteve embaixo no Caos.

De onde veio tal força-luz? Teria sido um resquício de dias melhores já passados?

Por ignorância, poder-se-ia pensar ser impossível que uma pessoa com a força-luz de origem gnóstica viesse a tornar-se vítima da falsa luz de Authades. Mas então estaria havendo uma confusão em relação a esse evangelho gnóstico, pois sempre consideramos a existência de duas forças e contrapomo-las uma à outra. Mas evidentemente a Pistis Sophia testemunha a respeito de três forças-luzes:

da luz da Gnosis,
de sua própria luz,
e da luz de Authades, o servidor dos éons da natureza.

O comentário que o evangelho *Pistis Sophia* apresenta sobre o sexto cântico de arrependimento obriga-nos a resolver de maneira perfeita o problema das diversas forças-luzes. Jesus, o Senhor, diz no comentário do sexto cântico de arrependimento:

Assim que o número perfeito estiver completo, de modo que o mundo da mistura será dissolvido, determinarei que tragam aqui todas as divindades tirânicas que não irradiaram a parte purificada de sua luz. Ao fogo da sabedoria confiado aos perfeitos darei a ordem de consumir esses tiranos até que entreguem a última parte purificada de sua luz.

Em poucas palavras, será como consta no Salmo 82: "Deus assiste na congregação divina; no meio dos deuses, estabelece o seu julgamento".

Assim se revela que também os deuses tirânicos, os éons da natureza, dispõem de forças-luzes muito boas, puras e excelentes, que lhes serão arrebatadas para com elas fortalecer o verdadeiro reino da luz.

Os antigos gnósticos levavam em conta três tipos humanos:

os pneumáticos,
os psíquicos, e
os hílicos.

Os *pneumáticos* são os que, com base em um conhecimento interior consciente, acorrem de imediato à luz de Cristo, quando esta aparece, para logo abarcá-la. É uma alusão ao tipo humano no qual a rosa áurea já floresceu ou está se desenvolvendo. É o homem que tem a janela aberta através da qual a plenitude gnóstica pode fluir para o interior do espaço vazio.

Dos *psíquicos* é dito que só conseguem acreditar na luz. Como os tipos crentes que conhecemos por meio da Bíblia, eles apenas veem a luz da libertação como que à distância. Nessas pessoas a janela da alma ainda está fechada por completo. Por isso, a manifestação da luz e sua atuação deve ser-lhes explicada de maneira contínua. A linguagem dos céus deve ser traduzida para elas a fim de que compreendam alguma coisa. Mas então creem nela do interior.

Essas pessoas o conseguem porque nelas a rosa-do-coração está ativa. Pela atividade da rosa branca os raios gnósticos podem tocá-las e suscitar um estado no qual se torna possível a fé genuína e pura na Gnosis.

Os *hílicos* são absolutamente não receptivos. São tipos puramente naturais que estão sintonizados inteiramente com a natureza dialética. Eles não vivem de luz, mas da força liberada pela reação em cadeia dos processos vitais. O coração da rosa, se é que o possuem, não está ativo nessas pessoas. A Gnosis não brilha para elas, e, por essa razão, não as incluiremos em nossos comentários. Elas permanecem à parte de todo o esforço gnóstico e também não têm anseio por ele.

Todos os que se sentem atraídos pela senda da transfiguração pertencem ao tipo psíquico. Esses homens possuem um coração da rosa já desde o nascimento. A causa dessa condição está na névoa do passado, no microcosmo, isto é, no ser aural no qual está registrado o destino de todas as personalidades que se sucederam no microcosmo.

Aí também está determinada toda a predisposição para a luz gnóstica. Por meio do sangue do nascimento o período correspondente do passado penetra pelo plexo sacro e, passando pela medula, toca o coração, em especial o ventrículo direito. Mediante esse afluxo o átomo original torna-se receptivo à radiação gnóstica.

Entretanto, o homem ainda não está consciente disso. Ele apenas observa certas tendências e apresenta determinado tipo humano. Esse tipo tem interesses religiosos ou ocultistas ou está, de diversas formas, orientado para o aspecto humano com um interesse interior pela humanidade e seus problemas.

Essa atuação é ainda fortalecida pela experiência própria e pela evolução. Por essa razão esse homem deseja participar da ação, da luta, da vida com o mundo e a humanidade. Em certo sentido, pode-se dizer que há amor humano que se exprime conforme as condições de evolução interior da referida pessoa.

Dessa forma, a epopeia do serviço humano vem crescendo por meio de milhões de seres humanos, e o amor e o sacrifício pelo homem e a humanidade prosseguem até o dia de hoje. Há muitos seres humanos desse tipo que se voltam para a Gnosis. Sua vontade de sacrificarem a si mesmos e seu amor são grandes nesse sentido.

E, mesmo assim, o eu natural dialético ocupa o centro em meio a toda essa bondade e beleza. O amor vem de Deus, vem da Gnosis, mas desperta e estimula o homem dialético comum. O amor de Deus, esse toque por uma ordem divina, atinge-o, impelindo-o adiante, ou seja, leva o homem dialético a viver muitas experiências.

Entretanto, o reino divino não pode realizar-se no reino natural. Por isso o amor, quando empregado na matéria, está sujeito a determinada transformação. Reconhece-se isso, mas o anelo do átomo original leva o homem a agir com base nesse amor, pois ele está aberto às respectivas radiações.

Assim, em determinado momento, o homem se encontra diante de um conflito intenso: por um lado existe uma torrente de amor humano e de práticas amorosas, e, por outro, um egocentrismo petrificado.

Deus é amor, Deus toca o homem no coração. E Deus é luz. Essa luz é recebida e empregada pelo eu, ou seja, mediante o estado natural. A luz não é absorvida apenas pela humanidade, mas também pelos éons da natureza, pelas forças naturais e formações cósmicas da natureza. Os éons da natureza adornam-se com a luz do mesmo modo que o homem. Eles arrebatam sempre essa força-luz do homem, assim como da Pistis Sophia.

Todos têm, portanto, a sua veste-de-luz nas duas esferas da vida dialética. Todo o Universo, bem como a humanidade, se alimenta das forças de luz polar da Gnosis até que a esfera mais alta de calor rejeite o que já não pode ser consumido. Assim, os éons da natureza devolvem o que já não conseguem absorver. Toda a força-luz, que o homem recebeu desde o nascimento e tentou empregar, é roubada pelos éons da natureza. E estes refletem essa força com as suas próprias radiações outra vez para a humanidade. Daí resulta uma grande confusão, o homem perde o controle e toma a luz pelo inimigo e o inimigo pela luz.

Não podemos deixar de notar que a tensão sempre se intensifica e uma explosão deve ocorrer. A luz que foi roubada é então recuperada. Acontece uma purificação; no cosmo dialético permanece a realidade nua e para o homem, que passou pela provação, uma dura experiência, um estigma na alma. A situação, de fato, é a que segue:

O contato de luz polar completou um giro e introduziu-se no tempo para ser reconduzido à eternidade e voltar a seu próprio reino sem ter atingido muitos homens.

O sacrifício de Deus retorna por causa do coração da rosa receptivo de muitos homens. E a roda gira de novo. O resultado depende do homem, isto é, de ele demonstrar outra vez amor, por trás do qual espreita o duro egocentrismo. Muito dessa luz que foi acumulada dessa maneira é roubada outra vez. Authades e seus servidores arrebatam a força-luz de semelhante homem dia e noite.

Assim, podeis compreender agora por que há forças-luzes tanto no homem do tipo psíquico quanto no cosmo. É a alma do mundo gnóstica, que se oferece sem cessar e sem cessar é crucificada. Tudo depende, pois, do que o candidato na senda inicia com essa força-luz. Ele de certo possui um coração da rosa atuante e é tocado pela Gnosis, como milhões de outros homens. E assim o amor pela humanidade preenche o coração do candidato.

Mas a solução não é esta, pois o estado natural não consegue atrair o espiritual, a não ser temporariamente, de forma ilusória. Na realidade, o candidato outra coisa não pode fazer senão seguir Cristo na prática. Ele deve seguir seu caminho da Rosa-Cruz até o Gólgota, até que a janela de sua alma se abra, para que, na manhã de Páscoa, a rosa áurea possa nele viver. Então ele trilha o caminho da transfiguração e alcança o alvo, que é o motivo pelo qual a luz se lhe ofereceu.

Assim, com outros, o candidato cuida para que se complete o número dos salvos. Assim que isso acontecer e que o novo reino gnóstico tenha se tornado forte o suficiente, toda a luz arrebatada será devolvida aos libertos e o novo reino se erguerá como um gigante de luz, como uma flama ardente.

Em verdade, Deus assiste na congregação divina; no meio dos deuses, estabelece o seu julgamento.

PISTIS SOPHIA

LIVRO I

CAPÍTULO 46

Prosseguindo, disse Jesus a seus discípulos: "Quando a Pistis Sophia pronunciou seu sexto cântico de arrependimento sobre o perdão de sua transgressão, voltou-se para o alto para ver se seus pecados haviam sido perdoados e se ela seria alçada do Caos. Por mandamento do Primeiro Mistério, todavia, ainda não havia sido consentido perdoar os seus pecados e conduzi-la para fora do Caos.

Quando, pois, ela se voltou para as alturas para verificar se seu arrependimento fora aceito, viu que todos os arcontes dos doze éons zombavam dela e exultavam maldosamente porque seu cântico de arrependimento não fora aceito.

Ao ver que ela estava sendo escarnecida, ficou muito aflita e clamou às alturas em seu sétimo cântico de arrependimento, dizendo:

'A ti, ó Luz, entreguei minha força, minha luz.

Em ti confiei. Não permitas que eu seja desprezada e não toleres que os arcontes dos doze éons, que me odeiam, zombem de mim. Porquanto todos os que em ti confiam não podem ser envergonhados.

Que aqueles que roubaram minha força permaneçam nas trevas e não tirem proveito da força, porém que ela lhes seja tomada.

Ó Luz, mostra-me teu caminho para que, nele, eu seja redimida. Aponta-me tuas veredas para que eu seja liberta do Caos.

Guia-me em tua luz e deixa que eu reconheça, ó Luz, que és minha salvadora. Quero confiar sempre em ti.

Libertar-me-ás, ó Luz, pois tua misericórdia é eterna. Quanto aos pecados que cometi na ignorância, não os consideres, ó Luz, mas, pela tua graça, liberta-me através de teu grande mistério do perdão dos pecados, ó Luz. Porque clemente e justa é a Luz. Por essa razão, mostrar-me-á um caminho para a libertação de meus pecados.

De acordo com seu mandamento, a Luz encaminhará minhas forças que estão reduzidas por medo das criaturas materiais de Authades. E ela oferecerá a Gnosis às minhas forças que, por falta de misericórdia, estão debilitadas.

Porque a Gnosis da Luz é libertação e mistério para todos os que anseiam pelas regiões da herança e do mistério da Luz.

Por causa do mistério de teu nome, ó Luz, perdoa meu pecado, porque é grande.

A todo aquele que confia na Luz, ela concederá o mistério de que ele tem necessidade.

Sua alma habitará nas regiões da Luz. E sua força herdará o Tesouro de Luz.

A Luz oferece sua força a todos os que creem na Luz. O nome de seu mistério é oferecido aos que nela confiam. E a eles é mostrada a região da herança que está na Câmara do Tesouro de Luz.

Sempre acreditei na Luz, e ela me libertará os pés das cadeias das trevas.

Sê compassiva para comigo, ó Luz, e liberta-me; pois até meu nome me arrebataram no Caos.

Por causa de todas as emanações, minhas dores e minhas aflições tornaram-se inúmeras. Livra-me de meus pecados e destas trevas.

Olha para o tormento de minha aflição e perdoa os meus pecados.

Vê o quanto, por inveja, me odeiam os arcontes dos doze éons. Zela por minha força e liberta-me. Não me deixes ficar nestas trevas, pois em ti acreditei.

E tomaram-me por tola porque tive confiança em ti, ó Luz.

Agora, ó Luz, livra minhas forças do poder das criaturas de Authades, que me atormentam.

Quem for sensato no julgamento, que seja sensato'."

Tendo Jesus dito estas palavras a seus discípulos, apresentou-se Tomé e disse: "Senhor, eu sou sensato, muito sensato, e meu espírito percebe tudo com muita clareza, e me alegro por teres nos revelado estas palavras. Até agora tenho sido paciente com meus irmãos para que não se zanguem; pois, de cada um deles suportei a precedência para que desse a explicação do cântico de arrependimento da Pistis Sophia. Então, agora, ó Senhor, a respeito da explicação do sétimo cântico de arrependimento da Pistis Sophia, tua força-luz disse outrora, através do profeta Davi, no Salmo 25:

'A ti, Senhor, elevo a minha alma. Em ti confio. Não me deixes arruinado, nem que zombem de mim os meus inimigos. Com efeito, todos os que em ti confiam não ficarão envergonhados. Envergonhados ficarão aqueles que, sem razão, agem com deslealdade para contigo.

Senhor, torna-me conhecidos os teus caminhos e indica-me tuas veredas. Guia-me em tua verdade e ensina-me: pois és o Deus de minha salvação e espero por ti o dia inteiro.

Considera tua misericórdia, ó Senhor, e tua mercê que são desde a eternidade. Não te lembres dos pecados de minha juventude e ignorância. Mas, lembra-te de mim conforme a tua graça e por tua bondade, ó Senhor.

Bom e justo é o Senhor, por isso mostra o caminho aos pecadores. Guia os mansos na justiça e ensina ao humilde o seu caminho.

Todas as veredas do Senhor são graça e verdade para aqueles que procuram sua justiça e seu testemunho. Por causa de teu nome, ó Senhor, perdoa-me minha culpa, pois é grande.

Quem é o homem que teme ao Senhor? Ele mostra-lhe o caminho que deve escolher. Sua alma viverá na felicidade e sua descendência herdará a terra.

O Senhor é força para os que o temem. Ele desvela seu nome para aqueles que o temem. Ele lhes dá a conhecer a sua aliança. Meus olhos estão continuamente dirigidos ao Senhor, pois ele tirará meus pés da armadilha.

Volta-te para mim e sê compassivo; pois estou sozinho e miserável. Multiplicaram-se os tormentos de meu coração. Liberta-me de minhas angústias.

Olha para minha desgraça e meu padecimento e perdoa todos os meus pecados. Vê quão numerosos são os meus inimigos e com que ódio maldoso me abominam.

Protege minha alma e liberta-me. Não seja eu humilhado, pois em ti procuro refúgio.

A inocência e a retidão acompanharam-me, pois em ti espero, ó Senhor. Ó Deus, liberta Israel de todos os seus padecimentos!' "

Ao ouvir estas palavras de Tomé, disse-lhe Jesus: "Muito bem, Tomé. Este é o significado do sétimo cântico de arrependimento da Pistis Sophia. Em verdade, em verdade vos digo: Todas as gerações vos glorificarão porque vos tenho revelado isto, porque tendes recebido de meu espírito e porque vos tornastes sábios e espiritualizados, pois compreendeis o que vos digo.

Depois conceder-vos-ei toda a luz e toda a força do espírito para que, de agora em diante, compreendam tudo o que vos for dito e tudo o que virdes. Dentro de pouco tempo falarei, então, convosco sobre tudo o que concerne às alturas, do exterior para o interior e do interior para o exterior".

Pistis Sophia, capítulo 46

46

Sétimo cântico de arrependimento: o cântico da decisão

Chegamos agora ao sétimo cântico de arrependimento, o *cântico da decisão.*

Para compreender o evangelho *Pistis Sophia* deveis examinar completamente essa espécie de decisão. O homem que trilha o caminho da transfiguração é uma mescla de força-luz gnóstica e trevas. A personalidade é um conjunto de átomos mantidos em coesão pela energia atômica. E para apossar-se dessa energia e conseguir empregá-la é preciso que os átomos sejam fissionados. A personalidade é, portanto, um conjunto de processos que atuam em cooperação extremamente complexa.

Existe no homem um princípio para a cisão do átomo, um grande fogo com forte calor por meio do qual os átomos são fissionados. Com as forças liberadas desse modo, outros conjuntos de átomos são atraídos ou obtidos por fissão para formar uma personalidade e sustentá-la num microcosmo com base na ideia existente por trás desse sistema de processos.

A ideia, as forças e processos que viabilizam tudo isso indicamos como dialética e trevas, como forças e desenvolvimentos que provêm da sétima região cósmica e nela se manifestam. Toda a condição existencial humana, suas forças e formas estão interrelacionadas de maneira perfeita com esta natureza sombria, com a natureza da morte. Essa entidade completa, que provém da natureza sombria e é seu produto final sofre dor e tormento nesta natureza.

Por essa razão o homem vive suspirando e com um forte anseio por salvação, pois não está seguro em momento algum na sua condição existencial. Sua morte é preparada desde seu nascimento. Após a morte, sua personalidade se dilui, nada mais restando depois de um período de tempo mais longo ou mais curto. A obscura existência nesta natureza sombria leva a nada. O homem geme porque a dor faz parte da essência desta natureza.

Nesse estado, o homem é atingido pela primeira emanação do Pleroma, pela emanação da Pistis. Ela se dirige ao seu pensamento, à sua faculdade da inteligência e à sua consciência. Ela lhe diz: "Dor é o que tu sofres, escuridão é o que tu és, tu nasceste para nada. Para que estás aqui e qual é o sentido da tua vida?"

E assim a dor humana torna-se ainda maior, pois quem é atingido no desespero a que está ligado viverá essa tribulação de modo mais intenso do que jamais antes vivera.

Então a natureza sombria busca auxílio e recuperação para seu grande sofrimento, e iluminação definitiva. E depois de muitos experimentos o homem encontra o caminho da libertação que lhe permite visualizar um novo estado existencial.

O que esse homem deve fazer agora? Contando com toda espécie de forças e faculdades, ele se torna aluno de uma escola espiritual. Já a ideia de libertação lhe oferece um pouco de consolo, mas, na realidade, esse consolo é insípido, porque não passa de uma ilusão, pois a inteira natureza sombria é destruída em e por si mesma. O eu *é* a natureza sombria e se origina por completo dela. Na natureza tenebrosa há dois aspectos: bem e mal. Como o homem ainda não tem outro recurso, mobiliza o seu potencial de bondade que também provém da natureza tenebrosa. Fundamentado nessa bondade, ele faz suas oferendas de tempo, capacidade e bens.

Um sacrifício como esse traz, de fato, consolo e alegria, mas não suprime a verdadeira dor. Assim o homem não se aproxima da verdadeira salvação.

A que se deve isso? Ao fato de que tudo o que provém da natureza da morte, em razão de sua própria essência, a ela retorna. Por isso muitos se desesperam. Eles dizem e pensam: "Dei tudo o que tinha. O que ainda posso fazer agora?" Mas suas oferendas não são aceitas pela Gnosis. O céu continua insensível, e o homem será lançado de volta à sua situação de sofrimento.

Então o empenho de sua bondade não é bom? Pelo contrário! Melhor não pode ser. Mas o Décimo Terceiro Éon sempre remete o homem à sua realidade sombria. "Se fiz algo errado, dize-me então!", grita a Pistis Sophia. Ela não obtém resposta. Apenas ouve a gargalhada estridente e sarcástica dos éons da natureza que se divertem com ela. Ela louvou o Senhor, agradeceu e enalteceu-o. Serviu-o dia e noite, colocou sua vida, sua saúde e seus bens a seu dispor. E mesmo assim todas essas oferendas não são aceitas. O céu silencia. Um após outro, elevam-se cânticos de arrependimento. Mas do que se deve arrepender? A Pistis Sophia não encontra culpa, não obstante estar disposta a assumi-la. Com sinceridade digna de admiração, doou-se com todo o seu potencial de bondade. E, de acordo com a natureza, já nada pode fazer e ser. Tudo o que ela experimenta a respeito e além disso é ilusão e volta à sua origem. E essa origem é a dialética.

Entretanto, a Pistis Sophia também fala de sua força-luz. Contudo, isso é seu exato engano. A força está ali, na verdade, porém não pertence a ela, apenas está a seu dispor.

Assim que uma força-luz se aproxima do homem, ele deve compreender isso de maneira perfeita. Essa força-luz é o átomo original imerso no ponto central do microcosmo, que corresponde ao coração do homem e exerce influência sobre ele.

Por indução se produz a conhecida influência da força-luz gnóstica primordial. Essa influência desperta a fé na doutrina de salvação e, a partir dessa fé e desse conhecimento, o homem fala, trabalha e se sacrifica. Mas esse falar, trabalhar e sacrificar-se não é uma manifestação da força-luz. Com essa força-luz ele nunca trabalhou, nunca seguiu o caminho para essa possibilidade.

Por indução começa, no máximo, a atuação do potencial de bondade. Esse é um bom caminho de experiência. Com a força-luz presente no homem, ele louvou, agradeceu, enalteceu e trabalhou como a Pistis Sophia. Ele carregou uma cruz, mas era a cruz da natureza, não a da salvação. Ele ainda não seguiu a sua via-crúcis da rosa. Todavia é isso o que de fato importa!

Isso encerra um mistério, o mistério iniciático da Rosa-Cruz. A fórmula desse mistério diz: "Ainda que tivésseis dado tudo, mas não a vossa vida, sabei que nada destes". Não é o vosso potencial de bondade que é pedido, mas vossa vida, a alma de vossa egoidade.

O não ser deve ser comprovado por uma atitude de vida sintonizada com esse mistério. Então Cristo nascerá em vós. Então a luz já não surge de modo indutivo, porém por si própria. Nesse momento nasce o novo estado anímico. E apenas essa alma renascida pode dizer:

Agora, ó Luz, livra minhas forças do poder das criaturas de Authades, que me atormentam.

O candidato passou então pelo processo de decisão e pode iniciar um novo ciclo de evolução:

ele pode escapar das trevas,
aniquilá-las,
renascer na luz e conquistar a vida eterna.

Muitos aproximam-se da luz gnóstica com seu potencial de bondade. E como essa bondade está sempre mesclada e vinculada à maldade, isso resulta na situação muito extenuante de que desejamos fazer o bem, mas fazemos o mal.

Na prática da vida convencional essa situação sempre acontece. Quem percebe ser inútil chegar à Gnosis com o eu e com as forças gêmeas do bem e do mal a ele vinculadas, quem percebe que a força-luz da bondade sempre é absorvida pela maldade, reconhece que a luz gnóstica é algo inteiramente diverso. Ao entoar seu cântico de arrependimento, esse homem chega, por uma necessidade inevitável, ao nadir no qual nada mais lhe resta senão a entrega de si mesmo à Gnosis.

Essa é uma atitude de vida coerente com a fórmula da Gnosis. Esse é um ser equivalente a não ser. Essa é a atitude de vida do movimento de retorno.

"Quem deseja conservar a sua vida perdê-la-á." Mas quem deseja perder a sua vida para a Gnosis, mediante a autorrendição e sua luz aos três mistérios, vencerá toda a morte e viverá. "Quem quer perder sua vida por minha causa, este a conservará." Apenas quem atravessar os portais dos mistérios gnósticos com o não-eu poderá ser designado de fato como candidato, como homem de decisão.

PISTIS SOPHIA
LIVRO I
CAPÍTULOS 47–49

Prosseguindo em sua exposição, disse Jesus a seus discípulos: "Quando a Pistis Sophia proferiu seu sétimo cântico de arrependimento no Caos, ainda não me havia sido dada, pelo Primeiro Mistério, a ordem de salvá-la. No entanto, por compaixão, levei-a, por mim mesmo e sem ordem, para uma região um pouco mais aberta no Caos.

Quando as emanações materiais de Authades perceberam que ela fora levada para uma região um tanto mais aberta no Caos, cederam um pouco na sua atormentação, supondo que ela logo seria conduzida para fora do Caos.

A Pistis Sophia não sabia que era eu o seu auxiliar. Ela não me reconhecera absolutamente e continuou a louvar a Câmara do Tesouro de Luz que havia visto outrora e em que acreditava. Ela pensou que fosse essa a luz que a ajudara e que ela havia enaltecido com a convicção de que era a única luz verdadeira.

Por ter crido na luz que pertence ao verdadeiro tesouro, ela seria conduzida para fora do Caos, e seu arrependimento seria aceito. Contudo, a aceitação de seu arrependimento ainda não fora determinada pelo Primeiro Mistério. Ouvi, pois, para que eu vos conte tudo o que aconteceu à Pistis Sophia.

Quando eu a levei para uma região um pouco mais aberta no Caos, as criaturas de Authades pararam de afligi-la porque pensavam que havia sido conduzida completamente para fora do Caos. Porém, ao perceber que a Pistis Sophia não fora levada para fora do Caos, as criaturas de Authades voltaram de imediato, acometendo-a com intensidade. Por isso ela proferiu seu oitavo cântico de arrependimento, porque elas já haviam deixado de atormentá-la, mas voltaram a atacá-la fortemente. Ela proferiu este cântico de arrependimento:

'Em ti esperei, ó Luz. Não me deixes no Caos. Liberta-me e salva-me de conformidade com tua Gnosis.

Cuida de mim. Sê minha salvadora, ó Luz. Salva-me efetivamente, e leva-me para tua luz. Porque tu és minha salvadora e me guiarás para junto de ti. Por amor do mistério de teu nome, guia-me e concede-me tua graça.

Tu me livrarás da força com cabeça de leão que me puserem como armadilha, pois tu és minha salvadora. Em tuas mãos quero pôr a parte purificada de minha luz. Tu me salvaste, ó Luz, conforme tua Gnosis.

Ficaste enfurecida com aqueles que me vigiam, mas não conseguem dominar-me completamente. Eu, porém, acreditei na Luz.

Regozijar-me-ei e exaltar-me-ei alegremente por haveres sido misericordiosa comigo e reconhecido a desgraça em que me encontro e por me salvares. Com efeito, também libertarás minha força do Caos.

Tu não me deixaste sob o poder da força com cabeça de leão, mas me conduziste para uma região onde não existe tormento'."

Depois de dizer isso a seus discípulos, Jesus dirigiu-se a eles novamente: "Ao perceber que a Pistis Sophia ainda não havia sido conduzida para fora do Caos, a força com cabeça de leão veio outra vez com todas as outras criaturas materiais de Authades e arremeteram-se de novo contra a Pistis Sophia. Quando assim a atormentaram, ela clamou com este cântico de arrependimento:

'Compadece-te de mim, ó Luz, pois puseram-me outra vez em grande aflição. Por teu mandamento obscureceram-se minha luz interior, minha força e minha alma-espírito. Minha força começou a desvanecer-se quando caí nessa aflição. O meu tempo está minguando enquanto estou no Caos. Minha luz está quase apagada porque roubaram minha força e aniquilaram todas as forças em mim.

Estou impotente diante dos arcontes dos éons que me odeiam, assim como diante das vinte e quatro emanações na região em que me encontro. E meu irmão, meu par, temeu ajudar-me porque fui atacada por eles. Todos os arcontes do céu tomaram-me por matéria na qual não há luz. Tornei-me como uma força material que caiu dos arcontes. E todos os habitantes dos éons disseram: "Ela tornou-se Caos". Logo em seguida, as forças ímpias cercaram-me imediatamente dizendo que tomariam toda a minha luz interior. Todavia, confiei em ti, ó Luz, e disse: Tu és minha libertadora.

A sorte que determinaste para mim está em tuas mãos. Liberta-me do poder das criaturas de Authades, que me perseguem e me atormentam. Envia-me tua luz, pois diante de teu semblante não sou nada. E livra-me segundo tua grande misericórdia.

Não permitas que eu seja desprezada, ó Luz; pois a ti eu prestei louvores. Que o Caos possa cobrir as criaturas de Authades e que sejam lançadas nas trevas.

Cala os que tentam dominar-me astuciosamente e dizem: "Vamos roubar toda a sua luz interior', não obstante eu nenhum agravo lhes tenha causado".'

Tendo Jesus assim falado, apresentou-se Mateus e disse: "Senhor, teu espírito tocou-me e tua luz tornou-me lúcido de modo que estou em condição de explicar o oitavo cântico de arrependimento da Pistis Sophia. Porque a esse respeito tua força profetizou outrora, através de Davi, no Salmo 31:

'Em ti, Senhor confio. Não deixes que eu me envergonhe. Salva-me por tua justiça. Inclina-me teu ouvido, apressa-te em salvar-me. Torna-te para mim em rocha firme, uma forte cidadela para me abrigar. Pois tu és meu esteio e minha força. Por amor de teu nome hás de me guiar e me dirigir.

Hás de me livrar da armadilha onde, secretamente, me colocaram, pois tu és meu refúgio.

Às tuas mãos confio meu espírito. Libertaste-me, Senhor, Deus da verdade.

Aborreces aqueles que depositam sua confiança em coisas vãs. Eu, porém, confio no Senhor.

Rejubilar-me-ei e alegrar-me-ei pela tua graça porque contemplaste minha desdita e libertaste minha alma da miséria.

Não me entregaste a meus inimigos. Puseste meus pés em terra firme.

Sê compassivo comigo, Senhor, pois estou abatido. De desgosto definham meus olhos, minha alma e meu corpo.

Minha vida esvai-se no sofrimento, e meus anos em gemidos. Minha força foi abatida pela desgraça, e meu esqueleto está ressequido.

Tornei-me opróbrio para todos os meus inimigos e vizinhos, horror para meus conhecidos. Os que me veem fogem de mim.

Em seus corações fui esquecido como um morto. Tornei-me como um cântaro quebrado.

Pois ouço o desprezo de muitos dos que me cercam. Enquanto deliberam contra mim, forjam planos para tomar minha alma.

Mas eu confio em ti, ó Senhor, e digo: tu és meu Deus. Meu destino está em tuas mãos. Livra-me do poder de meus inimigos e perseguidores.

Que teu semblante ilumine teus servidores; liberta-me através de tua graça, ó Senhor.

Que eu não me envergonhe; pois a ti clamo; envergonhados e silenciados no reino dos mortos sejam os ímpios.

Emudecidos sejam os lábios mentirosos que, com arrogância, ousam afligir o justo com soberba e escárnio'."

Pistis Sophia, capítulos 47–49

47

Oitavo cântico de arrependimento: o cântico da perseguição

Descrevemo-vos a Pistis Sophia enquanto cantava seu sétimo cântico de arrependimento: o cântico da decisão.

Com esse cântico revela-se o nadir de sua condição dialética, no qual ela descobre que sua bondade, sua força-luz dialética é, sem exceção, um campo vibratório que pertence por inteiro à natureza da morte e, por isso, não contém um único elemento de libertação. Haverá sempre uma ação recíproca, um equilíbrio entre o homem e os éons da natureza se o homem procurar alcançar a libertação com o emprego de seu potencial de bondade.

Porém, a Pistis Sophia experimenta também a força-luz da Gnosis, a luz da rosa. Mas essa luz e essa rosa não pertencem ao sistema da vida dialética. Por esse motivo a luz gnóstica sempre se retrai quando o homem quer alcançá-la e aplicá-la no estado egocêntrico da natureza comum. Ainda que empreenda tentativas heroicas nesse campo, o aluno na senda não conseguirá reter uma força gnóstica com um recurso dialético.

Quem verifica e experimenta isso, quem sente os consequentes vergões, optará enfim, na hora da decisão, pela autorrendição, pelo menos se desejar de fato o discipulado. Dessa maneira um homem pode também decidir-se pelo não ser e abrir-se para o processo da luz gnóstica.

Para os homens positivamente dinâmicos o momento em que devem atravessar os portais do não ser é de desespero, pois o homem com uma consciência positiva de si mesmo está sempre empenhado em fazer alguma coisa, em dirigir o processo. Ele quer determinar o tempo e o ritmo. Quando um homem como esse segue o caminho, ele sempre faz experiências com a sua própria força-luz.

Quando esse homem reconhece que não tem nada com que possa reter e dirigir a luz gnóstica para entrar no Décimo Terceiro Éon, sente-se lesado, atingido em sua honra e em suas ilusões humanas. Por isso, para o eu, a hora da decisão é também de humilhação, pois na natureza da libertação o eu é absolutamente impotente.

Nesse ponto muitos que começaram o caminho com seriedade retrocedem. Então contestam a Gnosis e a possibilidade de transfiguração ou escolhem o caminho do ocultismo. Tentam obter o que é possível dentro dos limites da natureza comum e tornam-se servidores dos éons da natureza.

Todavia, a Pistis Sophia atravessa os portais do não ser. Ela abandona toda a autoafirmação até o mais distante recanto de sua bondade e entra num período de humildade. Está disposta a adotar o não-fazer com a súplica: "Lembra-te de mim na tua misericórdia e por tua bondade, Senhor." Assim sua condição natural realiza o maior feito que pode realizar com respeito à Gnosis.

Ela se encontra agora na região fronteiriça entre dois mundos, entre a sétima e a sexta regiões cósmicas. Aí está o candidato, como que de braços estendidos, e ele diz: "Devoção e sinceridade protejam-me, pois espero por ti, ó Deus".

Devoção é a orientação da criatura nascida da natureza para a Gnosis em absoluto não ser e não fazer. Ademais, a devoção da Pistis Sophia é sincera. Não se trata de estratégia nem de falsa devoção, não, ela se origina de uma experiência absolutamente racional, amadurecida e acompanhada de conhecimento. Por isso ela é perfeitamente sincera.

Quem chega assim à Gnosis pode estar certo de que o processo de salvação começa de imediato. Por isso é dito no evangelho *Pistis Sophia:*

Quando a Pistis Sophia proferiu seu sétimo cântico de arrependimento no Caos, ainda não me havia sido dada, pelo Primeiro Mistério, a ordem de salvá-la. No entanto, por compaixão, levei-a, por mim mesmo e sem ordem, para uma região um pouco mais aberta no Caos.

Quando as emanações materiais de Authades perceberam que ela fora levada para uma região um tanto mais aberta no Caos, cederam um pouco na sua atormentação, supondo que ela logo seria conduzida para fora do Caos.

A Pistis Sophia não sabia que era eu o seu auxiliar. Ela não me reconhecera absolutamente e continuou a louvar a Câmara do Tesouro de Luz que havia visto outrora e em que acreditava. Ela pensou que fosse essa a luz que a ajudara e que ela havia enaltecido com a convicção de que era a única luz verdadeira.

Por ter crido na luz que pertence ao verdadeiro tesouro, ela seria conduzida para fora do Caos, e seu arrependimento seria aceito.

É natural que um aluno que se abre por completo para o contato com o processo de salvação da Gnosis mediante o não ser perceberá que esse processo começou de fato. Mas ele também precisa entender que se trata apenas do começo do novo caminho. Antes que a libertação possa ser definitiva, algumas coisas ainda devem acontecer, e muitos perigos ainda devem ser superados. Antes que esses perigos se anunciem e se agravem, cada candidato sente, no início, uma iluminação e é levado a uma região um pouco mais aberta.

Como agora as radiações gnósticas vibram nele com perfeição, o candidato pode compreender muito melhor do que antes. Tudo o que ele julgava já ter entendido toma agora um aspecto completamente diverso, está num ângulo bem diferente do que antes, surge também com uma nova aparência. Entretanto, ainda não se pode falar de uma consciência gnóstica, de uma faculdade do pensamento de orientação gnóstica. A consciência e a capacidade de conhecimento desse aluno ainda são da antiga natureza. Por isso é dito: *Ela não me reconhecera absolutamente.*

A Pistis Sophia viu, no máximo, com os órgãos dos sentidos dialéticos, algo da verdadeira Câmara do Tesouro de Luz, efêmero como um raio. E, por isso, nada mais lhe restou a não ser louvar a luz do céu com sua não-consciência. Percebemos, com certeza, que esse é o estado exato do candidato no referido estágio da senda descrito no evangelho *Pistis Sophia.* O candidato está no não ser e, portanto, completamente no processo, mas ainda não conhece seu auxiliador, ainda não tem uma nova consciência. A antiga natureza ainda o influencia e, por isso, chega impreterivelmente o momento em que os éons naturais começam outra vez com sua perseguição.

No início da nova fase as criações de Authades cessam por um momento a perseguição à Pistis Sophia, ocorrendo assim o referido estado de iluminação. Mas essa liberdade e paz são apenas momentâneas, pois:

Porém, ao perceber que a Pistis Sophia não fora levada para fora do Caos, as criaturas de Authades voltaram de imediato, acometendo-a com intensidade.

A perseguição começa. Por essa razão ouvimos o oitavo cântico de arrependimento da Pistis Sophia, o cântico da perseguição. Tribulação, dificuldades e problemas se desenrolam. Em consequência, a Pistis Sophia vive momentos em que pensa estar mais distante do processo de libertação do que jamais estivera.

Entretanto, o candidato considera que, durante o processo, é melhor ser perseguido do que ficar retido, ainda que essa perseguição não seja isenta de riscos. É preciso analisar bem a estrutura e a perspectiva dessa perseguição, pois aí reaparece em primeiro plano a força com cabeça de leão.

Presumindo que o aluno persevera até as profundezas do sétimo cântico de arrependimento, até a importante decisão, e realmente consegue fazer a autorrendição à Gnosis, ele vive então o momento de alívio e de iluminação fundamental, no qual percebe tudo como maravilhoso, e se torna entusiástico. Mas ele ainda não conhece aquele que o ajuda, ainda não tem nenhuma nova condição de poder e, por isso, ainda é muito desajeitado. Nesse estado de inaptidão gnóstica, em que a semente já foi lançada mas ainda não houve um crescimento, a força com cabeça de leão reaparece ao aluno.

O leão é o símbolo de Cristo, o Salvador gnóstico. No entanto o aluno ainda não conhece o seu auxiliador. Por esse motivo, essa força com cabeça de leão é o grande imitador da Gnosis, o qual age no mundo da dialética como uma sombra enganosa da luz e, naturalmente, apresenta-se outra vez ao aluno. As forças de Authades apoderam-se dele, e então fala o imitador.

A Rosa-Cruz traz a alegre mensagem ao aluno, põe-no em contato com a divina sabedoria de Cristo e confia-o à proteção do corpo-vivo. Se o aluno estiver sobrecarregado por dificuldades e muito desgaste, talvez pense nela com certa amargura.

A força com cabeça de leão fixa-se no aluno já no primeiro pensamento desse tipo e procura inquietá-lo, atraindo sua atenção para a fraude que, supostamente, se faz passar pela Gnosis. "A ti é reservada a alegria, no entanto, só tens encontrado dificuldades. Volta ao antigo e seguro campo de vida", assim diz a força com cabeça de leão. Fixando-se em qualquer tipo humano, ao passado de cada homem, ao ponto fraco de cada um, tenta levá-lo de volta à antiga vida. Primeiro as forças de Authades atacam o aluno, e depois a força com cabeça de leão atua por meio de suas palavras sedutoras e bem pensadas.

Essa é a perseguição que, na Bíblia, é apresentada de múltiplas formas. Basta pensar no povo de Israel que fugiu do país das trevas, do Egito, e foi perseguido pelas tropas do faraó. E também em Jesus e nas provações no deserto.

Quantos alunos são vitimados nessa fase! Eles sempre recomeçam o processo e sempre são levados de volta à antiga pátria. Desse modo, com o tempo, forma-se um esgotamento que consegue enfraquecer tanto o aluno que fica cada vez mais difícil para ele cruzar em definitivo a linha divisória.

Por isso, queira Deus que cada aluno aceite a advertência. Possa ele reconhecer a força com cabeça de leão que persegue todos nessa fase.

PISTIS SOPHIA

LIVRO I

CAPÍTULO 50

Tendo Jesus ouvido estas palavras, disse: "Muito bem, Mateus. Em verdade, em verdade vos digo: Quando o número perfeito estiver completo e o Universo for elevado aos céus, reinarei no Tesouro de Luz e tomareis assento nos doze poderes de luz até estabelecermos todas as ordens dos doze libertadores nas regiões de sua respectiva herança." Ao dizer isso, perguntou: "Compreendeis o que digo?"

Maria adiantou-se, dizendo: "Ó Senhor, a esse respeito disseste outrora numa parábola: 'Perseverastes comigo em todos os combates. Estabelecerei para vós um reino assim como meu Pai o estabeleceu para mim, para que possais comer e beber de minha mesa em meu reino; e sentareis em doze tronos e julgareis as doze descendências de Israel'."

"Muito bem, Maria", disse-lhe Jesus e prosseguiu novamente, dizendo a seus discípulos: "Quando as criaturas de Authades atormentaram de novo a Pistis Sophia no Caos, ela proferiu seu nono cântico de arrependimento:

'Aniquila, ó Luz, os que roubaram minha força; toma a força dos que a tomaram de mim. Porque sou tua força e tua luz. Vem e salva-me.

Que profunda escuridão possa cobrir meus perseguidores. Dize a minha força: Eu sou o que te libertará.

Que todos os que ambicionam minha luz percam sua força. Que voltem para o Caos e fiquem enfraquecidos todos os que querem roubar minha força. Que sua força se transforme em pó. Que Jeú, teu anjo, os aniquile.

Se quiserem voltar-se para as alturas, que sejam apanhados pelas trevas; faze que naufraguem nas trevas. Que teu anjo Jeú os persiga e os atire nas trevas mais profundas.

Porque, sem que eu lhes tenha feito mal algum, puseram-me por armadilha uma força com cabeça de leão que virá a arrebatar a luz. Eles oprimiram em mim a força que não conseguiram roubar.

Toma então, ó Luz, a parte purificada da força com cabeça de leão sem que ela o saiba, e, de conformidade com a ideia de Authades de arrebatar a minha luz, toma-lhe a dele. Que a luz da força com cabeça de leão, que me espreita, seja arrebatada.

Então minha força se rejubilará na Luz e se alegrará, porque a Luz a salvará.

E todos os elementos de minha força dirão: "Não há outro Salvador além de ti". Porquanto me livrarás das mãos da força com cabeça de leão que tomou minha força. E me libertarás das mãos dos que tomaram minha força e minha luz.

Porque eles se levantaram contra mim quando mentiram, dizendo que eu teria conhecido o mistério da luz das alturas em que acreditava. E me coagiram, dizendo: "Dize-nos o nome do mistério da luz que está nas alturas", o qual não conheço.

Porque creio na luz das alturas, causaram-me todo esse mal e tomaram toda minha força-luz.

Mas, quando me forçaram, eu estava nas trevas, enquanto minha alma curvava-se de desgosto.

Ó Luz, a quem enalteço por amor de ti mesmo, salva-me. Sei que me salvarás porque cumpri a tua vontade desde que eu estava em meu éon. Fiz a tua vontade como os invisíveis que se encontravam em minha região e como o meu par. Procurando firmemente por ti, confiei em tua luz e por ela anelei. No entanto, depois fui cercada por todas as criaturas de Authades, que me ridicularizaram e importunaram sem que eu as conhecesse. Depois fugiram e me deixaram. E não tiveram piedade para comigo.

Mas, voltaram-se outra vez contra mim e me tentaram. Puseram-me de novo em grande aflição. Rangendo os dentes desejavam tomar minha última luz.

Ó Luz, até quando ainda permitirás que me atormentem? Salva minha força de suas más intenções. Liberta-me das mãos da força com cabeça de leão; pois, abaixo dos invisíveis, estou sozinha nesta região. A ti quero louvar, ó Luz, em meio a todos os que se reuniram contra mim. A ti quero clamar em meio a todos os que me oprimem.

Agora, porém, ó Luz, não permitas por mais tempo que me ridicularizem os que querem tomar minha força, os que me odeiam e cujos olhos lançam fogo contra mim, mesmo não tendo eu lhes feito mal algum.

Quando me perguntaram sobre os mistérios da luz, os quais eu não conheço, lisonjearam-me com palavras doces. Falaram astuciosamente e ficaram zangados porque acreditei na luz das alturas.

Eles escancararam sua boca contra mim e gritaram: "Vamos roubar sua luz".

Ó Luz, agora conheces sua astúcia. Não os toleres por mais tempo e não afastes de mim o teu auxílio.

Faze-me justiça, ó Luz, e vinga-me. Faze-me justiça segundo a tua misericórdia, ó Luz das Luzes, não deixes que tomem minha luz. Não permitas que digam a si mesmos: "Nossa força saciou-se de sua luz". Não permitas que digam: "Devoramos sua força".

Que sobre eles caiam, pelo contrário, trevas, e que fiquem impotentes os que querem roubar minha luz. E que os que dizem: "Queremos roubar sua luz e sua força" sejam revestidos de caos e trevas.

Salva-me para que eu me alegre, pois meu anseio dirige-se para o Décimo Terceiro Éon, a região da justiça. E quero dizer todos os dias: Que a luz de Jeú, teu anjo, possa irradiar com grande magnificência.

Minha língua te louvará durante todo o tempo em que estiver no Décimo Terceiro Éon'."

Pistis Sophia, capítulo 50

48

Nono cântico de arrependimento: o cântico da ruptura

Durante o período do sétimo cântico de arrependimento, a Pistis Sophia chegou ao estado do não ser. Assim, as radiações gnósticas podem começar o processo de sua salvação. Portanto, ela entrou no caminho rosa-cruz. Quando uma pessoa consegue dar início a um processo como esse mediante o não ser ou a perda do eu, provém-lhe de imediato uma sensação de grande alívio.

Entretanto, esse início não significa, em hipótese alguma, que ela possua a nova consciência anímica e seus poderes. Apenas foi dado o início, mas a câmara do rei, a janela da alma, ainda não está aberta. Sem essa nova consciência em seu verdadeiro significado, a pessoa não está em condição de distinguir as forças auxiliadoras e o novo campo de vida, o cosmo da sexta região. Ela permanece, assim, na fase da fé e apenas tem a vivência da fé.

Com efeito, sobre a fase da fé diz a Bíblia: "A fé é o firme fundamento", mas imediatamente acrescenta: "das coisas que se esperam, e a prova das coisas que se não veem". A fé é, portanto a melhor base para um contato com o invisível e, por isso, essa fase não está isenta de riscos.

Na fase da fé, na condição do primeiro toque gnóstico, após o candidato ter atingido o estado de não ser, muitas forças dialéticas ainda poderão evidenciar-se. Pelo fato de o aluno ainda não ver, pela falta da nova consciência, essas forças podem e vão aproveitar-se da inadequação do candidato. Na fase da fé o aluno é orientado para um objetivo que ainda não consegue distinguir, que ele percebe, no máximo, como um vínculo, como um firme fundamento no corpo de desejos ou corpo de sensações. Isso significa que ele está ligado às correntes astrais gnósticas.

Nessas circunstâncias, a força com cabeça de leão, o grande imitador, tenta desviar o aluno da senda. O resultado é, então, uma nova série de experiências dolorosas, resistências de ordem interna e externa e, com frequência, dificuldades de ordem física, porque os processos gnósticos já começam a alterar as polarizações atômicas. Daí resultarem perturbações pela influência repetitiva das forças naturais.

Trata-se então de uma verdadeira perseguição. Por isso é dito que quando as forças de Authades descobriram que a Pistis Sophia não fora retirada por completo do Caos após o sétimo cântico de arrependimento, voltaram animadas para atacá-la outra vez. E a própria força com cabeça de leão se ocupa dela.

Nesse período difícil, alunos de todos os tempos negaram a Escola Espiritual. Sua fé foi testada da maneira descrita. Com frequência não conseguiram resistir a essa prova porque incorreram no erro sugerido pela força com cabeça de leão de atribuir suas dificuldades à Escola Espiritual.

A corrente astral da Gnosis atua no sangue por meio da veia porta do fígado e encontra a força astral com cabeça de leão. Daí se produz no sangue forte perturbação e calor. Uma chama ergue-se até o ápice do triângulo.

Nesse exato momento se eleva na pessoa em questão um forte impulso, um intenso ressentimento e uma onda de crítica. A consequência é uma limitação mental, um embotamento da percepção sensorial relacionada com o domínio da fé. O fogo irrompe de forma intensa e, uma vez reduzido a cinzas, o ex-aluno sente-se extenuado por completo na maioria dos casos. Então, com frequência, durante anos já não tem energia para recomeçar.

Assim, é corroído até os ossos pelo desgosto mesclado de ódio e toda a espécie de sentimentos inconscientes similares.

Todo aluno deve passar pelos portais do sétimo cântico de arrependimento e seus perigos e, por isso, convém adverti-lo a respeito. Todos os que seguem o caminho têm de suportar a perseguição acima relatada. Tudo depende de conseguirem escapar de seus perseguidores. Por essa razão, o período do sétimo e do oitavo cântico de arrependimento constitui um trecho verdadeiramente grandioso no evangelho *Pistis Sophia.*

É, portanto, da maior importância observar de que maneira a Pistis Sophia enfrenta seus perseguidores. Assim, seguiremos de modo fiel o oitavo cântico de arrependimento, pois podemos aprender muito com ele.

A perseguição é desencadeada. A Pistis Sophia é atormentada ao extremo, e as forças de Authades introduzem-se em seu fígado. A Pistis Sophia sabe que está na fase inicial do processo de purificação e também o vivencia com toda a sua disposição sensorial. Começa a purificação, a salvação, e, então, provém a crise da perseguição com todos os seus incidentes.

Entretanto, em hipótese alguma é o caso de que na Pistis Sophia ocorra o processo de perturbação, há pouco mencionado, no qual há o risco de que toda a nova força-luz seja outra vez anulada. Durante toda essa tribulação ela mantém os olhos totalmente voltados para o alvo:

Cuida de mim. Sê minha salvadora, ó Luz. Salva-me efetivamente, e leva-me para tua luz.

Porque tu és minha salvadora e me guiarás para junto de ti. Por amor do mistério de teu nome, guia-me e concede-me tua graça.

Ela prevê o ataque da força com cabeça de leão, mas:

Tu me livrarás da força com cabeça de leão que me puserem como armadilha, pois tu és minha salvadora.

Em tuas mãos quero pôr a parte purificada de minha luz. Tu me salvaste, ó Luz, conforme tua Gnosis.

Ela suplica por proteção a tudo o que nela fora purificado pela Gnosis e, assim, compreendemos que, mediante sua ininterrupta orientação para a Gnosis, de fato se preserva tudo o que já fora depurado na Pistis Sophia. Ela confia de antemão, enquanto é acossada.

Tu não me deixaste sob o poder da força com cabeça de leão, mas me conduziste para uma região onde não existe tormento.

E isso é magia gnóstica! Com todo o seu desejo de salvação, com toda a sua inteligência, a Pistis Sophia projeta sua futura libertação no amparo das coisas vindouras. A magia gnóstica tem fases de evolução. E a magia da fé consegue transformar em certeza coisas que não se veem. Contudo, quem aplica a magia gnóstica na fase da fé desperta também as forças contrárias da natureza pois, em sua essência, ainda está vinculado à natureza.

Por isso há, aqui no texto do oitavo cântico de arrependimento, uma pequena interrupção para advertir a esse respeito. A força com cabeça de leão, com todas as criaturas de Authades, ataca a Pistis Sophia. Ela própria as chamou. Por isso é dito:

Compadece-te de mim, ó Luz, pois puseram-me outra vez em grande aflição. Por teu mandamento obscureceram-se minha luz interior, minha força e minha alma. Minha força começou a se desvanecer quando caí nessa aflição. O meu tempo está minguando enquanto estou no Caos. Minha luz está quase apagada porque roubaram minha força e aniquilaram todas as forças em mim.

Estou impotente diante dos arcontes dos éons que me odeiam [...].

Justamente por exprimir isso sempre voltada para a Gnosis ela se torna inatacável. O efeito mágico da orientação permanente é perfeitamente claro aqui. Ela não responde ao ódio com ódio, ela não luta, permanece sozinha na tormenta, mas com orientação contínua e com a certeza de uma nova e elevada moralidade, que se exprime nestas palavras:

[Eles] dizem: Cala os que tentam dominar-me astuciosamente e dizem: "Vamos roubar toda a sua luz interior", não obstante eu nenhum agravo lhes tenha causado [...]. A sorte que determinaste para mim está em tuas mãos [ó Senhor].

Assim a Pistis Sophia atravessa o tão sombrio portal da perseguição. Ela vence todas as provas, e, então, o reino logo poderá abrir-se para ela.

No entanto, com isso ainda não cessou o sofrimento da perseguição, pois a Gnosis ainda espera mais dela antes que todas as provas dessa fase pertençam ao passado. Nessa condição, não é apenas necessário demonstrar uma orientação inequívoca, como também deve desenvolver-se um dinamismo ininterrupto. O aluno não deve apenas ver a luz e manter-se voltado para ela em qualquer situação, mas também chegar até a luz. Por isso, deve haver uma mobilização, um esforço contínuo como se não houvesse oposição e sofrimento.

A magia gnóstica não é apenas uma projeção do evangelho de salvação para alcançarmos a região por trás dos véus das coisas do porvir, para que possamos manter os agressores longe de nós, ou seja, no sentido de que, graças a uma orientação contínua para o projeto de salvação, já estivéssemos isentos dos ataques. Pelo contrário, a magia gnóstica também deve conduzir à vitória, à libertação dos ataques. O aluno deve ser capaz de prosseguir! Ele não deve aguardar de forma negativa até que a oposição por fim retroceda. Ele deve abrir caminho. Portanto, pede-se iniciativa própria. Essa é uma atividade pacífica fundamentada no conhecimento da fé e com o auxílio da força da fé e da disposição para servir.

Quem se aventura a empreender o caminho desse modo perceberá que toda a oposição deve ceder até já não restar um único impedimento que seja mais forte do que a força do aluno.

Quando obtiverdes esse conhecimento que resulta da experiência também compreendereis o nono cântico de arrependimento, o *cântico da ruptura,* assim como a magnífica vitória que se seguirá.

49

A muralha dos doze éons

Do nono cântico de arrependimento se deduz que a Pistis Sophia resiste, mas também que a tribulação e os ataques aumentam em intensidade e que as trevas se aprofundam em seu ser. Isso acontece com todas as pessoas que anseiam com todo o seu ser pela hora matinal. As trevas tornam-se cada vez mais angustiantes.

Mas o conhecimento seguro de que a "deusa da aurora" deve surgir não permite nenhuma tendência ao pânico ou à melancolia. Isso seria também uma grande tolice! Quem poderia esperar por "luz" da dialética? Quando o homem está curvado pela vida, com certeza não tenderá a isso, pois, estando bem orientado, aguarda a hora matinal *da* Gnosis e *no* reino da Gnosis.

No entanto, esse homem não pode negar as trevas, pois experimentou-as de modo muito significativo. Entretanto, ele vive absolutamente na esperança de que chegue a hora matinal no seu devido tempo e que ele não venha a naufragar de maneira intempestiva nas trevas:

"A hora matinal se aproxima.
A hora matinal é para mim.
A hora matinal é para todos os que confiam na luz.
Que eu seja forte para seguir a senda."

Assim, o tema do nono cântico de arrependimento é também a súplica da Pistis Sophia para que possa ter suficiente força para passar pelos véus das trevas. Enquanto ela entoa esse cântico, os ataques aumentam, pois os últimos sorvos da taça são os mais amargos. Ainda assim, sua orientação permanece inabalável até o fim.

Ó Luz, em que acreditei desde o princípio, por tua causa suportei grandes dores, salva-me.

Esse é o grito de dor do aluno totalmente exaurido que seguiu o seu caminho de ruptura até o último passo. Nessa hora, o arrependimento da Pistis Sophia é aceito. Agora lhe é enviada a luz de forma diferente do que antes:

Quando eu [Jesus] cheguei ao Caos para ajudá-la, ela me viu.

Nesse momento o aluno chegou à contemplação. A hora matinal surge no horizonte da vida da Pistis Sophia: a ruptura está consumada!

Queremos primeiro lançar uma luz sobre as treze situações pelas quais o homem nascido da natureza deve passar. Elas correspondem aos treze cânticos de arrependimento da Pistis Sophia.

Assim como um zodíaco duodécuplo cerca o nosso cosmo, zodíaco no qual nosso cosmo está representado, também há em cada microcosmo um aspecto duodécuplo. No homem nascido da natureza há doze situações, doze aspectos, doze desdobramentos orgânicos. No entanto, em relação à vida libertadora e seu campo de ressurreição, também há doze impedimentos, doze obstáculos psíquicos fundamentais. Assim, é natural que o aluno que deseja entrar na nova condição de vida deva remover todos esses impedimentos pouco a pouco.

Os doze aspectos de todo o estado dialético formam, portanto, as doze forças que todo candidato deve levar em conta.

No evangelho *Pistis Sophia* elas são denominadas as doze forças naturais nas quais se fundamenta a condição natural de cada homem. Ele vive com base nelas. Essas doze forças também formam, por assim dizer, uma parede, a divisória da lípica. Assim, o homem vive num espaço isolado, entre as muralhas dos doze éons.

Os homens são todos muito individualizados, totalmente encerrados em si mesmos, e muito egocêntricos. Eles vivem completamente separados uns dos outros. Isso mostra que a muralha duodécupla que os cerca é da mesma natureza. Cada muro eônico é uma parte da muralha duodécupla, o todo. E a síntese do todo, o princípio pelo qual a muralha duodécupla foi construída e mediante o qual ela funciona, é chamada décimo terceiro aspecto, o Décimo Terceiro Éon. Podemos dizer que o Décimo Terceiro Éon é a chave para o todo e para o mistério da muralha. Quem consegue passar pelos véus do Décimo Terceiro Éon também escapa de sua própria muralha, de sua própria natureza e de seu próprio campo de vida.

À primeira vista isso parece não ter sentido. Lembra um peixe que vive fora d'água, uma planta cujas raízes não tocam o chão, uma casa que paira no ar. Ainda assim, é possível passar pelos véus do próprio Décimo Terceiro Éon e convém entender como isso é possível.

Pensai então num pedaço de pedra. É apenas um mineral relativamente morto e, mesmo assim, tem uma faculdade de absorção. Quando a luz do sol incide sobre ela por certo tempo, sua radiação a aquece de modo considerável, e depois a pedra irradia esse calor que recebeu do sol.

Pensai agora num homem encerrado nos limites eônicos duodécuplos no interior do microcosmo. Comparai esse microcosmo com uma pedra, pois ele também possui uma propriedade de absorção, assim como tudo o que contém. O microcosmo não absorve apenas a força-luz do sistema cósmico e macrocósmico com os quais tem afinidade, mas também outras energias de luz, em especial as radiações luminosas de todo o Universo em sua imensurável multiplicidade. Os homens nada percebem porque não retêm essa energia e não formam um campo receptivo. Assim, as diferentes radiações cósmicas passam através deles. Elas vão e vêm, passando totalmente desapercebidas pelos homens.

Entretanto, existem também radiações luminosas que não provêm da dialética, mas visam a nossa natureza de modo intencional e enfático. Lembrai-vos, por exemplo, das radiações da Gnosis e de seu reino de luz na sexta região cósmica. Elas vêm até a nossa natureza, embora não pertençam a ela.

Daí se esclarece uma atividade maravilhosa no microcosmo. Imaginai um homem nascido da natureza que está aprisionado, encerrado em sua muralha duodécupla, que o cerca por todos os lados como um anel. Como todos os homens, ele tem um destino cruel. Precisa ter uma capacidade de autoafirmação, pois vive numa ordem de morte onde a luta pela existência é necessária e na qual tudo tem dois aspectos. Em poucas palavras, ele vive num mundo onde tudo é dialético.

Por essa razão, e não pode ser de outra forma, esse homem está insatisfeito, ainda que o destino temporariamente o tenha favorecido. Está insatisfeito com sua sorte e começa a buscar. Procura expandir-se, não obstante ele próprio não saiba com exatidão o que, na realidade, busca. Sem saber ou sem querer, esse homem ativa sua faculdade natural de absorção. Ele deseja algo que sua muralha eônica duodécupla não lhe pode proporcionar.

Esse homem, com todo o seu sistema, é então um valioso objeto para a força-luz que não é deste mundo, porém, ainda assim, se dirige a este mundo. E assim acontece o mesmo que ocorreu com a pedra: uma nova luz ilumina esse homem, um novo sol o aquece. Desse modo se produz nesse homem uma energia, um calor que de modo nenhum provém de sua própria natureza. Sua vontade não tem participação nisso, nem sua consciência, nem sua muralha eônica. E, no entanto, esse homem é carregado com uma energia de espécie diferente, com força-luz gnóstica mediante sua faculdade natural de absorção, assim como a pedra com o calor do sol.

O objetivo da dialética é constituir uma ordem na qual o homem é impelido a buscar expansão na linha natural, em razão de sua própria imperfeição e da imperfeição que o cerca. Assim, cada homem, a seu tempo, é carregado com energia de luz de outra espécie. Isso explica também como a Pistis Sophia pode falar de sua própria força-luz que um dia recebeu de Deus. Da mesma forma nós entendemos por que é dito que os éons, evidentemente, possuem a energia da verdadeira luz.

Por meio de sua busca o homem atrai força-luz gnóstica magnética para seu microcosmo, apesar de essa força-luz não ser, em absoluto, da espécie originária da natureza.

50

A causa fundamental da doença e da morte

Certamente podeis imaginar que as constantes ameaças inspirem medo à Pistis Sophia. Compreendereis também em que consiste a força com cabeça de leão. Um microcosmo dialético que, em determinado momento, se carregou de força-luz gnóstica, retém essa força-luz por muito tempo e pode fornecer esse calor pouco a pouco como uma pedra aquecida. Portanto, o calor não provém de sua própria fonte, mas da Gnosis, que por um lapso de tempo irradiou sua luz no microcosmo. Mas, segundo a lei natural de dissipação de energia, depois de algum tempo, o microcosmo volta a ser como era antes, se não ocorrerem transformações radicais.

Se um aluno da Escola Espiritual frequenta com regularidade os focos da Fraternidade por necessidade pessoal, ele é carregado de força-luz gnóstica, tanto em sua personalidade como em sua muralha eônica. Esse aluno, portanto, possui força-luz, e seu ser aural possui a força com cabeça de leão. Se ele sempre recarregar-se com essa força-luz, ela permanece nele, e ele pode trabalhar com ela, dela viver e dar testemunho.

Mas isso não é uma solução, pois assim como uma pedra aquecida permanece a mesma, esse homem continua sendo um nascido da dialética, não obstante ser recarregado de força-luz com tanta frequência. Nada nele se transformou. Sua experiência é apenas o resultado da sua faculdade natural de absorção, que põe em marcha seus sentimentos de insatisfação.

Em razão da perda natural da capacidade de trabalho, o homem precisa recarregar-se com frequência. O fato de a força-luz gnóstica sempre voltar a atingi-lo e a atuar nele é uma prova de que ele é chamado para a luz gnóstica por meio de sua busca de modo científico. O fato de esse homem sempre voltar a arrefecer como a pedra, sendo por isso necessário aquecê-lo de novo, prova que, na realidade, diariamente, ele explora e crucifica a Gnosis e que esta, a cada dia, se oferece a ele.

Existe ainda outro aspecto que deveis examinar bem. A faculdade natural de absorção está sujeita ao desgaste. Quando uma pedra é aquecida e resfriada diariamente, termina por perder massa, vindo a fragmentar-se. A frequente diferença de tensão causa fissuras e rachaduras, e, então, a doença da pedra cuida do restante. Enfim, ela desaparece, morre.

Essa é também a causa fundamental das doenças e da morte. Já quando criança o homem começa a buscar, levado pelo impulso do gênero humano. Mediante sua faculdade natural de absorção, ele é chamado pela luz divina desde criança. Quando reage como a pedra, ocorre imediatamente a aniquilação, o esfacelamento, a morte.

Contudo, a luz da Gnosis não vem ao homem apenas para matá-lo, deixando-o entregue ao giro do nascer, crescer e morrer. Ainda que, devido a leis naturais, seja certo que as diferenças de tensão provoquem sua morte, caso ele conserve sua natureza comum, tanto dentro como fora da Escola Espiritual, a Gnosis afirma que vem a todos para libertá-los e protegê-los para que possam vencer a morte.

Assim, explicamo-vos como é possível aos homens, bem como à Pistis Sophia, passar pelos véus do Décimo Terceiro Éon. Quando a faculdade natural de absorção atua, o inteiro campo magnético localizado no exterior do ser aural é forçado a receber força-luz de outra espécie e a direcioná-la para o interior do microcosmo.

Então o homem terá rompido o princípio básico de sua muralha duodécupla e passará a respirar outra força-luz.

Verificamos que essa nova força-luz é como um chamado, uma nova tarefa, um novo encargo que deve ser cumprido para que a vencedora não seja a morte, mas a vida. Por isso a Pistis Sophia é rechaçada, reconduzida a essa tarefa que tem treze aspectos, que requer treze cânticos de arrependimento e implica em treze mudanças fundamentais. A totalidade desse processo levará, então, a uma ressurreição ou a uma queda.

51

A FORÇA DE RADIAÇÃO DE CRISTO

Nos capítulos anteriores descrevemos o modo pelo qual um ser humano anelante pode passar pelos véus do Décimo Terceiro Éon. Mediante a atividade da faculdade natural de absorção do homem, o campo magnético microcósmico é compelido a atrair força-luz de outra natureza e a direcioná-la para o interior de todo o sistema. Essa força-luz empenha-se em atender a necessidades especiais dessa pessoa. Ela atua como um chamado para uma vida nova e diferente, ou seja, para a finalidade e a realização da vida que, em sua essência, é una com essa outra força-luz.

Contudo, a entidade inteira da pessoa em questão provém da força-luz da natureza comum. Por isso, a totalidade do sistema deve estar sincronizada com a nova força-luz se a pessoa deseja pertencer por completo ao campo dessa nova energia e nele viver. Cada parte, cada órgão do sistema deve ser transformado. Na Escola da Rosacruz essa transformação é denominada "transfiguração".

Por esse motivo, depois de ter experimentado a outra força-luz, a Pistis Sophia é reconduzida ao processo de transfiguração, da transformação completa do ser. Esse processo tem treze aspectos, treze fases, que, antes de tudo, devem ser consideradas para que essa renovação possa de fato tornar-se realidade.

Quando o aluno tem plena consciência dessa senda e está sequioso pela grande libertação no novo campo de luz, ele se assemelha à Pistis Sophia. Então, depois de experimentar repetidas vezes a força-luz de Cristo, ele é reconduzido à sua grande missão: romper e aniquilar a barreira magnética da natureza comum para poder festejar o renascimento no campo da ressurreição.

O autor do evangelho *Pistis Sophia* conferiu nomes e caracteres às diversas forças naturais e luminosas conforme os costumes de sua época. Ele as personificou. Também em nossos dias essas formulações dos antigos são empregadas por inúmeras pessoas.

Isso pode ter um efeito muito místico e romântico e satisfazer muitos sentimentos, mas, na época atual, existe aí um perigo, pois as duas esferas de nossa ordem natural — a esfera material e a refletora — entrelaçam-se de maneira muito forte. Os véus entre elas são muito tênues. Uma imaginação intuitiva demasiado personalizada das forças-luzes do Universo poderia muito facilmente pôr os homens em contato com os seres desencarnados da esfera refletora.

Por isso é preciso, cada vez mais, livrar vossa imaginação da mística personalizada, pois, na condição atual dos homens, toda personificação sempre está vinculada à essência do eu e a ele se dirige. Desse modo, ela mantém tanto o eu como a força-luz do nascimento nesse estado e enreda o homem em múltiplas formas de ilusão. Assim, ele cria para si todo um panteão de espectros e é sempre vitimado.

É melhor pensar nos elementos do sistema universal de força-luz, nas leis da radiação cósmica e confiar no sistema simples da radiação fundamental de luz, da qual vivem todas as criaturas. Não são as criaturas, ou seja, as personificações, que vêm primeiro, mas as forças-luzes. Também por detrás das forças-luzes que se eternizaram existem forças-luzes universais. O aluno deve pensar, antes de tudo, na ação da luz e a ela se reportar. Assim ele está sempre seguro e vive em harmonia com sua condição existencial. Então, por si mesmo, mantém contato com os grupos de criaturas que correspondem a seu estado de ser.

O conflito que o homem tem de enfrentar, o trabalho que deve realizar, não é contra "carne e sangue", porém é contra as radiações com que a senda se confronta de forma desarmônica. Por isso diz Paulo: "Não temos de lutar com carne e sangue, mas com os maus espíritos debaixo do céu". Esse inimigo é sempre uma radiação, portanto, sem forma e, por certo, não personificado. Esses "maus espíritos" consistem numa espécie de radiação que se contrapõe ao plano de radiação da renovação. Ela não é má no sentido de maldade ou corrupção, não atua de forma demoníaca, mas perturbadora.

O aluno na senda que, como a Pistis Sophia, anseia por uma nova condição de vida entra em contato com outro campo de radiação mediante sua faculdade natural de absorção. A partir desse momento, seu antigo campo de radiação perturba o novo. Esse aluno deve contar com isso e, então, deve mudar o foco central de sua atividade. Deve enfrentar, sem luta, carne e sangue e todas as manifestações do antigo campo natural. Mediante essa ausência de luta ele pode combater melhor a radiação perturbadora que é o fundamento da antiga natureza e dela provém.

A Doutrina Universal diz que existem sete grandes campos de radiação fundamentais que correspondem às sete regiões cósmicas. Essas sete regiões ou campos interpenetram-se e influenciam-se de maneira mútua de cima para baixo: o sétimo, ou campo mais inferior, influencia a si mesmo, porém sua energia não consegue exercer efeito sobre a sexta região. O sexto campo não exerce influência sobre o quinto, porém pode intervir no sétimo. O quinto pode manifestar-se no sexto e no sétimo, mas não no quarto, e assim por diante. A perfeição absoluta é alcançada, portanto, na primeira região cósmica, que repousa em si mesma e, além disso, pode revelar-se em todos os outros campos de radiação.

A sétima região cósmica é o campo mais isolado das sete regiões. É completamente encerrado em si mesmo e atado a suas leis. No entanto, apenas pode viver do sexto campo. As forças luminosas da sexta região, bem como as das demais, precisam chegar ao sétimo campo para que o homem possa existir e para que todas as forças luminosas da sétima região possam atuar.

O que acontece então? Os éons, as forças naturais da sétima região, captam as forças-luzes da sexta região para tornar possível a vida e as criações da sétima região. Formulando isso de modo personificado, romântico e mitológico, as forças-luzes da sétima região roubam sem cessar a energia da sexta região. São forçadas a isso para subsistir.

Fazem-no com o auxílio de suas criações e suas criaturas, por meio das criações de Authades e do ser com cabeça de leão. O que é que acontece? Como os homens não se sentem à vontade nesta existência, e muitos possuem um grande anseio, formam, juntos, uma enorme corrente de força-luz que vem da sexta região cósmica para a nossa. A faculdade natural de absorção assegura o fluxo dessa corrente. No entanto, como o homem vive na sétima região cósmica e é uma de suas criaturas, a nova força-luz é transmutada para um novo tipo de vibração que corresponde ao da sétima região. Tornando-se equivalente ao campo magnético desta região, transforma-se em matéria prima da sétima região. A força-luz não chega de forma direta aos homens que por ela anseiam, mas lhes é arrebatada porque é transmutada, o que constitui, é claro, um processo científico natural.

Portanto, o filho das mais elevadas forças-luzes, personificado como Cristo pela mitologia, vive sempre, sacrifica-se sem cessar, é incessantemente crucificado e morre por nós a cada segundo para prover forças de radiação vivificadoras para toda a sétima região cósmica. Nesse contexto, toda a humanidade dialética consiste no aspecto Judas.

Contudo, os que seguem a senda da transfiguração devem familiarizar-se com um segundo aspecto. A força-luz da sexta região, que se oferece sem cessar, não tem apenas o encargo de assegurar a existência da humanidade na sétima região, mas também traz em si um elemento libertador que é a elevação da sétima região cósmica para o sexto campo de existência. Quando o homem, em especial o aluno, consegue preservar a força-luz que recebe da sexta região, de modo que continue pura, essa força não se torna equivalente à do seu campo de existência. Pelo contrário, as forças de seu campo tornam-se servidoras dessa outra luz. Então, é evidente que tudo, inclusive a essência desse homem, deve ajustar-se de modo perfeito ao tipo e à vibração da sexta região.

Dessa forma, o homem que é capaz disso pode tornar-se numa criatura da sexta região. Portanto, torna-se um renascido, um nascido duas vezes. Ele ressuscita num campo de vida totalmente novo. Analisada por esse ângulo, a transfiguração é uma evidência científica natural.

Quando um aluno retém as forças luminosas de Cristo de modo novo, empregando-as de nova forma, sem banalizá-las, ele se eleva com Cristo, assim como o homem inconsciente que vive da maneira antiga trai o Cristo em si, crucificando-o e matando-o sem nenhum aspecto libertador. Cada homem recebe a força-luz universal e é assim inflamado pelo espírito de Deus. Cada homem morre em Jesus, o Senhor. Mas nem todos são ressuscitados mediante o Espírito Santo com a morte de Cristo, embora todos decididamente pudessem fazê-lo.

Tudo depende de o homem conscientizar-se de que possui força-luz e deve empregá-la de modo novo, como uma verdadeira Pistis Sophia. Todos têm a energia, todos recebem o poder de se tornar filhos de Deus e entrar como nova criatura na sexta região cósmica.

Portanto, espera-se desse homem consciente uma vida de ações completamente nova. Espera-se que ele aplique a força recebida durante toda a sua vida de nova forma e para novos objetivos.

Não é certo que podeis realizar isso? Então começai, candidatos na senda!

PISTIS SOPHIA

LIVRO I

CAPÍTULO 51

Tendo Jesus dito essas palavras a seus discípulos, ele falou: "Quem entre vós possui espírito claro, que explique o significado destas palavras".

Então Tiago apresentou-se, beijou o peito de Jesus e disse: "Senhor, teu espírito iluminou-me e estou preparado para explicar o significado. Porque, com relação a isso, tua força profetizou outrora, através de Davi, no Salmo 35, quando ele, à semelhança do nono cântico de arrependimento da Pistis Sophia, disse:

'Luta, ó Senhor, contra os que lutam contra mim. Combate os que me combatem.

Apanha armas e escudo! Ergue-te em meu auxílio! Desembainha a espada contra meus perseguidores. Dize à minha alma: Sou tua libertação.

Enrubescidos e envergonhados sejam os que procuram minha alma. Que recuem confundidos os que idealizam infortúnios contra mim. Faze que se tornem como palha ao vento e que o anjo do Senhor os persiga.

Que seu caminho seja tenebroso e escorregadio. E que o anjo do Senhor os derrube. Porque, sem motivo, armaram-me secretamente uma cilada que será para sua própria ruína. E, sem razão, caluniaram minha alma.

Que a ruína, que eles não conhecem, caia sobre eles, e a rede que armaram contra mim apanhe a eles mesmos.

Minha alma, porém, exultará no Senhor e rejubilar-se-á pela sua libertação. Todos os meus ossos dirão: Senhor, quem se iguala a ti? Tu salvas o oprimido das mãos do mais forte, o pobre e necessitado das mãos de quem o rouba.

Levantaram falsos testemunhos; perguntaram-me o que não sei. Retribuíram-me o bem com o mal e despojaram minha alma.

Vesti-me de saco quando investiram contra mim. Humilhei minha alma com jejum. E minha oração recaiu em meu peito. Como a um vizinho ou irmão eu os considerava. E curvei-me como alguém que está de luto e foi atingido pelo pesar.

Encheram-se de júbilo e fracassaram. Com ânimo belicoso reuniram-se contra mim sem que eu o soubesse. Foram apartados, mas entraram em agitação.

Provocaram-me e, rangendo os dentes, zombaram de mim com sua hostilidade.

Senhor, quando baixarás teu olhar para mim? Livra logo minha alma de sua maldade; salva do leão a minha alma solitária. A ti, ó Senhor, quero louvar na tua grande eclésia e, em meio a uma multidão incontável, quero enaltecer-te. Não toleres que os que, sem razão, são meus inimigos se riam de mim nem que pestanejem os que me odeiam sem motivo.

Porque falam comigo com palavras conciliadoras, mas, na verdade, planejam iniquidades ardilosas. Escancaram sua goela contra mim, dizendo: "Ah, vimo-lo com nossos próprios olhos".

Tu o viste, ó Senhor, não silencies. Ó Senhor, não te afastes de mim. Desperta, ó Senhor, e vela por meu direito e minha desforra, meu Deus e Senhor. Julga-me, ó Senhor, segundo tua justiça. Não permitas que se riam de mim, meu Deus. Não deixes que digam em seus corações: "Ah, realizou-se nosso desejo".

Não deixes que digam: "Nós a devoramos". Faze que se envergonhem e fracassem os que se alegram com a minha desventura. Possam os que se vangloriam contra mim ser cobertos de vergonha e ignomínia.

Que se rejubilem e se alegrem os que desejam a minha justificação. E os que desejam a paz para o servo do Senhor, digam: "Grande e glorificado seja o Senhor!"

Então minha língua proclamará tua justiça e teu louvor o dia inteiro'."

52

Tiago, o homem que possui a Gnosis

Pretendemos agora aprofundar-nos no capítulo 51 do evangelho *Pistis Sophia*. Entretanto, é necessário resumir mais uma vez o que tratamos até aqui.

Para isso deveis perguntar-vos: Em que consiste o essencial da Gnosis? O que é essencial em seu objetivo e seu método? O essencial na Gnosis é o seguinte: por um lado, ela presume que a onimanifestação se realiza por meio de uma multiplicidade de radiações luminosas e, por outro, confia no fato de que o homem é um ser sensível à luz.

Com a denominação "luz", que conhecemos da Gnosis e da Bíblia, referimo-nos a uma pluralidade de radiações, correntes e campos radioativos e eletromagnéticos que são onipresentes, como todo homem moderno sabe, e que serve para a manutenção do homem e de toda a vida. Por isso o gnóstico não se limita a refletir sobre considerações, projeções, restringindo-se sempre à pesquisa sobre a origem de todos os fenômenos e de toda a evolução, mas orienta-se para o momento atual absoluto da luz, em toda a sua extensão.

A luz é para ele o filho da divindade incognoscível, do exegeta, do revelador, e também o amor mesmo que se doa e se sacrifica. É nisso que se baseia toda a epopeia de Cristo. O gnóstico não se detém num fenômeno histórico. Não lhe importa que pessoas e grupos sempre discutam e se perguntem sobre a maneira como os fenômenos históricos ocorreram, pois o Filho do Logos há muito já voltou para ele. Pobre é o homem ao qual o Filho precisa revelar-se mediante um escrito impresso. E paupérrimo é o homem que só possui o conteúdo dos livros de sua estante e vive deles.

A vida do homem em toda a sua ascensão e declínio só se explica pelas forças-luzes que, neste momento, a ele se dirigem. Suas dificuldades não se devem, em primeiro lugar, a seu relacionamento com o próximo, com a sociedade ou com a vida em geral. Elas são apenas o resultado de uma influência exercida sobre ele por determinado conjunto de radiações, correntes e campos radioativos eletromagnéticos. É aí que suas situações e aventuras têm origem.

O gnóstico descobre que, se todos os seus contatos com a luz estivessem num plano mais elevado, todas as suas limitações momentâneas cairiam. Ele sairia do campo de tensão no qual têm origem todos os fenômenos dialéticos e, de imediato, entraria no novo Universo. Como que por uma porta, ele entraria para um campo de tensão inteiramente novo. Para o gnóstico, a passagem por essa porta significa o encontro com Cristo. Mas a procura por esse novo portal da luz não pode nem deve jamais ser apenas um anseio e um discurso místico. Com seu comportamento místico natural, o homem permanece o mesmo que sempre foi. Não, a busca por essa porta, tendo em vista desejar surgir noutra realidade de luz não dialética, significa orientar-se a cada dia num caminho que se deve seguir de fato, consagrando-se a ele com dinamismo.

O alvo e o método da Gnosis têm, nesse contexto, um valor significativo. Esclarecemos que o substancial na Gnosis é a luz. A luz é o Filho da divindade eterna. A luz é o mediador de uma nova aliança. A luz magnética é, para nós, o Salvador.

Como o homem é um ser sensível à luz e reconhece a presença da luz de treze maneiras distintas por meio de sua faculdade natural de absorção, ele se sente infeliz e inadequado no campo de luz da natureza da morte. Flagelado pelo sofrimento das restrições do espaço e tempo, consciente dessa pobreza e da desgraça de nossa dura realidade, ele entra numa condição nova de anelo.

Esse anseio é uma súplica, um grito da alma por uma luz nova e diferente, a busca pela única porta para o campo de luz mais elevado. E, mediante sua capacidade biológica de absorção, esse homem perceberá o chamado, o auxílio desse campo de luz mais elevado. Sim, antes de ele tomar consciência de seu anelo, a luz já o chamou.

Entretanto, ser chamado por um novo campo de luz por ter atraído essa luz mediante sua faculdade natural de absorção ainda não significa viver nesse campo de luz. Para isso, o homem deve seguir um caminho que o afaste da antiga natureza e o conduza à nova natureza.

Esse é um processo de transmutação. Essa transmutação é a manifestação e a realização fundamental do espírito de santificação e de cura, do espírito recriador do novo campo de luz. Estar nesse caminho é a exigência absoluta. O homem deve comprovar isso a cada dia, mediante o morrer diário de sua antiga natureza e o renascer em sua nova natureza.

Quem não empreende isso, quem não leva isso a cabo, não pertence a uma escola espiritual gnóstica. Esse homem entrou para essa Escola por acaso ou mediante vínculos familiares. Ele ainda não conhece o anseio, o grito da alma, e, assim, ainda não foi chamado pela luz, não foi marcado, não tem predisposição para tanto.

Quem busca a luz encontrá-la-á e deverá caminhar com ela para que venha a ser transformado por ela. Mediante essa orientação gnóstica, com todas as consequências e experiências, o homem torna-se de fato numa Pistis Sophia na qual se extinguiram todo o egocentrismo e toda a ilusão, bem como toda alucinação da esfera refletora. A Gnosis exige assim uma orientação consequente e responsável para a luz, um direcionamento incondicional para a ascensão à luz, e coloca em segundo plano cada homem e cada fenômeno da criação.

A Gnosis não deseja adoração nem veneração de deuses e homens. Ela não deseja colocar uma entidade sequer entre a luz e a pessoa que busca a luz, ainda que, sem dúvida, muitas entidades mereçam veneração e gratidão dos homens. No entanto, é preciso demonstrar essa veneração e gratidão seguindo o caminho. Ali está a luz, e ali está o aluno. Entre eles ninguém. Os servidores da luz jamais se colocarão em primeiro plano nem exigirão algo do candidato. Eles apenas irradiam a luz até onde conseguem liberá-la para os homens. Então podem servir a seu próximo com a luz, para que entre eles e a luz nada exista que possa impedi-los de seguir a senda.

Eles revelam o caminho para os que por ele anelam. Mas nenhum deles dirá a seu próximo: "Olha para mim!" A luz brilha para todos e de modo absolutamente impessoal. Quem procura a luz e responde em ação e verdade, nele a luz será liberada. E isso significa morrer para toda a dialética.

Fundamentados nesse conhecimento, vamos reportar-nos ao capítulo 51 do evangelho *Pistis Sophia.* No início desse capítulo, Tiago é mencionado como aquele que explica o significado do nono cântico de arrependimento da Pistis Sophia. Do ponto de vista gnóstico, esse Tiago é o homem que entende tudo de que tratamos, não sob o aspecto intelectual, pois então seu entendimento seria apenas uma compreensão filosófica, mas no sentido gnóstico. Ele é o homem que mudou de lugar, que está num lugar diferente, que escolheu outra chance na vida. Ele abandonou o campo de luz da dialética como base para a vida e, despedindo-se dela, assentou sua vida numa base diferente. O homem que compreende tudo dessa maneira sempre fará a escolha certa, em todas as circunstâncias, entre os dois campos de luz que nele se manifestam e assim estará nessa nova base. A cada momento ele perceberá a salvação, o efeito sanador que dela irradia, até no corpo.

Portanto, rompei vosso entendimento intelectual ou místico convencional! Ele não é adequado para a Gnosis. Se neste momento fordes um Tiago, entrareis o mais rápido possível no reino dos céus, passando diante do semblante de todos os invisíveis, deuses e arcontes que permanecem no Décimo Terceiro Éon — o portal de libertação do microcosmo — e no décimo segundo éon — o nadir do autossacrifício, em testemunho do aprendizado gnóstico.

Quem compreende isso, não em sentido místico ou intelectual, mas em sentido gnóstico e efetivo, abriu a porta do novo reino de luz para si mesmo. Ao mesmo tempo, realizou o grande autossacrifício e, com sua ajuda, muitos outros ainda receberão os mistérios da libertação.

Glossário

Para que o leitor tenha uma melhor compreensão da terminologia que a Escola Espiritual da Rosacruz Áurea emprega, figuram neste glossário as palavras que no texto foram acompanhadas de um asterisco (*). O número entre colchetes corresponde à página onde o termo foi mencionado pela primeira vez.

Átomo-centelha-do-espírito: Ver **Rosa-do-coração.** [108]

Átomo original: Ver **Rosa-do-coração.** [114]

Authades: A força com cabeça de leão: a vontade ímpia do homem nascido da matéria; a vida ímpia do homem-eu em sentido geral. Nome tirado do evangelho gnóstico *Pistis Sophia,* de Valentino. [333]

Autorrendição: Ver **Gnosis universal quíntupla.** [245]

Campo de respiração: Campo de força imediato da personalidade, no qual sua vida é possível. É a área de conexão entre o ser aural e a personalidade e está em perfeita concordância com esta em sua ação de atração e repulsão de forças e substâncias para a sua vida e sustentação. [212]

Cosmocratas: Sete seres naturais poderosos, também chamados deuses, que estão muito estreitamente ligados à origem da criação e aplicam as leis cósmicas fundamentais. Juntos formam o Espírito Sétuplo da onimanifestação. No livro *Pimandro,* de Hermes Trismegisto, são denominados regentes. [172]

Demônio: Literalmente: "força natural". Quando o homem se unifica com essas forças, ao fazer a vontade divina em obediência espontânea, elas manifestam-se em seu caminho como poderosos auxiliares para a divinização. Caso contrário, o homem as sente como reações hostis, como demônios vingativos, as forças do destino. Então elas correspondem às consequências cármicas que determinam o destino humano no caminho da experiência. Os éons naturais criados pela vida natural cega do homem decaído também são chamados éons, mas em sentido negativo acentuado. [65]

Dialética: Nosso atual campo de vida onde tudo se manifesta em pares de opostos. Dia e noite, luz e trevas, alegria e tristeza, juventude e velhice, bem e mal, vida e morte, etc. são binômios inseparáveis. Um sucede o outro de maneira inevitável e, assim, um comprova o outro. Em virtude dessa lei fundamental, tudo o que existe nesta ordem de natureza está sujeito a contínua mudança e desintegração, ao surgir, brilhar e fenecer. Por isso, nosso campo de existência é um domínio do fim, da dor, da angústia, da destruição, da doença e da morte. Por outro lado, de um ponto de vista superior, a lei da dialética é, ao mesmo tempo, a lei da graça divina. Por meio da destruição e da renovação constantes, essa lei impede a cristalização definitiva do homem, ou seja, seu declínio inexorável. Ela sempre lhe oferece uma nova possibilidade de manifestação e, com isso, uma nova chance de reconhecer o objetivo de sua existência e percorrer a senda do retorno mediante a transfiguração, o renascimento da água e do Espírito. [102]

Doutrina Universal: Não é "doutrina" no sentido comum da palavra, tampouco se encontra em livros. Em sua essência, é a realidade vivente de Deus, pela qual a consciência enobrecida para tanto aprende a ler e compreender a onisciência do criador. [101]

Endura: Caminho da demolição do eu, senda da última morte por meio da autoentrega ao Outro, ao homem imortal, o Cristo em nós. É a vereda do homem joanino, o "endireitar as veredas para seu Senhor". É a concretização do aforismo: "Ele" – o Outro celeste – "deve crescer, e eu devo diminuir"; eu devo declinar para que o Outro celeste possa viver em mim. A endura é o caminho clássico de todos os tempos. Nesse caminho o homem decaído, mediante uma transformação completa de sua vida, pode tomar consciência de sua natureza verdadeira e imortal e retornar ao lar do Pai. O caminho do homem no mundo da dialética é uma vida para morrer. A endura é uma morte voluntária para viver: "Quem perder a vida por minha causa, esse a salvará". [208]

Éons: 1. Enormes períodos de tempo. 2. Grupo dirigente hierárquico de espaço e tempo, às vezes indicado como *æons* ou *archontes*. Monstruosa formação de potestades da natureza, antidivinas, criadas pelo homem decaído no decorrer dos tempos, em consequência de sua vida contrária a Deus, ou seja, pelo pensar, querer e desejar da humanidade decaída, pois todos os seus impulsos, inclusive os pretensos bons, os criam e alimentam. Essas potestades manipulam abusivamente todas as forças naturais da dialética e da humanidade terrena, impulsionando-as a uma atividade ímpia, em prol do próprio e tenebroso objetivo desse grupo: a automanutenção. Esse agrupamento hierárquico conseguiu livrar-se da roda da dialética, às custas, porém, de terrível sofrimento humano, mas tal "libertação" só poderá ser mantida com incalculável egoísmo, enquanto a humanidade, apesar de ser sua criadora, permanecer como sua presa e acorrentada à roda do nascimento e da morte, aumentando assim e conservando a dor neste mundo. Tais potestades, em seu conjunto, são às vezes denominadas hierarquia dialética ou "príncipe deste mundo". [12]

Escola Espiritual: Escola de Mistérios dos Hierofantes de Cristo. (ver **Fraternidade Universal**). [113]

Esfera material/esfera refletora: As duas metades que compõem o campo de existência da ordem de natureza dialética. A esfera material é o domínio em que vivemos quando em nosso corpo material. A esfera refletora é a região onde se desenvolve, entre outras coisas, o processo de morte e reencarnação. Abrange, além das esferas do Inferno e do Purgatório (a esfera da purificação), também a que é chamada "céu" e "vida eterna" na religião natural e no ocultismo. Essas esferas celestes, a existência nessas esferas bem como na esfera material, estão sujeitas a um fim, à temporalidade. Portanto, a esfera refletora é a morada transitória dos mortos, o que não quer dizer que a personalidade do falecido venha novamente a nascer, pois a personalidade quádrupla não subsiste. Somente o núcleo mais profundo da consciência, o raio espiritual ou centelha dialética, é temporariamente recolhido no ser aural, formando a base da consciência de nova personalidade terrena, que é construída pelo ser aural em colaboração com as forças ativas na gestante. [102]

Fraternidade Universal: Hierarquia do divino reino imutável que constitui o corpo universal do Senhor. É conhecida como: Igreja Invisível de Cristo, Hierarquia de Cristo, Corrente gnóstica universal, Gnosis. Em sua atuação em prol da humanidade decaída ela é a Fraternidade de Shamballa, a Escola de Mistérios dos Hierofantes de Cristo ou Escola Espiritual dos Hierofantes, configurando-se na jovem Fraternidade gnóstica. [11]

Gnosis: a) O Alento de Deus; Deus, o Logos, a Fonte de Todas as Coisas, manifestando-se como espírito, amor, luz, força e sabedoria universais; b) A Fraternidade Universal como portadora e manifestação do campo de radiação de Cristo; c) o conhecimento vivo que está em Deus e que se torna parte dos que, mediante o renascimento da alma, entraram no nascimento da luz de Deus, isto é, no estado de consciência de Pimandro. [9]

Gnosis universal quíntupla: Designação conjunta das cinco fases de desenvolvimento pelas quais o caminho para a vida se revela no aluno: 1) discernimento libertador; 2) desejo de salvação; 3) autorrendição; 4) nova atitude de vida; 5) ressurreição no novo campo de vida. [328]

Hierofante: Ver Fraternidade Universal. [110]

Homem natural: O homem nascido da matéria e sujeito à lei da ordem natural da dialética. [102]

Lípica: O firmamento aural, conjunto dos centros sensoriais, centros de força e focos nos quais todo o carma da humanidade está gravado. Nosso ser terrestre e mortal é projeção desse firmamento e inteiramente determinado por ele quanto às suas possibilidades, limitações e caráter. A lípica representa toda a carga de pecados do microcosmo decaído. [169]

Logos: O Verbo criador, a Fonte de Todas as Coisas. [204]

Microcosmo: O ser humano como *minutus mundus,* pequeno mundo, constitui um sistema de vida de forma esférica. Do centro para a periferia podemos distinguir: a personalidade, o ser aural e um campo espiritual magnético sétuplo. O verdadeiro homem é um microcosmo. O que neste mundo se denomina "homem" é apenas a personalidade mutilada de um microcosmo degenerado. Nossa consciência atual é uma consciência da personalidade e, por conseguinte, consciente apenas do campo de existência a que pertence. O *firmamento* ou *ser aural* representa a totalidade de forças, valores e ligações resultantes das vidas das diversas manifestações de personalidades no campo de manifestação. Todas essas forças, valores e ligações formam, em conjunto, as luzes, a constelação de nosso firmamento microcósmico. Essas luzes são focos magnéticos que, em concordância com a sua natureza, determinam a natureza das forças e substâncias que são atraídas da atmosfera e introduzidas no sistema microcósmico e, portanto, também na personalidade. Consequentemente, assim como é a natureza dessas luzes, assim é a personalidade! Para mudar a natureza da personalidade é preciso antes mudar a natureza do firmamento aural, o que só é possível pela oblação do ser-eu, da total demolição do eu. O *campo de manifestação* (ou *campo de respiração*) é o campo de força imediato, no interior do qual se torna possível a vida da personalidade. Ele é o campo de ligação entre o ser aural e a personalidade. Em seu trabalho de atração e repulsão das forças e substâncias em benefício da vida e da conservação da personalidade, ele é inteiramente *uno* com esta última. [103]

Pineal: (ou epífise) Quando, com o cundalini, que reage somente ao impulso da verdadeira luz espiritual, a glândula pineal é inflamada pela luz da Gnosis, via átomo-centelha-do-espírito, glândula timo e hormônio crístico, então o conjunto passa a constituir o trono do raio crístico, da iluminação interior, a porta aberta pela qual a sabedoria de Deus é transmitida diretamente ao homem. [303]

Pistis Sophia: a) Evangelho gnóstico do século II, atribuído a Valentino. Narra com impressionante pureza e com detalhes o caminho único de libertação em Cristo, a senda da transmutação e da transfiguração; b) também o verdadeiro aluno, que persevera até atingir a meta. [9]

Roda do nascimento e da morte: Ciclo do nascer, viver e morrer da personalidade conforme a lei da dialética, seguido da revivificação do microcosmo mediante nova personalidade. [200]

Rosa-do-coração: Designação mística para o átomo-centelha-do-espírito, localizado no centro matemático do microcosmo, que coincide aproximadamente com a parte superior do ventrículo direito do coração. Também chamada semente áurea de Jesus, joia maravilhosa na flor de lótus, átomo original ou átomo de Cristo, ela é resquício da vida divina, é o germe de um microcosmo novo, a semente divina preservada no homem decaído como uma promessa da graça, até chegar o momento em que ele se lembre de sua origem e seja preenchido pelo anseio de retornar à casa paterna. Então é criada a possibilidade para que a luz do sol espiritual, a luz da Gnosis, possa despertar o botão de rosa retraído e, no caso de uma perseverante reação positiva do aluno, possa iniciar-se o processo da completa regeneração do ser humano, segundo o plano divino de salvação. [127]

Rosa-Cruz clássica: Escola de mistérios de Johann Valentim Andreæ, manifestação da Fraternidade Universal em fins do século XVI e XVII. Andreæ publicou importantes obras, entre elas *As núpcias químicas de Cristiano Rosa-Cruz,* considerada o mais importante testamento da Ordem da Rosa-Cruz clássica, um dos pilares luminosos em que está alicerçado o trabalho da Rosacruz Áurea. [156]

Ser aural: O conjunto das forças, valores e restrições como resultado da vida das diferentes manifestações da personalidade no campo de manifestação, os quais formam as luzes, as estrelas do firmamento microcósmico. Essas luzes são focos magnéticos e determinam a natureza do campo magnético espiritual, portanto determinam a espécie de forças e substâncias que são extraídas da atmosfera e acolhidas pelo sistema microcósmico e também pela personalidade, que corresponde à natureza dessas luzes. Uma transformação do caráter da personalidade deve ser precedida pela transformação da natureza do firmamento, que só é possível pelo sacrifício do eu, a aniquilação total do eu. [116]

Sistema: Sistema de vida, microcosmo. [119]

Unidade de grupo: A unidade de grupo requerida pela natureza da Escola Espiritual não é uma manifestação exterior de solidariedade bem intencionada, mas a unidade interior da nova vida anímica que cresce na Gnosis e se prova em nova atitude de vida conforme o espírito do Sermão da Montanha. [299]

Livros de autoria de J. van Rijckenborgh

- O advento do novo homem
- Análise esotérica do testamento espiritual da Ordem da Rosacruz
  - Vol. I: O chamado da Fraternidade da Rosacruz
  - Vol. II: Confessio da Fraternidade da Rosacruz
  - Vol. III: As núpcias alquímicas de Christian Rosenkreuz - Tomo 1
  - Vol. IV: As núpcias alquímicas de Christian Rosenkreuz - Tomo 2
- Christianopolis
- Filosofia elementar da Rosacruz moderna
- A Gnose em sua atual manifestação
- A Gnosis original egípcia — Tomos I, II, III e IV
- A luz do mundo
- O mistério da vida e da morte
- O mistério das bem-aventuranças
- O mistério iniciático cristão: *Dei Gloria Intacta*
- Os mistérios gnósticos da Pistis Sophia
- Não há espaço vazio
- Um novo chamado
- O Nuctemeron de Apolônio de Tiana
- O remédio universal

Livros de autoria de Catharose de Petri

- O Verbo Vivente

Série das Rosas

- Transfiguração · Tomo I
- O selo da renovação · Tomo II
- Sete vozes falam · Tomo III

Livros de autoria de J. van Rijckenborgh e Catharose de Petri

- O apocalipse da nova era
  - A veste-de-luz do novo homem · Série Apocalipse, vol. I
  - A Fraternidade Mundial da Rosa-Cruz · Série Apocalipse, vol. II
  - Os sinais poderosos do conselho de Deus · Série Apocalipse, vol. III
  - A senda libertadora da Rosa-Cruz · Série Apocalipse, vol. IV
  - O novo caduceu · Série Apocalipse, vol. V
- O caminho universal
- A Fraternidade de Shamballa
- A Gnosis chinesa
- A Gnosis universal
- A grande revolução
- O novo sinal
- Réveille!

Eckartshausen

- Algumas palavras do mais profundo do ser
- Das forças mágicas da natureza

Mikhail Naimy

- O livro de Mirdad

Antonin Gadal

- No caminho do Santo Graal

Série Cristal

- 1 - Do castigo da alma
- 2 - Os animais dos mistérios
- 3 - O conhecimento que ilumina
- 4 - O livro secreto de João
- 5 - Gnosis, religião interior
- 6 - Rosacruzes, ontem e hoje
- 7 - Jacob Boehme, pensamentos
- 8 - Paracelso, sua filosofia e sua medicina atemporais
- 9 - O Graal e a Rosacruz

Outros títulos

- O caminho da Rosacruz no dias atuais
- O evangelho dos doze santos
- Trabalho a serviço da humanidade

Pentagrama publicações

Caixa Postal 39 — 13.240-000 — Jarinu — SP — Brasil
Tel. (11) 4016.1817 — FAX (11) 4016.3405
www.pentagrama.org.br
livros@pentagrama.org.br

IMPRESSO PELA YANGRAF A PEDIDO DO
LECTORIUM ROSICRUCIANUM EM MARÇO DE 2012